인간해방의
경제학

인간해방의 경제학

이지순

문우사
MoonWoo

길잡이

현생 인류인 호모사피엔스가 지구상에 살아온 역사는 대략 30만 년입니다. 인류의 역사를 각 시기의 중심적인 경제활동을 기준으로 해서, 수렵채취시대, 농경목축시대 그리고 근대산업시대의 시기로 나눌 수 있습니다.

짧지 않은 인류의 역사에서, 처음 29만 년 정도 지속된 수렵채취시대에 우리 조상들은 지금의 화폐가치로 약 500달러 정도의 1인당 소득을 가진 채 모든 이가 가난하지만 '평등'하게 살았습니다. 사유재산이 존재하지 않던 이 시대의 경제를 공유경제라고 할 수 있습니다.

그다음에 등장해서 약 1만 년 동안 지속된 농경목축시대에 우리 인류는 당시의 기준으로 보면 대단한 경제발전을 이루었습니다. 그러나 경제발전의 과실이 극도로 불평등하게 분배되었습니다. 군왕을 위시한 극소수는 아주 잘살았으나 절대다수의 기층민들은 매우 비참하게 살았습니다. 세계 도처에서 '찬란한 문명'을 뽐내는 국가들이 등장하였으나 그 어떤 나라도 번영을 지속하지 못하였습니다. 공동체의 극소수가 재산과 권력을 독점하였던 이 시대의 경제를 노예경제라고 할 수 있습니다.

지금부터 대략 300년 전에 시작된 근대산업의 시대에 들어와서 천지가 개벽하는 일이 벌어지기 시작하였습니다. 수천 년간 지속되었던 '노예체제'가 붕괴되기 시작한 것입니다. 역사상 처음으로 '누구나' 소유권, 경제적 자유 그리고 정치적 권리를 가지게 되었으며, 공평한 기회, 법 앞의 평등, 공정한 과정이 만인의 이상이 되었습니다. 수천 년간 재산도 자유도 없이 '노예'처럼 살던 절대다수의 기층민들이 재산을 소유하는 자유민이 되었으며 절대 권력을 휘두르던 소수의 '주인'들이 평범한 인간으로 재탄생하였습니다.

필자는 노예와 주인 모두 해방을 맞이한 역사적 사건을 인간해방으로 명명하고자 합니다. 인간해방이 경제를 근본적으로 변화시키기 시작하였습니다. 지금까지 노예상태에 놓여 있었던 절대다수의 기층민들이 새 시대의 자유인으로서 자신과 후손의 삶을 개선하려는 일에 열정적으로 착수하게 되었습니다. 자력으로 살아가야 할 처지가 된 종전의 주인들 역시 새 시대에 걸맞은 역할을 수행하게 되었습니다. 그들 중 대다수는 정치와 사업의 세계에서 리더로 변신하는 데 성공하였습니다. 이렇게 모든 이가 자신과 가족 그리고 그 후손이 더 나은 삶을 누릴 수 있도록 만드는 일에 매진하게 되자 수천 년 동안 정체되어 있었던 경제가 상향 이동하기 시작하였습니다. 역사상 최초로 경제가 성장을 거듭하기 시작한 것입니다.

현재 지구상에는 70세 내외의 평균수명을 지니고 1만 8,000달러 정도의 소득을 가진 약 80억 명의 인구가 살고 있습니다. 인간혁명이 촉발한 경제성장이 없었다면, 지금도 지구상에는 1,000달러의 연간소득으로 겨우겨우 목숨을 부지하다가 40세가 되면 일생을 마감하는 10억 명 내외의 사람이 살고 있을 것입니다. 인간해방이 이루어지기 시작한 이래 인간의 가치가 적어도 250배 그리고 세계 경제의 규모가 150배 증대된 것입니다.

그렇지만 세계의 모든 나라들이 인간해방을 이룩한 것은 아닙니다. 사실 세상에는 아직도 인간해방을 이루지 못한 나라가 많습니다. 인간해방을 이룩한 나라들은 주민들의 소득과 자유의 측면에서 큰 향상을 이루었으나, 인간해방을 거부했거나 인간해방을 충실하게 이루지 못한 나라의 주민들은 빈한하며 억압받고 있습니다. 인간해방의 역사가 길수록, 그리고 인간해방의 정도가 높을수록 더 풍요롭고 자유로운 나라이며, 인간해방의 역사가 짧을수록, 그리고 인간해방의 정도가 낮을수록 더 가난하고 억압받는 나라인 것으로 드러납니다.

이러한 관찰은, 호모사피엔스 약 30만 년의 역사에서 처음 약 29만 년 동안은 지금의 화폐가치로 500달러 내외의 평균 소득을 갖고 정체된 삶을 살다가, 그로부터 근세 전야에 이르는 약 1만 년 동안에는 500달러 내외에서 1,000달러 내외로 소득을 '조금'밖에 늘려오지 못하던 인류가, 300년 정도밖에 안 되는 최근세에 이르러서 1,000달러 내외의 소득을 1만 8,000달러로 '아주 크게' 늘린 것을 어떻게 설명할 것인가 하는, 의문을 제기합니다.

위에서 제기한 의문에서 몇 가지 의문이 파생됩니다. 첫째, 수렵채취시대 내내 경제가 정체되었던 것은 무슨 까닭인가? 둘째, 수렵채취시대의 공유경제는 인류의 '이상향'이었는가? 셋째, 농경목축시대에 들어와서 세계 도처에서 다수의 '찬란한' 문명을 건설한 공동체가 출현하였지만, 부유하고 자유롭게 살았던 소수의 치자治者를 제외한 절대다수의 피치자被治者가 가난하고 억제된 삶을 벗어나지 못했던 것은 무슨 까닭인가? 넷째, 근대화와 인간해방은 상승작용을 하면서 동시에 진행되었는데 어떻게 그런 일이 가능했는가? 다섯째, 인간해방의 요체는 무엇이며 그것이 지속적이며 경이로운 경제발전을 가능하게 만드는 힘은 무엇인가? 여섯째, 인류는 지난 300여 년 동안 이루어온 경이로운 발전을 앞으로도 지속할 수 있을까?

이 책은 위에 제기한 의문에 대한 답을 찾는 시도를 기록한 것입니다. 필자의 가설은 '인간해방이 인류사의 대변화를 가져온 근본적인 힘'이라는 것입니다. 여기에서 인간해방이라 함은 앞서 언급했듯이, 공동체 구성원 누구나가 재산을 소유하며 경제활동의 자유를 누리는 상황을 나타냅니다. 그것은 동시에 구성원 간에 공정하면서도 치열한 선의의 경쟁이 펼쳐지며 새로운 것을 향한 변화와 혁신이 끊임없이 일어나는 상황을 의미합니다. 이는 아무도 사유재산을 가지지 않았던 수렵채취시대의 공유상태 그리고 소수의 군왕과 그의 신하들이 재산과 권력을 독점하고 절대다수의 평민들은 이렇다 할 재산도 자유도 없이 살아가던 농경목축시대의 노예상태에 대비되는 개념입니다.

필자의 가설은, '역사의 거의 전 기간에 걸쳐서 억눌려져 오던 인간의 두뇌가 인간해방을 계기로 더 나은 미래를 만드는 일에 전념하게 된 것이 경제를 발전시킨 힘'이라는 것입니다. 이 가설에서 '인간해방의 역사가 길수록, 그리고 그 정도가 높을수록 경제발전의 정도가 높다.'는 종속가설과 '인간해방의 역사가 짧을수록, 그리고 그 정도가 낮을수록 경제발전의 정도가 낮다.'는 종속가설이 나옵니다.

필자는 위에서 제시한 가설을 두 가지 방향에서 검증하고 설명합니다. 하나는 경제모형을 활용해서 인간해방이 지속적인 경제발전을 가져오는 힘이 됨을 보이는 것이고, 다른 하나는 지난 300여 년 동안에 이루어진 각국 경제발전의 실상을 들어서 필자의 가설이 틀리지 않음을 보이는 것입니다.

이 책에서 활용하고 있는 경제모형은 루카스Robert Lucas Jr. 선생님이 2002년에 출간한 『경제성장에 관한 강의들Lectures on Economic Growth』에서 가져온 것으로서, 필자는 선생님께서 해놓으신 것에 그저 조금 보탰을 뿐입니다. 모형을 활용한 설명들은 모두 필자가 구성한 것이기는 하지만 그 역시, '루카스 선생님이라면 이런 말을 하셨을 것'이라고, 생각하는 바를 기록한 것에 불과합니다. 필자가 설명한 내용 중에는 선생님이 동의하지 않을 부분도 있을 것이고 진의를 오해한 것도 있을 것입니다. 그에 대한 꾸지람을 달게 받겠습니다. 아울러서 이 책의 오류는 모두 필자의 책임임을 밝힙니다.

경제학자가 걸어야 할 바른 길을 가르쳐주신 루카스 선생님께 이 책을 바칩니다.

2021년 5월

봄 농사를 시작하면서

이지순

차례

길잡이 ····· iii

제 1 장 수렵채취시대의 경제생활: 공유경제 ····· 1

1.1 호모사피엔스의 등장 ····· 3

1.2 호모사피엔스가 처음 30만 년 동안 살던 모습 ····· 4

원시 공동체 *4*

원시 공동체의 경제활동 *7*

공유경제의 생산함수 *9*

원시 공동체 구성원들의 현명한 선택 *14*

최적 선택의 문제와 그 풀이 *21*

1.3 수렵채취시대의 경제상황 ····· 33

수렵채취시대의 정상상태: 수식을 통한 이해 *33*

수렵채취시대의 정상상태: 수치를 통한 이해 *35*

수렵채취시대의 경제 변화 *38*

제 2 장 상상의 세상: 자유롭고 평등한 사적소유의 세상 ····· 43

2.1 사적소유와 경제활동의 자유 ····· 45

2.2 사유(자유)경제의 정상상태 도출 ····· 48

모형의 설정 *48*

모형의 해 도출 *52*

2.3 상상의 세상, 사유경제의 모습 ····· 59

사유경제의 정상상태: 수식을 통한 이해 *59*

사유경제의 정상상태: 수치를 통한 이해 *61*

2.4 공유경제와 사유경제의 정상상태 비교 ····· 63

수식으로 본 정상상태의 비교 *64*

구체적인 수치 예로 본 정상상태의 비교 *65*

2.5 경제 여건의 변화와 정상상태의 이동 ······ 70
2.6 인류의 불행했던 역사 ······ 71

제 3 장 농경목축시대의 경제생활: 노예경제 ······ 73

3.1 공동체 규모의 확대와 정치·경제의 구조 변화 ······ 75
3.2 독재정치와 노예경제의 일상화 ······ 80
독재정치의 성립 *80*
노예경제의 성립 *82*
3.3 노예경제의 정상상태 ······ 83
노예경제의 특징 *83*
노예경제의 정상상태 결정 *87*
3.4 노예경제의 모습 ······ 93
노예경제의 정상상태: 수식을 활용한 이해 *93*
노예경제 정상상태의 특징: 수치 예를 활용한 이해 *96*
3.5 노예경제의 다양한 모습 ······ 100
노예경제와 문명 건설 *100*
노예경제의 전 지구적 확산 *101*
노예경제가 지속될 수 있었던 이유 *103*
착취(exploitation) *105*

제 4 장 도구와 기계의 활용과 경제생활 ······ 107

4.1 물적자본(자본재)이 중요해진 이유 ······ 110
4.2 자본재가 추가된 사유(자유)경제 ······ 113
소유자이면서 동시에 자유인들인 개개인의 경제상황 *113*
자본재가 추가된 사유경제에서의 의사 결정 *115*
자본재가 추가된 사유경제의 정상상태 *116*
4.3 자본재가 추가된 노예경제 ······ 120
주인의 의사결정 *120*
노예경제의 정상상태: 수식 *122*
노예경제의 정상상태: 수치 예 *124*

도구와 기계가 있어도 비참하기는 마찬가지인 노예의 처지 *126*
도구와 기계의 도입으로 몰라보게 개선되는 주인의 처지 *126*
노예경제의 경제규모 및 국력 *127*

4.4 자본재가 추가된 사유경제와 노예경제 비교 ········· 128
자본재 도입 후 대폭 향상된 주인의 경제적 처지 *128*
노예경제로의 이행은 역사의 필연이었는가? *130*
노예제도 붕괴의 씨앗 *132*

제 5 장 노예해방=인간해방 ········· 135

5.1 당위로서의 노예해방과 실증적 명제로서의 노예해방 ········· 138
사유경제와 노예경제의 비교 *138*
사유경제의 우월성: 당위 *140*
노예경제로 나아간 까닭들 *141*
정치 노하우의 발달과 인간해방 *143*

5.2 노예해방의 경제논리 ········· 144
노예해방의 역사 *147*
노예해방의 다양한 양상 *153*

5.3 노예해방의 경제논리: 수치 예를 통한 이해 ········· 155

5.4 노예해방(인간해방)은 경제발전의 선결 조건 ········· 159

5.5 현대인은 진정한 자유인인가? ········· 161

제 6 장 자본축적과 경제발전 ········· 165

6.1 신고전학파 성장모형: 이론 ········· 168
모형 *168*
운동의 법칙 *171*
정상상태 *172*
정상상태와 경제성장 *173*

6.2 신고전학파 성장모형의 함의 ········· 175
정상상태로 향하는 과정에서의 이행성장 *175*
정상상태 이해: 수치 예 *175*
정상상태의 이동과 경제성장 *176*

신고전학파 성장모형이 주는 메시지 *177*
정상상태 자체의 변화에 대해 침묵하는 신고전학파 성장모형 *178*

6.3 정상상태의 상향 이동 ······ 179
물적자본 투자율의 제고 *179*
인적자본 투자 확대 *180*
정상상태 상향 이동 가설 *180*
무엇이 정상상태의 상향 이동을 촉발하는가 *182*
정부가 주도한다? *183*
발전 친화적인 제도와 장치와 정책 *183*
경제개혁과 정상상태의 상향 이동 *184*

6.4 경제개혁을 통해 정상상태를 상향 이동시킨 사례들 ······ 185
영국 *185*
미국 *186*
일본 *186*
대한민국 *187*
중국, 베트남, 인도 *189*

6.5 정상상태의 하향 이동 ······ 189
정상상태를 개선하지 못하는 이유 *190*

제 7 장 전통 경제에서 근대 경제로의 이행 ······ 193

7.1 미래를 위한 투자와 산업혁명 ······ 195

7.2 전통적 생산방식과 근대적 생산방식 ······ 199
전통적 생산방식 *199*
근대적 생산방식 *200*

7.3 근대적 생산방식과 지속적 경제발전 ······ 201
근대적 생산방식을 활용하는 경제의 특징 *204*
1인당 소비의 결정 *206*
'적게 낳아 잘 기르는 선택'과 경제발전 *207*
지속적 성장의 속도 결정 *208*

7.4 전통적 생산방식과 근대적 생산방식의 혼용 ······ 210
전통적 생산방식과 근대적 생산방식에 대한 노동력 배분의 문제 *211*
노동력의 합리적인 배분 결과로 정해지는 생산함수 *213*

7.5 전통적 생산방식으로부터 근대적 생산방식으로의 이행 ··········· 214
이행의 메커니즘 *214*
기계의 활용과 산업혁명 *216*
인적자본을 엔진으로 하는 근대적 생산방식 *217*

7.6 무엇이 근대적 생산방식으로의 이행을 촉발하는가 ··············· 219
인간해방과 근대 경제 *219*
인간해방과 투자 *221*
인간해방과 인적자본 *222*

7.7 인간해방과 기술발전 ··· 226
연구개발 투자와 기술진보 *226*
인적자본 투자와 연구개발 투자가 동시에 진행되는 경우의 정상상태 *227*
인적자본과 기술이 다른 점 *229*

제 8 장 후발주자의 경제발전: 경험으로부터의 배움 ················· 233

8.1 후발주자가 경제발전에 나선 모습들 ································ 235
서유럽 및 북유럽 국가들 *235*
상대적으로 소외된 동유럽과 러시아 그리고 지중해 연안 남부 유럽 *236*
영국인이 주축이 되어 건설한 신대륙 국가들 *236*
일본 *237*
조선의 경제적 정체 *237*
아시아의 네 마리 용 *238*
여타 아시아 국가들 *239*
개혁과 개방을 통한 후발주자의 경제발전 *240*

8.2 경험으로부터의 배움 ·· 241
경험, 학습 그리고 능률향상 *241*
사례: 삼성전자 *242*
경험으로부터의 배움과 인적자본 축적 *243*
경험으로부터의 배움과 인적자본 축적이 갖는 외부경제효과 *244*

8.3 경험으로부터의 배움의 경제원리 ····································· 246
경험과 생산성 *247*
경험의 축적 *248*
초기 경험 *249*

경험 축적의 경제원리 250
초기 경험의 결정 252
사례: 수소자동차 254
새로운 재화 생산개시 결정에 영향을 주는 요인들 254

8.4 경험으로부터 배움과 경제성장 ······ 255
사례: 필리핀과 대한민국 257
경험으로부터의 배움이 경제성장을 추동하는 메커니즘 259
경험으로부터의 배움을 활용할 수 있으려면 261

8.5 경험으로부터의 배움과 근대적 생산방식 ······ 262
경험 축적과 인적자본 축적 263
경험으로부터의 배움과 경제구조의 재조정 265

제 9 장 후발주자의 경제발전: 기술 이전 ······ 269

9.1 선발주자와 후발주자 ······ 271

9.2 후발주자의 기술추격 전략 ······ 274
모방(imitation) 275
모형을 활용한 이해 277
후발주자의 기술발전 전략: 개량(improvement) 280
사례: 현대자동차의 엔진 기술 281
선발주자가 후발주자에게 기술을 이전하는 경우 282

9.3 후발주자의 신기술 개발 전략 ······ 283
신기술 개발과 기술역전 284

9.4 후발주자의 기술발전: 성공의 조건들 ······ 285
개방과 기술발전 285
인적자본과 기술개발 286
고급 두뇌와 기술개발 288
사적소유, 경제적 자유 그리고 기술발전 289
두뇌 유출과 두뇌 유입 290

제10장 인간해방과 인류의 진보 ······ 295

10.1 인류사의 대전환: 산업혁명 이전과 이후의 세계 ······ 297
10.2 산업혁명을 촉발한 인간해방 ······ 301
10.3 인간해방을 촉진하는 경제발전 ······ 304
10.4 인간해방에 동참한 나라들의 풍요로운 삶 ······ 305
10.5 인간해방에 동참하지 않은 나라들의 비참한 삶 ······ 308
10.6 인간해방의 물결을 거스르려는 움직임들 ······ 310
10.7 사유와 자유 그리고 더불어 살아가기 ······ 313
10.8 자원과 환경의 문제 ······ 318
10.9 기술낙관론은 답이 아니다 ······ 322
10.10 인간과 자연과 기계와 신 ······ 324
10.11 희망은 없는가? ······ 327

참고문헌 ······ 329

찾아보기 ······ 330

제 1 장

수렵채취시대의 경제생활 : 공유경제

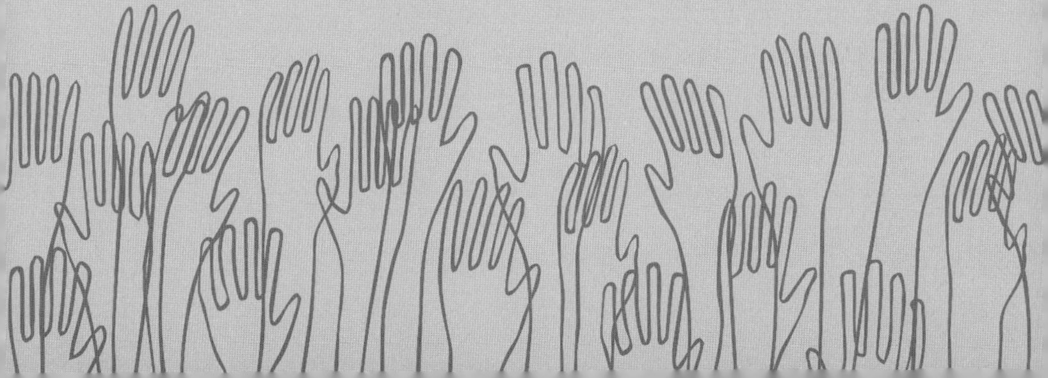

1.1 호모사피엔스의 등장

현세를 살아가고 있는 우리들 즉, 현생 인류는 생물 종種으로 볼 때 호모사피엔스에 해당됩니다. 호모사피엔스란 머리(두뇌)를 사용할 줄 아는 인人, humans, homo의 부류를 가리킵니다. 호모사피엔스가 언제쯤 지구상에 등장했는지 확실하지 않습니다. 얼마 전까지만 하더라도 호모사피엔스가 지구상에 등장한 게 지금부터 약 20만 년 전의 일이라는 것이 '정설'로 되어 있었습니다. 또한 그들이 그 당시에 지구를 누비고 다니던 직립보행 인류, 호모에렉투스인 네안데르탈인을 '몰아내고' 지구의 새 '주인'으로 대두했다는 것 역시 정설로 되어 있었습니다. 그러나 근래에 새로 발견된 두개골 자료가 가리키는 바와 기존의 유골 자료에 유전자 염기서열 분석법을 적용한 연구 결과를 보면 이런 설명은 이제 더 이상 정설이 아닌 것으로 판단됩니다.

종전의 가설에 배치되는 새로운 연구 결과가 적지 않은데 그중 세 가지는 아래와 같습니다.

첫째, 호모사피엔스가 처음 출현한 것이 20만 년 전보다 훨씬 앞선 시기의 일이라는 증거가 쌓여가고 있습니다. 새로운 자료를 보면 30만 년 정도까지 거슬러 올라가는 것으로 판단됩니다.

둘째, 호모사피엔스가 종의 순수성을 유지한 가운데 다른 인의 부류를 완전하게 '몰아내고' 지구의 새 '주인'이 되었을 것이라는 가설을 부인하는 증거가 나오고 있습니다. 호모사피엔스의 유전인자에서 여타 인homo 부류의 유전인자와 동일한 것들이 무시할 수 없을 만큼 많이 발견되는 것을 보면, 호모사피엔스와 여타 유사 인간들이 상당한 기간에 걸쳐서 '섞여서' 살았던 것 같습니다.

셋째, 호모사피엔스가 아프리카 동부 지역에서 출현해서 전 세계로 퍼져나갔다는 아프리카 기원설에 대해 의문이 제기되고 있습니다. 중부 아프리카에서 출현한 호모사피엔스가 중동, 유럽, 아시아 등지로 이동하면서 여러 민족으로 분화되었다는 설명이 틀릴 수도 있다는 얘기입니다. 아프리카 밖의 여러 지역에서도 아프리카와는 독자적으로 출현한 호모사피엔스들이 있었던 것으로 보입니다. 아프리카 밖에 살았던 호모사피엔스의 유전인자가 아프리카인들에게 전파된 흔적이 있다는 것입니다.[1)]

1.2 호모사피엔스가 처음 30만 년 동안 살던 모습

원시 공동체

고고 인류학자와 역사학자들의 연구 결과를 보면 호모사피엔스는 처음 지구상에 등장한 이래 지금부터 약 1만 2,000년 전까지 수렵하고 채취하는 삶을 영위해왔다고 합니다. 인류가 수렵하고 채취하는 생활을 통해서 연명해오던 이 시기를 경제학자들은 '수렵채취시대hunter gatherer era'라고 부릅니다. 앞에서 보았듯이 호모사피엔스가 등장한 것이 지금부터 30만 년 전보다 훨씬 이전의 일이라고 하면, 호모사피엔스가 수렵채취의 시대를 산 것이 28만 년도 더 되는 아주 긴 기간이었음을 짐작할 수 있습니다.[2)]

수렵채취시대에는 자연이 제공해주는 것을 수렵하거나 채취해서 먹고살아가는 게 경제활동의 전부였습니다. 그 시대를 살던 사람들은 아직 무엇인가를 재배하거나 사육할 줄을 몰랐으므로 자연에 있는 그대로의 것들을 따거나 잡아서 먹고살았던 것입니다. 수렵과 채취에는 공동체 구성원 중에서 그 일에 적합한 능력을 갖춘 이들이 참여했으며 채취하고 수렵한 것은 수렵채취에 참가하지 않은 사람을 포함한 구성원 전부가 나누어 먹으며 살아갔습니다. 채취

---

1) 이 글의 주목적이 인류의 기원에 대해 설명하려는 것이 아니므로 이에 관한 설명은 이것으로 마칩니다. 비전공자들을 위한 인류의 기원에 관한 친절한 설명으로는 이상희·윤신영(2018)이 있습니다.

2) 20만 년 또는 길게 잡아서 30만 년은, 50억 년에 이르는 지구의 역사나 직립보행인이 출현한 시기가 적어도 190만 년 전이라는 것에 견주면, '최근'에 해당합니다. 더 많은 정보는 미국 스미소니언 인스티튜트 웹페이지(humanorigins.si.edu)를 보세요.

의 대상은 바닷가의 조개류, 숲속의 조류 알, 나무 열매와 과실, 먹을 수 있는 풀이나 어린 나뭇잎 등이었습니다. 수렵의 대상은 온갖 종류의 산짐승과 들짐승 그리고 날짐승과 물고기였습니다.

이 시기의 공동체는 구성원 수가 대개 100명 정도인 소규모이었는데 그들은 대부분 같은 피를 나눈 사이었습니다. 먹거리를 찾아 끊임없이 이동하는 삶을 살아야 했기에 버리고 떠나가도 아깝지 않은 움막이나 천연 동굴에서 살았습니다. 여성들은 임신, 출산, 육아 등을 담당하는 것은 물론이고 먹거리를 채취하는 일을 도맡아 하였습니다. 반면에 남성은 공동체를 수호하는 일과 먹거리를 사냥하는 일을 도맡아 하였습니다. 식물성 먹거리는 여성이, 그리고 동물성 먹거리는 남성이 조달한 셈입니다.[3)]

채집이나 수렵을 통해서 조달한 먹거리는 공동체 구성원들이 사이좋게 나누어 먹었습니다. 한곳에 오래 머물러 살 수 없었고 또 당장의 필요보다 많이 채집하거나 사냥한 것을 저장할 방법을 몰랐으므로 많이 있으면 많은 대로 적게 있으면 적은 대로 나누어 먹는 것이 최선의 선택이었습니다. 공동체 구성원 사이에는 아무런 계급이 존재하지 않았습니다. 지도자가 있기는 하였지만 같은 사람이 모든 일에서 지도자가 된 게 아니라 일의 성격에 따라서 지도자가 바뀌었으며 지도자의 자리가 세습되지 않았습니다. 말하자면 많이 가진 사람도 적게 가진 사람도 없고, 힘센 사람도 약한 사람도 없으며, 잘난 사람도 없고 못난 사람도 없는 그야말로 모두가 평등한 사회였습니다.[4)] 인류학자들이 이 시기에 존재했던 공동체를 두고 평등사회egalitarian society였다고 말하는 것은 그런 연유에서입니다.[5)]

평등사회라는 것은 듣기만 해도 기분이 좋아지는 말입니다. 제대로 된 사람치고 모든 이가 평등한 세상에서 살기를 바라지 않는 사람은 없을 것입니다.

---

3) 여성이 남성보다 뛰어난 사냥 솜씨를 보인 공동체도 있었다고 합니다. Bird 외(2008)를 보세요.

4) 외모, 성격, 능력, 체력 등에서 사람들 사이에 차이는 분명히 존재했지만 그것이 차별 대우로 이어지지는 않았다는 이야기입니다. 다만 가진 것에 있어서는 의미 있는 차이가 없었습니다.

5) 모든 수렵채취 공동체가 평등했던 것은 아니라는 연구도 있습니다. Smith 외(2010)를 보세요.

부자도 빈자도 없고, 강자가 약자에게 군림하지 않으며, 사람들 사이에 배움의 차이가 없고, 남녀 간에 차별이 없으며, 어른과 아이 사이에 차별이 없는 사회, 나와 남, 내 가족과 남의 가족, 우리 마을과 이웃 마을, 우리나라와 이웃 나라 사이에 아무런 차별도 없는 세상, … 말만 들어도 흐뭇해집니다. 인류학자들에 의하면 인류가 적어도 28만 년 이상에 걸쳐서 살았던 수렵채취시대가 그러한 시절이었을 것이라고 합니다.

예나 지금이나 우리들이 '아, 좋았던 옛날이여!' 하고 부르는 대상이나 '황금기golden age'라고 부르는 대상은 대개가 아무런 차별 없이 '사이좋게' 살았다고 생각되는 수렵채취시대의 공동체들입니다. 그러나 정말 이 시기가 인류역사의 황금기였을까요? 그래서 우리가 가능하면 그 시절로 되돌아가야 할까요?

수렵채취시대를 '황금기'라고 여기는 우리의 생각은 사실 크나큰 착각에 기인한 것입니다. 우리가 위에서 '모든 사람이 합심하여 일해서 생산한 것을 모두가 사이좋게 나누어 먹으며 살던 평등한 사회였다'는 말로 원시 공산사회를 묘사한 것은 과장입니다. 수렵채취시대를 살았던 우리의 조상들은 매일매일을 두려움 속에서 살아야 했습니다. 먹을 게 없으면 어떻게 하나 하는 두려움은 물론이고 공동체에서 쫓겨나면 어떻게 하나 하는 공포를 안고 살아야 했습니다.

사실 원시 공동사회는 '동료의 압력peer pressure'이 아주 강한 사회였습니다. 누구이건 공동체 구성원들의 눈 밖에 나면 살아남기가 어려웠습니다. 그런데 공동체 구성원들의 눈 밖에 난다는 게 모든 사람이 동의하고 수긍하는 무슨 원칙이 있어서가 아니라 많은 경우에 그저 인민재판에 의해서 정해졌습니다. 직접 민주주의의 전형이라고 하면서 인민재판을 옹호하는 사람들도 있지만 사실 이보다 더 자의적인 것은 없습니다. 구성원들이 네 편 내 편을 갈라서 마음에 들지 않는 사람들을 벌주는 방편이 인민재판이었습니다. 인민재판에 회부되면 변호할 기회조차 갖지 못하고 몰매를 맞는 게 일상이었습니다. 잘 정립된 원칙이 없이 그저 그때그때의 군중심리에 의해서 옳고 그름이 정해졌습니다.

문명시대를 거친 유럽 중세에도 마녀 사냥이 판친 것을 보거나 모든 인간이 깨어 있다는 현대에도 우중愚衆이 모인 광장 정치를 통해서 정적을 제거하는 일이 횡행하는 것을 보면 아무런 통제 장치도 없었던 수렵채취시대에는 사정이 얼마나 열악했을까 짐작이 됩니다. 그러므로 수렵채취시대를 인류사의 '황금기'로 인식하는 것은 큰 오산입니다. 공포가 일상화되어 있던 사회를 '이상향'으로 인식하는 것은 실상을 외면한 그저 우리의 상상 속의 꿈일 뿐입니다.

사정이 그러한데도 원시 공산사회를 그리워하는 사람들이 많습니다.[6] 그때가 정말로 좋은 때였을까요? 이 물음에 대한 답을 완전히 평등한 공동체에서는 경제가 어떤 모습을 보이면서 변화했는지를 알아봄으로써 찾을 수 있습니다. 그들이 정말 잘살았는지 알아보면 해답의 실마리를 찾을 수 있겠지요. 이제부터 이 물음에 대한 답을 찾아보기로 합시다.

원시 공동체의 경제활동

수렵채취시대는 공동소유경제common ownership economy[7] 또는 무소유경제non ownership economy의 시대입니다. 공유경제의 가장 두드러진 특징은 생산수단 혹은 재산에서 네 것과 내 것의 구분이 없었다는 사실과, 공동으로 일해서 얻은 수확물을 균등하게 나누어 가졌다는 데 있습니다. 말하자면 공동소유를 바탕으로 한 공동노동·균등분배가 공유경제의 전형적인 모습입니다. 마르크스가 수렵채취시대를 관통했던 경제·사회 시스템을 두고서 '원시 공산주의primitive communism'라고 부른 것은 그러한 사실을 적시한 것이라고 할 수 있습니다.

수렵채취시대에 이루어진 경제활동을 생산과 소비의 측면에서 살펴보기로 합니다. 이 시기에는 공동체의 구성원들이 그들이 지닌 노동력을 사용해서 자연이 베풀어주는 것을 잡고 따고 거두는 것이 생산 활동의 주를 이루었습니다. 나무나 흙과 풀 또는 돌로 집을 지었으며, 옷가지를 지어 입고, 가구와 그

---

6) 우리나라가 단군조선 또는 그보다 훨씬 앞선다는 배달국(倍達國)이나 환국(桓國)을 황금기로 미화하거나, 중국이 삼황오제(三皇五帝) 시대를 황금기로 보는 것은 왕권이 확립되기 이전인 초기 농경목축시대를 이상향으로 보는 것에 해당합니다.

7) 이하에서는 이를 줄여서 '공유경제'라고 부릅니다.

릇과 도구를 만들어 썼으며, 먹고 마실 것을 만들었습니다. 무엇보다도 중요한 일은 남녀가 짝을 이루어 살면서 아이를 낳아 키우는 일이었습니다. 이러한 행위는 일면 소비 활동이면서 다른 면에서는 투자 활동이기도 하였습니다.

먹고 마시며 짝짓고 아이를 낳아 기르는 일은 동서고금을 막론하고 모든 인류가 추구하는 본능적인 행위입니다. 생존본능과 종족보존본능은 인간을 포함한 모든 생물이 지닌 원초적인 힘입니다. 원시 사회가 제공한 여건은 인간이 원초적인 본능을 충족하기에도 부족한 것이었으므로 그 시기에 이루어진 인간행동은 본능충족을 위한 몸부림침에서 크게 벗어나지 않았습니다. 본능을 뛰어넘는 높은 가치를 추구하면서 살아가는 현대인의 삶과는 극명하게 대비됩니다.

원시 공동체에서는 그들이 필요로 하는 것들을 공동 노동을 통해 생산하며 살아갔습니다. 일할 능력을 지닌 모든 구성원들이 산과 들과 강과 바다에 나가서 공동으로 동식물을 수렵하고 채취하며 살아간 것입니다. 그들이 수렵하고 채취하던 천연 자원은 그 누구의 것도 아니었습니다. 구태여 따지자면 공동체의 공유재산이었습니다. 그러나 그 소유권은 배타적인 것이 되지 못해서 언제라도 다른 공동체가 빼앗아 갈 수 있었습니다. 그래서 삶의 터전을 지키는 일이 공동체가 수행해야 할 가장 중요한 일이 되었습니다. 수렵과 채취의 결과로 자원이 고갈되거나 힘센 공동체에게 삶의 터전을 빼앗긴 공동체는 다른 곳으로 이동해서 살아가야 했습니다. 이와 같이 수렵채취시대는 주기적으로 삶의 터전을 이동해야 했던 유목의 시대였습니다.

어떤 지역에 터전을 잡고 살아가는 공동체가 한 해 동안에 생산한 재화의 양은 그 공동체가 지닌 노동능력과 그 공동체가 이용하는 천연 자원의 크기 그리고 그 공동체가 지닌 수렵채취의 노하우에 의해서 정해졌습니다. 노동능력이 큰 건장한 청장년이 다수를 이루는 공동체가 그렇지 않은 공동체보다 더 많은 동식물을 수렵하고 채취하였습니다. 식생이 풍성한 천연 자원을 삶의 터전으로 가진 공동체가 그렇지 못한 공동체보다 더 많이 수렵하고 채취하였습니다. 수렵하고 채취하는 노하우가 앞선 공동체가 그렇지 못한 공동체보다 더 많은 동식물을 수렵하고 채취하였습니다. 초보적이나마 도구를 만들어 사용한 공동체가 그렇게 하지 못한 공동체보다 더 많이 수렵하고 채취하였습니다.

이렇게 보면 원시 공동체 중에서, 식생이 풍부한 곳에 터전을 잡고, 건장한 청장년이 다수를 이루며, 수렵하고 채취하는 노하우가 앞서 있거나 도구를 활용한 공동체가 그렇지 못한 공동체보다 훨씬 더 많은 양을 수렵하고 채취하였을 것임을 짐작할 수 있습니다. 현대의 경제용어로 말하자면 그러한 공동체의 국내총생산GDP, Gross Domestic Product이 그렇지 않은 다른 공동체의 그것보다 컸다고 할 수 있습니다.

공유경제의 생산함수

원시 공동체에서 이루어진 경제활동을 간단한 경제모형을 이용해서 나타낼 수 있습니다. 이 시기에 이루어진 생산 활동은 공동체의 구성원들이 그들이 지닌 노동력 N을 써서 자연 X가 베푸는 것을 수렵하고 채취하는 것이 거의 전부였습니다. 일정한 기간에 걸쳐서 수렵하고 채취한 재화의 총량 Y가 공동체의 총생산이 됩니다. 한편 원시 공동체는 그들이 생산한 재화 Y를 모두가 균등하게 나누어 갖고 소비하였으므로 구성원 한 사람이 받은 몫 y는 $y = Y/N$이 됩니다. 이 시기에는 재화를 저장할 방도를 몰랐으므로 한 사람이 받은 몫 y가 곧 그의 지출이 되었습니다.

이제 좀 더 구체적으로 이 공동체가 수렵하고 채취한 재화의 총량 즉, 공동체의 총생산량을 나타내 봅시다. 그 한 가지 방법은 공동체의 생산함수를 다음과 같이 나타내는 것입니다. (대부분의 독자는 이처럼 수식이 등장하면 거부감을 느낍니다. 이런 식의 표현에 익숙하지 않아서 일어나는 지극히 정상적인 반응입니다. 그러나 겁먹을 필요가 없습니다. 오른쪽에 있는 것들을 어떤 장치에 넣고 돌렸더니 왼쪽에 있는 것이 되어 나왔다고 이해하면 됩니다.)

$$Y = AX^{\alpha}N^{1-\alpha} \tag{1.1}$$

위 식 (1.1)에서 A는 이 공동체가 지닌 수렵하고 채취하는 '노하우' 또는 기술을 나타냅니다. 이는 '노동력 N과 자연자원(토지) X를 기술 A를 활용해서 적절히 결합하면 유용한 산출물 Y가 만들어진다.'는 것을 수식으로 나타낸 것입니다. 식 (1.1)에 나타낸 것처럼 생산요소 N과 X를 $N^{1-\alpha}$와 X^{α}의 형태로 변형해서 곱한 것으로 생산량을 나타내는 방식을 가리켜 '콥·더글러스Cobb·Douglas 함수의 형태로 생산함수를 정의한다.'라고 말합니다.

식 (1.1)의 오른편에 있는 수식에서 자연자원 및 노동력에 첨부되어 있는 위 첨자 α(알파)와 $1-\alpha$는 각각 자연자원과 노동력이 총생산에 기여하는 정도를 나타내는 파라미터입니다. 여기에서 α와 $1-\alpha$를 더하면 당연히 1이 되지요. 파라미터 α는 0과 1 사이에서 그 크기가 정해지는 것으로 상정합니다. $\alpha=0$이면 자연자원 없이 노동력만으로 생산이 가능한 경우를 나타내고 $\alpha=1$이면 자연자원만으로 생산이 가능한 경우를 나타냅니다.[8)]

거의 모든 공동체에서는 N과 X를 모두 투입해서 재화를 생산하였을 것이므로 파라미터 α의 크기는 0보다 크고 1보다 작았을 것입니다. 그 크기가 얼마나 되었을까요? 이는 수렵하고 채취하는 데 노동력이 필요한 정도에 따라서 정해집니다. 가령 수렵하고 채취할 대상이 아주 풍성한 자연을 지닌 공동체에서는 노동력이 산출량에 기여하는 정도보다 자연자원이 산출량에 기여하는 정도가 컸을 것입니다. 따라서 그런 공동체에서는 α의 크기가 1에 가까웠던 것으로 볼 수 있습니다. 반면에 수렵하고 채취할 것이 빈약한 자원을 지닌 '불행한' 공동체에서는 자연자원이 산출량에 기여하는 것보다 노동력이 산출량에 기여하는 정도가 컸을 것입니다. 그런 유형의 공동체에서는 α의 크기가 0에 가까웠을 것입니다.

수렵채취시대의 공동체들이 수렵하고 채취한 것을 사이좋게 나누어 먹고 살았다는 것은 공동으로 노동해서 생산한 재화를 균등하게 나누어 가졌음을 의미합니다.[9)] 이러한 사실은 수렵채취시대의 경제적 특징을 공동노동·균등

8) 경쟁 시장을 통해서 자원 배분이 이루어지면, 생산물 중 α는 토지에게 그리고 $1-\alpha$는 근로자에게 귀속됩니다.

9) 이는 거의 확실하게 '무모한' 가정입니다. 아마도 '누가 무엇을 얼마나 갖느냐를 두고 상당히 치열한 쟁탈전이 벌어졌다.'가 실상에 더 가까울 것입니다.

분배라는 용어로 축약해서 나타낼 수 있음을 보여줍니다. 위에서 공동체 구성원 중 일할 능력을 갖춘 사람들이 수렵과 채취에 나서서 거둔 수확물을 모든 사람들이 사이좋게 나누어 먹는다고 설명하였는데 이는 공동체 구성원 N을 노동자와 비노동자로 나눌 수 있음을 전제한 것입니다. 우리가 이 책을 통해서 공부하려는 것이 공동체 구성원 중에 과연 몇 명이 노동에 종사할 것인가 하는 노동참여율 결정이나 노동에 참여한 사람들이 그들이 수확하고 채취한 것을 노동에 동참하지 않은 사람들과 어떻게 나누어 가질 것인가 하는 분배와 관련된 게 아니므로 N명의 구성원 모두가 일하며 그들이 거둔 과실을 똑같이 나누어 갖는 것으로 단순화하기로 합니다.

앞으로의 설명에서 (1.1)과 같은 수식이 자주 소개될 터인데 이런 식의 표현에 익숙하지 않은 독자를 위해서 가능하면 구체적인 수치로 예를 들어서 설명하도록 하겠습니다. 그 하나의 사례로서 식 (1.1)에 등장하는 변수의 값이 $X=10,000$, $N=100$, $A=10$ 그리고 $\alpha=1/2$이라고 해봅시다. 이는 일할 사람이 100명, 그들이 수렵하고 채취할 대상인 자연자원의 양이 10,000개, 수렵하고 채취하는 노하우의 수준이 10 그리고 노동력과 자연자원이 생산에 기여하는 정도가 동일하게 1/2로 주어진 공동체를 분석의 대상으로 한다는 얘기입니다. 이 값들을 식 (1.1)의 오른편에 대입하면 $Y=10,000$이라는 답을 얻습니다. 이것이 바로 이 공동체가 생산하는 재화의 총량이 됩니다. 우리가 생산요소의 단위를 적절하게 정의하면 총생산량을 재화 10,000개라고 부를 수 있습니다. 이 생산물을 노동에 참여한 사람 100명이 균등하게 나누어 가진다면 한 사람이 갖는 몫은 100개가 됩니다.

식 (1.1)로 주어진 생산함수에 대한 이해를 높이기 위해 이제 이 공동체가 지닌 노하우의 수준이 20으로 두 배 향상되면 총생산량이 어떻게 달라지는지 알아봅시다. 방금 위에서 행한 연습에서 A의 값만 10에서 20으로 변경하면 됩니다. 그 대답은 20,000입니다. 이를 보면 기술수준이 두 배 향상되면 총생산량도 두 배 증가하게 됨을 알 수 있습니다. 공동체 구성원의 숫자는 그대로 100명이므로 1인당 생산 역시 전의 100에서 200으로 증가합니다.

수렵하고 채취할 대상이 더 풍성해지면 어떻게 될까요? 이 물음에 대한 답을 알아보기 위해서 X가 10,000에서 12,100으로 증가한 상황을 상정해봅시다. 다른 모든 게 변화하지 않는다면 이 경우에 총생산량은 11,000이 되고 1인당 생산은 110이 됩니다. 우리의 사례에서는 자원의 총량이 21% 늘어날 때 총생산량과 1인당 생산은 10% 늘어나게 됩니다.

공동체 구성원의 숫자가 늘어나면 어떻게 될까요? 이 물음에 대한 답을 알아보기 위해서 N이 100명에서 121명으로 21% 늘어났다고 합시다. 이 경우에 총생산은 11,000이 되어 앞에서와 동일하게 11% 늘어나게 됩니다. 그런데 사람의 수는 21%가 늘어났는데 총생산량은 11% 증가했으므로 1인당 생산은 감소하게 됩니다. 그 크기를 계산해보면 $Y/N=91.91$이 됨에서 이러한 사실을 확인할 수 있습니다.

식 (1.1)의 양변을 구성원의 숫자 N으로 나누어서 정리하면 경제학자들이 1인당 생산함수라고 부르는 아래의 식을 얻게 됩니다.

$$y = Ax^{\alpha} \tag{1.2}$$

1인당 생산 y는 1인당 자원 x와 공동체의 노하우 A의 함수로써 정해짐을 알 수 있습니다.

식 (1.2)로 주어진 '생산함수'를 그래프로 표현하면 [그림 1-1]과 같습니다. 그래프에서 보듯이 1인당 생산은 노동자 한 사람이 가지고 일하는 자원의 양 x의 증가함수입니다. 구성원이 활용할 수 있는 자원이 많은 공동체가 그렇지 못한 곳보다 잘살게 됩니다.

[그림 1-1]에서 알 수 있는 또 하나의 사실은, 노하우 또는 기술을 나타내는 A의 크기가 커지면 같은 양의 x를 가지고서도 전보다 더 많은 y를 생산할 수 있게 된다는 것입니다. A값이 커진다는 게 노하우 또는 기술이 발달하는 것을 뜻하기 때문에 그렇게 됩니다. 기술이 발전하면 같은 양의 투입물을 가지고서도 전보다 더 많은 양의 산출물을 생산할 수 있게 되는 것입니다. 이러한 사실을 [그림 1-1]에서 생산함수를 나타내는 곡선 자체를 상향으로 회전

그림 1-1 수렵채취시대의 생산함수

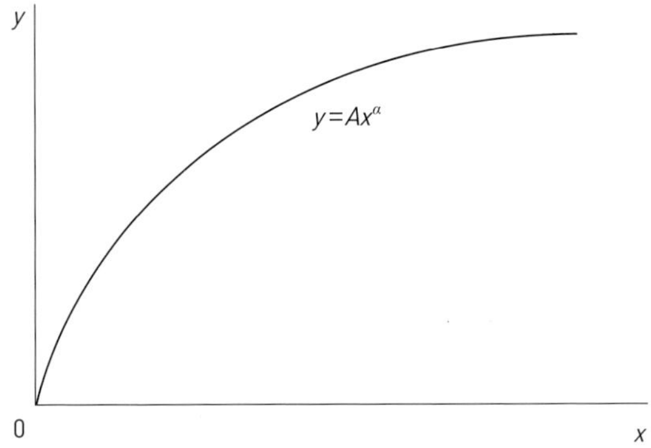

이동시키는 것으로 나타낼 수 있습니다.

식 (1.2)가 나타내는 바를 몇 가지 다른 의미로 이해할 수 있습니다. 첫째는 공동체의 구성원 *N*명이 공동노동을 통해서 생산한 재화의 총량 *Y*를 노동에 참여한 구성원 *N*명에게 균등하게 배분해줄 때 각자가 갖는 몫을 나타냅니다. 둘째는 이 공동체가 '갖고 있는' 자연자원 *X*를 구성원 수 *N*으로 나누어서 각자에게 할당한 다음 각자 알아서 생산하라고 했을 때 얻게 될 산출량을 나타냅니다. 이때 개개 구성원들에게 비록 자기 것은 아니지만 x를 대상으로 해서 수렵하거나 채취하라고 하건, 아예 x를 나누어 주고서 즉 소유권을 주고서 알아서 하라고 하건 생산량은 동일합니다.

결국 식 (1.1)로 주어진 생산함수하에서는 공동으로 일해서 생산한 것을 균등하게 나누어 주거나 자연자원을 균등하게 나누어서 활용하게 할 때 한 사람이 생산하는 양이 동일하게 정해집니다. 이는 생산함수가 경제학에서 말하는 선형동차線形同次, linearly homogeneous이어서 생기는 현상입니다. 일반적인 생산함수하에서는 공동노동을 통해서 얻은 총생산량을 노동자의 수로 나눈 것과 노동자들에게 자원을 분배해주고서 생산하라고 했을 때 한 사람이 생산하는 양이 반드시 같지는 않습니다.

잠깐! 여기에는 아주 중요한 가정이 숨어 있습니다. 공동으로 생산한 것을 균등하게 나누어 가질 때의 재화의 양이나, 생산수단을 사유재산으로 나누어 주고서 생산하도록 했을 때 각자가 생산한 재화의 양이 동일하게 되는 것은 단지 생산함수의 특징 때문만은 아닙니다. 사실은 그보다 더 중요한 사실이 숨어 있습니다.

공동으로 일해서 생산한 것을 균등하게 나누어 갖는 경우에 정해지는 재화의 양과, 각자에게 생산수단을 나누어 주고서 생산하게 했을 때 생산하는 재화의 양이 같아진다는 데는 생산수단의 소유 여부와 관계없이 사람들이 똑같은 정도로 성실하게 노동에 임할 것이라는 전제가 있습니다. 만에 하나라도 생산수단을 소유하고 그것을 활용해서 생산한 결과를 그가 다 가질 때는 최선을 다해 노력하던 사람이, 여럿이 공동으로 노동해서 생산한 과실을 모두가 균등하게 나누어 가질 때에는 최선의 노력을 기울이지 않는다면, 결과는 전혀 달라집니다. 사람은 천성적으로 자기의 이익을 좇는 경향을 지니므로 함께 일해서 생산한 것을 똑같이 나누어 가질 때보다 자기가 생산한 것을 자기가 다 가질 수 있을 때에 더 열심히 일합니다. 공공선을 위해 희생하려는 정신이 투철한 몇몇 사람을 제외하면 보통 사람들은 누구나 다 자기의 이익을 좇아 행동한다고 보는 게 옳을 것입니다.

원시 공동체 구성원들의 현명한 선택

자 이제 사람들이 어떤 선택을 하며 일생을 살아가는지 조금 더 상세하게 알아봅시다. 먼저 사람들이 '무엇을 위해' 사는지 생각해보겠습니다. 이것은 인생의 목표 또는 삶의 목적 내지 가치관에 관한 문제입니다. 우리는 수만 년 전에 살았던 우리의 조상 호모사피엔스가 뚜렷한 목적의식 없이 그저 되는 대로 살았다고 생각하기 쉽습니다. '야만인'에게 무슨 가치관이 있었겠느냐 하는 지레짐작이지요. 그러나 우리의 조상들을 아무것도 모르던 야만인이라고 생각하는 것은 현세대 인류의 오만이 아닐까요? 그들도 뚜렷한 목적의식을 가지고 일생을 살았을 것이라고 봄이 옳겠지요.

우리는 한평생을 살아가면서 수없이 많은 것들을 '선택' 합니다. 어떤 일을 할까, 무엇을 먹을까, 무엇을 입을까, 어떤 학교를 갈까, 무엇을 공부할까, 어떤 직업을 가질까, 누구와 결혼할까, 어떤 곳에서 새살림을 시작할까, 아이는 몇 명이나 낳을까, … 이렇게 우리가 선택하는 일은 끝이 없습니다. 그런데 왜 우리는 그러한 선택을 할까요? 이에 대해서 여러 가지로 설명할 수 있겠지만, 사람들이 어떠한 것을 선택하는 이유는 그것이 그에게 가장 큰 '효용utility'을 주기 때문이라고 생각하는 게 경제학자들의 입장입니다. 효용이라는 말을 쓰는 게 경제학계의 관행이지만 이를 그저 '만족' 또는 '행복'이라고 생각해도 괜찮습니다.

그런데 우리가 무엇인가를 선택한다는 것은, 선택할 수 있는 대상이 여러 개인데 그중에서 어떤 특정한 것을 고르는 것을 의미합니다. 가령 내가 한국에 있는 4년제 대학교에는 어느 곳에나 진학할 수 있는 실력을 가지고 있지만 가정 사정을 고려해서 2년제 전문학교를 선택하는 식입니다. 그렇다면 우리는 왜 그러한 선택을 할까요? 이 물음에 대해서 경제학자들은 '그러한 선택이 그 당사자의 효용을 가장 크게 만들어주기 때문'이라고 생각합니다. 말하자면 그 선택이 그의 효용을 극대화하는 방안이 되기 때문이라는 것이지요. 때때로 우리가 선택한 것이 실수로 드러나기도 하지만 그래도 효용을 극대화하는 선택을 하고자 노력하는 게 우리들의 심성이라는 얘기입니다.

원시 공동체에서 살던 사람들은 무엇을 선택하며 살아갔을까요? 원시인들이라도 틀림없이 아주 많을 일들을 선택하며 살았을 것입니다. 그중에서 무엇을 얼마나 수렵하고 채취할까, 수렵하고 채취한 것을 어떻게 사용할까, 누구와 짝을 짓고 또 아이들은 몇 명이나 낳아 기를까 하는 게 가장 중요한 선택이 아니었을까요? 문제를 단순화하기 위해서 그렇다고 상정하겠습니다. 그런데 이 가운데에서 무엇을 얼마나 수렵하고 채취할 것인가 하는 문제는 공동체가 '공동'으로 정합니다. 나는 공동체가 시키는 대로 다른 사람들과 함께 수렵하고 채취하면 됩니다. 그러므로 내가 선택할 일이란 공동으로 수렵하고 채취한 것 가운데에서 내 몫으로 받은 것을 어떻게 사용할 것인가 하는 문제입니다.

수렵하고 채취하는 일에 동참하고서 받은 내 몫을 나는 어디에 사용하게 될까요? 원시 사회라 해도 일생을 살아가면서 우리가 행하는 일은 무수히 많습니다. 그게 모두 선택의 대상입니다. 그렇지만 그것들을 우리들이 공부하려는 바에 맞춰서 크게 단순화하면 두 가지로 나눌 수 있습니다. 하나는 자신을 위해 사용하는 본인의 '소비'이며 다른 하나는 아이를 낳아 키우는 일 즉, 자녀 양육입니다. 자녀를 낳아서 키우는 일을 저축 또는 투자로 볼 수 있으므로, 결국 소비와 투자가 내가 하는 일이 됩니다. 여기에서 자신을 위한 소비라는 말 속에는 자신이 일생을 살아가는 동안 스스로의 행복을 추구하면서 하는 모든 일들이 포함되어 있습니다. 우리는 그것들을 그냥 두리뭉실하게 '소비'라고 부르고 있습니다.

이제부터 설명이 조금 어려워집니다. 우리가 위에서 자신을 위한 소비와 자녀를 낳아 기르는 일이 선택의 대상이라고 말한 데 유념합시다. 설명의 편의를 위해 소비를 c 그리고 내가 낳아 기를 자녀의 수를 n으로 표시하기로 합니다. 우리가 '소비'와 '자녀'를 선택하는 것은, 위에서의 설명을 따르자면, 그게 우리에게 효용을 주기 때문입니다. 그렇다면 이때 우리가 얻게 되는 효용의 크기를 측정할 수 있을까요? 사실 효용이란 우리가 마음속으로 느끼는 주관적인 만족이나 행복이므로 그 크기를 객관적으로 측정하기가 어렵습니다. 그렇더라도 우리가 선택하는 일들이 얼마만큼의 효용을 주는지 우리는 누구나 마음속으로 계산하며 살아갑니다. 우리가 어떤 일이 다른 것에 비해서 더 좋다고 말하는 것은 바로 그 일들이 우리에게 주는 효용의 크기를 가늠할 수 있기 때문에 가능한 일입니다. 이렇게 우리가 마음속으로 계량하는 효용의 크기를 u라는 글자로 나타내기로 합시다.

위 문단의 설명에서 '소비 c와 자녀 n의 선택에서 효용 u를 얻게 된다.'고 한 바를 수식으로도 나타낼 수 있을까요? 그 대답은 '그렇다.'이며 이때 이용하는 식을 '효용함수'라고 부릅니다. (그게 경제학자들의 접근 방식입니다.) 다음의 식 (1.3)에 우리가 당분간 사용할 효용함수의 구체적인 모습이 주어져 있습니다. 이 식에서 아래 첨자 t는 세대와 세대를 구별하기 위해 넣은 것으로서 u_t, c_t 및 n_t는 각각 t세대원의 효용, 소비 및 자녀 수를 나타냅니다.

$$u_t = (c_t)^{1-\beta}(n_t)^{\eta}(u_{t+1})^{\beta} \tag{1.3}$$

식 (1.3)은 t세대원(t기를 사는 사람)이 누리는 효용 u_t가 그가 일생 동안 행하는 소비 지출 c_t와 그가 낳아 기르는 자녀의 수 n_t 그리고 그의 자녀가 누리게 될 효용 u_{t+1}에 의해서 정해진다는 가설을 수식으로 표현한 것입니다. 경제학자 사이의 논의에서는 $u_t = W(c_t,\ n_t,\ u_{t+1})$이라는 일반적인 형태의 함수를 사용하는 게 관행이지만 우리까지 그렇게 해야 할 이유가 없으므로 명시적인 형태의 함수 중에서 우리에게 친숙한 지수함수exponential function를 사용하고 있는 것입니다.

식 (1.3)에서 소비 c와 자녀의 수 n이 나의 효용을 결정하는 요소가 된다는 것을 이해하기는 쉽습니다. 그러나 자녀가 누리게 될 효용이 내 효용에도 영향을 준다는 가설에 관해서는 약간의 설명이 필요해 보입니다. 그렇지만 이것 역시 자식에게 좀 더 나은 삶의 터전을 마련해주려고 노심초사하는 게 부모의 마음임을 생각하면 쉽게 이해됩니다.

식 (1.3)으로 나타낸 효용함수에 첨부된 지수exponent β(베타)는 나의 자녀가 누리는 행복이 나의 행복에 미치는 영향의 정도를 나타냅니다. β는 0에서 1 사이의 값을 지니는데 그 값이 1에 가까울수록 나는 내 자식의 행복을 중요시하는 사람이 됩니다. 혹시라도 β값이 0인 사람이 있다면 그는 자식이 어떤 삶을 살든지 상관하지 않는 '비정한' 부모입니다.

자녀의 수 n_t에 첨부된 지수 η(에타)는 나의 자녀들이 존재한다는 사실 그 자체가 나를 행복하게 해주는 정도를 나타냅니다. 이 경우에도 η는 0에서 1 사이의 값을 지니는데 그게 1에 가까운 값을 가질수록 아이들을 좋아하는 정도가 강해짐을 나타냅니다. 이 경우에도 η값이 0인 사람이 있다면 그는 아이가 몇 명이건 아무런 관심도 갖지 않습니다. (우리는 그러한 경우를 배제하고 있지만 혹시라도 η가 마이너스의 값을 지니는 사람이 있다면 그는 아이가 있으면 효용이 감소하는 즉, 아이를 '싫어하는' 사람입니다.)

효용함수에서 나의 소비 c가 나 자신의 행복에 기여하는 정도를 지수 $(1-\beta)$로 나타냈음에 유념합시다. 관찰력이 뛰어난 독자라면 c_t와 u_{t+1}에 첨부된 지수들의 합이 1임을 알아챘을 것입니다. 이것은 우리가 상정한 효용함수가 일종의 콥·더글러스 함수임을 보여줍니다. 이는 자신의 소비 c_t와 자녀의 효용 u_{t+1}이 모두 두 배가 되면 내가 누리는 효용 u_t도 두 배가 됨을 의미합니다. 한편 자녀의 효용 u_{t+1}에 붙은 지수 β가 1보다 작다는 사실은, 자녀가 행복해하면 나도 행복해지지만 그렇다고 해서 자녀의 행복이 내 행복보다 더 중요하지는 않음을 말해줍니다. 이러한 현상을 두고서 '현재 세대가 미래 세대의 효용을 할인discount한다'고 말합니다. β가 0에 가까운 값을 가질수록 자녀가 누릴 행복에 대한 나의 관심도가 떨어지는 상황을 나타냄에 유념합시다.

파라미터 β가 0에서 1 사이의 값을 지닌다는 것에 관해 보충설명이 필요해 보입니다. β가 마이너스 값을 갖지는 않으리라는 데 대해서는 누구나 동의할 것입니다. 그게 마이너스라면 아이가 잘살수록 그 부모가 불행해지는데 아마도 이 세상에 그런 부모는 없을 것이기 때문입니다. 비슷한 논리에서 β가 0인 경우도 배제할 수 있습니다. 아이들의 삶에 대해서 전혀 무관심한 부모는 많지 않을 것이기 때문입니다. 그렇다면 왜 β는 1보다 작은 값을 가져야 할까요? 식 (1.3)의 효용함수를 보면 알 수 있듯이 β가 1이 되면 나의 소비가 나의 효용에 아무런 영향도 주지 못하는 상황이 됩니다. 아무래도 그건 말이 되지 않습니다. 그러므로 β는 1보다 작은 값을 갖는다고 보는 게 옳습니다.

파라미터 η가 0에서 1 사이의 값을 갖는다는 것 역시 약간의 설명이 필요합니다. 우선 η가 마이너스 값을 갖지는 않을 것이라는 데 대해서는 동의하기가 쉽습니다. 만일 이게 마이너스라면 아이가 있다는 사실 자체가 부모를 불행하게 만든다는 얘기가 되는데 이는 대부분의 부모가 지닌, 자녀를 사랑하는 본능에 반하는 현상이라고 할 수 있습니다. 마찬가지로 η가 0인 경우도 배제할 수 있습니다. 아이가 많건 적건 전혀 무관심한 부모 역시 그리 많지 않을 것이기 때문입니다. η가 1보다 작은 값을 가진다는 가설은, 아이가 많을수록 효용이 커지기는 하지만, 효용이 증가하는 크기가 점점 작아지는 현상을 반영하기 위함입니다. (경제학자들은 이러한 현상을 가리켜서 한계효용이 체감한다고 말합니다.)

식 (1.3)에 주어진 효용함수는, 우리가 일생을 살아가면서 자신이 소비할 재화와 서비스, 우리가 낳아 기를 자녀의 수 그리고 그 자녀들이 누리게 될 삶의 질이 나 자신의 효용의 크기를 결정하는 핵심적인 요소라는 가설을, 수식으로 표현한 것입니다. 내가 나의 인생을 잘 살아가기 위해서 사용할 '소비'가 클수록, 내가 낳아 기르는 자녀의 수가 많을수록 그리고 내 자녀가 누릴 행복이 클수록 내가 더 행복해진다는 즉, 나의 효용이 커질 것이라는, 어찌 보면 당연한 일을 수식으로 표현한 것입니다. 말로 해도 될 것을 수식으로 표현한 것은 우리가 사는 모습을 조금 더 사실적으로 이해하고자 함입니다.

만일 우리에게 아무런 제약이 없다면, 나 자신을 위한 소비를 마음껏 늘리고, 자녀를 마음껏 많이 낳아 기르며 동시에 그 아이들 각자가 누리게 될 행복을 한없이 크게 만들어주는 게 우리를 행복하게 하는 길이 됩니다. 그렇지만 어느 누구도, 절대자가 아닌 한, 모든 것을 자기 마음대로 할 수 있는 사람은 없습니다. 우리는 누구나 제약조건 아래서 일생을 살아갑니다. 사람마다 처지에 따라 제약조건의 내용이 다르고 또한 살아가면서 어느 정도 우리가 직면한 제약조건을 변화시킬 수 있기는 하지만 그 어느 누구도 원하는 것을 다 하면서 살지는 못합니다.

그렇다면 지금 우리가 이해하고자 하는 수렵채취시대를 살았던 우리 조상은 어떠한 제약조건 아래서 살아야 했을까요? 그들이 가졌던 제약조건은, 공동체가 노력해서 수렵하고 채취한 것의 범위 내에서 살아가야 한다는 것이었습니다. 위에서 우리는 수렵하고 채취할 자연자원의 양이 X인 곳에서 삶의 지혜 A를 가지고 살아가는 N명으로 이루어진 공동체가 공동노동을 통해 생산하는 재화의 양이 Y라고 하였습니다. 바로 Y가 이 공동체의 삶을 제약하는 조건을 만듭니다. 그것이 해당 공동체가 쓸 수 있는 재화의 최대치가 되기 때문입니다. 이제 제약조건을 조금 더 상세하게 알아봅시다.

먼저 공동체의 구성원 각자가 자신을 위해 사용하는 재화의 양 즉, 소비의 크기를 c라고 하면 공동체 전체의 소비는 $Nc=C$가 됩니다. 다음 성인 한 사람(사실은 남녀 한 쌍)이 일생에 걸쳐서 낳아 기르는 자녀의 수가 n이고 아이 하나를 기르는 데 k만큼의 재화가 필요하다면, 이 공동체가 후손을 양육하는 데 쓸 재화의 총량은 knN이 됩니다. 그러므로 이 공동체가 사용할 재화의 총량은 $C+knN$가 되며 $C+knN$의 최대치가 주어진 재화의 총량 Y를 넘어설 수 없다는 게 이 공동체가 직면한 제약조건이 됩니다. 그것을 수식으로 표현하면 식 (1.4)와 같이 됩니다.

$$C+knN=Y=AX^{\alpha}N^{1-\alpha} \tag{1.4}$$

식 (1.4)의 오른편은 공동체가 쓸 수 있는 재화의 총량을 나타내고 왼편은 공동체가 쓰고자 하는 재화의 총량을 나타냅니다. 경제학에서는 식 (1.4)를 예산제약식이라고 부릅니다. (좀 더 정확하게 말하자면 공동체 전체의 예산제약식입니다.) 이제 식 (1.4)의 양변을 공동체 구성원의 수 N으로 나누면 식 (1.5)를 얻게 됩니다.

$$c+kn=y=Ax^{\alpha} \tag{1.5}$$

식 (1.5)의 오른편에서 x는 공동체가 가진 자원의 총량을 그 구성원의 수로 나눈 1인당 자원량을 나타내며 y는 공동체가 생산한 재화의 총량을 그 구성원의 수로 나눈 1인당 생산량을 나타냅니다. 식 (1.5)의 왼편은 공동체 구성원 하나가 자신의 소비와 자녀 양육을 위해 쓸 재화의 양을 나타냅니다. 식 (1.5)를 1인당 예산제약식이라고 부르는데 공동체의 각 구성원은 $y=Ax^{\alpha}$로 정해지는 1인당 소득의 범위 내에서 본인의 소비 c와 자녀 양육에 소요되는 비용 kn을 충당해야 함을 보여줍니다.

구체적인 수치를 들어서 예산제약의 의미를 알아봅시다. 이를 위해서 이 사람의 소득이 1,000이며 아이를 하나 낳아 기르는 데에 200의 자원이 필요한 경우에 관해 살펴보겠습니다. 이 사람이 아이를 둘 낳아 기르고자 하면 거기에 총 400의 자원을 써야 하므로 자신을 위해 쓸 수 있는 양은 600으로 정해집니다. 그러나 하나만 낳아 기른다면 자신의 소비는 800으로 늘어나게 됩니다. 반면에 셋을 낳아 기르려면 자신을 위해서는 400밖에 쓰지 못합니다. 이와 같이 주어진 소득을 본인을 위하는 데 많이 쓰려면 아이를 위해 쓸 자원을 줄여야 하며 아이를 낳아 기르는 데 더 쓰려면 자신을 위한 소비를 줄여야 합니다.

이 수치 예를 보면서 어떤 독자는 '소득을 늘리면 소비도 더 하고 아이도 더 낳아 기를 수 있지 않나.' 하고 생각할 것입니다. 그렇습니다. 소득이 늘어난다면 아이도 더 많이 낳고 자신을 위한 소비도 더 많이 할 수 있습니다. 가령 소득이 1,000일 때 아이 하나를 낳아 기르면서 자신을 위해서 800을 쓰던 사람이 소득이 1,400으로 늘게 되면 아이 둘을 낳아 기르면서도 자신을 위해서 전보다 많은 1,000을 쓸 수 있게 됩니다. 이처럼 소득이 늘면 우리가 선택할 수 있는 대상이 많아지며 또한 거의 틀림없이 좋아집니다. 소득이 증가하면 전보다 나은 것을 선택할 수 있으므로, 소득증가는 분명히 '좋은' 일입니다. 필자가 이 책에서 소득증가, 그중에서도 지속적인 소득증가를 가능하게 하는 근본적인 힘들이 무엇인가를 밝히고자 하는 까닭이 거기 있습니다.

최적 선택의 문제와 그 풀이

예산제약조건 내에서 선택해야 한다고 해서 우리가 선택할 수 있는 대상이 단 몇 개에 지나지 않는 것은 아닙니다. 예산제약조건을 나타내는 식 (1.4)를 충족하는 소비 c와 자녀 수 n의 짝pair은 사실 아주 많습니다. 예를 들어서 소득이 1,000이고 자녀 양육에 200이 소요되는 경우에, ($c=0$, $n=5$), ($c=200$, $n=4$), ($c=400$, $n=3$), ($c=600$, $n=2$), ($c=800$, $n=1$), ($c=1,000$, $n=0$) 등등은 모두 선택 가능한 짝입니다. 이 다섯 가지는 소득을 모두 사용한다는 전제하에서 자녀 수를 자연수로 한정할 때 선택 가능한 경우를 나타냅니다.

약간의 상상력을 발휘해서 자녀 수를 0.9, 1.1, 1.2와 같이 소수로까지 확장할 수 있을까요? 공동체가 낳아 기르는 자녀의 구성원당 평균치는 반드시 자연수가 되어야 할 필요가 없습니다. 예를 들어서 두 사람으로 이루어진 공동체에서 한 사람은 한 명을 낳고 다른 사람은 두 명을 낳는 경우에 이 공동체의 평균은 한 사람당 1.5명이 됩니다. 이때 한 명의 자녀를 낳아 키우는 사람은 800을 소비하고 두 명을 낳아 키우는 사람은 600을 소비하므로, 공동체의 한 사람당 평균소비는 700이 됩니다. 결국 ($c=700$, $n=1.5$)도 공동체의 평균적 관점에서 보면 선택 가능한 대안이 된다고 할 수 있습니다. 이처럼 자녀 수를 자연수에서 소수로 확장하면 예산제약을 충족하는 대안의 개수는 기실 무한대가 됩니다.

우리의 문제는 예산제약조건을 충족하는 무수하게 많은 대상 가운데에서 구체적으로 어떤 것을 골라야 하는가 하는 것입니다. 원리로 보면 선택 가능한 대안 가운데에서 우리의 효용을 가장 크게 만드는 대안을 고르면 됩니다. 그렇지만 구체적으로 어떤 것이 효용을 극대화하는 것인지 찾는 일은 결코 용이하지 않습니다. 그럼에도 불구하고 우리가 살아가는 모습을 관찰해보면 우리들은 어떤 게 우리에게 가장 좋은 것인지 잘도 알아냅니다. (틀린 결정을 내리는 경우도 많지만 제대로 된 사람이라면 이내 그러한 실수를 시정하려고 노력합니다.) 남들이 하는 것을 따라 하는 게 정답인 경우도 있고, 지금까지 해오던 방식을 답습하는 게 정답인 경우도 많습니다. 시행착오를 거듭하면서 더 나은 것을 찾아가기도 하고 때에 따라서는 본능적으로 정답을 알아내기도 합니다. 곰곰이 생각하고 궁리해서 바른 것을 찾기도 합니다. (사실 이 방법이 가장 빈번하게 이용됩니다.)

앞에서 양육비가 200일 때 1,000의 가용자원을 지닌 사람이 (아이의 수를 자연수로 한정했을 때) 고를 수 있는 대안이 6개임을 보았습니다. 이제 이 여섯 가지 가운데에서 어떤 게 가장 좋은지 생각해봅시다. 우선 ($c=0$, $n=5$)와 ($c=1,000$, $n=0$)은 결코 좋은 선택이 될 수 없음을 알 수 있습니다. 왜 그럴까요? 가용자원을 모두 자녀 양육을 위해 쓰려고 사신을 위해서는 한 푼도 쓰지 않을 사람은 없습니다. 사실 자신을 위한 소비가 0이 되면 그 사람은 살아 있을 수도 없습니다. 그러므로 $c=0$은 결코 만족스러운 선택이 될 수 없습니다. 이와는 정반대로 가용자원을 전부 다 자신을 위해 쓰고자 아이는 하나도 낳지 않는 사람도 많지 않을 것입니다. (오늘날에는 자녀를 낳지 않는 부모가 늘고 있으니 이 가설도 틀린 것이 될 수 있습니다.) 그렇다면 나머지 네 개 가운데에서는 어떤 게 제일 좋을까요? 아기를 사랑하는 마음이 큰 사람은 $n=3$ 또는 $n=4$를 고를 것이고 아기를 사랑하기는 하지만 자신의 삶을 더 중요하게 생각하는 사람은 $n=1$ 또는 $n=2$를 고를 것입니다. 이러한 사실은 아이를 사랑하는 마음과 자신의 삶을 중요시하는 마음을 비교 형량해서 가장 마음에 드는 것을 선택함을 말해줍니다.

이제까지 설명한 것은 경제학에서 일상적으로 다루는 최적 선택optimal choice의 문제를 일상의 언어로 설명한 것입니다. 이제 많이 어려워지지만 경제학자들은 이 문제를 어떻게 다루는지 살펴보겠습니다. 그것은 아래와 같은 문제를 푸는 것입니다.[10)]

$$Maximize\ u_t=(c_t)^{1-\beta}(n_t)^{\eta}(u_{t+1})^{\beta} \quad (1.3)$$

$$subject\ to\ c_t+kn_t=y_t=A(x_t)^{\alpha} \quad (1.5)$$

$$x_t>0,\ given$$

이것이 무엇이지요? 식 (1.3)은 우리가 고려하는 '대표적인 사람'이 그가 평생 행하는 소비 c와 그가 낳아 기르는 자녀의 수 n 그리고 그 자녀 하나가 그의 일생 동안 누리게 될 삶의 가치 $u'=u_{t+1}$에 의해서 그 자신의 삶의 가치가 정해진다는 사실을 수식으로 표현한 것입니다. 경제학자들은 어떤 사람이 일생 동안 살아가면서 누리는 '행복' 또는 '만족' 또는 '삶의 가치'를 그 사람이 삶에서 얻는 '생애 효용lifetime utility'이라고 부릅니다. 식 (1.3)이 나타내는 바가 바로 생애 효용입니다. 즉, 이 사람의 생애 효용은 그가 행하는 소비, 자녀의

10) 지금부터 설명하는 부분을 뛰어넘어서 1.3절로 가도 됩니다.

수 그리고 그 자녀가 누리는 생애 효용의 함수가 된다는 사실을 표현한 것입니다. 그런데 식 (1.3) 앞에 'Maximize'라는 용어가 있는 것은 이제 이 사람이 자기의 소비와 그가 낳아 기를 자녀의 수를 결정함에 있어서 자기가 얻을 생애 효용을 가장 크게 만드는 선택을 하려 든다는 사실을 나타내고 있습니다. 그는 그러한 선택을 행함에 있어서 그가 선택한 결과가 그의 자녀가 누릴 '행복'에 미치는 영향까지 감안해서 결정하게 됩니다.

그런데 이 사람은 자기가 하고 싶은 대로 다 선택할 수 있는 게 아닙니다. 선택을 하되 그가 직면한 제약조건 아래서 해야 합니다. 이 경우에 제약조건은 그가 일생 동안 쓸 가용 자원이 y_t로 주어진 상황에서 그 y_t가 허용하는 범위 내에서 선택해야 한다는 것이 됩니다. 식 (1.5)가 바로 그러한 제약조건을 나타냅니다.

결국 우리가 분석 대상으로 삼는 이 사람은 자신을 위해 쓸 재화의 양과 그가 낳아서 기를 자녀의 수를 결정하되, 아무렇게나 하는 것이 아니라 그가 가진 예산이 허용하는 범위 내에서 선택할 수 있는 대안들alternatives, options 중에서 가장 마음에 드는 것을 선택하게 됩니다. 식 (1.3)과 식 (1.5)로 주어진 효용극대화의 문제가 바로 그것을 축약해서 나타낸 것입니다.

위의 식 (1.3)과 식 (1.5)로 나타낸 문제를 푼다는 것은 식 (1.5)의 예산제약을 만족시키는 무수하게 많은 소비와 자녀의 짝pair (c, n)들 가운데서 식 (1.3)으로 주어진 효용함수를 가장 크게 만드는 짝 (c^*, n^*)를 찾는 작업을 말합니다.

우리가 식 (1.3) 및 식 (1.5)로 나타낸 효용극대화의 문제 즉, 최적 선택의 문제를 풀어낼 수 있을까요? 언뜻 보면 아주 어려울 것 같지만 조금만 원리를 공부하면 비교적 쉬운 일임을 알 수 있습니다. 이제 이 문제를 풀어보기로 합시다.

두 가지 경우로 나누어서 공부하기로 합니다. 하나는 내가 자녀의 행복(즉, 그들이 향유할 미래의 삶)에 대해 아무런 영향도 줄 수 없는 경우이고 다른 하나는 어떤 방식으로건 영향을 줄 수 있는 경우입니다.

내가 자녀의 삶에 대해 아무런 영향도 줄 수 없다는 것은 무슨 뜻인가요? 이는 내가 좋아서 아이들을 낳아 키우기는 하지만 그 애들이 성인이 되었을 때 살아갈 세상 형편에 대해서는 내가 아무런 영향도 줄 수 없음을 말합니다. 반면에 내가 자녀의 삶에 대해 영향을 줄 수 있다는 것은 내가 그 애들이 살아갈 세상 형편을 바꾸어줄 수도 있음을 말합니다.

우리가 공부하는 모형에서는 수식으로 말하자면 $y_t = Ax_t^\alpha$로 정해지는 나의 평생 소득이 내가 살아갈 세상을 정해줍니다. 나는 y_t를 갖고 나를 위해 쓸 수도 있고 애를 낳아 키우는 데 쓸 수도 있습니다. 같은 논리를 적용하자면 나의 자손은 $y_{t+1} = Ax_{t+1}^\alpha$를 가지고 인생을 살아가게 됩니다. 그 아이 역시 y_{t+1}을 가지고 본인이 사용하거나 자녀(즉, 나의 손자나 손녀)를 낳아 키우는 데 사용합니다. 이처럼 x_t가 내가 살아갈 세상을 정하고 x_{t+1}이 내 자녀가 살아갈 세상을 정하므로, 내가 나의 자녀가 살아갈 세상을 바꾸어준다는 것은 다름 아닌 내가 자녀에게 물려줄 x_{t+1}의 크기를 변화시키는 것을 말합니다.

만일 x_t가 사유물이어서 내 마음대로 사용할 수 있고 또한 내가 원한다면 나의 자녀에게 유산으로 남겨줄 수 있는 경우에는 내가 내 자녀가 가지고 일생을 살아갈 x_{t+1}의 크기를 정해줄 수 있습니다. 가령 나의 재산이 x_t일 때 내가 낳아 기른 n_t명의 아이들에게 균등하게 재산을 물려준다면, 나의 아이 하나가 가지고 살아갈 재산은 $x_{t+1} = x_t / n_t$가 됩니다. 따라서 내가 몇 명의 자녀를 낳아 기를 것인지 결정하는 행위가 동시에 나의 자녀 하나가 얼마나 큰 재산을 가지고 인생을 살아갈 것인지를 결정하게 됩니다. 가령 내가 한 명만 낳아 기르면 $x_{t+1} = x_t$가 되어서 나의 아이도 나와 똑같은 처지에서 일생을 살게 됩니다. 만일 두 명을 낳아 키우고 재산을 똑같이 나누어 준다면 나의 아이는 $x_{t+1} = x_t / 2$가 되어 나보다 반밖에 안 되는 재산을 가지고 살아가야 합니다. 이와 같이 우리가 공부하는 경제에서는 내가 몇 명의 자녀를 낳아 기를 것인가 하는 선택이 내가 내 자녀의 삶에 대해 영향을 미치는 것이 됩니다.

내가 내 자녀가 가지고 살아갈 x_{t+1}에 대해 영향을 준다는 것은 내가 내 자녀가 누릴 행복의 크기인 그의 생애 효용 u_{t+1}에 대해서 영향을 준다는 것을 의미합니다. 그러므로 이 경우에는 내가 나의 소비와 자녀 수를 결정할 때 그러한 나의 선택이 식 (1.3)에 포함된 u_{t+1}의 크기에 영향을 준다는 사실까지 감안해야 합니다.

그러나 x_t가 사유물이 아니어서 내가 그것을 자녀들에게 물려줄 수 없다면 사정이 달라집니다. 가령 그것이 공유물이어서 본래부터 내 것이 아니며 그래서 내 마음대로 처분할 수 없다면 나는 자녀가 가지고 살아갈 x_{t+1}을 정하는 데 아무런 힘도 쓸 수 없습니다. 그러므로 이 경우에는 내가 u_{t+1}에 아무런 영향을 미치지 못합니다. 내 자녀가 누릴 행복 즉, 그의 생애 효용은 그가 얼마나 많은 재산을 가지고 살아가느냐에 따라서 정해지는데, 내가 그것에 대해 아무런 영향도 주지 못하므로 그렇습니다. 이처럼 내가 자녀의 행복에 대해서 영향을 줄 수 없는 경우에는 나의 소비와 자녀 수를 결정할 때 식 (1.3)에 포함된 u_{t+1}을 무시해도 됩니다. 내가 전혀 영향을 줄 수 없는 변수이므로 그렇습니다.

내가 내 자녀의 행복에 대해서 영향을 줄 수 있는 경우에 문제를 푸는 방법이 그렇지 않은 경우보다 어렵습니다. 식 (1.3)에서 자녀의 행복을 나타내는 u_{t+1}까지 감안해서 내게 가장 좋은 것을 고르는 문제와 그것을 무시한 채 내게 가장 좋은 것을 고르는 문제 가운데 어느 것이 쉬울까요? 당연하게도 후자가 전자보다 쉬울 것입니다. 이제 쉬운 문제를 먼저 풀기 위해서 이번 제1장에서는 내가 자녀의 미래에 대해서 아무런 영향도 줄 수 없는 경우에 관해 알아보겠습니다. 자녀의 행복에 대해 영향을 줄 수 있는 상대적으로 더 어려운 경우에 관해서는 제2장에서 논의하게 됩니다.

식 (1.3)과 식 (1.5)로 주어진 문제를 푸는 방식으로 대입법을 사용하기로 합시다. 먼저 식 (1.4)를 $c = Ax^{\alpha} - kn$이라고 쓸 수 있음에 착안합시다. 이것은 식 (1.4)를 조금 바꾼 것으로서 편의상 시간을 나타내는 아래 첨자는 생략하였습니다. 이 식은 나의 소비가 내가 창출한 소득에서 자녀 양육에 쓰는 비용을 뺀 것으로 정해짐을 나타냅니다. 이를 식 (1.5)의 목적함수에 들어 있는 c에 대입하면 아래와 같은 식을 얻게 됩니다.

$$u = [Ax^{\alpha} - kn]^{1-\beta} \cdot n^{\eta} \cdot u'^{\beta} \tag{1.6}$$

식 (1.6)에서 u'은 식 (1.5)의 u_{t+1}을 나타냅니다. 이제 우리가 할 일은 식 (1.6)의 값을 가장 크게 만드는 선택이 무엇인지 알아내는 것입니다. 식 (1.6)을 자세히 살펴보면 우리가 선택할 변수가 자녀의 수 n 하나임을 알 수 있습니다. 왜 그럴까요? 우선 식에 포함된 내 자녀의 행복을 나타내는 u'은 앞에서 설명한 바와 같이 내가 선택할 수 없는 변수입니다. 내가 거기에 대해서 아무런 영향도 행사할 수 없기 때문입니다. x는 어떤가요? 이는 1인당 자원의 양을 나타내는데 이것 역시 내 의지와는 관계없이 공동체가 지닌 자원의 총량 X와 공동체 구성원의 숫자 N에 의해서 $x=X/N$으로 정해집니다. 내가 X와 N에 대해서 영향을 미칠 수 없으므로 당연하게도 x에 대해서도 영향을 미칠 수 없습니다. 즉, x도 내가 선택할 수 있는 변수가 아닙니다. 결국 식 (1.6)에서 우리가 선택할 변수는 자녀 수 n밖에 남지 않게 됩니다.

우리가 할 일은 식 (1.6)을 극대화하는 자녀의 수 n이 무엇인지 알아내는 작업입니다. 식 (1.6)을 보면 n이 두 군데 들어 있음을 알 수 있습니다. 첫 번째 항인 $[Ax^{\alpha} - kn]^{1-\beta}$에서는 n이 커지면 그 값이 작아지고 두 번째 항인 n^{η}에서는 n이 커지면 그 값이 커집니다. 즉, n을 늘리는 선택을 하면 그게 나의 효용에 미치는 영향이 하나는 플러스이고 하나는 마이너스가 됩니다. 따라서 최선의 선택은 플러스가 되는 것과 마이너스가 되는 것이 정확하게 일치하도록 하는 것이 됩니다. 그런 선택을 n^*라고 부릅시다. 자녀의 수를 n^*보다 많거나 적게 정하면 마이너스가 되는 부분이 플러스가 되는 부분을 압도하게 되어 효용이 감소하게 됩니다.

수학을 이용하면 위에서 설명한 내용을 조금 더 정밀하게 이해할 수 있습니다. 우리의 문제에서 수학을 이용한다는 것은 식 (1.6)을 n에 대해서 미분한 값이 0이 되게 하는 n을 찾는 것을 말합니다. 식 (1.6)을 n에 대해서 미분하고 그것을 0으로 놓으면 아래와 같은 결과를 얻게 됩니다.

$$-(1-\beta)k/c + \eta/n = 0 \tag{1.7}$$

식 (1.7)이 소위 일계조건을 구하고 그 값을 0으로 놓은 것에 해당합니다. 식 (1.7)을 조금 고쳐 쓰면 $\eta c=(1-\beta)nk$가 됩니다. 이것과 식 (1.4)에 주어진 $c+nk=Ax^{\alpha}$는 c와 n을 미지수로 하는 연립방정식을 이룹니다. 이제 마지막으로 이 연립방정식을 풀면 다음과 같은 해를 얻게 됩니다.

$$n_t=\frac{\eta}{1-\beta+\eta}\frac{Ax_t^{\alpha}}{k} \tag{1.8}$$

$$c_t=\frac{1-\beta}{1-\beta+\eta}Ax_t^{\alpha} \tag{1.9}$$

식 (1.8)과 식 (1.9)에는 이제까지 생략했던 시간을 나타내는 아래 첨자를 다시 넣었습니다.

식 (1.8)과 (1.9)를 보면 자녀의 숫자 n_t와 나의 소비 c_t가 모두 내가 가지고 일하는 자원의 양(토지) x_t의 함수로 정해짐을 알 수 있습니다. 식 (1.8)에서 보듯이 자녀 수 n은 내가 사용하는 토지 x의 증가함수이고 자녀 양육비 k의 감소함수입니다. 내가 활용할 토지의 양이 늘어나면 자녀를 더 많이 낳게 되며 자녀를 양육하는 게 더 '비싸지면' 자녀를 적게 낳게 되는 것입니다. 식 (1.9)를 보면 나의 소비 c는 내가 활용하는 토지 x의 증가함수임을 알 수 있습니다. 활용할 토지의 양이 증가하면 나의 소비도 증가하게 됩니다. 역시 식 (1.9)를 보면 나의 소비가 자녀 양육비 k와는 무관하게 정해짐을 알 수 있습니다. 이는 우리가 상정한 효용함수 및 생산함수의 특징에서 유래되는 결과입니다. 보다 일반적인 함수를 상정하면 자녀 양육비 k가 늘어날 때 나의 소비 c는 증가할 수도 감소할 수도 있습니다.

식 (1.8)과 식 (1.9)를 보면, 자녀 수 n_t와 소비 c_t가 모두 x_t의 함수가 됨을 알 수 있습니다. 이는 x_t가 변화하면 n_t와 c_t도 변화하게 될 것임을 말해줍니다. 그러므로 우리가 시간이 흐름에 따라서 x_t의 크기가 어떻게 변화할지를 알 수 있으면 그로부터 시간이 흐름에 따라서 n_t와 c_t가 어떻게 변화할지 알 수 있게 됩니다. 이 점에 관해 알아보기 위해서 이제 x_t가 어떻게 변화할지 알아보기로 합시다.

이제부터는 이 공동체가 지닌 자원의 크기가 X로 고정되어 있는 것으로 상정하겠습니다. 아무리 수렵채취의 시대라고 해도 공동체가 수렵하고 채취할 대상이 되는 X가 고정불변일 리는 없습니다. 너무 많이 수렵하고 채취한 결과 X가 점점 더 작아질 수도 있고, 자연 스스로의 생명력에 힘입어서 X가 커질 수도 있습니다. 또한 새로운 사냥터나 채집 장소를 발견하게 되면 X가 크게 늘어날 수도 있습니다. 천재지변으로 하루아침에 X가 크게 파손될 수도 있지요. 이처럼 원래는 X가 가변적이라고 보는 게 옳을 것입니다. 그렇더라도 우리는 X가 고정되어 있는 것으로 취급하겠습니다. X가 고정되어 있을 때 어떤 일이 벌어지는지 이해하게 되면 X를 변화시켰을 때 우리가 구한 답이 어떻게 달라지는지 알아내는 것은 아주 쉽기 때문입니다. 그렇게 해도 괜찮은 것은 X가 선택변수가 아니기 때문입니다.

이제 $x_t = X/N_t$가 되고 $x_{t+1} = X/N_{t+1}$이 됨에 주목합시다. N_t와 N_{t+1}은 각각 t기와 $t+1$기를 살아가는 공동체 구성원의 숫자 즉, 인구를 나타냅니다. t기를 살아가는 N_t명이 각각 n_t명의 자녀를 낳아 키우면 그게 바로 $t+1$기의 인구가 되므로, $N_{t+1} = N_t n_t$이 되며 그래서 식 (1.10)로 나타낸 바와 같은 관계가 성립합니다.

$$x_{t+1} = \frac{X}{N_{t+1}} = \frac{X}{N_t n_t} = \frac{x_t}{n_t} \tag{1.10}$$

식 (1.10)에 포함된 n_t는 식 (1.8)에서 보듯이 x_t의 함수입니다. 이러한 사실을 반영해서 식 (1.8)로 주어진 x_t의 함수 n_t를 식 (1.10)에 대입한 다음 정리하면 아래와 같은 관계식을 얻게 됩니다.

$$x_{t+1} = \frac{1-\beta+\eta}{\eta} \frac{k}{A} x_t^{1-\alpha} \tag{1.11}$$

식 (1.11)은 x_t의 1차 차분방정식first order difference equation입니다. 식 (1.11)을 보면 오른편에 어떤 수 x_t를 '투입'하면 이 식의 왼편에서 x_{t+1}이 '나오게' 됩니다. 이렇게 구한 x_{t+1}을 오른편에 투입하면 이번에는 x_{t+2}를 얻게 됩니다. 우리는 이러한 과정을 무수하게 반복함으로써 x_{t+j}, j=1, 2, 3, …의 값들을 알아낼 수 있습니다. 즉, x가 x_t에서 출발해서 어떤 모습을 보이며 변화하는지 추적할 수 있습니다.

이 관계식을 좀 더 잘 이해하기 위해서 $\beta=0.28$, $\eta=0.3$, $\alpha=1/2$, $k=200$ 그리고 $A=50$이라고 상정하고서 x_t가 어떤 모습을 보이면서 변화할지 알아보겠습니다. 방금 상정한 값을 식 (1.11)에 대입하면 $x_{t+1}=13.6x_t^{1/2}$을 얻게 됩니다. 이제 $x_t=400$이라고 합시다. 즉, 어떤 집안에서 400(평?)에 해당하는 자원을 이용하면서 살고 있다고 합시다. 400의 제곱근은 20이 되므로 이 사람의 자손은 13.6×20 즉 272의 자원을 가지고 살아가게 됩니다. 이는 이 사람이 1.47명의 자녀를 낳아서 기를 것임을 알려줍니다. 손자녀 세대는 어떻게 될까요? 272의 제곱근은 16.5이고 여기에다가 13.6을 곱하면 약 224가 됩니다. 즉, 이 사람의 손자나 손녀는 약 224평을 갖고 살아가게 됩니다. 이는 나의 자녀가 각각 1.2명의 자녀를 낳을 것임을 암시합니다. 그렇다면 그다음 세대는 어떻게 될까요? 앞서서 한 계산을 반복해보면 4세대째 가서는 한 사람당 약 204의 자원을 가지고 살 것임을 알아낼 수 있습니다. 이때 4세대원의 수는 1.1명으로 줄어듭니다. 이와 같이 세대를 거듭하면서 한 사람이 활용하는 자원의 크기는 400, 272, 224, 204 등으로, 그리고 자녀 수는 1.47, 1.2, 1.1명 등으로 줄어들게 됩니다.

혹시라도 이런 식으로 변화한다면 아주 먼 후손 대에 가면 그가 활용할 자원이나 그가 낳는 자녀 수가 0이 되는 것은 아닐까요? 만일 그렇다면 이 가문은 소멸되고 말 것입니다. 다행히도 그렇게 되지는 않습니다. 방금 행한 계산을 반복하면, 한 사람이 활용하는 자원의 크기가 185가 되는 시기가 되면 그때부터는 거기에서 더 이상 변화하지 않음을 볼 수 있습니다. 즉, x가 185가 되는 때가 도래하면 부모 세대나 자녀 세대 그리고 손자녀 세대 등 모든 세대원이 동일한 크기의 자원 185를 활용하면서 살아가게 됩니다. 그리고 그때가 되면 식 (1.8)을 통해서 알 수 있듯이 모든 세대가 단 한 명의 자녀만 낳아 기르게 됩니다.

위의 사례에서 $x=185$에 이르면 그 상태가 반복됨을 보았습니다. 이는 식 (1.11)의 오른편에 어떤 값 $\bar{x}$를 투입했더니 왼편에서 나온 값이 오른편에서 투입한 $\bar{x}$와 동일하게 되는 상황이 전개됨을 의미합니다. 즉, x가 더 이상 변화하지 않고 $\bar{x}$에 그대로 머물게 됩니다. 학자들은 그러한 $\bar{x}$를 '정상상태stationary state의 x'라고 부릅니다.

우리는 식 (1.11)을 이용해서 정상상태의 x인 $\bar{x}$의 크기를 알아낼 수 있습니다. 정상상태에 도달하면 $\bar{x}=\frac{1-\beta+\eta}{\eta}\frac{k}{A}(\bar{x})^{1-\alpha}$가 성립하므로 그렇습니다. 방금 구한 식을 $\bar{x}$에 관해서 풀면 다음과 같은 해를 얻게 됩니다.

$$\bar{x}=\left[\frac{1-\beta+\eta}{\eta}\frac{k}{A}\right]^{\frac{1}{\alpha}} \qquad (1.12)$$

식 (1.12)로 주어진 $\bar{x}$가 정상상태의 x입니다. 우리는 앞에서 행한 수치 예에서 처음에 $x=400$으로 시작했던 것이 세대를 거듭하며 줄어들면서 $x=185$에 도달하게 되면 거기에서 더 이상 변화하지 않음을 보았습니다. 즉, x가 400에서 185로 수렴합니다. 이러한 수렴 현상이 일반적인 일일까요? 다시 말하자면 임의의 x_t에서 출발한 경제가 세대를 거듭하면서 $\bar{x}$로 수렴해가는 게 틀림없는 사실인가요? 경제모형에서 구하는 정상상태가 의미 있는 것이 되려면 그게 그 경제가 종당에 도달한 귀착점이 되어야 합니다. 그래야 정상상태를 구하여 그게 어떤 특징을 가지는지 알아내는 작업이 의미가 있게 됩니다. 경제가 정상상태로 수렴할 때에만 우리가 구한 정상상태의 특징이 그 경제의 실제 특징이 되기 때문에 그렇습니다. 그래서 어떤 경제가 x_t를 가지고 시작했을 때 시간이 흐르면서 정말 $\bar{x}$로 수렴하는지 알아볼 필요가 있습니다.

[그림 1-2]를 활용해서 x_t가 $\bar{x}$로 수렴하는지 확인해 보겠습니다. 먼저 식 (1.11)을 x_{t+1}을 세로축으로, 그리고 x_t를 가로축으로 하는 좌표평면에 나타내면 원점을 지나면서 위로 볼록한 그래프를 얻게 됩니다. 한편 [그림 1-2]에서 원점을 지나는 직선은 기울기가 1이며 이 직선상의 모든 점에서 $x_t=x_{t+1}$이 성립합니다. 두 그래프가 만나는 점의 x값을 $\bar{x}$라고 합시다. $\bar{x}$는 식 (1.11)

그림 1-2 정상상태의 x 결정

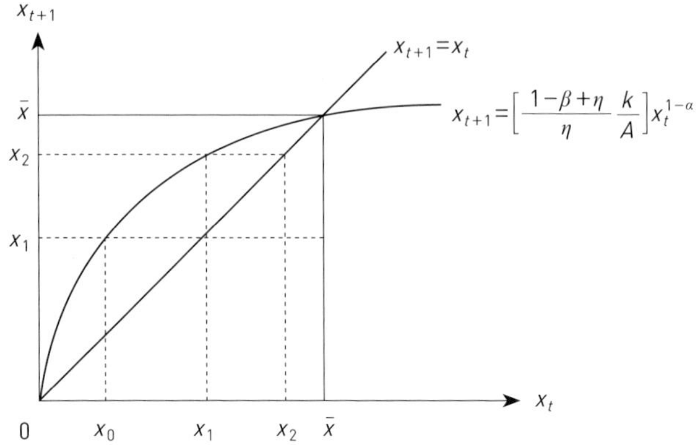

을 만족시키면서 동시에 원점을 지나는 직선상에 있는 점입니다.

[그림 1-2]에서 가로축에 표시된 $\bar{x}$가 정상상태를 나타냅니다. 그림에서 보듯이 $x_t=\bar{x}$ 일 때 x_{t+1}도 $\bar{x}$값을 갖게 되는 데에서 그러한 사실을 알게 됩니다. 그림을 자세히 살펴보면, 처음에 x_0로 시작한 경제는 그다음 기에 x_1을 가지게 되고 또 그다음 기에는 x_2를 가지게 됩니다. 그림에서 보듯이 $x_0<x_1<x_2$가 성립합니다. 즉, 시간이 경과하면서 x의 크기가 점점 커집니다.

x가 어느 값까지 증가하게 될까요? 그림을 분석해보면 알 수 있듯이 x값이 $\bar{x}$가 되면 더 이상의 변화가 일어나지 않게 됩니다. 결국 x_0에서 출발한 이 경제가 $\bar{x}$로 수렴하게 되는 것입니다. 즉, $x_0 \to \bar{x}$가 성립합니다. (초기의 x_0가 $\bar{x}$보다 큰 값을 가지는 경우에는 시간이 흐르면서 x가 점차 작아져서 $\bar{x}$로 수렴한다는 사실 역시 그림을 이용해서 보여줄 수 있습니다.)

x_t가 $\bar{x}$로 수렴해간다는 사실에서 x_t의 함수로 정해지는 c_t와 n_t 역시 각각의 정상상태인 $\bar{c}$와 $\bar{n}$로 수렴해갈 것임을 알 수 있습니다. 이 수렴값은 이 경제가 아주 오래 진화하면 도달하는 점이 됩니다. 그런 의미에서 이를 장기 정상상태long run stationary state라고 부를 수 있습니다.

우리가 구한 $\bar{x}$값을 식 (1.8)과 식 (1.9)의 x_t에 대입하면 정상상태의 $\bar{c}$와 $\bar{n}$를 구할 수 있습니다. 또한 $\bar{c}+k\bar{n}=\bar{y}$가 된다는 사실을 이용하면 정상상태의

1인당 소득 $\bar{y}$를 구할 수 있습니다. 마지막으로 $\bar{x}=X/\bar{N}$라는 사실을 이용하면 정상상태에서 정해지는 공동체 구성원의 수 $\bar{N}$의 크기도 알아낼 수 있습니다. 위에서 구한 식 (1.12) 그리고 아래에 주어진 식 (1.13)~식 (1.16)이 현재 우리가 공부하고 있는 공동노동·균등분배 경제의 정상상태를 나타냅니다. (편의상 $\bar{x}$를 나타내는 식을 다시 한번 더 적습니다.)

$$\bar{x}=\left[\frac{1-\beta+\eta}{\eta}\frac{k}{A}\right]^{\frac{1}{\alpha}} \tag{1.12}$$

$$\bar{c}=\frac{1-\beta}{\eta}k \tag{1.13}$$

$$\bar{n}=1 \tag{1.14}$$

$$\bar{y}=\frac{1-\beta+\eta}{\eta}k \tag{1.15}$$

$$\bar{N}=\left[\frac{\eta}{1-\beta+\eta}\frac{A}{k}\right]^{\frac{1}{\alpha}}X \tag{1.16}$$

1.3 수렵채취시대의 경제상황

수렵채취시대의 정상상태: 수식을 통한 이해

식 (1.12)~식 (1.16)이, 모든 것을 공동으로 소유하며 공동으로 일해서 생산한 수확물을 균등하게 나누어 갖는 경제인, 공동노동·균등분배 경제에서 장기 정상상태를 나타냅니다. 그 특징을 보면 다음과 같습니다.

식 (1.13)에서 보듯이 자녀 수가 한 명이 되는 게 정상상태인데 이는 매 세대가 자녀를 한 명만 낳아서 키우는 게 정상상태임을 보여줍니다. (한 쌍의 부모를 상정한다면 두 명을 낳는 게 정상상태가 됩니다.) 한 사람이 하나만 낳아 키우므로 식 (1.16)에서 보듯이, 공동체가 지닌 노하우 A나 공동체가 활용하는 자원의 양 X가 변화하지 않는 한, 공동체의 인구는 변화하지 않습니다.

식 (1.13)과 식 (1.15)에서 보듯이 정상상태에서 정해지는 1인당 소비와 소득은 모두 이 경제가 지닌 자원의 양 X나 이 경제가 갖고 있는 삶의 지혜 A와는 무관하게 정해집니다. 이는 수렵하고 채취할 대상이 많다고 해서 개개인이 더 잘살게 되는 것도 아니고 삶의 지혜가 더 발달되었다고 해서 개개인이 더 잘살게 되는 것도 아님을 말해줍니다. 그러나 공동체 전체의 총생산이나 총소비는 공동체가 지닌 자원의 양 X가 많거나 공동체가 지닌 노하우 A가 앞서 있으면 그렇지 않을 때보다 크게 정해집니다. 이는 식 (1.16)에서 보듯이 공동체의 구성원 수 N이 자원 부존량 X 및 노하우 A의 증가함수로 정해지기 때문입니다. 즉, A 또는 X가 큰 값을 갖게 되면 N도 큰 값으로 정해지므로 그렇게 됩니다.

한편 식 (1.12)에서 보듯이 1인당 자원의 양 $\bar{x}$는 공동체가 지닌 경제에 관한 노하우 A의 감소함수가 됩니다. 노하우가 발달하면 종전보다 적은 양의 자원을 활용해도 생산량을 늘리는 게 가능해지므로 그렇게 됩니다. 이 경제의 정상상태에서 정해지는 공동체 구성원 한 사람당 자원의 양 $\bar{x}$는, 공동체가 활용하는 자원의 총량 X가 커진다고 해서 많아지지 않습니다. X가 증가하면 구성원의 수 N이 그에 비례해서 늘어나기 때문에 그렇게 됩니다.

방금 설명한 부분에서 공동체가 지닌 노하우 A가 좋아지거나 공동체가 사용하는 자원 X의 양이 늘어날 때 공동체 구성원의 숫자 N만 변화되고 공동체를 이루는 개개인의 소득은 변화하지 않는다는 사실이 이상하다고 여길 사람이 많을 것입니다. 보충 설명이 필요해 보입니다.

A 또는 X가 변화하면 공동체가 생산하는 재화와 서비스의 총량도 변화하게 마련입니다. 가령 발견이나 발명을 통하여 공동체의 노하우가 개선되거나 자연환경이 좋아져서 공동체가 활용할 자원의 양이 많아지면 총생산이 증가하게 됩니다. 이때 그러한 변화에도 불구하고 공동체 구성원 수 N이 변화되지 않는다면 당연하게도 1인당 소득 y가 증가하게 됩니다. 1인당 소득이 $y_t = Ax_t$로 정해진다는 사실에서 이를 분명하게 알 수 있습니다. 그러나 A가 개선되거

나 X가 많아질 때 1인당 소득이 증가하는 현상은 일시적인 현상에 불과합니다. 시간이 흐르면서 증가했던 1인당 소득은 다시 본래의 수준으로 돌아가게 됩니다.

1인당 생산량이 본래의 수준으로 되돌아가는 까닭은 소득이 증가하면서 인구가 늘어나기 때문입니다. 예를 들어서 A가 개선되면 그에 힘입어서 총생산과 1인당 소득이 증가하게 됩니다. 1인당 소득의 증가를 경험한 세대는 그의 부모 세대와는 달리 한 명보다 많은 자녀를 낳게 됩니다. 모두가 그렇게 하므로 공동체 구성원 수 N도 증가합니다. N이 증가하면 당초 증가했던 1인당 소득이 다시금 작아집니다. 그렇더라도 줄어든 소득이 여전히 정상상태의 소득보다 크면 이 세대가 낳는 자녀 수도 한 명보다 많습니다. 그 결과 총인구는 다시 더 늘어납니다. 이는 또다시 1인당 소득을 작게 만듭니다. 이러한 과정은 1인당 소득이 원래의 정상상태로 돌아갈 때까지 반복됩니다. 그렇게 해서 정상상태로 복귀하면 1인당 소득은 본래의 수준으로 낮아지지만 총인구는 늘어나게 됩니다.

이러한 설명을 들으면서 '정상상태로 다시 돌아가는데 도대체 얼마나 많은 세대를 거쳐야 하는가?' 하는 의문이 들 수 있습니다. 이는 경제학에서 다루는 이행 기간transition period에 관한 물음인데 그에 대한 답은 '이 경제의 생산성이 높을수록 이행의 기간이 단축된다.'가 됩니다. 우리가 제시한 경제모형에서는 생산함수 $y=Ax^{\alpha}$에서 α가 생산성의 척도가 되므로 α가 1에 가까운 값을 가질수록 이행의 기간이 짧아지는 결과를 얻게 됩니다.

수렵채취시대의 정상상태: 수치를 통한 이해

이제 우리가 알아낸 답을 좀 더 잘 이해하기 위해서 모형의 파라미터값을 아래와 같이 상정해보기로 합시다.

$$\beta=0.28,\ \eta=0.30,\ \alpha=1/2,\ k=200$$

자녀의 효용에 첨부되는 파라미터 β가 0.28의 값을 지닌다는 것은 나의 소비에 첨부되는 파라미터 $1-\beta$의 값이 0.72가 됨을 뜻합니다. 이는 내 자녀의 효용이 나를 행복하게 해주는 것보다 나의 소비가 나를 행복하게 해주는 정도가 2.6배 정도 더 큼을 의미합니다. 자녀 수에 첨부되는 파라미터 η가 0.30의 값을 갖는다는 것은 예를 들어서 자녀 수가 하나에서 둘로 늘어날 때 나의 효용은 30% 증가함을 나타냅니다. 끝으로 α가 1/2이라는 것은 생산에서 노동과 자원이 같은 비중으로 중요함을 의미합니다.

이 파라미터값들을 식 (1.13)과 식 (1.15)에 대입하면 정상상태의 1인당 소비와 소득을 구할 수 있습니다. 그 값은 각각 480과 680이 됩니다. 이제 앞에서 제시한 파라미터값에 더해서 이 공동체의 기술수준 A가 50 그리고 공동체가 이용하는 '토지' X의 크기가 10,000평이라고 합시다. 이 두 가지 정보를 추가하면 이 경제가 정상상태에 도달했을 때의 공동체 구성원의 수 N과 1인당 '경작면적' x의 크기를 구할 수 있습니다. 그 값은 각각 54명과 185평이 됩니다.

이런 상황에서 노하우 A가 50에서 52.5로 향상되면 어떤 일이 일어날까요? 그 대답은, 1인당 소득과 소비는 전과 마찬가지로 각각 680 및 480으로 정해지지만 공동체 구성원의 수는 59.6명으로 증가하고 1인당 경작면적은 167.8평으로 줄어든다는 것입니다. 이는 다음과 같은 변화의 결과입니다.

우선 노하우가 향상되면 동일한 양의 노동력과 자원을 가지고서도 전보다 더 많은 양을 생산하게 됩니다. 그 결과 공동체의 총생산이 증가하며 아직 인구가 변화하지 않은 상태에서 1인당 소득과 소비도 증가하게 됩니다. 1인당 소득이 증가하면 사람들이 전보다 아이를 더 많이 낳기 시작합니다. 그 결과 공동체 구성원의 숫자가 증가합니다. 이렇게 공동체 구성원의 숫자가 증가하면 그만큼 노동력이 늘어나므로 총생산은 또다시 증가합니다. 그렇더라도 생산성이 체감하므로 노동력이 늘어난 비율보다는 낮게 증가합니다. 그 결과 1인당 소득이 늘어나기는 하지만 늘어난 폭은 처음보다 작아집니다. 비록 작게나마 1인당 소득이 늘어나면 아이도 소득이 늘지 않았을 때보다는 조금 더 많이 낳게 됩니다. 그렇게 되면 공동체 구성원의 수 역시 조금 더 늘어납니다. 그런데 공동체 구성원의 수 즉, 노동력은 늘어나는데 총경작면적은 더 이상 늘어나지 않으므로 1인당 경작면적은 점점 작아지게 됩니다. 이는 1인당 생산의 감소로 이어지게 되는데 그러한 변화는 모든 구성원들이 또다시 아이를 하나만 낳게 될 때 즉, 새로운 정상상태에 도달하면 종식됩니다. 새로운 정상상태에 도달했을 때 그동안의 변화로 인해서 구성원의 숫자가 늘어나고 1인당 경작면적이 줄어듭니다. 그러나 1인당 생산과 1인당 소비는 처음의 정상상태와 같아집니다. 즉, 소득은 변화하지 않고 인구만 늘어납니다.

[표 1-1]에 다른 모든 것은 그대로인 채 공동체의 노하우 *A*가 50에서 52.5로 5% 향상될 때 세대를 거듭하면서 경제상황이 어떻게 변화되는지 나타나 있습니다. 이를 보면 노하우 향상과 더불어서 680에서 714로 증가했던 1인당 생산이 몇 세대 만에 680으로 회귀함을 알 수 있습니다. 자녀 수의 경우에도 하나만 낳던 것에서 1.05명으로 증가하지만 (이는 인구증가율이 5%가 됨을 의미합니다) 역시 몇 세대 만에 다시 1명으로 회귀합니다. 그러나 총인구는 54명에서 59.6명으로 증가하고 1인당 경작면적은 185에서 167.8로 줄어듭니다.

다음에는 공동체가 활용하는 자원의 양이 변화할 때 어떠한 변화가 야기되는지 알아보기로 합니다. 이를 위해서 10,000평을 경작하던 어떤 공동체가 어떤 일이 계기가 되어 그보다 10% 증가된 11,000평을 경작할 수 있게 되었다고 합시다. 공동체가 활용할 수 있는 자원(토지)이 늘어나면 공동체가 생산하

표 1-1 공동체의 노하우가 향상될 때 일어나는 경제 변화

세대	1	2	3	4	5	6	7	8	9
x	185	185	176.3	172.0	169.9	168.8	168.0	167.9	167.8
n	1	1.05	1.025	1.0126	1.006	1.003	1.001	1.000	1.000
y	680	714.1	697.2	688.5	684.3	682.1	680.5	680.3	680.1
N	54	54	56.7	58.1	58.9	59.2	59.5	59.6	59.6

설명: 공동체의 노하우만 5% 향상되는 경우의 경제 변화

표 1-2 경작면적의 확대가 가져오는 경제 변화

세대	1	2	3	4	5	6	7	8	9
x	185	203.7	194.106	189.478	187.205	186.08	185.52	185.24	185.1
n	1	1.049	1.024	1.012	1.006	1.003	1.002	1.001	1.000
y	680	713.62	696.61	688.25	684.11	682.05	681.03	680.51	680.26
N	54	54	56.67	58.054	58.76	59.11	59.29	59.38	59.43

설명: 다른 모든 것은 그대로인데 경작면적만 10% 증가된 경우

는 재화와 용역의 가치가 커지는 게 당연해 보입니다. 또한 총생산 증가 덕분에 공동체가 처음보다 부유해졌으므로 당초보다 더 많은 구성원들을 먹여 살릴 수 있을 것 역시 당연해 보입니다. 실제로 그렇게 됩니다. 경작면적이 늘어난 이후 이 경제가 새로운 정상상태에 도달하면, 공동체 구성원 수 즉, 인구가 정확하게 경작지가 늘어난 비율만큼 늘어납니다. 이는 새로운 정상상태에 도달했을 때 정해지는 1인당 경작면적이 당초의 것과 같아질 것임을 말해줍니다. (경작지 전체의 면적이 늘어난 비율만큼 인구가 증가하므로 그렇게 됩니다.) 이렇게 1인당 경작면적이 처음의 수준으로 되돌아가므로 정상상태의 1인당 생산 역시 당초의 것과 같아집니다. 또한 자녀 수도 1명으로 회귀하게 됩니다. 위에서 상정한 파라미터값과 A가 당초의 50에 그대로 있다는 가정하에서 X가 10,000평에서 11,000평으로 늘어날 때, 공동체 구성원 수는 54명에서 59.4명으로 늘어납니다. 그러나 1인당 경작면적은 여전히 185평이고 1인당 생산과 소비도 각각 전과 동일하게 680 및 480이 됩니다.

A가 향상될 때의 변화와 X가 확대되었을 때의 변화가 중요한 측면에서 차이를 보이는 데 유념합시다. 그 차이란 A가 변화되면 N은 물론이거니와 $\bar{x}$도 변화되지만 X가 변화되면 N은 변화되지만 $\bar{x}$는 변화되지 않는다는 데 있습니다.

수렵채취시대의 경제 변화

방금 우리가 살펴본 사실이 인류의 경제사에 대해서 많은 것을 말해줍니

다. 자연자원의 크기 X나 노하우 A의 변화가 일시적으로는 1인당 소득과 소비를 변화시키지만 정상상태의 1인당 소득과 소비에는 아무런 영향도 미치지 못한다는 사실이 의미하는 바가 무엇일까요? 그것은 인류가 영위하는 생산방식에 근본적인 변화가 일어나지 않는 한 인류는 장기 정상상태의 1인당 소득과 소비를 변화시키지 못한다는 사실을 말해줍니다. 우리가 검토한 예를 보면 X나 A가 변화되더라도 그로 인한 조정의 과정이 끝나면 1인당 소득과 소비는 각각 680 및 480인 정상상태로 되돌아갑니다. 즉, 아주 긴 기간에 걸쳐서 관찰해보면 인류의 1인당 소득과 소비는 680 및 480 수준에서 벗어나지를 못합니다. 인류가 초장기 정상상태에 빠지는 것이지요. 28만 년 이상의 수렵채취시대를 살아오는 동안 인류가 현재의 화폐가치로 약 500달러에 해당하는 1인당 소득을 가지고 살았다는 인류학자들의 주장이 우리의 모형이 가리키는 바와 크게 다르지 않습니다.

그렇지만 인류의 숫자는 지속적으로 증가되어 오지 않았나요? 그렇습니다. 인류학자들에 의하면 지금부터 약 1만 2,000년 전에 시작된 농경목축시대의 초기에 지구상에는 수백만 명에 달하는 현생 인류가 살고 있었다고 합니다. 이는 분명히 30만 년 전에 살았던 현생 인류보다 훨씬 더 많은 숫자입니다. 즉, 인류의 숫자가 증가해온 것이 사실입니다. 이러한 사실을 어떻게 설명할 수 있을까요? 우리는 앞에서의 설명에서 자원 X나 노하우 A의 변화가 N을 변화시킨다는 사실을 알아냈습니다. 즉, 신천지의 발견 등에 힘입어서 X가 확대되거나 새로운 발견·발명에 힘입어서 노하우 A가 개선되면 일시적으로는 1인당 소득이 증가하지만 장기적으로는 N의 크기만 확대된다는 사실을 확인한 바 있습니다. 이는 28만 년도 더 되는 수렵채취의 시대를 살아오면서 아프리카에서 중동, 유럽, 아시아, 대양주, 아메리카 등으로 끊임없이 이동하면서 X를 확대해온 것과 불의 이용, 물의 이용, 바퀴의 이용, 그릇의 이용, 의사소통 수단의 활용 등 간헐적이지만 반복적으로 이루어져 온 A를 향상시켜 온 것이 인류의 숫자를 늘려온 근본적인 힘임을 보여줍니다.

수렵채취시대에 지구상에는 아주 많은 수의 소小공동체들이 존재했던 것으로 보입니다. 사람이 살 만한 여건을 갖춘 장소가 무수히 많았기에 그러한 일이 가능했습니다. 그런데 이들 소공동체들은 상호 간에 교류가 거의 없이 동 떨어진 섬처럼 살았습니다. 수렵채취시대 우리의 조상들이 살았던 '마을'의 자연자원을 X_i라 하면 X_i를 써서 다양한 공동체를 나타낼 수 있습니다. 이때 i는 1부터 시작해서 수백 아니 수천에 이르는 공동체를 나타내게 됩니다. 각 공동체에서 살아갔던 사람의 숫자를 N_i로 나타낼 수 있습니다. 그런데 $N_i=X_i/\bar{x}_i$로 정해지는데 공동체 구성원 한 사람이 경작하는 토지의 면적 $\bar{x}_i$는 공동체의 규모와 관계없이 동일하게 정해졌으므로, 공동체가 지닌 X_i가 크면 구성원의 수 N_i도 많게 정해졌습니다. 공동체의 총생산량이 $Y_i=AX_i^{\alpha}N_i^{1-\alpha}$로 정해지므로, 수렵채취의 대상이 되는 자연자원 X_i가 크고, 그래서 N_i가 크게 정해지는 공동체가 총생산량도 더 크게 정해집니다. 즉, X_i가 큰 공동체가 경제규모도 크게 정해졌습니다. 그러나 그렇더라도 구성원 하나가 갖는 소득과 소비는 공동체의 규모와 관계없이 비슷비슷하였습니다.

방금 전의 논의에서는 $A_i=A$로 보아서 모든 공동체들이 동일한 수준의 노하우를 보유한 것으로 상정하였습니다. 이는 공동체 간의 교류가 매우 적었던 수렵채취시대에는 들어맞지 않는 가정입니다. 아마도 거의 틀림없이 공동체마다 그들이 지닌 노하우에 상당한 차이가 있었을 것입니다. 즉, 수렵채취시대에도 앞선 공동체와 뒤떨어진 공동체가 있었을 것입니다. 이게 사실이라면 각 공동체가 지녔던 정상상태의 모습도 달랐을 것입니다. 동일한 경작면적을 가진 공동체 중에서도 노하우가 앞선 공동체가 총생산과 인구의 측면에서 그렇지 못한 공동체보다 양호한 사정을 보였을 것임에 틀림없습니다. 그들을 외부에서 관찰한다면 사람들이 많고 경제규모가 크므로 다른 공동체보다 더 부유한 공동체로 보였을 수도 있습니다.

그렇지만 1인당 생산의 측면에서 보면 노하우가 앞선 공동체가 그렇지 못한 공동체보다 낫지 않습니다. 왜냐하면 정상상태의 1인당 생산은 공동체가 보유한 노하우나 공동체가 활용하는 자원의 크기와는 무관하게 정해지기 때문입니다. 앞에서 누누이 설명하였듯이 노하우의 크기는 인구와 총생산 그리고 1인당 경작면적에만 영향을 줍니다. 노하우가 앞선 '선진 공동체'나 노하우가 뒤떨어진 '후진 공동체' 공히 그 구성원 개개인의 경제복지 수준은 동일하게 정해집니다. 그 수준은 겨우 먹고살 만한 정도의 것이었으며 조부모, 부모, 자식, 손자녀 등 모든 세대에 걸쳐서 동일한 것이었습니다. 이 마지막 설명에서 모든 세대에 걸쳐서 동일한 수준의 1인당 생산을 가지고 살아갔다는 것은, 이 시기에는 우리가 아는 바와 같은 경제성장이 존재하지 않았음을 말해줍니다. 즉, 수렵채취시대는 28만 년 이상에 걸친 초장기 정체의 시대였습니다.

제 2 장

상상의 세상
: 자유롭고 평등한 사적소유의 세상

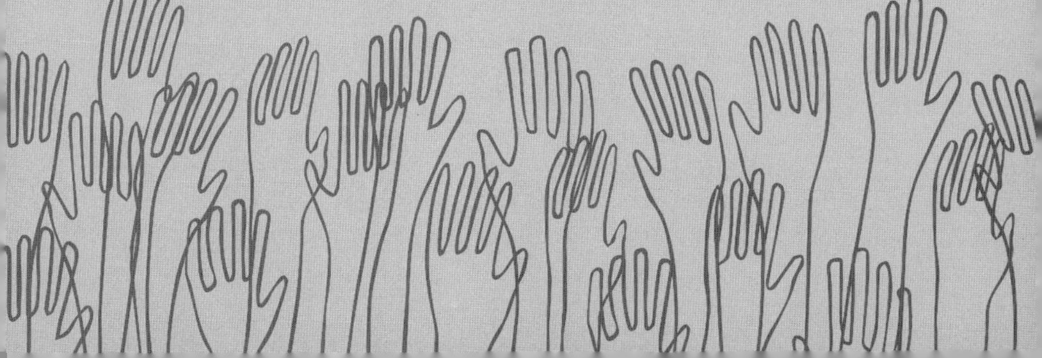

제1장에서는 사유재산권이 확립되지 않은 공유경제에서 어떤 일이 벌어지는지 알아보았습니다.

우리가 얻은 큰 결론은 두 가지입니다. 하나는 공동체의 규모와 공동체가 생산하는 총산출량에 관한 것입니다. 이를 보면 더 넓고 더 비옥하며 식생이 더 풍부한 수렵채취 지역에 둥지를 튼 공동체는 그렇지 못한 공동체보다 규모도 크고 생산하는 재화의 양도 많음을 알 수 있습니다. 또한 수렵과 채취에 관한 노하우가 발달되어 있으며 공동체를 운영하는 노하우가 앞선 공동체가 그렇지 못한 공동체보다 규모도 크고 생산하는 재화의 양도 많음을 알 수 있습니다.

다른 결론은 공동체 구성원 한 사람당 소득과 소비에 관한 것입니다. 이를 보면 공동체가 지닌 자원의 양이 많건 적건 관계없이 또한 공동체가 지닌 노하우가 좋건 나쁘건 관계없이 공동체 구성원 한 사람이 갖는 소득과 소비는 한 사람이 겨우 먹고살 만한 크기인 생명유지수준subsistence level에서 정해짐을 알 수 있습니다. 경제상황이 좋아지거나 나빠지면 그에 반응해서 1인당 소득과 소비도 증감하기는 하지만 그 효과는 단기에서 그치고 결국에는 생명유지수준으로 되돌아갑니다. 그 결과 긴 세월을 두고 관찰해보면 1인당 소득과 소비는 증가하지도 감소하지도 않은 채 생명유지수준에서 정체됩니다. 제1장에서 알아본 바에 의하면, 그 크기가 현재의 돈 가치로 환산해서 680달러(USD) 정도입니다. 근래에 여러 경제학자들이 추정한 것을 보면 적어도 28만 년은 되는 수렵채취시대 내내 인류의 평균소득은 1년에 500달러 정도에서 크게 벗어난 적이 없다고 합니다.

2.1 사적소유와 경제활동의 자유

제1장에서 우리가 얻은 결론은 모든 생산수단을 공동으로 소유한 상황에서 즉, 아무도 사유재산을 갖지 못한 상황에서, 구성원들이 공동으로 노동해서

생산한 것을 모든 사람이 동등하게 나누어 가질 때 성립하는 사실입니다. 그렇다면 공동체 구성원 각자가 생산수단을 사적으로 소유할 수 있으면 결론이 어떻게 달라질까요? 이 물음에 관한 답을 찾는 방편으로서 이제부터는 사유재산권이 확립되어 있는 경우에는 정상상태가 어떤 모습으로 정해지는지 알아보고자 합니다.

사유재산권이 확립되어 있다는 말에는 세 가지 의미가 있습니다. 하나는 누구든지 자기 마음대로 활용할 수 있는 재산을 사적으로 소유할 수 있다는 것이고, 다른 하나는 자기가 지닌 능력을 활용해서 창출한 가치는 모두 그의 사유재산이 된다는 것이며, 또 다른 하나는 이제 누구든지 남의 간섭을 받지 않고서 자유롭게 행동할 수 있다는 사실입니다. 이것은 위에서 본 내 것이라고는 아무것도 없으며, 내가 혼자 힘으로 생산한 것일지라도 남과 나누어 갖고 남이 저 혼자 생산한 것일지라도 내가 나누어 가지며, 무슨 일이건 내 마음대로 하지 못하였던 상황과는 180도 상이한 것입니다.

사유재산권이 형성된 데에는 아마도 꽤나 다양한 경로가 있었을 것입니다. 우리의 주 관심사가 어떤 과정을 거쳐서 사유재산이 형성되었는지 알아보는 데 있지 않으므로 여기에서는 제1장에서 알아본 바와 궤를 같이하기 위해서 다음과 같은 상황 변화를 상정하기로 합니다. 이를 위해 이제까지 공동체 구성원 전체가 공동으로 사용하던(소유하던) 자원 X를 $1/N$로 균등하게 나누어서 각자에게 사유재산으로 나누어 주는 '대변혁'이 이루어졌다고 합시다. 이러한 변화가 일어나면 공동체의 구성원은 이제 누구나 $x=X/N$만큼의 '자원'을 소유하게 됩니다. 이는 이제까지 자기 것이라곤 아무것도 가지지 못하던 무산자가 어느 날 아무도 범접할 수 없는 자기 것을 소유한 유산자로 변신하게 됨을 의미합니다.

우리가 x를 사유물이라고 부르는 것은 그것을 내 마음대로 이용하고 처분할 수 있기 때문입니다. 또한 우리가 x를 사유물이라고 부르는 것은 우리가 그것을 나의 의지대로 활용해서 생산한 재화를 다른 사람에게 나누어 줄 필요 없이 내가 다 쓸 수 있음을 의미합니다. 즉, 생산수단 x를 써서 생산한 것은 모두 내 것이 됩니다. 반면에 사유재산권이 확립되면 이제 나는 남들이 생산한 것을 거저 갖지 못하게 됩니다. 공동소유사회에서는 남들이 생산한 것을 나누어 먹을 수 있었지만 이제는 무상으로 그렇게 하는 게 불가능합니다. 한편 생산수단 *x*가 내 것이고 그것을 내 마음대로 활용해서 얻은 생산물 *y*가 내 것이 된다는 사실은 내가 나의 사유재산이 허용하는 범위 안에서 행동의 자유를 갖게 됨도 의미합니다.

한 가지 유념할 것은 생산수단 *x*가 사유물이 되고 그래서 내가 생산한 것인 *y*가 내 것이기는 하지만, 내가 원해서 그것을 남과 나누는 일은 얼마든지 가능합니다. 아무도 그런 일을 막지 않습니다. 그러나 내가 원하지 않는데도 내가 생산한 것을 남에게 나누어 주어야 하는 일은 이제 더 이상 일어나지 않습니다. 이와 마찬가지로 남이 생산한 것이라도 그가 나에게 거저 주겠다면 그것을 받는 것 역시 나의 자유입니다. 좋으면 받고 싫으면 받지 않으면 됩니다. 방금 언급한 것은 사실 더 중요한 의미를 갖고 있습니다. 그것은 이제 내가 내 마음대로 행동할 수 있다는 것입니다. 즉, 그동안은 공동체가 시키는 일을 하고 살아오던 내가 이제부터는 나의 자유의사에 따라서 자유롭게 살아갈 수 있게 되는 것입니다.

결국 우리가 고려하는 대大변화는 세 가지 중요한 측면을 지닙니다. 사적소유가 가능해졌다는 사실, 내가 창출한 가치는 전부 내 것이 된다는 사실, 나의 재산이나 내가 생산한 가치나 더 나아가서 나의 능력을 나의 자유의사대로 사용할 수 있다는 사실이 그것입니다. 이는 사적소유와 자유가 우리가 고려하는 대大변혁의 핵심임을 말해줍니다.

사유물이라곤 하나도 없던 사람들이 내 것을 가지게 되면 행동이 어떻게 달라질까요? 아마도 보통 사람이라면 내 것을 아껴서 잘 활용하다가 후손들에게 남겨주고 싶어 할 것입니다. 나에게 투자의 기회가 있으면 가능하면 더 늘려서 남겨주고 싶은 마음도 생길 테지요. 아, 물론 어떤 사람은 자기가 다 써버리고 하나도 남겨주지 않을 수도 있지만요. 그런데 우리는 자녀의 행복에 대해 신경을 쓰는 부모를 상정하고 있으므로 그렇게 야박한 부모는 생기지 않을

것입니다.[1)]

자기가 생산한 것을 남들과 똑같이 나누어 갖는 한편 남들이 생산한 것을 균등하게 나누어 받으며 살던 사람들이 이제부터는 자기가 생산한 것은 모두 자기가 가질 수 있게 된 반면에 남들이 생산한 것을 거저 가질 수는 없게 되면 어떤 상황이 전개될까요? 아마도 보통 사람이라면 전보다 훨씬 더 열성적으로 일하게 될 것입니다. 전에는 내가 생산한 것을 남들과 나누어 가지는 데서 오는 의욕저하와 일하지 않더라도 남의 것을 나누어 가질 수 있는 데서 오는 게으름으로 인해서 별로 열성적이지 않던 사람이라도 이제 달라집니다. 내가 생산한 것을 내가 모두 갖게 되니까 더 열심히 일할 의욕이 생기는 데다가 남이 생산한 것을 사용하면서 놀고먹을 방도가 없어지니 열심히 일하지 않을 도리가 없게 되는 것입니다.[2)]

2.2 사유(자유)경제의 정상상태 도출

모형의 설정

자 이제 우리의 문제로 돌아갑시다. 나는 부모에게서 생산수단 x_t를 유산으로 상속받아서 나의 인생을 시작합니다. 내가 그것을 최대한도로 활용해서 창출할 수 있는 가치는 $y_t = Ax_t^{\alpha}$가 됩니다. 예리한 독자라면 제1장에서도 1인당 산출량이 $y_t = Ax_t^{\alpha}$로 정해졌음을 기억할 것입니다. 이것 조금 이상하지 않나요? 이렇게 생산수단을 사유재산으로 소유하건 그렇지 않건 간에 산출량이 동일하다는 것은 생산수단의 소유 유무와 무관하게 사람들이 동일한 정도로 열심히 일할 것이라는 가정하에서만 성립합니다. 사유재산일 때와 공유재산일

1) 빌리거나 빌려주는 상황을 고려할 수도 있지만 여기서는 모든 이가 동등한 상황을 상정하고 있으므로 대차거래는 일어나지 않습니다.

2) 수십 년 동안 '당의 보살핌' 속에서 살다가 갑자기 제 힘으로 살아야 할 처지가 된 동독인들이 통일 초기에 적지 않은 고통을 느꼈다고 합니다.

때에 노동에 임하는 자세가 다르다면 결과는 아주 달라집니다. (보통의 인간이라면 자기가 노력해서 얻은 것을 전부 다 자기가 가질 수 있을 때 더 열심히 일할 것입니다. 역시 보통의 사람이라면 남들이 생산한 것을 거저 나누어 갖지 못하게 되어 스스로 생계를 해결해 나가지 않을 수 없게 되면 더 열심히 일할 것입니다.)

나는 나의 재산 x_t를 활용해서 창출한 가치인 y_t를 온전히 내 마음대로 사용합니다. 우리가 고려하는 경제에서는 내가 하는 일이란 나를 위해서 소비하는 것과 나의 자녀를 낳아 기르는 일입니다. 즉, 나는 내가 창출한 가치를 c_t와 kn_t로 나누어 사용합니다. 즉, 이 경우에도 앞에서 본 바와 마찬가지로 $c+kn=y=Ax^{\alpha}$가 되도록 선택해야 합니다. 내가 할 일은 이 예산제약을 충족하는 (c, n) 중에서 나의 효용을 가장 크게 만드는 (c^{*}, n^{*})를 찾아내는 일입니다. 이렇게 내가 할 일인 효용극대화의 문제를 수식으로 나타내면 아래와 같습니다.

그런데 우리가 제1장에서 알아보았던 공유경제와는 달리 이제 내가 x를 사유물로 가진다는 사실이 문제를 복잡하게 합니다. 왜냐하면 이제 나는 내 사유물인 x를 나의 자녀에게 상속재산으로 남겨줄 수 있으며 그렇기에 내가 내 자녀의 삶에 대해 영향을 미칠 수가 있어서 그렇습니다. 내가 자녀의 삶에 대해 영향을 줄 수 있다는 것은, 나의 행동이 나의 효용함수에 포함되는 자녀의 효용 u'에 미치는 영향을 감안해서 내가 최선의 선택을 해야 함을 뜻합니다. 이와는 달리 제1장의 문제에서는 내가 u'에 대해 아무런 영향도 미칠 수 없어 그것을 무시하고 행동했었음을 상기하면 좋겠습니다. 사유경제에서 내가 해결해야 할 최적 선택의 문제를 수식으로 표시하면 아래와 같이 됩니다.

$$Max\ u_t = c_t^{1-\beta} n_t^{n} (u_{t+1})^{\beta} \tag{2.1}$$

$$subject\ to$$

$$c_t + kn_t = y_t = Ax_t^{\alpha} \tag{2.2}$$

$$x_{t+1} = x_t / n_t \tag{2.3}$$

$$x_t > 0,\ given \tag{2.4}$$

식 (2.1)은 t기를 살아가는 '나'의 생애 효용lifetime utility이 내가 일생 동안에 걸쳐서 향유하는 '소비' c와 내가 낳아 키울 자녀의 숫자 n의 함수가 되며 또한 내 자녀가 누리게 될 그의 생애 효용 $u'=u_{t+1}$ 함수가 됨을 나타냅니다. 여기에서 함수가 된다 함은 $(c,\ n,\ u')$의 크기가 달라질 때 내가 얻는 효용의 크기가 달라진다는 사실을 수학적으로 표현한 것입니다. 식 (2.1)을 보면 알 수 있듯이 나의 생애 효용 u는 나의 소비 c, 내가 낳아 키울 자녀의 수 n, 그리고 내 자녀 한 명이 누리게 될 생애 효용 u'의 증가함수가 됩니다. c, n 또는 u'이 처음보다 큰 값을 갖게 되면 즉, 증가하면, 나의 효용 u도 증가하게 되는 것이지요. 이는 우리가 제1장에서 제시한 효용함수와 동일한 것입니다. (이는 수렵채취시대를 살았던 자나 사유경제에서 살아간 자가 '사람'으로서는 전혀 차이가 없었음을 의미합니다.)

식 (2.2)는 내가 '따라야 하는' 예산제약을 나타냅니다. 나의 소득은 $y_t=Ax_t^{\alpha}$로 정해지는데 나는 이것을 가지고서 나의 소비 c_t와 자녀 양육비 kn_t로 나누어 씁니다. 이때 내가 사용할 자원의 합 c_t+kn_t가 나의 소득을 넘어설 수 없다는 것이 식 (2.2)의 한 가지 속성입니다. 혹시 내가 소득보다 적게 쓰는 것은 어떨까요? 이론적으로는 내가 소득을 다 쓰지 않고 죽을 수도 있습니다. 사람들 중에는 아마 그런 이도 있을 것입니다. 그런데 그가 의도적으로 재화를 남겨놓고 죽을 것 같지는 않습니다. 소비에 쓰건 자녀 양육에 쓰건 나에게 주어진 소득을 남겨놓지 않고 다 쓰는 게 나의 효용을 증가시키는 일이 되므로 그렇습니다. 이처럼 이론적으로는 소득을 다 쓰지 않고 남겨놓는 게 가능하지만 효용 극대화를 추구하는 사람이라면 소득을 다 쓴다고 보는 게 옳을 것입니다. 이렇게 내가 사용할 자원의 합 c_t+kn_t가 나의 소득보다 작지 않다는 것이 식 (2.2)가 가지는 또 하나의 속성입니다. 예산제약을 나타내는 식 (2.2) 역시 우리가 제1장에서 고려하였던 것과 동일합니다.

식 (2.3)은 제1장에서는 고려하지 않았던 것으로서 이제 새로 추가된 것입니다. 이 식은 나의 자녀 한 명이 갖고서 그의 일생을 살아갈 생산수단 x_{t+1}의 크기가 내가 소유한 생산수단 x_t의 크기와 내가 낳아 키울 자녀의 숫자 n_t

의 함수로 정해진다는 사실을 나타냅니다. 식 (2.3)에서 보듯이 내가 가진 게 많으면 자녀에게 남겨줄 것도 많아집니다. 즉, x_{t+1}은 x_t의 증가함수입니다. 반면에 식 (2.3)이 보여주듯이 내가 자녀를 더 많이 낳아 키우게 되면 내 자녀 하나가 갖게 될 생산수단의 크기는 작아집니다. 즉, x_{t+1}은 n_t의 감소함수입니다.

마지막으로 식 (2.4)에 관해 생각해봅시다. 이 식은 내가 그것을 가지고 일생을 살아갈 생산수단 x_t가 나의 선택과는 무관하게 어떤 값으로 주어짐을 나타냅니다. 즉, x_t를 내가 선택해서 정하는 게 아니라 그저 내게 주어진 것이라는 얘기입니다. 이게 무슨 의미이지요? 그 뜻은 아주 단순합니다. x_t를 내가 정하는 게 아니라 나의 부모가 내게 남겨준 것을 그대로 활용해야 함을 의미합니다.

(여러분 중의 어떤 사람은 '나는 부모가 나에게 남겨줄 재산 x_{t+1}의 크기에 영향을 줄 수 있다'고 생각하는 사람이 있을 것입니다. 우리가 고려하는 모형을 재산을 사고파는 거래가 이루어지는 경우로 확장하면 부모의 의사결정에 영향을 주는 것을 통해서 내가 부모로부터 받을 유산의 크기를 변화시킬 수도 있게 됩니다. 연로하신 부모님이 해외여행 가는 것을 반대한다든지, 고가의 외제차를 사시지 못하게 설득한다든지, 홀로되신 한 분이 재혼하는 것을 한사코 말리는 것이 그런 행동이 됩니다. 그렇지만 자식이 이런 식으로 행동할 때 부모가 과연 그의 재산을 자식에게 남겨주려고 할까요?)

식 (2.1)과 식 (2.2)만 놓고 보면 우리가 제1장에서 보았던 식 (1.3) 및 식 (1.5)와 동일합니다. 그러므로 일견 지금 우리가 공부하는 상황이 제1장에서 알아보았던 상황과 같은 게 아닌가 하고 생각할 수 있습니다. 그렇습니다. 표면적으로 보면 양자 간에 차이가 없어 보이는 게 사실입니다. 그러나 그것은 오직 표면적으로만 그렇습니다. 왜냐하면 생산수단 x_t가 내 것이고 내가 그것을 자녀에게 상속해줄 수 있다는 사실이 나의 행동을 근본적으로 변화시키기 때문입니다. 즉, 전에는 고려하지 않았던 식 (2.3)이 현재의 상황에서는 아주 중요한 의미를 지니기 때문에 그렇습니다.

중요하므로 다시 한번 더 설명하겠습니다. 내가 n_t명의 자녀를 낳아 키우며 그들에게 나의 재산을 균등하게 상속해준다면 나의 자손 한 명이 가지고 인생을 시작할 재산 즉, 생산수단 x_{t+1}은 x_t/n_t로 정해집니다. 즉, $x_{t+1}=x_t/n_t$가 됩니다. 이를 보면 내가 낳아 기르는 자녀의 수가 그 애들 하나가 갖게 될 재산 x_{t+1}의 크기와 직결됨을 알 수 있습니다. 전에는 나의 선택과는 무관하게 x_{t+1}이 정해졌으나 이제는 나의 선택이 x_{t+1}의 크기에 결정적으로 영향을 주게 된 것입니다. 이는 x_t가 사유재산이기 때문에 일어나는 현상입니다.

자녀 수 n_t에 관한 나의 선택이 내 자녀가 갖고 살아갈 x_{t+1}의 크기에 영향을 준다는 사실은 식 (3.1)로 주어진 목적함수 즉, 나의 효용함수에 들어가는 내 자녀의 효용 u_{t+1}의 크기가 나의 선택 결과에 따라 달라질 것임을 의미합니다. 그러므로 우리는 이제 제1장에서 그렇게 했던 것처럼 u_{t+1}을 무시한 채 문제를 풀 수는 없습니다. n_t에 관한 나의 선택이 내 자녀의 효용 u_{t+1}에 미치는 영향을 고려해서 문제를 풀어야 합니다. 자녀의 효용 u_{t+1}이 나의 효용 u_t에 영향을 주므로 나의 선택 n_t가 u_{t+1}에 미치는 영향까지 고려해야 나의 효용 u_t를 극대화하는 선택이 되기 때문에 그렇습니다. (이 설명이 그럴 것 같기는 한데 꼬리에 꼬리를 무는 현상이라서 문제를 풀기가 난해해 보입니다. 이렇게 일견 난해해 보이는 문제도 풀어내는 게 현대 경제이론의 한 면모입니다.)

모형의 해 도출[3)]

이제 식 (2.1)~식 (2.4)로 주어진 문제를 푸는 게 전처럼 간단하지 않습니다. 어떻게 하면 골치 아픈 이 문제를 풀 수 있을까요? 다음과 같은 방법 또는 분석의 틀을 사용해봅시다. 우선 제1장에서의 풀이에서 c_t와 n_t가 모두 x_t의 함수로 정해졌음을 상기합시다. 이 점은 지금 우리가 공부하는 상황에도 그대로 적용되는 사실로서, 우리가 구하려는 소비와 자녀 수를 $c_t=c(x_t)$ 및 $n_t=n(x_t)$와 같이 '함수'로 나타낼 수 있음을 의미합니다. 제1장에서 공부하였던

3) 이 부분이 난해한 독자는 2.3절의 설명으로 넘어가면 됩니다.

식 (1.9)와 식 (1.10)에 함수 $c(x_t)$와 함수 $n(x_t)$의 구체적인 모습이 있습니다.

소비 c_t와 자녀 수 n_t가 x_t의 함수가 된다는 사실은 내가 얻는 효용 u_t도 x_t의 함수가 될 것임을 암시합니다. 이러한 사실을 반영해서 $u_t = v(x_t)$로 나타낼 수 있다고 '가상假想, conjecture'하기로 합시다. 우리가 행한 이 '가상'이 맞는다면 u_{t+1}은 무엇이 될까요? $u_t = v(x_t)$가 성립한다면 $u_{t+1} = v(x_{t+1})$이 성립함이 당연하지 않을까요? 경제학자가 다루는 대부분의 문제에서는 이러한 명제가 성립됩니다.

효용을 극대화시키는 선택을 한 결과로 주어지는 나의 생애 효용 u_t를 나의 재산(내가 소유한 생산수단) x_t의 함수로 표현할 수 있을 것이라는 위의 논의를 반영해서 식 (2.1)~식 (2.4)로 주어진 문제를 고쳐 쓰면 다음과 같이 됩니다.

$$v(x_t) = Max\ (c_t)^{1-\beta}(n_t)^{\eta}[v(x_{t+1})]^{\beta} \tag{2.5}$$

$$subject\ to$$

$$c_t + kn_t = A(x_t)^{\alpha}$$

$$x_{t+1} = x_t / n_t, \quad x_t > 0,\ given$$

식 (2.5)는 위에서 설명한 바와 같이 우리가 '가상'한 $u_t = v(x_t)$가 되는 함수가 존재한다는 사실을 전제로 해서 도출한 것입니다. 정말 그런 함수가 존재할까요? 이 물음에 대한 답은 '그렇다'인데 그것을 증명하는 일은 이 책을 읽는 대부분의 독자가 지닌 경제수학 지식 수준을 훨씬 넘는 사항입니다. 관심이 있는 독자는 스토키·루카스(Stokey & Lucas, 1989)를 공부하도록 권유합니다. 사실 이것을 공부하는 일은 매우 어렵습니다. 그래서 굳이 그 책을 공부하지 않더라도 왜 그렇게 되는지를 설명해보고자 합니다.

문제 (2.5)를 면밀하게 검토해보면 식의 오른편에서 우리가 효용을 극대화하기 위해서 선택하는 모든 변수들을 $c_t = c(x_t)$, $n_t = n(x_t)$, 그리고 $u_{t+1} = v(x_t / n(x_t))$와 같이 x_t의 함수로 표현할 수 있으면 당연하게도 u_t 역시 x_t의 함수가 될 것임을 알 수 있습니다. 이미 설명하였듯이 소비 c_t와 자녀 수 n_t는 분명히 x_t의 함수로 정해집니다. 문제는 u_{t+1}인데 만일 우리가 가상한 u_t

$=v(x_t)$가 옳다면 즉, u_t를 x_t의 함수로 나타낼 수 있다는 우리의 가상이 옳다면, 당연하게도 $u_{t+1}=v(x_{t+1})$이 성립되어야 합니다. 그런데 제약조건을 보면 $x_{t+1}=x_t/n_t$이고 $n_t=n(x_t)$가 성립하므로 $x_{t+1}=x_t/n(x_t)=x(x_t)$가 됨을 유추할 수 있습니다. 즉, x_{t+1}역시 x_t의 함수로 정해짐을 알 수 있습니다. 그러므로 $u_{t+1}=v(x_{t+1})$ 역시 x_t의 함수가 됩니다. 결국 우리가 최선을 다해서 목적함수 식 (2.5)의 오른편에 들어가는 변수를 선택한 결과들이 모두 x_t의 함수가 되므로 그것들을 대입해서 얻게 되는 효용 즉, 식 (2.5)의 왼편에 있는 u_t 역시 x_t의 함수가 됩니다. 이를 보면 $u_t=v(x_t)$라고 놓은 우리의 '가상'이 틀리지 않음을 알 수 있습니다. (방금 우리가 활용한 증명의 방식을 경제학에서는 '가상을 이용한 증명proof by conjecture'이라고 부릅니다.)

설명하다 보니 이야기가 많이 어려워졌습니다. 더 쉽게 설명할 방도가 없어서 아쉽습니다. 경제학이 이렇게 어려우면 안 된다고 생각하지만 어떤 문제는 고도의 수학적 기법을 적용하지 않으면 풀 수 없는 것도 현실입니다. 이제 본격적으로 문제 (2.5)를 풀어보기로 합시다. 우선 문제 (2.5)를 푼다는 게 무엇을 의미하는지 분명히 해야 하겠습니다. 그것은 다름이 아니라 문제 (2.5)의 한 부분으로 주어진 예산제약 $c+kn=Ax^{\alpha}$를 충족시키는 수많은 (c, n) 중에서 문제 (2.5)의 또 다른 부분으로 주어진 목적함수 $c^{1-\beta}n^{\eta}[v(x/n)]^{\beta}$의 값을 가장 크게 만드는 특정의 (c^*, n^*)를 찾는 일입니다. 경제학에서 다루는 거의 모든 문제에서는 우리가 찾는 답이 하나로 정해집니다. 문제 (2.5)의 해답도 하나로 주어집니다.

문제 (2.5)에 주어진 목적함수를 극대화하는 (c^*, n^*)를 찾는 방법으로 가장 널리 쓰이는 것은 그 목적함수를 c와 n에 대해서 미분한 값을 0으로 놓을 때 생기는 연립방정식을 만족시키는 c^*와 n^*를 찾는 것입니다. 경제학에서는 이러한 접근법을 가리켜서 일계조건을 구하고 일계조건을 만족시키는 해를 찾는 방법이라고 말합니다. 우리도 그 방법을 따르도록 하겠습니다. 이를 위해서 우선 문제 (2.5)의 일부로 주어진 예산제약을 이용해서 목적함수를 다음과 같이 써보기로 합시다.

$$v(x) = Max\ [Ax^{\alpha} - kn]^{1-\beta} n^{\eta} [v(x/n)]^{\eta} \tag{2.6}$$

식 (2.6)을 보면 이제 효용을 극대화하기 위해서 우리가 선택해야 할 변수가 n 하나임을 알 수 있습니다. 원래는 c도 선택해야 하지만 예산제약에서 보듯이 n을 선택하면 c는 자동적으로 $Ax^{\alpha} - kn$이 되므로 n만 선택하면 되는 것입니다. 혹시라도 x 역시 선택의 대상이라고 오해하면 안 됩니다. 앞에서 설명하였듯이 x는 내가 선택하는 것이 아니라 나의 부모가 내게 남겨준 유산으로서 나는 x의 결정에 아무런 힘도 발휘하지 못합니다. 그렇지만 내가 내 자식에게 남겨줄 유산 x'의 크기는 당연히 내가 결정할 수 있습니다. 다만 $x' = x/n$이 되므로 내가 n을 선택하는 게 동시에 x'을 선택하는 게 될 뿐입니다.

이제 우리가 원하는 답을 찾기 위해서 문제 (2.6)의 오른편 식을 n에 대해서 미분하고 그 값을 0으로 놓으면 아래와 같은 식을 얻게 됩니다.

$$(1-\beta)k\frac{W}{c} = \eta\frac{W}{n} + \beta\frac{W}{v(x/n)}v'(x/n)\frac{x}{n^2} \tag{2.7}$$

식 (2.7)에서 W는 $c^{1-\beta}n^{\eta}v(x/n)^{\beta}$를 대신하는 대리변수입니다. 원래는 이 식이 들어가야 할 자리에 표현을 단순화하기 위해서 W를 사용한 것입니다. 그러므로 $W/c = c^{-\beta}n^{\eta}v(x/n)^{\beta}$가 됩니다.

식 (2.7)은 아주 난해해 보입니다. 사실 수식만 보면 골치 아픈 게 정상입니다. 식 (2.7)은 이 경제가 정상상태에 있건 아니건 간에 성립합니다. 그렇지만 정상상태가 되면 이 식이 아주 간단해집니다. 이 경제에서 정상상태라는 것은 어제가 오늘과 같고 오늘이 내일과 같은 상황을 나타냅니다. 이는 내가 한 명의 자녀를 낳아 키우며(즉, $n=1$) 내가 나의 부모로부터 받은 것만큼 내 자녀에게 물려주는 상황(즉, $x'=x$)을 의미합니다. 자, 그러면 $n=1$과 $x'=x$가 되는 상황을 문제 (2.5)의 목적함수에 대해 적용하면 어떻게 될까요? 그 결과는 다음과 같습니다.

$$v(x) = c^{1-\beta}v(x)^{\beta} \tag{2.8}$$

이는 $v(x)=c=W(c,\ 1,\ v(x))$가 성립하게 됨을 의미합니다! 왜 그럴까요? 우선 식 (2.8)을 보면 $v(x)=c$가 된다는 사실을 금방 알 수 있습니다. 또한 정상상태에서는 $n=1$이 되므로 지금 막 알아낸 $v(x)=c$라는 사실을 함수 W에 대입하면 $W=c^{1-\beta}(1)^{\eta}c^{\beta}=c$가 성립함을 볼 수 있습니다. 결국 정상상태에서는 $v(x)=c=W$ 그리고 $n=1$이 됨을 알 수 있습니다. 이제 이런 사실을 식 (2.7)에 대입해서 정리하면 아래와 같은 식을 얻게 됩니다.

$$(1-\beta)k=\eta c+\beta v'(x)x \tag{2.9}$$

식 (2.9)에는 $v'(x)$라는 항이 들어 있습니다. 이게 무엇인지를 알기 전에는 이 식을 풀 수가 없습니다. 도대체 $v'(x)$가 무엇일까요? 그 대답은 '$v(x)$가 어떤 함수인지 알기 전에는 알 수 없다'입니다. 우리는 아직 $v(x)$가 구체적으로 어떤 모습의 함수인지를 모릅니다. 그러므로 식 (2.9)만 가지고서 명시적인 답explicit solution을 구할 도리가 없습니다. 대학원 과정에서는 $v(x)$에 대해서 많은 것을 알 수 있고 그것을 활용해서 우리가 구하고자 하는 c에 관한 암묵적인 해를 구할 수 있지만 지금 우리에게는 그게 아무런 도움도 되지 않습니다.

그런데 다행하게도 우리에게는 함수 $v(x)$가 어떤 모습인지를 모르더라도 v'이 모형의 다른 변수들과 어떠한 관계를 갖는지 알아내는 방법이 있습니다. 바로 수학자들이 포락선정리envelope theorem라고 부르는 것을 이용하는 것입니다. 우리의 문제에 대해서 포락선정리를 적용하면 아래와 같은 관계식을 얻을 수 있습니다. (이는 아직 정상상태의 값을 적용하지 않은 상황을 나타냅니다.)

$$v'(x)=(1-\beta)\frac{W}{c}[\alpha Ax^{\alpha-1}]-\beta\frac{W}{v(x/n)}v'(x/n)\frac{1}{n} \tag{2.10}$$

이 식이 의미하는 바는 아래와 같습니다. 먼저 식 (2.10)에서 왼편의 $v'(x)$는 내가 가지고 일생을 시작하는 자원 x가 한 단위 늘어났을 때 내가 얻는 효용이 얼마나 증가하는지를 나타냅니다. 포락선정리가 가리키는 바는 이 값이 식 (2.6)의 오른편을 x에 대해서 미분한 값과 같다는 것입니다. 즉, x가 한 단위 증가할 때 식 (2.6)의 오른편에 주어진 함수의 값이 얼마나 달라지는지와 같다는 말입니다. 식 (2.10)의 오른편 식은 바로 식 (2.6)의 오른편을 x에 대해서 미분한 것을 나타냅니다.

식 (2.10) 역시 경제가 정상상태에 있건 아니건 간에 항상 성립합니다. 이제 우리가 찾고 있는 정상상태의 해에 대해 알아보기 위해서 위에서 설명한 바와 같이 $v(x)=c=W$ 그리고 $n=1$이라는 사실을 식 (2.10)에 적용해봅시다. 그 결과는 아래와 같습니다.

$$v'(x)=\alpha A x^{\alpha-1} \tag{2.11}$$

식 (2.11)을 식 (2.9)에 대입하면 $(1-\beta)k=\eta c+\alpha\beta A x^{\alpha}$가 됩니다. 그런데 예산제약을 보면 $Ax^{\alpha}=c+k$가 됨을 알 수 있습니다. (정상상태에서는 $n=1$이 됨을 상기하세요.) 따라서 $(1-\beta)k=\eta c+\alpha\beta(c+k)$가 됩니다. 이것을 우리가 구하고자 하는 소비 c에 관한 해로 표현하면 아래와 같이 됩니다.

$$c_e=\frac{1-\beta+\alpha\beta}{\eta-\alpha\beta}k_e \tag{2.12}$$

식 (2.12)에서 변수에 e를 아래 첨자로 넣은 것은 제1장에서 구한 해와 구분하기 위함입니다. e는 만인 평등의 사유경제egalitarian ownership economy를 나타냅니다. 한편 $c+k=y$가 된다는 사실을 활용하면 정상상태의 1인당 소득이 아래와 같이 정해짐을 알아낼 수 있습니다.

$$y_e=c_e+k_e=\frac{1-\beta+\eta}{\eta-\alpha\beta}k_e \tag{2.13}$$

식 (2.12) 및 식 (2.13)으로 나타낸 바는 정상상태에서 정해지는 1인당 소비와 1인당 소득이라는 데 유념해야 합니다. 이것은 경제에 어떤 충격이 가해졌을 때 그에 상응하는 조정이 다 끝난 후에 도달하는 지점을 표시합니다. 외부적 충격의 결과로 경제가 정상상태를 이탈했을 때 어떤 과정을 거쳐서 정상상태로 되돌아가는지에 관해서도 공부해야 하지만 그것은 우리가 알아보기에 좀 어려운 주제입니다. 제1장에서는 x_t가 시간이 지남에 따라서 어떻게 변화되는지 알아보고 그것을 활용해서 y_t나 c_t가 $\bar{y}$와 $\bar{c}$로 수렴해가는 과정에 관해서도 공부했으나 이제부터는 비교적 용이한 주제인 정상상태에 관해서만 공부하게 됩니다. (사실 충격을 받아서 경제가 정상상태에서 이탈했을 때 조정의 과정을 거친다고 해서 그것이 반드시 정상상태로 되돌아감을 의미하지는 않습니다. 경우에 따라서는 전혀 엉뚱한 곳으로 갈 수도 있습니다. 그러나 그것은 아주 예외적인 경우에나 있는 일이고 우리가 상정하는 거의 모든 상황에서는 정상상태로 회귀하는 게 맞습니다.)

식 (2.13)이 정상상태의 1인당 소득을 나타낸다는 사실로부터 몇 가지 흥미로운 사실을 유추할 수 있습니다. 우선 식 (2.13)으로 주어진 1인당 소득이 $y = Ax^{\alpha}$에 해당함을 상기할 필요가 있습니다. 이는 정상상태의 1인당 '경작면적' $\bar{x}$가 다음과 같이 정해질 것임을 말해줍니다.

$$\bar{x}_e = \left[\frac{1-\beta+\eta}{\eta-\alpha\beta} \frac{k_e}{A} \right]^{\frac{1}{\alpha}} \tag{2.14}$$

또한 식 (2.14)로 주어진 $\bar{x}$가 공동체가 지닌 총경작면적 X를 공동체 구성원의 숫자로 나눈 값이 된다는 사실(즉, $\bar{x} = X/N$이라는 사실)로부터 정상상태에 도달했을 때의 공동체 구성원의 수 $\bar{N}_e$이 다음과 같이 정해짐도 알 수 있습니다.

$$\bar{N}_e = \left[\frac{\eta-\alpha\beta}{1-\beta+\eta} \frac{A}{k_e} \right]^{\frac{1}{\alpha}} X \tag{2.15}$$

식 (2.12)~식 (2.15) 그리고 $\bar{n}_e = 1$이 우리가 제2장에서 공부하는 경제의 정상상태를 나타냅니다. 이제 이들 '해' 즉, 우리가 제기한 문제에 대한 답이 어떤 의미를 가지는지 알아보기로 하겠습니다.

2.3 상상의 세상, 사유경제의 모습

사유경제의 정상상태: 수식을 통한 이해

위에서 구한, 사유경제의 정상상태를 나타내는 수식들을 한 군데 모으면 다음과 같습니다.

$$c_e = \frac{1-\beta+\alpha\beta}{\eta-\alpha\beta} k_e \tag{2.12}$$

$$y_e = c_e + k_e = \frac{1-\beta+\eta}{\eta-\alpha\beta} k_e \tag{2.13}$$

$$\bar{x}_e = \left[\frac{1-\beta+\eta}{\eta-\alpha\beta} \frac{k_e}{A} \right]^{\frac{1}{\alpha}} \tag{2.14}$$

$$\bar{N}_e = \left[\frac{\eta-\alpha\beta}{1-\beta+\eta} \frac{A}{k_e} \right]^{\frac{1}{\alpha}} X \tag{2.15}$$

위 식들을 검토해보면 다음과 같은 사실을 알게 됩니다. 먼저 1인당 소득을 나타내는 식 (2.13)과 1인당 소비를 나타내는 식 (2.12)를 보면 소득이나 소비 공히 자녀 양육비 k와 효용함수의 파라미터 β 및 η 그리고 생산함수의 파라미터인 α의 함수로 정해짐을 알 수 있습니다. 이렇게 y와 c가 k, β 및 η의 함수로 정해진다는 사실은 우리가 제1장에서 구했던 해답의 특성과 다르지 않습니다. 그러나 생산함수의 파라미터 α가 y 및 c의 결정에 영향을 준다는 사실은 제1장에서 구했던 해에는 없는 새로운 사실입니다. α의 크기가 커지면 즉, 생산수단 x가 더 생산적이 되면, 1인당 소득과 소비가 증가됩니다. 생산수단 x의 생산력이 증대된 결과로 재화의 생산량이 증가하고 그래서 소득이 증가하니까 소비가 증가하게 되는 것입니다.

여기에서 한 가지 특히 주목할 것은 정상상태에서의 1인당 소비와 1인당 소득이 공동체가 가진 경제에 관한 노하우 A와 공동체가 '가진' 수렵채취의 대상인 X와는 아무런 관련도 갖지 않으며 정해진다는 사실입니다. 식 (2.12)

와 식 (2.13)에서 보듯이 c_e와 y_e의 결정식에 A 또는 X가 포함되지 않은 데서 그러한 사실을 알 수 있습니다. 이러한 사실은 공유경제의 정상상태가 지녔던 특징과 동일합니다.

공동체가 지닌 노하우가 좋건 나쁘건 그리고 공동체가 가진 수렵채취의 대상이 양호하건 불량하건 또는 많건 적건 상관없이 정상상태의 1인당 소득이나 소비가 동일하게 정해진다는 점을 납득하기가 쉽지 않습니다. 경제에 대한 노하우가 앞서 있거나 수렵채취의 대상이 아주 풍성한 식생을 갖춘 공동체의 주민이 그렇지 않은 공동체의 주민보다 더 풍요롭게 살아야 하는 것 아닐까요? 아무리 생각해 보아도 그래야 할 것 같은데 우리가 구한 답은 그렇지 않다는 결론을 제시하고 있습니다. 무엇이 잘못된 것일까요?

위 물음에 대한 답은 조금 더 깊이 생각해보고 결론을 내리자는 것입니다. 우리가 구한 답이 잘못된 것이 아님을 이해하려면 정상상태에 도달했을 때 정해지는 공동체 구성원의 숫자 $\bar{N}$와 역시 정상상태에 도달했을 때 각각의 구성원들이 가지게 될 생산수단의 크기 $\bar{x}$에 관해서 좀 더 세밀하게 조사해볼 필요가 있습니다.

우선 식 (2.15)를 보면 $\bar{N}$가 A와 X의 증가함수임을 알 수 있습니다. 즉, 공동체가 지닌 노하우가 향상되거나 공동체가 활용할 수렵채취의 대상이 커지면 공동체 구성원의 숫자가 늘어나게 됩니다. 그 결과 노하우가 앞서거나 수렵채취의 대상이 더 큰 공동체의 규모가 그렇지 않은 공동체의 규모보다 크게 정해집니다. 결국 A나 X의 변화는 N을 변화시키되 c와 y를 변화시키지는 않습니다. 노하우가 앞서거나 수렵채취의 대상이 더 풍성한 공동체는 그렇지 못한 공동체보다 더 많은 구성원을 가지게 됩니다. 그러나 두 공동체의 구성원 한 사람이 누리는 소득이나 소비에는 차이가 없습니다. 1인당 소득은 일정한데 구성원의 수가 차이가 난다는 것은 노하우 A가 큰 값을 가지거나 수렵채취의 대상 X가 큰 값을 가지는 공동체가 그렇지 않은 공동체보다 총생산에서도 더 큰 값을 가지게 됨을 말해줍니다. 결국 A 또는 X가 큰 값을 지니는 공동체가 그렇지 못한 공동체보다 규모에서나 총생산에서 앞서게 됨을 알 수 있게 됩니다.

다음으로 식 (2.14)를 보면 정상상태에서 정해지는 1인당 생산수단 $\bar{x}$가 노하우 A에 대해서는 감소함수가 되지만 X에 대해서는 독립적임을 알 수 있습니다. 경제에 대한 노하우가 발달된 경제에서는 정상상태의 x가 그렇지 못한 경제보다 작은 값으로 정해집니다. 그러나 X가 큰 경제나 작은 경제나 $\bar{x}$는 동일한 크기로 정해집니다. 이것은 또 무슨 뜻인가요? 우선 $\bar{x}$가 X가 크건 작건 동일한 값으로 정해진다는 사실은 X가 크거나 작다는 사실이 공동체 구성원의 숫자 N과 1 대 1로 상응하기 때문에 X를 N으로 나눈 x에는 아무런 영향도 미치지 않는 것임을 알 수 있습니다. 한편 A가 커지면 N이 늘어나게 되므로 X를 N으로 나눈 값인 x의 크기는 작아지게 되는 것입니다.

이처럼 A나 X의 변화가 공동체의 규모 N과 총생산 Y에는 동일한 방향으로의 변화를 초래하지만 공동체 구성원 한 사람이 누리는 소득 y나 소비 c에는 아무런 영향도 주지 않습니다. 한편 A가 커지면 $\bar{x}$는 작아지지만 X가 커져도 $\bar{x}$는 달라지지 않습니다. 이러한 설명을 잘 이해하면 무엇인가 이상한 것 같았던 우리 모형의 결과가 사실은 조금도 잘못된 것이 아님을 알게 됩니다.

사유경제의 정상상태: 수치를 통한 이해

정상상태에 도달한 사유경제의 모습을 조금 더 잘 이해하기 위해서 구체적인 수치를 예로 들어보기로 합니다. 이를 위해서 우리가 제1장에서 한 바와 같이 모형의 파라미터가 $\beta=0.28$, $\eta=0.30$ 그리고 $\alpha=0.5$의 값을 가지는 것으로 상정합니다. 아울러서 자녀 양육비가 200, 공동체의 노하우 A가 50 그리고 공동체가 활용하는 자원 X가 10,000평이 되는 것으로 봅니다. 이는 우리가 제1장에서와 본 것과 동일한 조건입니다. 이와 같은 수치 아래서 정해지는 정상상태의 값들이 뒤의 [표 2-1]에 실려 있습니다. 이를 보면 1인당 생산은 1,275가 되며, 1인당 소비는 1,075가 되고, 1인당 경작면적은 약 650(평) 그리고 공동체 구성원의 수는 15.4명으로 정해짐을 알 수 있습니다.

공유경제에서 그랬듯이 사유경제에서도 경제 여건이 변화하면 정상상태의 모습도 달라집니다. 가령 공동체의 노하우 *A*가 처음보다 개선되면, 1인당 경작면적이 줄어들면서 인구가 늘어납니다. 그러나 1인당 생산, 1인당 소비 그리고 자녀 수는 원래의 정상상태에서 정해지던 것과 동일합니다. 즉, 변화하지 않습니다. 예를 들어서 노하우 *A*의 값이 50에서 52.5로 5% 개선되면, 1인당 경작면적은 당초의 약 650평에서 약 590평으로 줄어듭니다. 그와 동시에 공동체의 인구는 당초의 15.4명에서 17명으로 늘어납니다. 그렇지만 1인당 생산과 1인당 소비는 본래의 수준이 1,275와 1,075에 그대로 있게 됩니다.

위에서 설명한 사항은 다음과 같은 조정의 과정을 거친 결과입니다. 연년세세年年歲歲 한 사람당 650평의 토지를 경작해서 1,275의 소득을 창출하던 공동체가 어떤 일이 계기가 되어서 노하우의 개선, 즉 기술진보를 경험하게 되면 우선 1인당 생산이 증가하게 됩니다. 이렇게 소득이 증가하면 사람들은 자신의 소비를 늘림은 물론이고 이제까지 하나만 낳던 자녀도 더 낳습니다. 그 결과 공동체의 인구가 늘어나게 되고 그래서 다음 세대원은 부모보다 작은 규모의 토지를 경작하면서 살아가게 됩니다. 그렇더라도 1인당 경작면적이 1세대 만에 원래의 수준으로 회귀하는 것은 아니므로 이 세대원 역시 원래의 정상상태에서 정해지던 것보다 큰 소득을 갖게 됩니다. 그래서 그 역시 자신의 소비를 늘리고 자녀를 하나보다 더 낳습니다. 그렇지만 그의 부모 세대가 그랬던 것보다는 소비 증가 폭이나 자녀 수 증가율이 작게 정해집니다. 이러한 과정이 세대를 거치면서 반복되면서 1인당 경작면적은 처음의 정상상태보다 작은 수준으로, 그리고 인구는 처음의 정상상태보다 많은 수준으로 수렴하는 것입니다. 이와는 대조적으로 일시적으로 증가했던 1인당 생산과 1인당 소비는 인구가 늘어나면서 처음 정상상태에서 정해졌던 수준으로 되돌아갑니다.

공동체가 활용할 자원(토지)의 크기가 10,000에서, 예를 들어서, 20,000으로 확대되면 정상상태는 다음과 같이 변화합니다. 1인당 경작면적, 1인당 생산, 1인당 소비 그리고 자녀 수는 원래의 수준인 650평, 1,275, 1,075 그리고 한 명으로 정해집니다. 그러나 인구는 15.4명에서 30.8명으로 자원의 크기가

표 2-1 수치로 본 사유경제의 정상상태

	$\bar{x}_e$	$\bar{y}_e$	$\bar{c}_e$	n	$\bar{N}_e$
$A=50$, $X=10{,}000$	650.25	1,275	1,075	1	15.4
$A=52.5$, $X=10{,}000$	589.80	1,275	1,075	1	17.0
$A=50$, $X=20{,}000$	650.25	1,275	1,075	1	30.8

확대된 비율만큼 늘어납니다. 이것이 어떠한 조정의 과정을 거쳐서 정해진 것인지에 관해서는 지금까지 몇 차례에 걸쳐서 설명하였으므로 더 이상 설명을 반복하지 않아도 이해할 수 있으리라고 생각합니다.

[표 2-1]의 두 번째와 세 번째 줄에 표시된 결과는 노하우 A 또는 경작면적 X가 변화된 후에 조정의 과정이 모두 끝나서 새로운 정상상태에 도달했을 때의 모습을 나타냅니다. 처음의 정상상태에서 새로운 정상상태로 옮겨가는 모습을 보려면 제1장 [표 1-1]과 [표 1-2]에 나타낸 것과 같은 유형의 계산을 해보면 됩니다.

2.4 공유경제와 사유경제의 정상상태 비교

제1장에서는 공유경제의 정상상태를 구하였고 이번 제2장에서는 사유경제의 정상상태를 구하였습니다. 여기서 우리가 반드시 유념해야 할 것은 두 개의 정상상태를 구함에 있어서 다른 모든 것은 동일하게 둔 채, 생산수단의 소유형태만 달리했다는 사실입니다. 사람들이 원하는 것과 할 수 있는 것은 두 가지 경우 동일합니다. 효용함수와 생산함수가 동일할 뿐만 아니라 공동체가 활용하는 자원의 크기와 공동체가 보유한 노하우도 동일합니다. 자녀 양육비 역시 동일한 것으로 상정하고 있습니다. 단 한 가지 다른 점은 공유경제에서는 생산수단 X가 공동체의 공동 소유물임에 반해서 사유경제에서는 X를 구성원 수 N으로 나눈 x가 구성원 각자의 사적소유물이 됩니다. 이렇게 다른 모

든 것은 동일하고 생산수단의 소유형태만 다르지만, 공유경제와 사유경제가 도달하는 정상상태는 서로 판이하게 다릅니다. 이제 그들이 어떻게 다른지 알아보기로 합시다.

수식으로 본 정상상태의 비교

공유경제와 사유경제의 정상상태를 나타내는 수식들을 일목요연하게 비교한 것이 [표 2-2]입니다. [표 2-2]에서 공유경제의 정상상태를 나타내는 수식에 아래 첨자 m을 넣은 것은 그것과 사유경제 그리고 다음 장에서 공부하게 될 노예경제의 정상상태를 구별하기 위함입니다.

사유경제의 정상상태에서 정해지는 1인당 소득과 1인당 소비는 공유경제의 정상상태에서 정해지는 1인당 소득과 1인당 소비보다 더 큰 값을 갖습니다. 먼저 y_m과 y_e를 견주어보면, 양자의 분자값은 동일한데 분모값은 사유경제의 경우가 공유경제의 그것보다 작으므로, 의심의 여지없이 $y_e > y_m$이 됩니다. 다음으로 c_m과 c_e를 견주어보면, c_e가 c_m보다 분자는 더 크고 분모는 더 작으므로, 이 역시 의심할 여지없이 $c_e > c_m$이 됩니다.

표 2-2 공유경제와 사유경제의 비교

	공유경제(수식)	사유경제(수식)
1인당 소득	$y_m = \frac{1-\beta+\eta}{\eta} k_m$	$y_e = \frac{1-\beta+\eta}{\eta-\alpha\beta} k_e$
1인당 소비	$c_m = \frac{1-\beta}{\eta} k_m$	$c_e = \frac{1-\beta+\alpha\beta}{\eta-\alpha\beta} k_e$
자녀의 수	$\bar{n}_m = 1$	$\bar{n}_e = 1$
1인당 토지	$\bar{x}_m = \left[\frac{1-\beta+\eta}{\eta}\frac{k_m}{A}\right]^{\frac{1}{\alpha}}$	$\bar{x}_e = \left[\frac{1-\beta+\eta}{\eta-\alpha\beta}\frac{k_e}{A}\right]^{\frac{1}{\alpha}}$
총인구	$\bar{N}_m = \left[\frac{\eta}{1-\beta+\eta}\frac{A}{k_m}\right]^{\frac{1}{\alpha}} X$	$\bar{N}_e = \left[\frac{\eta-\alpha\beta}{1-\beta+\eta}\frac{A}{k_e}\right]^{\frac{1}{\alpha}} X$

자녀의 수는 공유경제와 사유경제 모두 정상상태에서는 한 명으로 정해집니다. 1인당 생산수단은 양자의 분자값은 같고 분모값은 사유경제의 경우가 작은 값을 갖게 되므로, $\bar{x}_e$가 $\bar{x}_m$보다 큰 값을 갖는 것이 자명합니다. 마지막으로 두 공동체가 지닌 X가 동일하다는 전제하에서 공동체 구성원 즉, 총인구에서는 공유경제의 $\bar{N}_m$이 사유경제의 $\bar{N}_e$보다 큰 값을 갖습니다. 사유화가 이루어지면 공유경제에서보다 공동체의 규모는 작아지지만 구성원 1인당 소득은 커지게 되는 것입니다.

바로 위에서 행한 비교는 양자의 자녀 양육비가 동일하다는 가정하에서 이루어진 것입니다. 공유경제와 사유경제의 자녀 양육비가 동일하다는 게 올바른 가정일까요? 아마도 무엇인가 자기 것이 있는 사유경제를 살아가는 사람들이 자기 것이라고는 아무것도 없는 공유경제를 살아가는 사람들보다 자녀 양육에 더 많은 자원을 투입해야 되는 상황이 전개될 것입니다. 즉, k_e가 k_m보다 큰 게 정상인 상황이 될 것입니다. 이렇게 k_e가 k_m보다 큰 값을 가지는 게 맞는다면 y_e나 c_e는 전보다 더 큰 확률을 갖고서 y_m이나 c_m보다 큰 값을 갖습니다. 아울러서 $k_e > k_m$이면, 전보다 더 큰 확률을 갖고서 $\bar{x}_e > \bar{x}_m$가 되며 $\bar{N}_m > \bar{N}_e$가 됩니다.

구체적인 수치 예로 본 정상상태의 비교

수식을 이용해서 정상상태를 비교하는 게 이해하기 어렵습니다. 구체적인 수치를 예로 들면 조금이나마 나을 것입니다. 이를 위해 우리가 제시한 모형이 다음과 같은 파라미터값을 가지는 것으로 상정한 연후에 정상상태가 어떻게 정해지는지 알아보고자 합니다.

$$\eta = 0.30,\ \beta = 0.28,\ \alpha = 1/2,\ k_m = k_e = 200,\ A = 50$$

위에서 제시한 파라미터와 데이터[4] 값을 우리가 구한 모형의 해에 대입하

4) 경제학에서는 이 수치 예에서 η, β, α를 '파라미터' 그리고 k와 A를 '데이터'라고 부릅니다. 후자는 가변적 그리고 전자는 불변적인 것으로 간주됩니다.

면 [표 2-3]에 나타낸 바와 같은 결과를 얻습니다.

[표 2-3]에는 사유경제의 모습을 사유경제 1과 사유경제 2로 나타냈는데 양자 간에는 자녀 양육비의 크기가 상이합니다. 사유경제 1은 재산의 소유형태가 공유에서 사유로 바뀌었음에도 자녀 양육을 위해 부모가 사용해야 하는 자원의 크기가 공유경제에서 사용하던 것과 동일하다는 가정하에서 구한 것입니다. 반면에 사유경제 2는 개인재산을 갖게 된 부모가 자녀 양육을 위해서 공유일 때 그랬던 것보다 더 많은 자원을 자녀 양육에 투입해야 한다는 가정하에서 구한 것입니다.

[표 2-3]을 보면 그 결과가 매우 흥미롭습니다. 우선 공유경제와 사유경제 1을 견주어봅시다. 공유경제에서는 1인당 소득과 1인당 소비가 각각 680 및 480으로 정해짐에 비해서 사유경제 1에서는 그것들이 각각 1,275 및 1,075로 정해집니다. 다른 모든 것은 동일하게 두고서 오로지 생산수단을 사적으로 소유할 수 있는가 여부만 변화시켰는데, 생산수단을 사적으로 소유하게 되면 1인당 소득이 1,275로 정해짐에 비해서 생산수단을 사적으로 소유하지 못하고 오직 공동으로만 소유하게 되면 680으로 정해진다는 사실이 놀랍습니다.

소유권 유무에 따라서 1인당 소득이 무려 1.88배나 차이가 납니다. 1인당 소득이 88% 증가한다는 것은 대단한 변화입니다. 680의 소득으로 생계를 유지하던 사람들이 이제 1,275의 소득으로 살아가게 되는 것입니다. 1인당 소비는 480에서 그 2.24배인 1,075가 되어 1인당 소득보다 더 큰 비율로 증가합니다. 1인당 생산수단 즉, 수렵채취의 대상은 공유경제에서는 185평으로 정해지는데 사유경제가 되면 650평으로 증가합니다.

표 2-3 공유경제와 사유경제 비교 (수치 예)

	공유경제	사유경제 1	사유경제 2
자녀 양육비(k)	200	200	400
1인당 소득	680	1,275	2,550
1인당 소비	480	1,075	2,150
1인당 생산수단	185	650	2,601

사유재산을 갖게 되면서 사람들이 자녀 양육에 더 많은 자원을 투입해야 된다면 결과가 어떻게 될까요? 그 해답이 [표 2-3]의 사유경제 2로 나타나 있습니다. 이것은 사유경제의 자녀 양육비가 400으로 늘어난 경우에 해당됩니다. 이를 보면 공유경제에서 각각 680 및 480으로 정해지던 1인당 소득과 소비가 사유경제 2에서는 2,550 및 2,150으로 정해지게 됨을 알 수 있습니다. 1인당 소득은 3.75배 그리고 1인당 소비는 4.48배 증가하게 되는 것이지요. 이것은 굉장한 변화 아닐까요? 그렇습니다. 한번 생각해봅시다. 680의 소득을 갖고 살 때 누리는 삶의 질은 2,550의 소득을 갖고 살 때 누리는 삶의 질보다 아주 열악할 것입니다. 그만큼 사유경제 2에서 살아가는 사람들의 생활수준이 높을 것임을 알 수 있습니다.

우리가 구한 정상상태가 연간 소득 및 연간 소비이고 그 단위가 현재의 달러(USD)라고 상정하면 좀 더 실감이 납니다. 1년에 680달러의 1인당 소득은 현재 사하라 이남 아프리카의 아주 가난한 나라의 주민 한 사람당 소득보다 작습니다. (중앙아프리카 공화국의 2019년도 구매력 기준 1인당 소득은 1,060달러입니다.) 1년에 1,275달러는 한국전쟁이 끝난 직후 구매력 기준 남한의 1인당 소득 약 1,500달러보다도 작은 금액입니다. 그런데 1년에 2,550달러의 1인당 소득은 남한이 1960년대 초에 가졌던 구매력 기준 1인당 소득 약 1,700달러보다도 많습니다. 이를 보면 수렵채취시대의 공유경제에서 살던 우리의 조상들은 현재의 중앙아프리카 국민보다도 못살았다는 사실을 알 수 있습니다.

역사상 실제로 그러한 변화가 일어난 적은 없지만 만일 수렵채취시대를 살았던 사람들에게 사유재산이 주어졌더라면 그들은 우리나라가 한국전쟁 직후에 경험했던 생활수준과 엇비슷한 삶 또는 경우에 따라서는 우리나라가 1960년대 초에 경험했던 생활수준과 엇비슷한 삶을 살게 되었을 것입니다. 지금보다 20만 년도 더 되는 예전에 살았던 인류가 20세기 중반의 대한민국 국민들처럼 살았을 수도 있다는 것은 아주 놀라운 발견입니다.

우리가 알아낸 사실이 참으로 중요합니다. 한마디로 요약하자면, 사유재산이라고는 아무것도 없던 공유경제에서는 기껏해야 680 정도의 소득을 창출하며 살아가던 사람들이, 내 것이라고 할 수 있는 사유재산을 갖게 되자 1,250 정도의 소득을 창출하며 살아가게 되는 변화는 실로 대단한 것입니다. 이러한 결과가 순전히 재산권 유무에서 연유하는 것임에 주목해야 합니다. 우리가 얻은 결론이 선호체계나 제약조건 또는 의사결정 방식 그 어느 것도 변화시키지 않은 채 얻은 것임에 유념할 필요가 있습니다. 원하는 것이나 필요로 하는 것이 달라지지 않았으며 삶에 임하는 태도 역시 달라지지 않았습니다. 게다가 공동체가 지닌 공지公知, public knowledge로서의 노하우도 달라지지 않았으며 공동체 구성원들이 활용할 수 있는 수렵채취의 대상인 자연자원의 크기가 달라지지 않았습니다. 또한 누구나 주어진 상황에서 자기들이 원하는 바를 가장 잘 달성하게 해줄 방안을 선택한다는 의사결정의 방식을 변화시키지도 않았습니다. 우리가 허용한 유일한 변화는 이제까지는 그 누구도 생각조차 해보지 않았던 재산을 사적으로 소유할 권리를 개개인에게 부여한 것뿐입니다.

우리가 본 사유경제 2에서 정해진 1인당 소득 2,550은 재산권을 갖게 되면서 자녀 양육에 좀 더 많은 자원을 투입해야 하게 된 상황 변화가 야기한 결과입니다. 이것은 재산권을 가지면서 사람들의 행동이 달라진 예에 해당됩니다. 재산권을 갖게 되자 자녀 양육을 위해 더 많은 자원을 쓰게 되었다는 게 무엇을 뜻할까요? 그것은 이제까지 아무것도 소유할 수 없었고 그렇기에 제 마음대로 행동하기 어려웠던 사람들이 이제 자기 것을 갖게 되고 그것을 활용해서 창출한 소득을 자기 마음대로 쓸 수 있으며 자기가 가진 것을 자녀에게 유산으로 물려줄 수 있는 재산 소유자이면서 동시에 자유인이 된 결과 아이들을 낳아 키우는 데 전보다 더 큰 정성을 기울이게 되는 상황이 전개되었음을 나타냅니다.

우리가 고려한 수치 예를 보면 공유경제에서 680이던 1인당 소득이 사유경제 2에서는 2,550으로 증가함을 알았습니다. 680에서 2,550으로의 변화를 두 부분으로 나누어서 이해할 수 있습니다. 첫째는 680에서 사유경제 1의 1,250으로 변화하는 것이고 둘째는 사유경제 1의 1,250에서 사유경제 2의 2,550으로 변화하는 것입니다. 전자는 순전히 재산권 유무에서 오는 변화이고 후자는 재산권을 가지면서 자녀 양육에 더 많은 자원을 투입해야 하게 된 상황 변화가 가져온 결과입니다. 680에서 1,250으로의 변화를 재산권 부여가 낳는 '노력유발효과'라고 부르고 1,250에서 2,550으로의 변화를 재산권 부여가 낳는 '투자유발효과'라고 부를 수도 있을 것입니다.

식 (2.12)와 식 (2.13)을 보면 정상상태의 1인당 소비와 1인당 소득이 이 가문이 애초에 얼마나 되는 자산을 가졌었는가 하는 사실 즉, 이 가문이 가지고 시작한 x가 얼마나 되는가 하는 사실과는 '무관'하게 정해짐을 알 수 있습니다. c_e 또는 y_e의 결정식에 x가 포함되어 있지 않다는 게 바로 그러한 사실을 말해줍니다. 이게 무슨 뜻인가요? 우리는 위에서 공동체가 지닌 자산 X를 구성원들에게 균등하게 나누어주는 사유화를 상정했지만 우리가 도출한 결과가 보여주는 것은 X를 어떤 식으로 분배하든지 정상상태에서 정해지는 소비와 소득은 동일하다는 사실을 말해줍니다.

공동체 구성원 누구나 자기 것을 가질 수 있고 누구나 자유롭게 행동할 수 있으면 처음에 가지고 시작한 게 크건 작건 모두가 동일한 1인당 소득을 갖는 상태로 귀결된다는 게 우리가 얻은 결과입니다. 그러나 공동체 구성원 중 일부만 소유권을 지니며 재산을 소유한 사람만 자유롭게 행동할 수 있는 반면에 나머지 구성원은 그렇지 못하다면 사정이 완전히 달라집니다.[5] 중요한 것은 비록 그 크기가 작다 하더라도 누구나 재산을 소유할 수 있다는 사실과 또한 누구든지 자기 뜻대로 살아갈 자유가 있다는 사실입니다.

공동체 구성원 누구나가 재산을 지닐 수 있으며 또한 자기가 원하는 대로 자유롭게 살아간 적은 산업혁명 이전의 역사에서는 한 번도 없었습니다. 우리가 공부한 것은 만일 보편적인 재산소유권과 자유를 허용하는 일이, 이를 '인간해방'이라고 부릅시다, 일어났더라면 경제가 어떻게 달라졌을까 하는 물음에 대한 답입니다. 현실 세계에서 실제로 그러한 일이 일어났더라면 좋았겠지만 불과 수백 년 전까지만 하더라도 인류는 그러한 행운을 갖지 못했습니다.

---

5) 구성원의 극히 일부가 재산과 권력을 독점하고 절대다수는 아무것도 가지지 못하고 아무런 자유도 누리지 못하는 상황에 관해서는 제3장에서 알아보게 됩니다.

2.5 경제 여건의 변화와 정상상태의 이동

제2장의 설명을 마치기 전에 한 가지 실험을 더 하겠습니다. 그것은 다음과 같은 세 가지 변화가 일어날 때 사유와 자유를 근간으로 하는 경제가 어떤 모습을 보이게 될지 알아보는 작업입니다. 첫째, 자녀 양육비가 400에서 시작해서 600, 800, 1,000 그리고 1,200으로 증가하는 상황을 상정합니다. 둘째, 공동체가 지닌 경제생활에 관한 노하우 A가 50에서 시작해서 52.5, 56, 62, 71 등으로 '향상'되는 상황을 상정합니다. 셋째, 공동체가 경작하는 토지의 면적이 10만 평에서 시작해서 100만 평, 1,000만 평, 1억 평, 10억 평 등으로 확대되는 상황을 상정합니다. 이 세 가지의 상황 변화를 하나씩 반영한 결과를 알아볼 수도 있지만 논의를 압축하기 위해서 세 가지 상황 변화가 동시에 일어나는 것으로 상정하겠습니다.

효용함수와 생산함수의 파라미터는 전과 마찬가지로 $\eta=0.3$, $\beta=0.28$ 그리고 $\alpha=1/2$로 상정합니다. 이러한 전제하에서 사유경제에서 정해지는 정상상태를 구해보면 [표 2-4]와 같습니다.

[표 2-4]에 나타난 결과를 보면 우리가 상정한 것과 같은 상황 변화가 일어날 때 1인당 소득은 2,550에서 시작해서 7,650까지 증가하며, 1인당 토지 보유 면적은 2,601평에서 11,609평으로 늘어나고, 공동체 구성원의 수 즉, 인구는 38명에서 시작해서 86,138명으로 늘어남을 알 수 있습니다. 1인당 토지

표 2-4 사유경제가 변화하는 모습

k_e	400	600	800	1,000	1,200
A	50	52.5	56	62	71
X	10만 평	100만 평	1,000만 평	1억 평	10억 평
y_e	2,550	3,825	5,100	6,375	7,650
x_e	2,601	5,308	8,294	10,572	11,609
N_e	38	188	1,206	9,459	86,138
Y	98,039	720,588	6,149,020	60,298,039	658,954,248

보유 면적이 우리가 상정한 마지막 단계가 되면 1만 평을 넘게 되는데 이는 아무리 자유인이라 하지만 혼자서 경작하기에는 벅찬 면적입니다. 이렇게 크게 확장되는 토지를 경영하려면 사람의 힘만으로는 어려웠을 것입니다. 아마도 이것이 농경목축시대를 살았던 사람들이 가축의 힘을 이용하거나 도구와 기계를 만들어 쓰기 시작한 계기가 되었을 것입니다.

2.6 인류의 불행했던 역사

앞에서 본 바처럼 만일 우리 인류가 수렵채취시대의 공유경제시대를 마감하면서 자유롭고 평등한 사유경제의 시대로 이행했더라면 보통 사람들의 삶의 질은 우리의 조상들이 실제로 경험했던 것보다 훨씬 더 좋았을 것입니다. 수치 예에서 보듯이 다른 모든 것은 그대로 두고 소유형태만 공동소유에서 사적소유로 변화시킬 때 인류가 누리는 1인당 소득이 680에서 1,275 또는 2,550으로 적게는 두 배 이상, 그리고 많게는 다섯 배 가까이 늘어납니다. 이를 달러화로 치면, 1년에 680달러를 갖고 살아가는 것과 2,550달러를 갖고 살아가는 삶의 질은, 후자의 경우가 훨씬 더 풍요로운 것임을 누구나 짐작할 수 있습니다. 그렇지만 불행하게도 우리 인류는 산업혁명이 일어나기 이전의 역사에서 한번도 완전히 자유롭고 완전히 평등한 사유경제를 누려본 적이 없습니다.

공유경제의 시대를 마감하면서 인류가 경험한 것은 극단적인 불평등의 시대였습니다. 인류가 수렵채취시대를 마감하고 농경목축시대에 들어서면서부터 국가가 형성되었는데 세계 어느 곳에서건 국가란 모두 소수의 엘리트가 절대다수의 민중을 통치하는 전제국가였습니다. 동서고금을 막론하고 모든 전제국가는 다스리는 사람과 다스림을 받는 사람으로 양분된 계급사회로 이루어져 있었습니다. 이 시기를 관통하던 계급구조를 아주 단순화하면 모든 것을 소유하고 어떤 일이든지 할 수 있는 다스리는 계층 또는 주인 계층과 아무것도 소유하지 못하고 행동의 자유마저 박탈당한 다스림을 받는 계층 또는 머슴

(노예) 계층으로 나눌 수 있습니다.

다스리는 사람은 다스림을 받는 사람에게 일을 시켜서 생산한 것을 모두 다 가진 다음에 그중의 일부를 다스림을 받는 사람에게 나누어 주었습니다. 다스리는 사람이 모든 생산수단을 소유하고 있었으므로 다스림을 받는 사람이 생산한 것을 모두 다 가져갈 수 있었던 것입니다. 다스리는 사람이 수확물을 다 쓰면 다스림을 받는 사람들이 굶어 죽게 되고 그렇게 되면 일을 시킬 사람이 없어지므로, 다스리는 사람들은 다스림을 받는 사람들에게 적당량의 수확물을 나누어 준 것입니다. 다스리는 자들이 다스림을 받는 자들에게 얼마나 되는 수확물을 나누어 주었을까요? 아마도 다스림을 받는 사람들이 근근이 연명할 만큼만 주지 않았을까요? 이 물음에 대한 답은 제3장에서 알아보게 됩니다.

제 3 장

농경목축시대의 경제생활 : 노예경제

3.1 공동체 규모의 확대와 정치 · 경제의 구조 변화

현생 인류가 28만 년도 더 되는 오랜 세월에 걸친 수렵채취의 시대를 마감하고 농경목축의 시대로 접어들면서부터 그동안 공유사회를 지탱해오던 원시공동체의 구조가 그 뿌리부터 변화되기 시작하였습니다. 이러한 변화를 가져오게 된 가장 중요한 계기는, 끊임없이 이동하면서 수렵하고 채취하며 살아야 했던 인류가 환경이 양호한 지역에 정주해서 농경과 목축을 통해 살아가기 시작하면서부터 그들이 행하는 모든 경제활동에 걸쳐서 노동 생산성이 획기적으로 높아진 데 있습니다.

종전에는 수렵하고 채취하는 것을 통해서, 예를 들어서, 1년에 짐승 열 마리를 수렵해서 잡아먹고 곡물 10가마를 채취해서 섭취하던 공동체가 농경과 목축을 통해서 동일한 노동력을 갖고서도 가축 100마리를 사육해서 잡아먹고 식량 작물을 재배해서 곡물 1,000가마를 수확해서 먹고살게 된 것입니다. 이는 분명히 혁명적인 변화입니다. 인류가 수렵채취의 시대에서 농경목축의 시대로 이행한 것이 어찌 보면 아주 당연한 일인 것 같습니다. 생산성이 수십 배 증가하는 기회가 있는데 꾀 많은 인류가 그것을 모른 체할 이유가 없었겠지요.

그러나 실제로 일이 전개된 상황을 보면 인류가 수십만 년도 더 되는 오랜 기간 동안 수렵하고 채취하는 생활을 영위한 이후에야 농경하고 목축하는 생활로 전환하기 시작하였습니다.[1] 이를 보면 우리 선조들의 두뇌가 그렇게 좋았던 것은 아닌가 보다 하는 의구심이 들기도 합니다. 그러나 그 당시 이 지구상에는 식생이 풍부한 전인미답의 신천지가 워낙 많았기에 한곳에 정주할 필요성이 적었던 것일 수도 있습니다. 지금 살던 곳의 자원이 고갈될 지경에 이르면 비교적 손쉽게 다른 곳으로 이동하면 되었기 때문입니다. 이런 식으로 처음 아프리카 또는 중동 지방에서 출현한 호모사피엔스가 서쪽으로는 영국

1) 수렵채취시대의 역사는 호모사피엔스의 역사보다 훨씬 더 긴 200만 년에 이른다고 합니다.

과 북구 지방까지, 동북쪽으로는 중앙아시아, 러시아, 중국 등을 거쳐서 한국과 일본까지, 그리고 그중 일부는 베링Bering 해협을 건너서 북미와 중남미까지, 남쪽으로는 인도와 동남아시아를 거쳐 오세아니아와 폴리네시아에 이르기까지 퍼져나간 것입니다. 이처럼 끊임없이 이동하면서 지구 끝에 이르기까지 퍼져서 살아가는 동안 30만 년 가까운 세월이 흐른 것 같습니다.

호모사피엔스가 지구의 구석구석까지 확산되기에 이르자 지금 사는 곳보다 나은 곳으로 옮겨 가기가 점점 더 어려워지기 시작하였습니다. 더 나은 곳을 찾기가 갈수록 어려워진 것입니다. 말하자면 이동하는 데 드는 '비용'은 증가하고 '혜택'은 별로 늘지 않아서 이동의 순편익이 작아지기 시작한 것이지요. 이는 수렵하고 채취하면서 살아가던 유목민에게 더할 수 없이 커다란 난관이었습니다.

호모사피엔스가 그러한 난관을 극복한 방식은, 새로운 곳으로 이동하기가 어렵게 되었으니 지금 있는 곳을 좀 더 살 만한 곳으로 만들자는 것이었습니다. 야생 동물들을 수렵하느라고 이곳저곳으로 숨차게 뛰어다니는 것보다는 순한 놈들을 골라 길들인 가축을 길러서 잡아먹고, 야생 과실을 따거나 나물을 뜯으려고 온 산하를 헤매는 것보다 그럴 듯한 것들을 찾아내서 곡물과 과일과 채소로 길러 먹는 방식이 낫다는 사실을 알아내기 시작한 것입니다. 이동하면서 수렵하고 채취하는 생활에서, 정주하면서 농사를 짓고 가축을 기르는 생활로 '크게 혁신'한 것입니다.

이것을 보면 인간의 두뇌는 평소에는 잠자고 있다가 어떤 어려움에 봉착하면 그것을 극복하기 위해서 매우 활발하게 움직이는 경향을 지닌 것 같습니다. 그래서 수렵채취시대에는 가끔씩 생기는 '소소한' 문제들을 해결하는 데 만족하던 인류의 두뇌가 더 이상 그러한 방식으로는 생존하기 어려운 난관에 봉착하자 그동안 잠자고 있던 능력을 발휘해서 한곳에 정착하면서 농경하고 목축하는 생활방식을 찾아낸 것 같습니다. 농경과 목축이 새로운 생산방식으로 정착되는 데는 아마도 몇천 년의 세월이 필요했을 것입니다. 그 과정에서 엄청난 시행착오를 겪기도 하였을 것입니다. 이 당시의 시행착오는 생명을 담보로 한 경우가 많았습니다. 가령 어떤 버섯이 먹을 만한지 알아내기 위해서 수많은 이들이 독버섯을 먹고 죽었을 것입니다.

농경목축의 시대가 전개되면서 일어난 가장 중요한 사회변화는 정주定住 공동체의 규모가 크게 확대되었다는 사실입니다. 인류학자들의 보고를 보면 수렵채취시대에는 커다란 공동체라도 그 구성원의 수가 몇백 명 이내였다고 합니다. 그러다가 농경목축시대가 전개되면서 수천 명이 넘는, 경우에 따라서는 수만 명에 이르는, 대大공동체가 출현하기 시작하였다고 합니다. 농경목축시대를 살았던 공동체의 규모는 시간이 흐를수록 그 규모가 확대되어서 고대 이집트나 중국에는 수십만 내지는 수백만 명이 살고 있었다고 합니다.

농경목축시대에 공동체의 규모가 확대된 것을 어떻게 설명할 수 있을까요? 우리는 제1장과 제2장에서 행한 분석을 통해서 공동체 구성원의 숫자가 어떻게 정해지는지 알아본 바 있습니다. 설명의 편의를 위해서 우리가 고찰했던 두 모형에서 정상상태의 공동체 구성원 수 $\bar{N}$의 결정식을 옮겨 적도록 하겠습니다.

$$\bar{N}_m = \left[\frac{\eta}{1-\beta+\eta} \frac{A}{k_m} \right]^{\frac{1}{\alpha}} X$$

$$\bar{N}_e = \left[\frac{\eta-\alpha\beta}{1-\beta+\eta} \frac{A}{k_e} \right]^{\frac{1}{\alpha}} X$$

이 식들을 보면 공동체 구성원의 크기를 정함에 있어서 가장 중요한 두 변수가 공동체가 지닌 삶에 관한 노하우 A와 그 공동체가 가진 자원 또는 생산수단 X임을 알 수 있습니다. 식에서 보듯이 A가 앞서 있거나(즉, A의 값이 크거나) X가 넓은(즉, 경작할 토지의 면적이 큰) 공동체는 그렇지 못한 공동체보다 그 규모가 크게 정해집니다.

A 또는 X가 변화됨에 따라서 공동체 구성원의 숫자가 어떻게 달라지는지 조금 더 실감나게 알아보는 한 방편으로서 구체적인 수치 예를 공부해보기로 합니다. (이 수치 예는 농경목축시대의 경제체제가 우리가 제1장에서 알아본 공동소유경제임을 전제로 한 것입니다. 이는 역사상 실제로 전개된 것과는 다

른 전제입니다. 왜냐하면 농경목축시대를 관통했던 경제체제는 노예경제이었기 때문입니다. 우리가 아직 노예경제에 관해서 배우지 않았기에 공동소유경제를 상정해서 수치 예를 보려는 것입니다.)

이를 위해서 $\beta=0.28$, $\eta=0.3$, $\alpha=1/2$ 그리고 $k_e=200$에 고정되어 있는 것으로 상정하고, A가 50, 52.5, 56, 62 그리고 71로 변화되는 경우와 X가 1만 평에서 10만 평, 100만 평, 1,000만 평 그리고 1억 평[2)]으로 커지는 경우에 관해서 알아보겠습니다. [표 3-1]에 수치 연습의 결과가 있습니다.

[표 3-1]에 나타난 결과가 매우 흥미롭습니다. 먼저 노하우가 향상된 결과를 보면, 경작면적(X를 이제부터 '경작면적'이라고 부르겠습니다.)이 1만 평일 때, 노하우가 50이면 51명이던 공동체의 규모가 노하우가 52.5가 되면 56명, 노하우가 56이 되면 64명, 노하우가 62가 되면 78명 그리고 노하우가 71이 되면 103명으로 늘어남을 알 수 있습니다. 이를 보면 공동체가 지닌 노하우 A가 향상되면 경작면적이 변화하지 않더라도 인구가 증가하기는 하지만 그 증가폭이 그리 크지는 않음을 알 수 있습니다.

공동체의 인구는 공동체가 활용하는 경작지 면적에 정비례해서 증가됩니다. 이러한 사실을 [표 3-1]에서 확인할 수 있습니다. 예를 들어서 공동체가 지닌 노하우가 71일 때 경지면적이 1만 평이면 103명밖에 되지 않던 인구가

표 3-1 노하우와 경작면적의 차이에 따른 공동체 규모의 변화 (단위: 명)

X \ A	50	52.5	56	62	71
1만 평	51	56	64	78	103
10만 평	510	563	640	784	1,028
100만 평	5,102	5,625	6,400	7,844	10,288
1,000만 평	51,020	56,200	64,000	78,449	102,876
1억 평	510,204	562,000	640,000	784,490	1,028,776

2) 1억 평은 여의도 면적의 약 40배에 해당합니다.

경작면적이 1억 평으로 확대되면 102만 8,776명으로 늘어나게 됩니다.

어떤 요인이 더 크게 공헌하였건 간에 농경목축시대에 들어와서 공동체의 규모가 크게 확대된 것은 부인할 수 없는 사실입니다. 이렇게 공동체의 규모가 확대되면 어떤 일이 벌어질까요? 한번 상상해봅시다. 많아야 몇백 명 정도로 이루어져 있던 공동체가 수천 또는 수만 명으로 이루어진 공동체로 성장하면 구성원들 사이에 평생을 가도 얼굴을 맞대지 않고 살아가는 일이 벌어지게 됩니다. 그저 우리 부족 또는 우리 강토 사람이라는 동질감은 있지만 생면부지인 사람을 전적으로 믿어도 될지 잘 모르게 된 것입니다. 소공동체일 때는 누가 누구인지 모두 잘 알기 때문에 그야말로 오순도순 모여서 협업해서 수확한 물자를 사이좋게 나누어 먹으며 사는 일이 가능했지만 공동체의 규모가 확대되면서부터 그런 일이 어려워지게 되었습니다. 협업을 도모하기도 어렵고 또 큰 공동체가 수확한 것을 모든 구성원이 사이좋게 나누어 갖는 것도 어려워집니다. 그래서 자연히 통치 질서가 형성되고 통치하는 사람과 통치받는 사람으로 계층이 분화되기 시작합니다. 그렇지 않으면 수천수만 명에 이르는 공동체의 질서를 유지하기가 어렵기 때문입니다.[3)]

공동체의 규모가 확대되면서 재화를 생산해서 소비하는 방식이 근본적으로 달라지기 시작했습니다. 소공동체에서는 공동체 구성원들이 원하거나 필요로 하는 것 전부를 공동체 스스로가 생산해서 사용하던 자급자족이 관행이었습니다. 그러나 공동체 규모가 커지면서 자기가 생산한 것을 팔고 다른 사람이 생산한 것을 사다 쓰는 교환이 일반화되기 시작했습니다. 이는 자급자족경제가 교환경제로 진화했음을 뜻하는데 재화와 서비스의 교환이 이루어지면서 분업과 전문화가 가능해졌고 그 결과 공동체가 생산하는 재화와 서비스의 양이 소공동체 시절과는 비교할 수 없을 정도로 크게 증가했습니다.

큰 규모의 공동체에서 재화와 서비스의 교환이 이루어지기 시작했다는 것은 교환 또는 보다 더 광범위하게 경제생활 전반을 규율하는 질서가 형성되

---

3) 공동체의 규모 확장과 통치 질서 형성 간에 선후 또는 인과 관계가 있었던 것이 아닙니다. 양자는 동시적으로(joint process) 일어났습니다.

기 시작했음을 뜻하기도 합니다. 수많은 사람들 사이에서 벌어지는 경제행위들이 상호 간에 커다란 마찰을 일으키지 않으면서 조정되려면 서로서로가 믿고 따르는 신뢰의 질서가 필요합니다. 그러한 질서가 저절로 형성되었을 가능성은 그리 크지 않습니다. 확대된 공동체 규모에 걸맞은 경제질서를 형성해야 할 필요가 생긴 것입니다.

공동체의 규모가 커지면서 일어난 또 다른 변화는 구성원 간에 이해관계가 충돌하거나 첨예하게 의견이 갈리는 일이 빈번해졌다는 것입니다. 소공동체에서는 모두가 모인 자리에서 설득과 이해와 양보를 통해서 이견을 조정할 수 있었지만 큰 규모의 공동체에서는 그러한 직접 민주주의 방식을 활용하기가 어렵습니다. 누군가가 분쟁과 이견을 조정해줄 필요가 생겼으며 제삼자가 분쟁과 이견을 조정할 때 따라야 할 규범을 정립할 필요도 생겼습니다. 확대된 공동체 규모에 걸맞은 정치질서를 형성해야 할 필요가 생긴 것입니다.

3.2 독재정치와 노예경제의 일상화

독재정치의 성립

정치질서와 경제질서를 포함한 공동체의 질서와 규범을 만들고 그것을 집행에 옮기려면, 당연한 말이지만 그러한 일들을 할 사람이 필요합니다. 아마도 이것이 소공동체의 지도자와는 달리 강력한 힘을 지닌 새로운 지도자 내지는 지도층이 등장하게 된 계기가 되었을 것입니다. 좁은 의미의 생산 활동 즉, 재화와 서비스를 생산하는 일이 아닌 보다 넓은 의미의 생산 활동 즉, 공동체를 규율하는 도구와 장치를 만들고 그것을 활용해서 공동체를 다스리는 일에 전념하는 부류가 등장한 것입니다.

공동체를 다스리는 일에 전념하는 사람들이 등장할 수 있었던 배경에는 농경목축이 이루어지면서 공동체가 생산하는 재화와 서비스의 양과 종류가 크게 확대되었다는 사실이 있습니다. 농경목축을 통해 생산한 것들이 그 일에 직접적으로 종사한 사람들이 먹고살 양보다 훨씬 많았기에 농경목축에 직접적으로 종사하지 않으면서 공동체를 다스리는 일에 전념하는 사람들을 먹여 살릴 수 있게 된 것입니다. 경제학자들은 이를 잉여생산물이라고 부르기도 합니다. 그렇지만 이는 정확한 용어가 아닙니다. '잉여생산물을 사용한다.' 또는 '잉여생산물을 착취한다.'라고 말하는 것은, 직접적으로 생산에 종사하지 않는 사람이 생산에 참여하지 않고서도 남이 생산한 것을 거저 가져다가 (또는 빼앗아) 살아가는 것으로 인식하는 것인데, 공동체를 다스리는 일을 하는 사람들도 광범위한 의미로 보면 생산 활동에 참여하고 있으므로, 이는 정확한 표현이 아닙니다. 누구인가가 공동체를 다스리는 일을 하지 않으면 농경목축으로 인해 규모가 대폭적으로 확대된 공동체가 유지될 수 없습니다. 그러므로 '다스리는 일'도 생산 활동의 중요한 한몫이 됩니다.

어떻든 중요한 것은 농경목축시대에 들어서면서 공동체의 규모가 확대되었고 확대된 공동체를 유지하기 위해서 공동체를 다스리는 계층이 생겨나기 시작했다는 사실입니다. 작은 공동체였던 씨족들이 연합해서 부족을 만들고 또 부족들이 연합해서 국가를 만들면서 그중에서 가장 힘이 세거나 가장 현명한 부족의 장이 나라의 우두머리가 되었을 것입니다. 국가가 형성되면서 우두머리를 황제, 임금, 왕 등의 명칭으로 부르게 되었고 여러 가지 우여곡절을 겪으면서 점차 모든 권력이 왕에게 집중되기 시작하였습니다. 권력만 집중된 것이 아니라 국가 안의 모든 부 역시 집권자의 소유물이 되었습니다.

수렵채취시대에는 모든 것이 공유물이었는데 국가가 성립하면서 모든 것이 군왕의 것이 된 것입니다. 이렇게 군왕이 모든 권력과 재산을 가지게 된 것이 하루아침에 이루어진 것은 아닙니다. 아마도 몇천 년이 걸려서 이루어진 일일 것입니다. 우리가 국가로 인지하는 실체가 역사상에 등장한 것이 지금부터 약 5,000년 정도 전의 일이므로 우리가 아는 형태의 국가가 형성되는 데 농경목축시대가 시작되고서도 적어도 수천 년은 소요된 것으로 짐작됩니다.

국가를 다스리는 일은 군왕 혼자서 할 수 있는 일이 아닙니다. 당연하게도 군왕을 보좌하는 통치 집단이 형성되었습니다. 군왕을 정점으로 하는 통치 집단은 피라미드형 권력구조를 형성했는데 그 가장 밑바닥에는 기층민, 소위 백성이 있었습니다. 대부분의 국가에서 공동체 구성원의 90% 이상이 기층민이었는데 이들이 직접적으로 농경목축에 종사한 '노동자'였고 나머지는 나라를 다스리는 '비노동자'였습니다.

노예경제의 성립

농경목축시대의 국가에서 '노동자'와 '비노동자' 사이의 관계가 주인과 머슴의 관계로 변모되는 데는 그리 오랜 세월이 걸리지 않았습니다. 군왕을 정점으로 한 통치 세력이 독점했던 권력과 재력의 힘으로 기층민들을 머슴 내지는 노예로 만드는 일이 그렇게 어렵지 않았던 것이지요. 모든 것을 소유하고 모든 것을 할 수 있다고 믿었던 군왕과 그 보좌 세력이 아무것도 소유하지 못하고 아무것도 자기 마음대로 하지 못하는 다수의 평민을 다스리는 전제국가가 '전형norm'인 세상이 된 것입니다. 이러한 사실은 수렵채취시대를 관통하던 만인 평등의 공유경제가 농경목축시대에 와서 소수의 주인과 절대다수의 노예로 이루어진 '극도로 불평등한' 경제 즉, 노예경제slave economy로 변질되었음을 말해줍니다.

노예경제란 구성원의 일부가 모든 것을 소유하는 동시에 그들만 행동의 자유를 지니고 구성원의 대다수는 아무것도 소유하지 못하며 또한 행동의 자유가 극히 제약된 채 살아가던 상황을 말합니다. 모든 것을 갖고 자유롭게 살아간 사람들을 주인 그리고 아무것도 갖지 못하고 자유마저 제약받았던 사람들을 노예라고 부를 수 있습니다. 노예는 주인이 주는 대로 받아먹으면서 주인이 시키는 대로 살아야 하는 존재였습니다. 노예는 자식조차도 자기 것이라고 할 수 없는 처지에 놓여 있었습니다. 왜냐하면 노예의 자식 역시 노예가 되었기 때문입니다. (우리가 노예라고 지칭하는 것은 역사상에 실제로 존재했던 노비만을 가리키는 게 아닙니다. 조선시대를 예로 들자면 소위 '백성'은 모두 노예나 마찬가지였습니다. 결국 왕과 그를 보좌하는 신료들을 제외한 일반 민중은 모두 노예같이 살았던 셈입니다. 이는 지나친 단순화이겠지요. 주인과 노예 사이에 다양한 계층이 있었지만 이를 과감하게 단순화해서 두 계층만 있었던 것으로 상정해도 우리의 분석 결과는 본질적인 측면에서 달라지지 않습니다.)

3.3 노예경제의 정상상태

노예경제의 특징

노예경제의 경제상황을 알아보기 위해서 우리가 제1장 및 제2장에서 사용하였던 경제모형을 새로운 상황에 맞게 변형해서 공부하기로 합니다. 모두 N명으로 이루어진 국가 공동체를 상정합니다. N명 중 N_l명이 주인이고 N_s명이 노예입니다. 이 국가가 지닌 생산수단은, 이제부터는 이를 경작면적이라고 부르겠습니다, 전과 같이 X로 나타냅니다. 동일한 X이지만 농경목축시대의 한 국가가 지닌 경작면적은 수렵채취시대의 소공동체가 가졌던 수렵채취의 대상보다 월등히 더 큽니다. 경작지 X와 노예 N_s는 모두 주인의 소유물입니다. 논의를 단순화하기 위해서 N_l명의 주인들이 경작지와 노예를 균등하게 소유하고 있다고 상정합시다. 전제국가에서는 모든 것이 군왕의 소유물이므로 $N_l=1$로 보는 게 옳겠지만 실제에 있어서는 군왕이 그 측근 세력에게 적당량의 땅과 노예를 나누어 주었으므로 논의를 단순화하기 위해서 집권계층인 주인 N_l이 경작지와 노예들을 균등하게 나누어 가지는 것으로 본 것입니다. 이는 주인 한 명이 각각 $x=X/N_l$의 경작지와 $s=N_s/N_l$명의 노예를 소유하고 있음을 의미합니다.

$(x,\ s)$를 소유한 주인은 노예를 경작에 동원해서 다음에 나타낸 바만큼의 생산물(가치)을 생산합니다.

$$y = Ax^{\alpha}s^{1-\alpha} \tag{3.1}$$

식 (3.1)은 노예 s가 생산요소로 새로 등장한 점을 빼면 우리가 제1장이나 제2장에서 본 생산함수와 동일한 것입니다. 이제 생산량은 노하우 A, 경작지 x 그리고 노동자인 노예 s를 결합한 것으로 정해집니다. 경작면적 x가 늘어나거나 노예의 수 s가 증가하면 생산량이 늘어나게 됩니다.

식 (3.1)에서 보듯이 생산에 있어서 경작지가 공헌하는 정도가 α이고 노예가 공헌하는 정도가 $1-\alpha$입니다. 함수형태는 전과 마찬가지로 콥·더글러스 함수입니다. A는 주인 계층이 지닌 재화를 생산하는 노하우를 나타내는데 여기에는 그가 거느린 노예를 효과적으로 다루는 방법과, 더 넓게는 노예경제체제를 근간으로 하는 전제 국가를 경영하는 노하우도 들어 있었을 것입니다.

식 (3.1)을 좀 더 쉽게 이해하기 위해서 수치 예를 들어 보겠습니다. 이를 위해서 생산성 파라미터 α는 1/2, 1인당 경작면적 x는 10,000평, 노예의 수 s는 4명 그리고 경제의 기술수준 A는 50으로 상정합니다. 이 값들을 식 (3.1)의 오른편에 대입하면, $50 \times 100 \times 2 = 10,000$을 얻게 됩니다. 즉, 주어진 수치 예에서는, 자기 땅에 노예를 시켜서 경작해서 얻는 생산량이 10,000으로 정해집니다. 이게 주인이 자신과 노예들에게 나눌 소득의 크기가 됩니다.

식 (3.1)을 통해 산출물 y를 얻는 주인이 그것을 전부 다 본인의 삶을 위해 사용하는 것은 아닙니다. 노예들에게 먹고살 것을 주지 않으면 노예가 굶어 죽을 것이고 그리 되면 주인의 자녀는 노예를 하나도 소유하지 못하게 될 테니까요. 그러므로 주인은 적절한 수의 노예를 유지할 만큼의 재화를 노예에게도 나누어 주게 됩니다. 이때 주인이 노예 한 사람에게 주는 몫을 y_s라고 합시다. 그러면 주인이 노예에게 주는 총몫은 sy_s가 됩니다. 이만큼을 노예들에게 나누어 준 후에 남는 것을 가지고 주인은 자기의 소비와 자기의 자녀 양육에 쓰게 됩니다. 주인의 소비와 자녀 수 그리고 주인의 자녀 양육비를 각각 c_l, n_l 그리고 k_l이라고 합시다. 주인의 예산제약은 아래와 같이 주어집니다.

$$c_l + k_l n_l = Ax^{\alpha}s^{1-\alpha} - sy_s \tag{3.2}$$

앞서 본 사례에서 노예 한 명에게, 예를 들어서, 680씩 준다면 4명의 노예가 갖는 몫이 2,720이 되므로 주인은 7,280을 가지게 됩니다. 주인은 이 7,280을 가지고서 자신을 위해서는 얼마를, 또 자녀 양육을 위해서는 얼마를 쓸 것인가를 결정하게 되는 것입니다.

노예의 예산제약은 어떻게 주어질까요? 그것은 아래와 같습니다.

$$c_s + k_s n_s = y_s \tag{3.3}$$

식 (3.3)에서 각 변수가 갖는 의미는 자명하므로 설명을 생략합니다. 노예는 주인에게서 y_s를 받아서 그것을 자신의 소비 c_s와 자신의 자녀 양육비 $k_s n_s$로 나누어 사용합니다. 예를 들어서 노예 하나가 받는 몫이 680이라면 노예는 이것을 가지고서 자신의 소비와 자녀 양육에 충당하게 됩니다. 식 (3.2)와 식 (3.3)에서 주인의 자녀 양육비는 k_l 그리고 노예의 자녀 양육비는 k_s로 나타냈는데 이는 거의 틀림없이 $k_l > k_s$인 실제 상황을 모형에 반영하기 위함입니다. 자녀 양육비 k_s와 k_l은 모두 주어진 데이터로 봅니다. (의사결정의 대상이 아니라는 얘기입니다.)

예산제약에 관해서 알아보았으니 이제 목적함수(효용)에 관해 공부할 차례입니다. 여기에서 우리는 아주 중요한 가정을 도입하고자 합니다. 그것은, 노예나 주인이나 원하는 바에 있어서는 모두 똑같은 '사람'이라는 점입니다. 주인이나 노예는 그 본질에 있어서는 동등한 인간임에도 재산과 권력을 독점한 자는 주인이 되고 아무것도 갖지 못한 자는 노예가 된 것입니다. 말할 것도 없이 이는 매우 불평등한 상황입니다. 농경목축시대는 이처럼 극단적으로 불평등한 시대였습니다. 동서고금을 막론하고 전제 국가에서 만인 평등이 실현된 사례는 하나도 없습니다.

주인이나 노예가 다 같은 '사람'이라는 것은 주인과 노예가 동일한 효용함수를 가졌음을 의미합니다.[4] 이런 견지에서 그들의 효용함수를 다음과 같이

4) 이는 엄밀한 의미에서 '다 같은 사람'의 본뜻에 어긋납니다. 만인동등의 이상은 '선호체계와 가진 것과 할 수 있는 것이 모두 동등함'에 있습니다.

나타낼 수 있습니다.

$$u_{lt}=(c_{lt})^{1-\beta}(n_{lt})^{\eta}(u_{lt+1})^{\beta} \quad (3.4)$$

$$u_{st}=(c_{st})^{1-\beta}(n_{st})^{\eta}(u_{st+1})^{\beta} \quad (3.5)$$

위 식에서 아래 첨자 l과 s는 각각 주인과 노예를 나타냅니다. 주인이나 노예가 똑같은 사람이라는 가정은 위의 식 (3.4)와 (3.5)가 아래 첨자만 다를 뿐 동일한 함수인 데 반영되어 있습니다.

사람은 누구나 가능하면 좋은 삶을 살고 싶어 하고 가능하면 많은 수의 자녀를 낳아 키우기를 바라며 또한 다음 세대가 되었을 때 자녀가 잘살기를 바랍니다. 주인만 그런 게 아니라 노예도 그렇습니다. 그렇지만 주인과 노예의 처지는 무엇을 소유하고 무엇을 할 수 있느냐에 따라서 확연하게 차이가 납니다. 즉, 재산권 소유 여부와 자유의 유무에서 천양지차를 보입니다.

노예는 그가 가질 소득의 크기를 자기의 힘으로 결정하지 못합니다. 그저 주인이 주는 대로 받아서 살아가야 합니다. 재산이 하나도 없기 때문에 그렇습니다. 그렇더라도 몇 명의 자녀를 낳아 기를지를 결정할 수는 있으니 약간의 자유는 있는 셈입니다. (우리가 고려하는 경제에서는 주인이 노예가 낳아 기를 자녀 수까지 정해주어도 결과는 동일해집니다.) 반면에 주인은 몇 명의 노예를 소유할 것인가, 그들을 시켜서 얼마만큼의 소득을 창출할 것인가, 산출물 가운데에서 노예에게 떼어줄 몫과 자신이 가질 몫을 어떻게 정할 것인가, 자녀는 몇 명이나 낳아 기를 것인가 그리고 자신을 위한 소비는 얼마나 할 것인가 등 모든 것을 결정할 수 있습니다.

이러한 상황에서 주인이나 노예가 어떤 결정을 내리게 될까요? 이에 대한 답을 제1장 및 제2장에서 공부한 바와 비슷한 방식으로 알아낼 수 있습니다.

노예경제의 정상상태 결정

(노예의 경우)

먼저 노예의 의사결정에 대해 알아봅시다. 노예는 아무것도 소유한 것이 없으며 그저 주인이 시키는 대로 일하고 주인이 주는 대로 받아서 살아야 합니다. 물론 노예가 일한 대가는 주인이 정합니다. 그렇더라도 노예 역시 자신을 위해서 얼마나 쓸지, 그리고 자녀를 낳아 키우는 데 얼마나 쓸지를 정할 수 있습니다. 즉, 노예에게는 c_s와 n_s가 선택변수가 됩니다. 그런데 노예의 예산제약 (3.3)을 보면, 노예가 n_s를 정하면 c_s는 자동적으로 정해지게 됩니다. 사실을 말하자면 둘 다 마음대로 정할 수 있는 게 아니라 하나만 정할 수 있습니다. 예산제약 때문이지요. 그런데 노예가 아무것도 소유하지 못한다는 것은 그가 자신의 자녀에게 아무것도 넘겨줄 게 없다는 얘기임을 상기합시다. 즉, 상속물이 0이 됩니다. 그렇기 때문에 현세대의 노예는 자기 자녀의 행복 u_{t+1}에 아무런 영향도 미치질 못합니다. 이것 어디서 많이 본 것 같지 않나요? 노예는 아무것도 가질 수 없던 수렵채취시대의 사람들과 처지가 같습니다. 그러므로 그의 결정은 아래와 같은 답을 줍니다. (노예가 주인에게서 받은 재화를 저장할 수 있는 경우에는 그것을 다 쓰지 않고 남겨둘 수도 있지만 그것을 자기의 자녀가 가지게 될 것이라는 보장이 없습니다. 다음 세대의 주인이 노예가 그의 부모로부터 물려받은 것을 그 노예의 것이라고 인정할 리가 없기 때문에 그렇게 됩니다. 그것을 용인하는 순간 노예가 재산을 소유하게 되므로 주인은 그런 일이 생길 가능성을 원천적으로 차단합니다.)

$$c_s = \frac{1-\beta}{1-\beta+\eta} y_s \qquad (3.6)$$

이것은 노예가 주인에게서 y_s를 받아서 그중 $\frac{1-\beta}{1-\beta+\eta}$는 자신의 소비로 쓰고 $\frac{\eta}{1-\beta+\eta}$는 자식을 낳아 기르는 데 쓰게 됨을 의미합니다. 즉, 노예는 자녀 양육을 위해서 $k_s n_s$를 사용하게 되는데 그 크기가 $\frac{\eta}{1-\beta+\eta} y_s$가 된다는 말입니다. 자, 그렇다면 주인은 노예에게 줄 몫 y_s를 얼마로 정할까요?

주인은 노예가 자기의 자녀를 낳아 키우는 데에 $\frac{\eta}{1-\beta+\eta}y_s$만큼을 사용할 것임을 압니다. (어떻게 알지요?) 바로 위에서 보았듯이 노예가 자녀 양육에 쓰는 총비용은 $k_s n_s = \frac{\eta}{1-\beta+\eta}y_s$가 됩니다. 즉, 주인은 자기가 소유한 노예들이 각각 이만큼을 자녀 양육에 쓸 것임을 압니다.

이제 우리는 이 경제의 정상상태에 관해서 공부할 터인데, 이 현명한 주인은 정상상태에서는 각 세대원이 한 명의 자녀만을 낳을 것임을 알고 있습니다. (이 경제에서 정상상태란 오늘이 어제와 같고 내일이 오늘과 같은 세상이 지속된다는 의미입니다.) 노예가 낳는 자녀의 수 n_s가 한 명이라면, $k_s = \frac{\eta}{1-\beta+\eta}y_s$가 성립합니다. 이것은 주인이 노예에게 줄 몫을 다음과 같이 정하게 됨을 뜻합니다.

$$y_s = \frac{1-\beta+\eta}{\eta}k_s \tag{3.7}$$

식 (3.7)이 우리가 어디에서인가 많이 보던 것 아닌가요? 그렇습니다. 식 (3.7)로 주어진 노예의 소득은 우리가 제1장에서 알아낸 수렵채취시대를 살던 사람의 소득과 동일합니다. 이는 노예경제를 운영하는 주인이 자기가 소유한 노예에게 그의 조상(또한 주인의 조상)이 공유경제시대에 가졌던 소득만큼만 줌을 뜻합니다.

주인이 주는 대로 받아서 먹고살아야 하며 자식에게 아무것도 물려줄 수 없는 노예의 처지는 자연이 주는 대로 먹고살며 자식들에게 아무것도 물려줄 수 없었던 공유경제를 살았던 조상들과 같습니다. 아니 어떻게 보면 노예의 처지가 공유경제를 살았던 조상의 처지보다 못합니다. 노예는 아무런 자유도 갖지 못하고 주인이 시키는 대로 일하고 주인이 주는 대로 받아먹고 살아야 합니다. 공유경제시대의 조상도 자연이 주는 대로 먹고살아야 한다는 점에서는 같지만 그 자신이 누구의 노예도 아니었다는 점에서는 차이가 납니다. 그들이 얼마만큼이나 자유를 누렸는지 알 수는 없지만 공유경제를 살았던 조상들이

'자유인'이었다는 사실은 틀림없어 보입니다.[5)]

식 (3.6)의 오른편에 방금 구한 노예의 소득을 대입하면 노예의 소비가 $c_s = \frac{1-\beta}{\eta} k_s$로 정해짐을 알 수 있습니다. 이것 역시 공유경제에서 정해졌던 것과 동일합니다. 결국 농경목축시대가 되어서도 아무것도 갖지 못하고 아무것도 제 마음대로 할 수 없는 노예의 경제적 처지는 수렵채취시대를 살았던 조상들의 그것과 동일하다는 결론을 얻게 됩니다. 이는 농경목축시대가 되어 전보다 훨씬 더 풍요한 세상이 도래하자 이제 좀 사람답게 살 수 있으리라는 희망을 지녔을 수많은 기층민들에게는 너무나 불행한 결과입니다.

사람의 노예가 되는 일과 자연의 노예가 되는 일 중 어느 것이 좋을까요? 자연은 무정합니다. 그러니 노예의 처지를 헤아릴 길이 없습니다. 반면에 자연은 스스로를 위하는 행동을 취하지 않으므로 자신을 위해서 노예를 더 착취하지도 않습니다. 매우 중립적인 주인인 셈입니다. 이에 반해서 사람이 주인이 되면 노예를 착취하는 정도가 자연이 그렇게 하는 것과는 아주 달라질 가능성이 높습니다. 사람 주인은 스스로를 위해 무엇이 최선인지 알며 어떻게 하는 것이 노예를 가장 효율적으로 이용하는 것인지 잘 압니다. 인정을 베푸는 주인도 있지만 반면에 피도 눈물도 없는 주인도 있습니다. 자연의 노예는 다른 곳으로 피신할 자유를 갖지만 인간의 노예는 그렇지도 못합니다. 그러니 인간의 노예가 되는 것보다 자연의 노예가 되는 게 나아 보입니다.

식 (3.7)을 찾아내면서 우리는 '주인이 노예가 한 명의 자식을 낳아 키우는 것이 정상상태임을 알고 있음'을 전제하였습니다. 어떻게 그런 사실을 알지요? 정상상태가 되려면 $n_s = 1$이 성립해야 한다는 사실을, 우리가 제안한 모형에 대해 학습하고 있는 사람들 모두가 압니다. 노예경제의 주인도 그러한 사실을 알고 있다는 것은 그들도 우리와 동일한 정도로 현명한 존재임을 상정하는 것입니다. 이렇게 생각하는 게 이상한가요? 농경목축시대에 살던 주인들이 현대를 사는 우리보다 덜 깨어 있었다고 생각할 수도 있겠지만 아마도 그

5) 효용함수에 '자유' f를 넣으면, f가 0인 경우와 $f>0$인 경우를 대비해서 자유인의 처지가 노예의 처지보다 월등히 좋다는 사실을 알아낼 수 있습니다.

렇게 생각하는 것은 현대인의 오만일 것입니다.

그런데 한 가지 의문이 듭니다. 정상상태가 되려면 모형의 상태변수state variable인 x_t와 s_t 역시 $\bar{x}$ 및 $\bar{s}$라는 고정된 값을 가져야 하는데 현재의 x_t나 s_t가 $\bar{x}$ 및 $\bar{s}$와 같으리라는 보장이 없지 않나요? 맞습니다. 잠시 후에 풀어보면 알겠지만 x_t와 s_t는 시간이 흐름에 따라서 $\bar{x}$ 및 $\bar{s}$로 수렴하는 것이지 처음부터 정상상태가 되는 것은 아닙니다. 그럼에도 불구하고 주인이 노예의 소득을 노예가 한 명의 자식만 낳아 키우도록 정하는 것은 맞습니다. 그런데도 현재의 노예 s_t가 정상상태의 노예 $\bar{s}$로 수렴하는 것은 $s_{t+1}=s_t n_{st}/n_{lt}=s_t/n_{lt}$에서 알 수 있듯이 주인이 낳아 키우는 자녀의 수 n_{lt}가 시간이 흐름에 따라서 변화하기 때문입니다. n_{lt} 역시 시간이 흐름에 따라서 $\overline{n_l}$로 수렴해갑니다. 그런데 $\overline{n_l}$ 역시 한 명이므로 $s_{t+1}=s_t$가 성립하는 때 즉, $\bar{s}=\bar{s}$가 되는 때가 도래하게 되는 것입니다. ($x_{t+1}=x_t/n_{lt}$이므로 $n_{lt} \to \overline{n_l}=1$이 됨에 부응해서 x_t 역시 $\bar{x}$로 수렴합니다.)

(주인의 경우)

아마도 지금쯤 여러분 누구나가 '아, 그러면 노예경제에서 주인은 아주 잘 살았을 게 분명해.'라고 생각할 것입니다. 정말 그렇습니다. 그러한 사실을 알아보기 위해서 이제 주인의 의사결정에 관해 공부해보기로 하지요. 주인은 노예와 달리 부모에게서 물려받은 $(x_t,\ s_t)$라는 재산을 가지고서 일생을 시작하며 그것을 활용해서 일생을 살다가 자식에게 유산으로 $(x_{t+1},\ s_{t+1})$을 상속해 줍니다. 자식에게 넘겨줄 유산은 주인이 n_{lt}명의 자녀를 낳는다면, $x_{t+1}=x_t/n_{lt}$와 $s_{t+1}=s_t/n_{lt}$로 정해집니다. (이것은 자녀에게 재산을 균등하게 나누어 줄 것임을 상정한 것입니다.)

구체적인 수치로 예를 들어서 설명하자면(앞서 본 사례에서와 같이 $A=50$ 그리고 $\alpha=\frac{1}{2}$일 때), 부모로부터 46,000평의 토지와 5명의 노예를 물려받은 주인은 노예를 부려서 23,800의 산출물을 생산합니다. 그중에서 한 명당 680씩 총 3,400의 산출물을 노예들에게 주면 주인 몫으로 20,400이 남습니다.

주인은 이것을 가지고서 아이를 낳아 키우며 자기의 일생을 살아갑니다. 정상 상태에서는 주인도 노예도 한 명의 자녀를 낳습니다. 그래서 주인은 자기의 소비로 20,000을 쓰고 노예는 자기의 소비로 480을 씁니다. 한편 주인은 자기가 물려받은 토지 46,000평과 노예 5명을 고스란히 그의 자녀에게 물려줍니다. 그러면 그의 자녀는 그것을 가지고서 자기 부모가 살았던 것과 같은 패턴의 일생을 살아가게 됩니다.

방금 설명한 내용을 좀 더 일반적인 형태로 나타낸 것이 식 (3.2)에 주어진 주인의 예산제약입니다. 앞에서 설명한 바 있지만 상기하는 의미에서 그 내용을 다시 한번 더 설명합니다. 주인은 그가 소유한 s_t명의 노예에게 그가 소유한 경작지 x_t를 가꾸도록 시킵니다. 이때 노예들이 생산한 수확물의 양은 $y_t = Ax_t^{\alpha}s_t^{1-\alpha}$가 됩니다. y_t는 모두 주인의 것이기는 하지만 주인이 그것을 다 쓰는 것은 아닙니다. 노예들에게도 먹고살 것을 나누어 주어야 합니다. 우리는 앞에서 주인이 노예 한 사람에게 y_s만큼의 수확물을 준다는 사실을 알았습니다. 이 주인이 소유한 노예가 s_t명이므로 노예들에게 나누어 주는 수확물의 총량은 $s_t y_s$가 됩니다. 따라서 주인은 $c_l + k_l n_l = Ax^{\alpha}s^{1-\alpha} - sy_s$라는 예산제약에 직면하게 됩니다. 이것이 바로 우리가 위에서 본 식 (3.2)입니다.

주인 역시 일생을 살아가면서 가능하면 많이 소비하고 싶어 하며 동시에 가능하면 많은 수의 자녀를 낳아 기르기를 원합니다. 또한 노예에게도 적정량의 수확물을 나누어 주어야 합니다. 이때 예산제약 때문에 무작정 c_l과 n_l을 크게 정할 수 없습니다. 또한 노예도 먹고살아야 하고 자식도 낳아 키워야 하므로 무작정 y_s를 작게 정할 수도 없습니다. 그저 식 (3.2)를 충족시키도록 c_l, n_l 그리고 y_s를 정해야 합니다. 그것을 정하되 식 (3.4)로 주어진 효용함수를 극대화하도록 해야 합니다.

식 (3.4)로 주어진 효용함수를 보면 주인의 생애 효용이 c_l과 n_l은 물론이고 u_{t+1}의 함수도 됨을 알 수 있습니다. u_{t+1}은 내 자녀 하나가 그녀의 일생에 걸쳐서 얻는 효용을 나타냅니다. 사실 노예건 주인이건 관계없이 자녀의 효용이 나의 효용에 영향을 미치는 것은 동일합니다. 다만 주인의 경우에는 그 자신이 그의 자녀가 가지고 살아갈 재산 (x', s')을 정해줄 수 있음에 비해 노예는 그렇게 할 수가 없다는 점이 다릅니다. 노예는 그 자녀의 앞날에 대해서 아무런 영향력도 행사하지 못하기 때문에 위에서 노예의 문제를 풀 때는 u_{t+1}을 고려하지 않았지만 주인의 문제에서는 그렇게 할 수가 없습니다.

이제 조금씩 어려워집니다.[6] 이번 세대 즉, 내가 (x_t, s_t)를 갖고 일생을 시작한다는 말은 내가 정할 소비나 자녀의 숫자가 모두 (x_t, s_t)의 영향을 받아서 즉, (x_t, s_t)의 함수로 정해질 것임을 의미합니다. (이해가 되나요?) 다시 말하자면 $c_{lt}=c(x_t, s_t)$ 그리고 $n_{lt}=n(x_t, s_t)$가 된다는 의미입니다.

주인이 결정하는 소비와 자녀의 숫자가 모두 (x_t, s_t)의 함수가 된다는 사실은 그가 그런 선택에서 얻는 효용(행복, 가치) 역시 (x_t, s_t)의 함수로 정해지게 됨을 암시해줍니다. 그러므로 내(주인)가 얻는 효용도 $v(x_t, s_t)$와 같이 (x_t, s_t)의 함수로 나타낼 수 있습니다. 이 $v(x_t, s_t)$가 다름 아닌 (x_t, s_t)를 가지고 일생을 살아가는 사람의 생애 효용을 나타냅니다. 그렇다면, (x_{t+1}, s_{t+1})을 가지고 일생을 살아갈 내 자녀의 생애효용은 얼마가 될까요? 당연하게도 $v(x_{t+1}, s_{t+1})$이 되어야 하지 않을까요? 그 대답은 우리가 상정하는 거의 모든 경제에서는 '그렇다' 입니다. (예외적이기는 하지만 그렇게 되지 않는 경우도 있습니다.)

위의 설명은 식 (3.4)에서 주어진 것과 같은 효용함수를 지닌 주인의 의사결정 문제를 아래와 같이 쓸 수 있음을 말해줍니다.

$$v(x,s)=Max\ c_l^{1-\beta}n_l^{\eta}(v(x', s'))^{\beta} \tag{3.8}$$

$$subject\ to$$

$$c+k_l n_l=Ax^{\alpha}s^{1-\alpha}-sy_s$$

여기에서 (x', s')은 내 자녀가 가지고 일생을 살아갈 재산의 크기를 나타냅니다. $x'=x/n_l$ 그리고 $s'=sn_s/n_l$이 됩니다. 앞에서 주인이 $n_s=1$이 되게끔 y_s를 선택하는 까닭을 설명한 바 있는데 이를 적용하면 $s'=s/n_l$이 됩니다. 식 (3.8)의 오른편에서 원래는 u_{t+1}이 들어갈 곳에 그 대신에 $v(x', s')$을 넣었음

---

6) 이 부분을 생략하고 곧바로 94쪽 수식 아래의 설명으로 넘어가도 됩니다.

에 유념해야 합니다. 이것은 우리가 식 (3.8)에 앞서 설명한 바를 따른 것입니다.

보기에는 단순하지만 식 (3.8)로 주어진 문제를 푸는 방법은 쉽지 않습니다. 그렇더라도 구태여 설명하자면 다음과 같이 하면 됩니다. 먼저 식 (3.8)에 주어진 예산제약을 활용해서 목적함수에 들어 있는 c_l을 $Ax^{\alpha}s^{1-\alpha}-k_l n_l-sy_s$로 치환합니다. 다음에 그렇게 치환한 목적함수를 n_l 및 y_s에 대해 미분해서 얻은 수식을 0으로 놓는 소위 일계 조건을 구합니다. 주인이 선택해야 할 변수가 두 개이므로 두 개의 일계 조건을 얻게 됩니다. 다음 위에서 변형한 식 (3.8)의 오른편과 왼편을 상태변수 x 및 s에 대해 미분해서 얻은 수식을 0으로 놓은 식을 구합니다. 그 결과는 모두 네 개의 연립방정식입니다. 이 연립방정식을 풀면 우리가 찾는 해답을 얻게 됩니다.

위에서 설명한 내용을 이해할 수 있는 독자가 많지 않을 것입니다. 사실 이 문제를 푸는 방법은 경제학 대학원 과정에서 배우게 됩니다. 그러므로 문제 풀이 방법에 관한 더 이상의 설명은 생략하고 필자가 풀어낸 해답을 제시하겠습니다.

문제 (3.8)의 해로 주어지는 정상상태에서의 소비와 소득 그리고 자녀 수는 다음과 같이 정해집니다.

$$y_l = \frac{1-\beta+\eta}{\eta-\beta} k_l \tag{3.9}$$

$$c_l = \frac{1}{\eta-\beta} k_l \tag{3.10}$$

$$n_l = 1 \tag{3.11}$$

3.4 노예경제의 모습

노예경제의 정상상태: 수식을 활용한 이해

이제 노예경제가 어떤 모습을 보이는지 알아보기로 합시다. 이를 위해서 위에서 구한 노예경제의 정상상태를 나타내는 수식을 한자리에 모으면 아래와 같이 됩니다.

주인의 경제상태

$$y_l = \frac{1-\beta+\eta}{\eta-\beta} k_l \tag{3.9}$$

$$c_l = \frac{1}{\eta-\beta} k_l \tag{3.10}$$

$$n_l = 1 \tag{3.11}$$

$$\bar{s} = \left(\frac{1}{\eta-\beta}\right)\left[\frac{(1-\alpha)\beta}{1-(1-\alpha)\beta}\frac{k_l}{k_s}\right] \tag{3.12}$$

$$\bar{x} = \left[\frac{1-\beta+\eta}{\eta}\frac{1}{A}\frac{1}{(1-\alpha)\beta}\right]^{\frac{1}{\alpha}}\left[\frac{\eta}{\eta-\beta}\frac{(1-\alpha)\beta}{1-(1-\alpha)\beta}\right]k_l k_s^{\frac{1-\alpha}{\alpha}} \tag{3.13}$$

노예의 경제상태

$$y_s = \frac{1-\beta+\eta}{\eta} k_s \tag{3.7}$$

$$c_s = \frac{1-\beta}{\eta} k_s \tag{3.6$'$}$$

$$n_s = 1 \tag{3.14}$$

공동체의 규모와 평균소득

$$\bar{N}_l = \frac{X}{x} \tag{3.15}$$

$$\bar{N}_s = s\bar{N}_l \tag{3.16}$$

$$\bar{y} = \frac{sy_s + y_l}{1+s} \tag{3.17}$$

여기서 식 (3.6)′은 식 (3.6)과 식 (3.7)을 결합해서 도출한 것입니다. 이를 살펴보면 다음과 같은 사실을 알 수 있습니다.

첫째, 주인과 노예의 소득이 아주 큰 차이로 벌어진다는 사실입니다. 식 (3.9)와 식 (3.7)을 견주어보면, 주인과 노예의 소득을 나타내는 식에서 양자의 분자는 같고 분모는 주인의 경우가 노예의 경우보다 훨씬 작음을 알 수 있습니다. ($\eta > \eta - \beta$임에 주목합시다.) 이것만으로도 주인이 노예보다 아주 큰 소득을 갖게 됨을 알 수 있습니다. 게다가 주인의 소득에 영향을 주는 '주인의 자녀 양육비' k_l이 노예의 소득 결정에 영향을 주는 '노예의 자녀 양육비' k_s보다 몇 배 더 크므로 주인과 노예의 소득 차는 더 벌어지게 됩니다.

둘째, 주인의 소득은 우리가 제2장에서 보았던 자유인의 소득보다도 큽니다. 이 역시 두 가지 요인이 그렇게 만듭니다. 하나는 자유인과 주인의 소득을 나타내는 수식에서 보듯이 양자의 분자는 동일한데 분모는 노예경제에서의 주인의 것이 사유경제에서의 자유인의 그것보다 작다는 것이고 다른 하나는 노예경제에서 주인이 자녀 양육에 쓰는 비용이 사유경제에서 자유인이 그의 자녀 양육에 쓰는 비용보다 많다는 것입니다.

셋째, 주인이 거느리게 되는 노예의 숫자는 효용함수의 파라미터, 생산함수의 파라미터 그리고 자녀 양육비의 차이에 의해서 그 크기가 정해집니다. 내가 나의 자녀의 행복에 대해 부여하는 중요도인 β가 커지거나 노예의 생산성을 나타내는 $(1-\alpha)$가 커지면 주인은 더 많은 수의 노예를 보유하게 됩니다. 생산성이 높은 노예를 많이 거느리는 게 나는 물론이고 내 자손의 복지를 증진시키는 길이 되기 때문에 그렇습니다. 한편 주인의 자녀 양육비가 노예의 그것보다 크면 클수록 노예를 많이 보유하게 되는데 이는 더 많은 수의 노예를 거느려야 그들을 시켜서 더 많은 산출물을 생산하고 그래야 주인이 자신의 자녀 양육에 더 많은 자원을 투입할 수 있게 되기 때문입니다.

넷째, 주인이 보유하게 되는 경작지의 크기도 효용함수의 파라미터, 생산함수의 파라미터 그리고 양육비 등에 의해서 정해집니다. 노예의 수 결정과 한 가지 다른 점은, 경작지의 크기를 결정하는 데는 공동체가 지닌 기술수준 A가 영향을 줌에 비해서 노예의 수 결정에는 영향을 주지 않는다는 사실입니다. 기술수준 또는 노하우가 발달되어 있을수록 경작지의 크기를 작게 유지합니다.

다섯째, 주인과 노예 모두 자녀는 하나씩 낳아 기르게 됩니다. 그 결과 총 인구는 증가하지도 감소하지도 않습니다. 공동체가 보유한 경작면적 X가 늘어나면 공동체의 인구는 그와 정비례해서 늘어납니다. 가령 경작지가 두 배로 커지면 인구도 두 배가 됩니다. 공동체가 가진 기술수준 또는 노하우가 향상되면 공동체의 인구도 늘어나지만 이 경우에는 1 대 1의 비례로 늘어나지는 않습니다. 가령 기술수준이 10% 향상되면 인구가 늘어나기는 하지만 10%보다는 적게 늘어납니다.

노예경제 정상상태의 특징: 수치 예를 활용한 이해

수식을 써서 설명하니 조금 복잡하지요? 수치 예를 이용하면 납득하기 쉬울 테니 그렇게 해보기로 합시다. 이를 위해서 파라미터 β, η, α 그리고 노예의 자녀 양육비 k_s를 각각 0.3, 0.28, 0.5, 그리고 200으로 상정하겠습니다. 이는 우리가 제1장 및 제2장에서 수치 예를 들어서 설명할 때 상정했던 것과 동일합니다. 이제 좀 더 다양한 상황에 관해 알아보기 위해서 공동체가 지닌 기술수준 또는 지혜 A를 50, 52.5, 56, 62, 71, 그리고 공동체의 경작지 X를 10만 평, 100만 평, 1,000만 평, 1억 평, 10억 평 등으로 상정하겠습니다. 같은 맥락에서 주인이 자녀 양육에 투입하는 비용 k_l을 400, 600, 800, 1,000, 그리고 1,200이 되는 경우로 나누어서 살펴보도록 하겠습니다.

[표 3-2]에 위에서 제시한 파라미터와 데이터의 값들을 적용할 때 얻게 되는 정상상태의 해가 표시되어 있습니다. 그것을 보면 몇 가지 흥미로운 사실을 확인할 수 있습니다.

첫째, 주인이 정하는 노예의 소득은 680이 됩니다. 이는 공유경제를 살던 사람들이 향유했던 1인당 소득과 동일한 양입니다. 즉, 주인은 그가 거느린 노예에게 공유경제를 살아갔던 조상들이 누렸던 정도의 소득만 줍니다. 여기에서 우리가 특히 더 유념해야 할 사실은, 공동체가 지닌 노하우가 진전되거나 공동체가 경작할 토지가 늘어나더라도 노예의 처지는 조금도 개선되지 않

표 3-2 노예경제의 정상상태

k_s	200	200	200	200	200
k_l	400	600	800	1,000	1,200
A	50	52.5	56	62	71
X	10만 평	100만 평	1,000만 평	1억 평	10억 평
y_s	680	680	680	680	680
y_l	20,400	30,600	40,800	51,000	61,200
$\bar{s}$	4.88	7.33	9.77	12.21	14.65
$\bar{x}$	46,087	62,701	73,485	74,934	68,691
$\bar{N}_l$	2	16	136	1,335	14,558
$\bar{N}_s$	11	117	1,330	16,294	213,275
$\bar{N}$	13	133	1,466	17,629	227,833
$\bar{y}$	4,034	4,272	4,405	4,489	4,547
Y	51,465	567,530	6456,254	79,140,497	1,035,978,722

는다는 사실입니다. 아래에서 보듯이 경제여건이 좋아질 때 그 혜택은 고스란히 주인에게로 돌아갑니다. 소위 말하는 경제발전이 이루어지더라도 노예에게는 그것이 그림의 떡일 뿐 평생을 피땀 흘려 일하며 자식 하나 낳아 기르면서 겨우 목숨을 부지할 정도의 삶을 살아야 하는 처지가 조금도 나아지지 않는 것입니다.

둘째, 그러나 주인의 소득은 크게 정해집니다. 그가 자녀 양육에 400을 사용하는 경우에는 20,400, 600을 사용하는 경우에는 30,600, 800을 사용하는 경우에는 40,800, 1,000을 사용하는 경우에는 51,000 그리고 1,200을 사용하는 경우에는 61,200이 되는 데서 그러한 사실을 확인하게 됩니다. 이처럼 노예경제에서 주인은 그가 노예에게 주는 것보다 최소 30배에서 최대 90배 더 많이 가집니다. (주인과 노예의 자녀 양육비 차이를 더 크게 벌리면 그들의 소득 차이도 더 크게 벌어집니다.)

셋째, 주인 한 사람당 노예의 수는 주인의 자녀 양육비가 400일 때는 4.88명, 600일 때는 7.33명, 800일 때는 9.77명, 1,000일 때는 12.21명 그리고

1,200일 때는 14.65명으로 정해집니다. 주인 한 사람이 소유하는 경작지의 면적은 46,087평에서 시작해서 74,934평까지 확대되다가 최종적으로는 68,691평이 됩니다. 이는 노예 하나가 경작하는 토지의 넓이가 4,700평에서 8,600평 사이에서 정해짐을 의미하기도 합니다.

넷째, 주인의 수는 처음에는 2명으로 정해지다가 점차 늘어나서 최종적으로는 14,558명이 됩니다. 그러나 노예의 수는 11명에서 시작해서 21만 명을 넘는 숫자로 빠르게 늘어납니다. 경작지가 확대되면서 더 많은 수의 노예를 필요로 하게 되므로 그러한 결과가 나옵니다. 총인구는 13명에서 시작해서 최종적으로는 23만 명 정도로 증가됩니다.

이 설명을 들으면서 조금 이상한 점을 느낄 수도 있습니다. 주인의 숫자나 노예의 숫자가 어떤 과정을 거쳐서 늘어나는가 하는 의문이 들 수 있다는 말입니다. 공동체가 경작하는 토지의 면적이 늘어나면 원래의 정상상태에서 정해졌던 구성원의 숫자가 늘어난 토지면적에 부합하는 새로운 정상상태의 구성원 숫자로 바뀌게 됩니다. 과연 어떤 과정을 거쳐서 그런 일이 일어날까요?

위에서 본 사례에서 경작면적이 10만 평일 때 두 명이던 주인의 숫자가 경작면적이 100만 평으로 늘어나면 열여섯 명으로 늘어남을 보았습니다. 토지면적이 10만 평일 때 주인이 두 명 있었다는 것은 그들이 각각 5만 평의 토지를 (노예를 시켜서) 경작하고 있었다는 말이 됩니다. 그때 주인은, 노예에게 나누어 주고서도, 20,400의 소득을 갖게 됩니다. 이러한 상황이 지속되던 상황에서 경작면적이 100만 평으로 10배 늘어나면 어떤 일이 전개될까요? 우선 경작면적이 대폭적으로 늘어난 당 시대의 주인은 종전보다 10배나 커진 토지를 경작해서 얻는 산출물이 크게 늘어납니다. 그런데 그는 지금까지 5명의 노예를 거느리고 있었습니다. 경작지가 늘어났다고 해서 노예의 숫자가 갑자기 늘어나지는 않으므로 경작지가 10배 늘었지만 산출량은 10배가 안 되게 늘어납니다. 그렇더라도 전에 생산한 것보다 생산량이 크게 늘어나는 것은 맞습니다.

생산량이 늘어나면 주인은 전보다 아이를 더 많이 낳기 시작합니다. 동시에 주인은 증산된 산출물 중 더 많은 부분은 노예들에게 나누어 줍니다. 노예가 더 많은 자녀를 낳아 키우도록 유도하기 위함입니다. 이때 노예 하나가 낳는 자녀의 수가 주인 하나가 낳는 자녀의 수보다 많아야 주인의 자녀가 거느리는 노예의 숫자가 증가하게 됩니다. 주인은 그런 점을 감안해서 노예에게 주는 몫을 정합니다. 이러한 사실은, 새로운 정상상태를 찾아가는 과정에서, 주인과 노예의 소득이 처음보다 늘어나게 됨을 뜻합니다. 그런데 위에서 보듯이 새로운 정상상태가 되면 주인은 30,600의 소득을 갖게 되는데 노예는 또다시 680만 갖는 상태가 됩니다. 이러한 사실은, 주인은 일시적으로 자녀를 많이 낳기는 하지만 그 결과로 나오는 주인 가문의 구성원 숫자가 처음의 두 명에서 열여섯 명으로 늘어날 정도로만 낳을 것임을 말해줍니다. 그러나 노예는 주인이 그가 먹을 몫을 크게 늘려준다 해도 그것을 자녀에게 물려줄 방법이 없으므로 아이를 좀 더 많이 낳게 되는 것입니다. 노예가 아이 낳는 것을 자제한다고 해서 그의 자녀가 더 잘살게 된다는 보장이 없어서 그렇게 됩니다. 그 결과 처음에는 11명이던 노예의 숫자가 새로운 정상상태에서는 117명으로 10배 이상 증가하게 됩니다.

주인이 갖게 되는 경작면적은 토지가 열 배 증가했을 때 5만 평에서 50만 평으로 대폭적으로 늘어나지만 그 이후 주인의 숫자가 늘어나면서 최종적으로는 한 사람당 6만 3,000평을 소유하는 상황으로 변화됩니다. 주인 한 명이 5만 평을 소유하던 상태에서 6만 3,000평을 소유하는 상황으로 바뀌게 되는 것은 한 명으로 시작한 주인의 가문에서 열여섯 명의 주인이 생겨나기 때문입니다.

다섯째, 노예경제체제를 유지하는 이 나라의 평균소득은 4,034에서 4,547 사이에서 정해집니다. 상황이 바뀌어도 노예의 소득은 680으로 고정되는데 주인의 소득은 20,400에서 61,200까지 크게 늘어나므로 공동체 전체의 평균소득이 늘어나는 것입니다. 그런데 노예경제에서 평균소득이 늘어난다는 게 무슨 의미가 있을까요? 우리가 공동체의 다수를 이루는 기층민들의 형편을 중시한다면 공동체 전체의 평균소득은 늘어나지만 기층민들의 소득은 조금도 늘어나지 않는다는 사실에 더 주목해야 할 것입니다.

3.5 노예경제의 다양한 모습

노예경제와 문명 건설

농경목축시대에 들어와서 인류는 도처에서 '찬란한 문명'을 세웠습니다. 이집트, 그리스, 로마, 메소포타미아, 페르시아, 힌두, 황하, 마야, 아즈텍, 잉카 등 인류가 지구 도처에서 건설한 '문명'들은 현대의 시각에서 보더라도 매우 찬란한 것입니다. 노예경제에서 어떻게 이러한 일이 가능했을까요?

그러한 일이 얼마든지 가능했을 것임을 중국의 경우를 예로 들어서 이해해보기로 합시다. 2011년 현재 중국의 국토면적은 약 960만 평방킬로미터인데 그중의 12.9%인 124만 평방킬로미터가 경지입니다. 경지면적을 평으로 환산하면 3,745억 평이 됩니다. 청淸대 이후에 중국의 국토면적이 크게 늘어났음을 감안하면 명明대까지의 중국은 1,000억 평 정도 되는 경지면적을 가지고 있었을 것으로 짐작됩니다. 그렇다면 1,000억 평의 경작지를 지닌 중국 땅에 몇 명이나 되는 사람이 살고 있었을까요? [표 3-2]의 마지막 열의 결과를 얻은 것과 동일한 파라미터값을 적용하면 주인 한 사람당 경작지 소유면적이 68,691평이 되므로 1,000억 평의 경작지를 지녔던 중국에는 총 145만 5,803명의 주인이 있었을 것이라는 결과를 얻습니다. 주인 한 사람이 거느린 노예의 수가 14.65명이었으므로 그 당시 노예의 총수효는 총 2,132만 7,518명이 되었을 것입니다. 이는 중국의 총인구가 2,278만 3,321명이고 그들의 평균소득은 4,547이었을 것이라는 결과를 제시합니다.

명나라가 전성기일 때 평균소득 약 4,547달러를 가진 약 2,300만 명이 중국 땅에 살았다는 게 실제와 얼마나 부합하는지는 잘 모릅니다. 위에 제시한 결과는 그저 하나의 예입니다. 소득이 61,200달러나 되는 주인이 146만 명 이상 있었다는 것은 주인 계층 전체가 지닌 부가 891억 달러에 이르렀을 것임을 말해줍니다. 이것은 현재의 기준으로도 대단히 큰 금액입니다. 한편 주인에게서 연간 680달러를 받는 노예가 2,133만 명 정도 되었다는 것은 그들이 가진 부가 145억 달러를 넘어섰을 것임을 말해줍니다. 주인들이 가진 부와 노예에게 나누어 준 소득을 모두 합치면 1,036억 달러가 넘습니다. 이 정도의 'GDP'를 갖고 있었다면 중국이 시안西安, 카이펑開封, 베이징北京 등의 도읍지에서 궁궐, 성곽, 운하를 비롯한 거대한 건축물을 축조하는 일이 얼마든지 가능했을 것입니다. 아마도 비슷한 논리를 이집트, 메소포타미아, 힌두, 마야, 잉카 등에 대해서도 적용할 수 있을 것입니다. 이러한 수치 예에서 연간 소득이 680달러밖에 되지 않는 노예가 절대다수를 이루었던 노예경제에서도 '찬란한' 문물을 보유할 수 있었던 연유를 짐작할 수 있습니다.

노예경제의 전 지구적 확산

우리가 공부한 모형을 지구 전체에 대해 적용하면 어떤 결과를 얻게 될까요? 이는 농경목축시대에 우리 인류가 이용했던 경작지의 크기와 인류사회가 지녔던 삶의 지혜를 전 지구적 차원으로 확장한 것일 뿐 경제활동의 원리는 우리가 하나의 공동체에 대해 알아본 것과 다르지 않습니다. 이러한 견지에서 인류사회가 활용했던 토지 X가 100억 평, 500억 평, 1,000억 평, 2,000억 평 그리고 5,000억 평 등으로 확대되어 왔다면 어떤 일이 벌어졌을지 알아보겠습니다. 그 해답이 [표 3-3]에 나타나 있습니다. 이는 $\eta=0.3$, $\beta=0.28$, $\alpha=1/2$, $k_s=200$, $k_l=1,200$ 그리고 $A=71$이라는 가정하에서 계산한 값들입니다.

[표 3-3]에 나타나 있는 결과 중에서 우리가 관심을 가질 것은 주인의 토지 소유면적과 주인 및 노예의 수입니다. 지구 전체의 경작면적이 5,000억 평이고 주인이 노예보다 여섯 배 더 많은 비용을 자녀 양육에 쓰는 경우에 이 지구상에는 한 사람당 68,691평의 경작지를 보유한 약 728만 명의 주인과 약 1억 637만 명의 노예가 살고 있을 것이라는 결과를 얻게 됩니다.

봉건국가의 영주들이나 중앙집권국가의 왕과 왕족 그리고 고관대작을 보면 그들이 소유한 토지의 면적이 적게는 수십만 평 그리고 많게는 수백만 평에 이르렀음을 알 수 있습니다. 이러한 일이 가능하려면 주인이 자녀 양육을

표 3-3 경작면적 X의 확대와 세계 경제의 변모

X(억 평)	100	500	1,000	2,000	5,000
y_s	680	680	680	680	680
y_l	61,200	61,200	61,200	61,200	61,200
$\bar{s}$	14.65	14.65	14.65	14.65	14.65
$\bar{x}$	68,691	68,691	68,691	68,691	68,691
$\bar{N}_l$	145,580	727,897	1,455,803	2,911,590	7,278,974
$\bar{N}_s$	2,132,752	10,663,697	21,327,518	42,654,787	106,369,685
$\bar{N}$	2,278,332	11,391,594	22,783,321	45,566,377	113,915,942
$\bar{y}$	4,547	4,547	4,547	4,547	4,547
Y	10,359,576,128	51,797,577,918	103,595,761,283	207,190,316,219	517,975,790,152

위해 쓰는 비용이 노예가 그렇게 하는 것보다 적어도 200배는 되어야 합니다. [표 3-3]의 결과를 얻은 다른 모든 것은 그대로 두고 주인의 자녀 양육비만 노예의 자녀 양육비 200의 200배인 40,000이 되는 것으로 하면 주인 한 사람이 보유하는 노예의 수는 488명으로, 그리고 그가 보유하는 토지의 면적은 2,289,700평으로 늘어나게 됩니다. 이때 주인 한 명의 소득은 2,040,000이 되고 주인의 수는 218,369명 그리고 노예의 총숫자는 106,564,179명이 됩니다. 아마도 이 숫자가 현실에 더 근접할 것으로 판단됩니다. 한편 위에서 본 경우에 공동체 전체의 평균소득은 4,850으로 증가됩니다. (이는 토지가 5,000억 평인 경우입니다.)

우리가 방금 행한 수치 연습에서 구체적인 수치에 주목할 것이 아니라 우리가 제시한 경제모형이 실제로 일어난 세상사를 설명할 수 있는 능력을 갖고 있다는 사실에 주목해야 합니다. 정확하게 일치하지는 않지만 실제 일어난 세상사와 상당한 정도로 비슷한 결과를 낳는다는 점에서 우리가 제시한 경제모형이 가치를 지닙니다.

노예경제가 지속될 수 있었던 이유

이제 조금 화제를 돌리기로 합니다. 호기심 천국인 독자들이라면 우리가 방금 공부한 노예경제모형을 보고서 다음과 같은 질문을 던질 수 있습니다. 노예경제에서 주인이 노예에게 나누어 주는 것이 그가 겨우 먹고살 정도의 재화라고 설명하였는데, 혹시라도 마음씨가 좋은 주인이라면 그보다도 훨씬 더 많은 것을 주지 않을까? 그러면 노예도 잘살 수 있지 않을까? 비슷한 이야기이지만 혹시 주인이 노예마다 차별해서 대우한다면 그래서 누구는 더 받고 누구는 덜 받게 되면 많이 받는 노예는 비교적 잘살고 적게 받는 노예는 그보다 못사는 게 아닌가? 그런 의문이 드는 게 당연합니다. 주인이 그런 식으로 행동한다면 과연 어떤 결과가 나올까요?

노예를 긍휼히 여긴 주인이 노예에게 그동안 주던 것보다 많이, 예를 들어서 두 배, 준다면 노예의 삶이 어떻게 될지 알아봅시다. 그동안 받았던 것의 두 배의 소득을 분배받게 되면 당연한 말이지만 그런 혜택을 받은 노예는 전보다 잘살게 됩니다. 그 전 세대의 노예에게는 한 사람당 680달러씩 나누어 주던 주인이 이번 세대에 들어와서 갑자가 1,360달러어치를 나누어 준다면 그러한 행운을 얻은 이번 세대의 노예는 자신의 소비를 늘림은 물론이고 자녀도 한 명보다 더 많이 낳아 기르게 됩니다. 그 결과는 차세대 주인이 거느릴 노예의 수가 늘어나는 것입니다. 만일 차세대의 주인도 자기 부모가 그랬던 것처럼 자기의 노예들에게 더 큰 몫을 나누어 주면 그의 노예 역시 그렇게 하지 않았을 때보다 잘살고 또한 아이도 많이 낳게 됩니다.

이처럼 이 주인이 속한 가문이 그들의 조상 한 사람이 행한 돌발적 행태를 대를 이어 반복하면 세대를 거듭할수록 노예의 수가 늘어나게 됩니다. 노예의 수가 늘어나면 주인에게 좋을까요? 그렇지 않습니다. 왜냐하면 노예의 수가 늘어나면서 노예 한 사람당 생산량이 줄어들고(즉, 한계생산력이 체감하고) 생산한 것 중에서 더 큰 몫을 더 많은 수의 노예들에게 나누어 주다 보면 주인의 몫이 크게 줄어들기 때문입니다. 그러므로 이 방식은 주인의 입장에서 보더라도 지속 가능하지 않습니다. 게다가 세대를 거듭할수록 숫자가 늘어나는 노예들을 다스리는 일이 점점 더 어려워집니다. 사실 노예를 다스리는 일이 공짜로 이루어지는 게 아닙니다. 거기에도 많은 시간과 정력과 물자가 필요합니다. 결국 자기 희생심이 아주 강한 가문이 아니라면 마음씨 좋은 주인 노릇하는 것도 쉬운 일이 아니라는 결론을 얻게 됩니다.

이 물음에 대한 답은 주인이 행한 최선의 선택이 $\bar{s}$라는 사실에 이미 내재되어 있습니다. 정상상태 $\bar{s}$가 최선인데 그것과 다른 정상상태를 유도하는 행위는 그야말로 일탈입니다. 그런 행위는 반드시 주인의 효용을 감소시킵니다. 그러므로 자기의 효용을 극대화하는 것을 목표로 하는 주인은 그와 같은 일탈적 행동을 하지 않습니다. 만일 어떤 세대원이 위에서 설명한 바와 같이 일탈적인 행위를 하게 되면 아마도 그다음 세대원은 노예의 몫을 크게 깎아서 그 이후의 노예의 수가 다시 $\bar{s}$가 되게 만들려고 할 것입니다. 그렇게 되면 '행운'을 맛보았던 노예의 후손들은 그렇지 않아도 비참한 처지에서 더 비참한 처지로 전락하게 됩니다.

노예마다 차등 대우를 해주는 경우에도 사정이 크게 달라지지는 않습니다. 주인인 내가 어떤 노예를 총애해서 다른 노예보다 두 배를 준다면 그 노예는 분명히 다른 노예보다 잘살게 됩니다. 그리고 다른 노예보다 더 많은 수의 자녀를 낳겠지요. 이 경우 나의 자녀가 내가 특별 대우 해주던 노예의 자녀에게도 특별한 대우를 해줄까요? 유언을 남기면 그렇게 할 수도 있겠지요. 이는 마치 내가 새로운 가문(비록 아류에 불과하지만)을 새로 세우는 것이나 마찬가지입니다. 하지만 내가 총애하는 노예를 해방시켜 주지 않는 한 달라질 것은 별로 없습니다. 게다가 내가 유언한다고 해서 나의 자녀가 내가 아끼던 노예의 자녀들을 특별하게 대우할 것이라는 보장도 없습니다. 또한 내가 노예 전체에게 나누어 줄 몫을 더 크게 할당하지 않는 한 어떤 노예에게 더 주면 다른 노예들에게는 덜 줄 수밖에 없게 됩니다. 그러니 특정한 노예만 총애하다가는 노예들 사이에 분란만 일으키기 십상입니다.

그래도 역사상에 실제로 그런 일이 일어나기도 하였습니다. 예를 들어서 주인의 따님이 아버지의 노예가 낳은 총각과 사랑에 빠지는 일이 그러한 경우가 될 수 있습니다. 주인의 딸이 사랑하는 노예 총각과 죽어도 함께 살겠다고 하면 그녀의 부모는 어떻게 행동할까요? 부모가 '신분질서를 어지럽힌' 딸을 가문에서 내쫓을 수도 있고, 사랑하는 딸이 고른 배필을 면천해주어 사위로 삼을 수도 있습니다. 딸이 사랑하는 노예 총각이 훌륭한 인물이라면 그럴 가능성이 높겠지요. 역사상의 인물들을 보면 종으로 태어났으나 주인의 자식보다 여러모로 더 뛰어난 젊은이들이 많았습니다. 어떻든 가문에서 내쫓긴 전자의 경우에는 새로 꾸린 가정은 영원히 노예의 처지를 벗어나지 못하게 됩니다. 아마도 그 마을에서 떠나 살아야 할지도 모릅니다. 그러나 후자의 경우에는 이제 양민이 된 즉, 면천이 된 노예 총각이 이룬 부부가 새로운 가문의 주인이 됩니다. 아마도 처음에는 본래부터 양반인 자녀들로부터 차별을 받기도 하고 멸시도 당하겠지요. 그러나 새 부부가 각고의 노력을 기울이면 주인의 다른 자녀가 이룬 가문보다 더 훌륭한 가문을 이룰 수도 있습니다. 위에서 본 것과 같은 일이 가능하고 또한 실제로 그러한 일이 일어나기도 하였지만 엄격한 신분사회였던 조선시대에 천민의 자손이 아니면서도 서자라서 차별 대우를 받았던 경우를 보거나, 장자에 비해서 여러모로 소홀한 대우를 받았던 다른 남자 형제나 딸들의 처지를 생각해보면 노비가 양민으로 변신해서 새 가문을 일으키는 일이 그렇게 흔한 일은 아니었음이 틀림없습니다.

착취exploitation

우리는 위에서 행한 수치 예 실험에서 주인은 상황에 따라서 20,400에서 61,200의 소득을 가지는데 노예는 어느 경우에나 680의 소득밖에 갖지 못한다는 사실을 보았습니다. 이것은 착취 아닌가요? 그렇습니다. 분명히 착취입니다. 어떤 의미에서 착취인가요? 주인이 노예보다 더 큰 소득을 가진다는 사실만 놓고서 착취라고 말할 수는 없습니다. 의미 있는 비교를 위해서는 가상의 상황을 상정할 필요가 있습니다. 그것은 모든 사람이 자유롭게 자기가 지닌 '생산수단'을 거래할 수 있는 상황을 의미합니다. 즉, 자유로운 시장경제였다면 지주와 노동자의 소득이 어떻게 정해졌을까를 놓고서 착취 여부를 논하는 게 맞습니다.

경제 내에 토지만 보유한 지주와 노동력만 보유한 노동자가 있고, 그들이 시장에서 자유로운 경쟁을 통해서 생산수단을 거래할 때 정해지는 노동자의 보수와 지주의 지대수입과, 노예경제에서 주인과 노예가 갖게 되는 소득의 크기를 비교하는 게 정답입니다. 이때 노동자가 그가 번 소득으로 토지를 살 수도 있고 지주 역시 그가 보유한 토지를 처분할 수도 있습니다. 이러한 자유 시장경제가 정상상태에 돌입했을 때 정해지는 소득분배 상태는 총생산의 α가 지주의 지대수입이 되고 $(1-\alpha)$는 노동자의 임금소득이 되는 것으로 정해집니다. 그러므로 만일 α가 1/2이라면 임금소득과 지대소득이 동일하게 정해집니다.

위에서 보았던 수치 예에서 주인과 노예의 소득이 각각 61,200 및 680으로 정해지고 한 명의 주인이 14.65명의 노예를 거느리는 게 정상상태임을 보았습니다. 이러한 사실은 정상상태에서 정해지는 산출량이 71,162이었음을 의미합니다. 이 산출량을 시장경제를 통해서 배분하였더라면 지주가 35,581 그리고 노동자 전체가 35,581을 가졌을 것입니다. 이를 노동자 한 사람으로 나누면 2,429가 됩니다. 그렇다면 원래는 2,429를 받았어야 할 노동자가 노예가 된 탓에 680밖에 받지 못하므로, 2,429−680=1,749를 '착취' 당한 셈이 됩니다. 이 경우 주인이 노예들에게서 착취한 소득의 총액이 무려 25,619가 됩니다. 노예경제에서 주인이 갖는 소득의 41.9%가, 자유로운 사회였다면 근로자들에게 돌아갈 몫을, 착취한 것이라는 사실이 놀랍습니다.

노예경제는 주인이 노예를 착취해서 살아갔던 경제입니다. 인류가 적어도 몇천 년 동안 그런 상태를 지속해왔다는 게 놀랍습니다. 인간해방이 이루어지면서야 비로소 소수가 다수를 착취하는 일이 사라지기 시작하였습니다. 그러나 지구상에는 아직도 소수가 다수를 착취하는 '실질적인de facto' 노예경제가 도처에 산재해 있습니다.

제 4 장

도구와 기계의 활용과 경제생활

이제까지 설명한 바를 공부하면서 여러분들은 아마도 몇 가지 의문을 가지게 되었을 것입니다. 그중 하나는 도구tools와 기기 또는 기계machines의 활용에 대해서는 왜 아무런 언급이 없는가 하는 것입니다. 지금까지 고려했던 생산함수는 모두 자연자원(수렵채취의 대상인 산과 들판과 강과 바다 등)이나 경작지를 대변하는 변수인 X와 인간의 '육체 노동력'을 대변하는 변수인 N 그리고 공동체가 지닌 삶의 지혜 A를 투입요소로 한 것이었습니다. 이제까지 행한 우리의 논의에서는 요즈음의 우리가 물적자본 또는 자본재라고 부르는 것과 인간이 지닌 두뇌의 역량과 관련된 인적자본이 갖는 생산요소로서의 역할이 결여되어 있는 게 사실입니다.

수렵채취시대에도 원시적인 형태로나마 도구나 장치를 활용했으며 농경목축시대에 들어와서는 도구나 기기와 장치가 훨씬 더 다양화되고 고도화된 데다가 그 사용범위도 대폭적으로 확대되었으므로 생산요소의 하나로 물적자본을 포함하지 않은 지금까지의 논의가 도구나 장치의 활용이 빈번하게 이루어지기 시작한 지난 1,000여 년 동안에 일어난 경제현상을 충실히 설명하기에는 부족한 것임을 말해줍니다. 또한 아무리 수렵채취시대라고 하여도 인간이 지닌 인적자본의 역할이 전무하지는 않았을 것이며, 농경목축시대에 들어와서는 인적자본의 역할이 더 중요해졌을 것입니다.

제4장에서 이러한 점을 보완하기 위해서 도구와 장치와 기계 등을 통틀어서 자본재라고 부르고, 그것을 Z라는 변수로 나타낸 다음 우리의 모형에 넣어서 분석하도록 하겠습니다. 이러한 설명이 필요한 또 다른 이유는 자본재에 관한 논의가 선행되지 않고서는 산업혁명 이후의 경제변화에 관해서 논의하는 게 불가능하기 때문입니다. 사실 자본재가 생산요소로서 필수불가결한 역할을 수행하게 된 것은 바로 산업혁명이 시작된 이후의 일입니다. 기계혁명이 산업혁명을 촉발했다는 주장은 종전과는 획기적으로 달라진 자본재의 역할을 강조하는 이야기입니다.

인적자본의 역할에 관해서는, 필자가 그것을 아주 중요시하므로, 물적자본에 대한 논의를 마친 후 제7장에서 중점적으로 논의하도록 합니다.

4.1 물적자본(자본재)이 중요해진 이유

자본재의 역할에 관해서 본격적으로 설명하기 전에 28만 년도 넘게 지속되었던 수렵채취시대에는 왜 도구와 기계가 널리 쓰이지 않았을까 하는 물음에 관해 생각해봅시다. 선사시대의 유물과 유적을 보면 수렵채취시대에도 아주 원시적인 형태로나마 도구를 사용한 것이 맞습니다. 그렇지만 그것들이 오늘날 우리가 자본재라고 부르는 것과는 비교할 수 없을 정도로 초보적인 것이었습니다. 그러므로 수렵채취시대의 경제를 이해하는 데는 자본재가 없는 것으로 보는 게 사실에 더 부합합니다.

수렵채취시대의 경제를 이해함에 있어서 자본재를 고려하지 않는 또 다른 중요한 까닭이 있습니다. 우리가 자본재라고 부르는 것은 누구인가가 의도적으로 축적한 결과물입니다. 즉, 투자의 결과물입니다. 경제주체들이 당장의 삶을 유지하는 데 쓸 재화를 더 나은 미래를 만드는 데 도움이 될 '것들'을 형성하는 데 쓰기 때문에 자본재가 존재하는 것입니다. 그런데 수렵채취시대는 공유경제의 시대입니다. 공유경제에서는 이미 여러 차례 설명했듯이 미래를 기약하는 투자가 일어나지 않습니다. 내가 투자해 보아야 그 과실을 내가 갖는다는 보장이 전혀 없기 때문입니다. 이러한 사실은 공유경제에서는 아무도 자본재를 축적하려 들지 않을 것임을 말해줍니다. 사정이 그러하니 공유경제가 이렇다 할 자본재를 갖고 있었을 리 만무합니다. 따라서 자본재를 무시하고 논의를 전개해도 문제가 되지 않습니다. 그러나 사유경제가 되었건 노예경제가 되었건 소유권이 성립하게 되면 자본재를 축적하려는 동기가 살아납니다. 그러므로 후자의 경우에는 자본재를 넣어서 분석하는 게 현실에 더 근접한 분석이 됩니다.

이 책의 후반부에서 논의하겠지만 인간해방이 산업혁명이라는 전대미문의 대변화를 낳은 원동력입니다. 그때까지 노예처럼 살아왔던 절대다수의 기층민들이 누구나 자기 것을 가질 수 있게 되고 누구나 자유롭게 행동할 수 있게 된 인간해방이 선행되었기에 산업혁명이 가능했던 것입니다. 인간해방은 그동안 기층민들을 노예처럼 부려오던 주인들이 이제 더 이상 그런 일을 할 수 없게 만들기 시작하였습니다. 인간 노예의 시대가 종언을 고하기 시작한 것입니다.

농경목축시대 수천 년에 걸쳐서 활용해오던 인간 노예를 무엇이 대신했을까요? 우선 노예 노동 대신에 임금 노동이 대세가 되기 시작하였습니다. 임금 노동자는 노예 노동자와 근본적으로 다릅니다. 자기가 일한 것에 비례해서 임금을 받을 수 있게 되었고 자기가 선택한 직장에서 일할 수 있게 된 것이, 주인이 주는 대로 받아야 하고 주인이 명령하는 대로 따라야 했던 노예와 다른 점입니다. 그런데 산업시대에 새로이 '주인'이 된 사람들의 입장에서는 임금 노동자들을 고용하면서도 자기들의 선조가 그랬던 것처럼 노예를 부릴 수 있으면 얼마나 좋을까 하고 생각한 사람이 많았습니다. 그중에는 임금 노동자들을 노예처럼 부려먹으려는 자들도 있었지만 대다수의 주인들은 그 당시 등장하기 시작한 기계가 노예를 대신할 수 있음을 알게 되었습니다.

사실 기계는 그것을 운전하고 가동하는 사람들이 시키는 대로 일해야 하는 노예나 마찬가지이면서 인간 노예보다 훨씬 능력이 뛰어났습니다. 게다가 기계는 게으름을 피우지도 불평을 제기하지도 않았습니다. 그저 연료를 보급하고 관리해주고 고장을 수리해주면 하루 24시간이라도 묵묵히 일을 할 수 있는 최상의 노예인 셈이지요. 기계를 노예라고 하니까 어리둥절하지요? 기계는 누군가의 소유물이지 기계가 무엇을 소유할 수는 없습니다. 또한 기계는 그 소유주나 그에게서 사용권을 위임받은 사람이 시키는 대로 작동해야 합니다. 그런 의미에서 기계를 인간이 발굴해낸 새로운 노예라고 부를 수 있습니다.[1)]

기계를 노예로 삼아서 생산활동을 하게 되었다고 해서 모든 인간이 노예의 처지를 완전하게 벗어난 것은 아닙니다. 기계와 협업해야 하는 일에 종사하는 사람들은 '기계에 매여서' 살아가야 했으므로 어느 모로 보면 노예나 다름

1) 현재 아주 빠른 속도로 진행되고 있는 인공지능을 토대로 하는 지능정보사회화가 더욱 진전되면 기계가 인간과 대등해지거나 더 나아가서 기계가 인간을 노예로 삼는 시대가 도래할 수도 있습니다.

없었다고 하겠지만 그래도 본인이 원하지 않으면 그런 일을 하지 않을 자유가 있었으므로 싫건 좋건 주인이 시키는 대로 일해야 했던 노예보다는 그 처지가 낫다고 할 수 있습니다. 그러나 입에 풀칠하기도 어려운 저임금으로 생활고에 시달리던 근로자들은 노예나 다름없는 생활을 해야 했다는 지적도 있습니다. 사실 산업화 초기에는 그런 노동자가 아주 많았습니다.

그렇다면 기계를 노예로 부리기 시작한 다음부터 생산이 어떻게 달라졌을까요? 이제 우리가 지금까지 해오던 논의를 이어가기 위해서 이 경제가 토지 X와 노동력 N에 더해서 기계 즉, 물적자본재 Z도 활용하는 것으로 상정합시다. 이 경우에 경제의 총생산함수는 다음과 같이 변형됩니다.

$$Y = AX^{\alpha}Z^{\nu}N^{1-\alpha-\nu} \tag{4.1}$$

식 (4.1)을 보면 물적자본 Z가 생산요소로 추가된다는 점 이외에는 이제까지 공부했던 생산함수와 크게 달라지는 점이 없음을 알 수 있습니다. 식 (4.1)에서 물적자본의 생산성을 나타내는 파라미터 ν를 '누'라고 읽습니다. 생산함수의 형태는 편의상 콥·더글러스 함수로 하였는데 이는 세 가지 생산요소 X, Z, 그리고 N에 붙은 위 첨자를 모두 합하면 1이 되는 데서 알 수 있는 사실입니다.

식 (4.1)을 조금 더 잘 이해하기 위해서 수치 예를 들어서 설명하고자 합니다. 이를 위해서 경작지 총면적이 100만 평, 근로자의 수가 8,000명, 자본재의 양이 1억 개 그리고 공동체가 활용하는 기술수준이 50인 경제를 상정해봅시다. 이는 자본재가 비교적 풍부한 경제를 나타냅니다. 한편 생산함수의 파라미터는 $\alpha = \nu = 1/3$로 가정합니다. 이는 토지, 노동력, 자본재가 똑같은 비율로 생산에 기여함을 의미합니다. 이들 수치를 식 (4.1)의 오른편에 대입하면, $50 \times 100 \times 20 \times 1{,}000 = 100{,}000{,}000$을 얻게 됩니다. 그러므로 이 경제가 생산하는 재화의 총량은 1억 개가 됩니다. 토지, 근로자의 수 또는 자본재의 양 중의 어느 하나가 커지면 당연하게도 생산량이 늘어납니다. 가령 토지나 근로자나 자본재 중에서 어느 하나가 8% 늘어나면 생산량은 2% 늘어납니다. 만일 셋 모두 8%씩 늘어나면 생산량도 8% 늘어납니다. 한편 기술수준이 50에서 55로 10% 향상되면 다른 생산요소가 변화하지 않더라도 생산량이 10% 늘어나게 됩니다.

물적자본재가 추가된 경우에도 경제활동의 결과는 토지 X와 자본재 Z를 누가 어떤 방식으로 소유하는가에 따라서 다르게 정해집니다. 이에 관해서 여기에서는 제2장과 제3장의 논의를 이어받아서 두 가지 경우로 나누어서 탐구하도록 하겠습니다. 하나는 공동체의 구성원들이 모든 동일한 양의 $x=X/N$와 $z=Z/N$를 사유물로 소유하는 사유경제이고 다른 하나는 주인과 노예로 양분된 노예경제인데 여기에서는 주인이 모든 재산을 소유하고 노예는 아무것도 소유하지 못합니다. 노예경제에서 주인은 경작지와 자본재는 물론이고 노예까지 소유합니다. 한편 사유경제에서는 공동체 구성원 누구나가 다 자유인이지만 노예경제에서는 주인만이 자유인이고 노예는 주인이 시키는 대로 살아야 하는 말 그대로 노예입니다.

4.2 자본재가 추가된 사유(자유)경제

소유자이면서 동시에 자유인들인 개개인의 경제상황

여기에서는 자본재가 추가된 사유경제에 관해서 공부하게 됩니다. 이를 위해 식 (4.1)의 양변을 노동자의 수 N으로 나누어서 자본재가 추가된 경제의 1인당 생산을 구하면 아래와 같은 결과를 얻습니다.

$$y=Ax^{\alpha}z^{\nu} \tag{4.2}$$

여기에서 새로운 변수 $z=Z/N$를 나타냅니다. 이는 노동자 한 사람당 자본재의 양 즉, 경제학에서 자본노동계수capital labor ratio라고 부르는 것입니다. x는 노동자 한 사람당 경작지의 면적을 나타냄은 이미 여러 번에 걸쳐서 설명한 바 있습니다. 이하의 설명은 공동체 구성원 모두가 동일한 양의 토지와 자본재를 소유한 경우를 상정한 것입니다. 조금 어려운 이야기이지만 이하에서 우리가 얻을 결과는 토지와 자본재의 초기 분배 상태와 관계없이 동일하게 정해지므로 모두가 동일한 양을 나누어 가진 것으로 보아도 문제가 되지 않습니다.

모두가 주인이며 자유인인 경제에서 현재 세대원은 그 조상으로부터 물려받은 토지와 자본재 (x, z)를 가지고 일생을 시작합니다. 여기에서 (x, z)를 갖고 일생을 시작한다는 것은 (x, z)의 크기를 현재 세대원이 정하는 게 아님을 의미합니다. 현재 세대원은 부모에게서 받은 (x, z)를 생산에 투입해서 식 (4.2)로 주어진 생산함수를 통해서 정해지는 소득 y를 가지고서 일생을 살아갑니다. 자, 그러면 그는 소득 y를 어디에 사용할까요? 이미 여러 차례에 걸쳐서 알아본 바와 같이 그는 소득 y를 자신의 소비 c와 자녀 양육비 kn으로 나누어 씁니다. 이 점은 공유경제의 자유인이나 노예경제의 노예가 하는 선택과 다르지 않습니다.

그러나 재산의 소유자가 된 사유경제에서는 그가 해야 할 중요한 선택이 더 있습니다. 그것은 바로 자기의 자녀에게 남겨줄 (x', z')의 크기를 정하는 일입니다. 즉, 그는 각각의 자녀에게 얼마나 되는 토지와 자본재를 물려줄 것인지도 결정해야 합니다. 이때 x'은 자녀 한 명에게 물려줄 토지의 양을 나타내며 z'은 역시 자녀 한 명에게 물려줄 자본재의 양을 나타냅니다. 이하의 논의에서는 순전히 편의상 자본재 z의 감가율을 0으로 상정하겠습니다. $z_{t+1} = i_{zt} + (1-\delta)z_t$와 같은 통상적인 방식으로 논의를 전개해도 되지만 표현을 단순화하기 위해서 $\delta = 0$으로 간주하는 것입니다.

위의 논의를 반영하면 다음과 같은 현재 세대원의 예산제약을 얻을 수 있습니다.

$$c + (k + z')n = Ax^{\alpha}z^{\nu} + z \tag{4.3}$$

식 (4.3)이 의미하는 바는 다음과 같습니다. 먼저 식의 오른편은 이번 기에 생산한 재화의 양 $Ax^{\alpha}z^{\nu}$에다가 이번 기에 생산에 투입했던 자본재 z를 더한 것을 나타냅니다. 자본재가 감가되거나 마모되지 않으므로 z를 생산과정에 투입하더라도 처음의 z가 그대로 남아서 가용자원의 일부가 되는 것입니다. 이만큼의 자원을 가진 자유인은 그것을 자신의 소비 c와 n명의 자녀를 낳아 양육하는 비용 kn과, 역시 n명의 자녀들에게 남겨줄 자본재 nz'을 마련하는 데 사용합니다. (조금 어려운 이야기이지만 위의 예산제약은 우리가 자본재라고 부른 z를 필요에 따라서는 소비 c나 자녀 양육비 kn을 충당하는 데 쓸 수도 있음을 전제로 한 것입니다.)

자본재가 추가된 사유경제에서의 의사 결정[2)]

식 (4.3)에 주어진 것과 같은 예산제약을 지닌 사유경제의 현재 세대원이 해결해야 할 문제는 그의 생애효용함수를 극대화하는 c, n 그리고 z'을 정하는 일입니다. 자본재가 추가된 사유경제를 사는 자유인도 우리가 지금까지 고려했던 것과 동일한 형태의 효용함수를 지닙니다. 그러므로 그는 이제 다음과 같은 문제를 풀어야 합니다.

$$v(x,z) = Max\ c^{1-\beta} n^{\eta} v(x', z')^{\beta} \tag{4.4}$$

$$subject\ to$$

$$c + (z' + k)n = Ax^{\alpha}z^{\nu} + z \tag{4.5}$$

$$x' = x/n \tag{4.6}$$

식 (4.4)는 양변에 미지의 함수 $v(x,\ z)$를 포함한 함수방정식인데 우리가 왜 이런 문제를 풀게 되는지에 대해서는 제2장과 제3장에서 설명한 바가 있습니다. 식 (4.4)에서 $v(x,\ z)$는 최적화된 효용함수 u_t를 나타낸다는 사실을 상기하는 게 문제를 이해하는 지름길입니다. 이 경우에 $v(x',\ z')$이 현세대원의 자녀 한 명의 최적화된 생애효용 u_{t+1}을 나타낸다는 사실도 자명한 것 같지만

2) 이 항목은 그냥 지나가도 됩니다.

잘 이해해야 합니다. 식 (4.6)은 내가 x'을 정하게 되지만 실제에 있어서는 내가 자녀들에게 균등하게 재산을 상속해준다면 $x'=x/n$이 되므로 실제로 내가 결정하는 것은 n임을 보여줍니다. 마지막으로 식 (4.4)와 식 (4.5)에서 보듯이 내가 자녀에게 상속해줄 자본재 z' 역시 선택의 대상이 됩니다.

식 (4.4)~식 (4.6)에 주어진 문제 역시 여러분이 풀기에는 매우 어렵습니다. 그러므로 제가 그냥 해답을 제시하겠습니다. 다음에 제시하는 해답은 모든 조정이 끝난 정상상태의 해입니다. 여기에서 아래 첨자 ez는 필자가 제시한 해가 '자본재가 추가된 균등소유경제egalitarian ownership economy with capital added'의 해임을 나타냅니다.

$$y_{ez}=\frac{1-\beta+\eta}{\eta-(\alpha+v)\beta}k_{ez} \tag{4.7}$$

$$c_{ez}=\frac{1-(1-\alpha-v)\beta}{\eta-(\alpha+v)\beta}k_{ez} \tag{4.8}$$

$$z=\beta v y_{ez} \tag{4.9}$$

이 것 이외에도 $n_{ez}=1$이 되며, 조금 더 노력하면 $\bar{x}_{ez}$와 $\bar{N}_{ez}$의 값도 알아낼 수 있습니다. 그 크기는 다음과 같이 정해집니다.

$$\bar{x}_{ez}=\left[\frac{1-\beta+\eta}{\eta-(\alpha+v)\beta}k_{ez}\right]^{\frac{1-v}{\alpha}}\left(\frac{1}{A}\right)^{\frac{1}{\alpha}}\left(\frac{1}{\beta v}\right)^{\frac{v}{\alpha}} \tag{4.10}$$

$$\bar{N}_{ez}=\frac{X}{\bar{x}_{ez}} \tag{4.11}$$

자본재가 추가된 사유경제의 정상상태

식 (4.7)~식 (4.11)에 주어진 해의 의미를 알아보는 한 방편으로 수치 예를 들어봅시다. 이를 위해 효용함수의 파라미터값은 전과 동일하게 $\eta=0.3$과 $\beta=0.28$로 가정하겠습니다. 자녀 양육비는 어떨까요? 다음의 예에서는 k_{ez}를 400, 600, 800, 1,000 그리고 1,200인 경우로 나누어서 설명하겠습니다. 우리가 현재 고려하는 자본재가 추가된 사유경제가 우리가 전에 고려했던 자본재 없이 자연자원과 노동력에만 의존했던 사유경제보다 잘살 가능성이 높습니다. 그런 까닭에 자본재까지 소유하게 된 사유경제가 그렇지 못한 사유경제보다 자녀 양육에 더 많은 비용을 쓴다고 보는 게 타당합니다.

자본재가 생산요소로 추가되었으므로 생산함수의 파라미터에 변화를 주어야 합니다. 자본재가 등장하면서 토지가 갖는 생산요소로서의 중요성이 지속적으로 저하되어 왔습니다. 이러한 점을 반영해서 아래의 수치 예에서는 종전에는 1/2이었던 α를 1/3로, 그리고 자본재의 생산기여도를 나타내는 ν를 1/3로 상정하겠습니다. 그러므로 노동의 생산기여도는 종전의 0.5에서 1/3로 작아집니다. A는 50에서 시작해서 52.5, 56, 62 그리고 71이 되는 것으로 상정합니다. 이는 이 공동체가 지닌 경제에 관한 노하우가 단계적으로 향상되면 어떤 일이 전개되는지 알려주게 됩니다. 끝으로 공동체 전체가 소유하는 경작지의 면적 X 역시 10만 평, 100만 평, 1,000만 평, 1억 평, 그리고 10억 평으로 확대되는 것으로 상정하겠습니다.

모형의 파라미터와 데이터에 대한 상기의 가정들을 적용하면 [표 4-1]과 같은 결과를 얻게 됩니다.

[표 4-1]의 결과가 몇 가지 면에서 흥미롭습니다. 우리가 얻은 결과는 자

표 4-1 자본재가 추가된 사유경제의 정상상태

k_{ez}	400	600	800	1,000	1,200
A	50	52.5	56	62	71
X	10만 평	100만 평	1,000만 평	1억 평	10억 평
y_{ez}	3,600	5,400	7,200	9,000	10,800
c_{ez}	3,200	4,800	6,400	8,000	9,600
z_e	336	504	672	840	1,008
x_{ez}	1,111	2,159	3,163	3,823	3,492
N_{ez}	90	463	3,162	26,154	286,394
Y	354,240	2,733,552	24,891,264	257,355,360	3,381,743,440

녀 양육비 k_{ez}가 400에서 시작해서 1,200에 이르기까지 간헐적으로 증가되는 것과 동반해서 경제가 지닌 경제활동 또는 삶에 관한 지혜 A가 50에서 시작해서 71에 이르기까지 단계적으로 향상되는 상황과 공동체가 소유하는 경작면적이 10만 평에서 10억 평에 이르기까지 단계적으로 확대되는 상황을 종합적으로 적용해서 도출한 것임에 유념해야 합니다.

[표 4-1]에 나타난 결과를 보면 1인당 소득이 3,600에서 시작해서 10,800에 이르기까지 단계마다 증가함에 따라서 1인당 소비도 3,200에서 9,600에 이르기까지 단계마다 증가함을 알 수 있습니다. 자본재의 양은 소득의 9.3%에 해당되는 양인 336 내지 1,008로 정해집니다.

1인당 경작면적 x_{ez}는 1,111평에서 시작해서 3,823평에 이르기까지 확대되다가 마지막 단계에서는 3,492평으로 약간 줄어듭니다. A가 증가하면 1인당 경작면적이 줄어들고 X가 증가하면 1인당 경작면적이 늘어납니다. [표 4-1]에 나타난 1인당 경작면적의 변화는 이 두 가지 상반된 힘이 동시에 작용한 결과입니다.

가용 토지가 10만 평일 때 90명으로 정해지던 공동체 구성원의 수는 토지가 100만 평, 1,000만 평, 1억 평, 10억 평 등으로 확대되면 빠르게 증가됩니다. 그 실례로 토지가 10억 평일 때 인구가 286,394명으로 크게 늘어남을 확인할 수 있습니다. 근대 이전 시기의 중국은 약 1,000억 평의 경작면적을 지녔던 것으로 판단됩니다. 우리의 수치 예를 중국에 대해 적용하면 근대화가 이루어지기 이전의 중국에 약 2,900만 명이 살고 있었다는 결론을 얻게 됩니다.[3] 한반도의 국토면적은 약 700억 평인데 조선조의 경작지 비율이 5%를 넘지 않았다고 하니 35억 평이 조선조 말기의 토지 상한선입니다. 이만 한 땅에 우리의 수치 예를 적용하면 조선조 말기에 한반도에는 약 100만 명이 거주하고 있었을 것이라는 결과를 얻게 됩니다. 위에서 본 중국의 사례나 방금 살펴본 조선조의 사례는 두 나라가 노예경제가 아닌 사유경제였더라면 실현되었

3) 중국의 국토면적은 약 3조 평이며 그중 경지는 약 3,000억 평이 됩니다. 여기에서 만주의 경작지를 차감하면 약 1,000억 평이 됩니다.

을 가상의 수치입니다.

끝으로 [표 4-1]에 나타난 결과가 생산성 A의 변화를 전제로 한 것임에 유념할 필요가 있습니다. 즉, 우리는 A가 50에서 71까지 단계적으로 변화되는 경우를 상정하였는데 이는 공동체가 지닌 지식과 지혜 또는 노하우와 기술이 우리가 살펴본 기간 동안에 50% 가까이 '향상' 되었음을 전제로 한 것입니다. 만일에 노하우나 기술의 발달이 없었다면 결과는 크게 달라집니다. 이러한 사실을 확인하기 위해서 [표 4-1]의 마지막 열에서 A를 71로 상정한 것을 50으로 되돌려 봅시다. 어떤 결과가 나올까요? 다른 것은 그대로 두고 A의 크기만 50으로 되돌리면 1인당 경작면적이 3,492평에서 9,139평으로 대폭 확대되면서 공동체의 인구는 약 29만 명에서 약 11만 명으로 역시 크게 줄어든다는 사실을 알게 됩니다. 기술변화가 없다면 경작지가 확대됨에도 불구하고 이 공동체가 먹여 살리는 인구가 기술변화가 있었을 때의 약 29만 명보다 훨씬 적은 11만 명에 지나지 않게 되는 것입니다.

자본재를 추가한 사유경제에서 전개되는 경제상황이 어떤 모습인지 보여주는 [표 4-1]을 우리가 제2장에서 살펴본 자본재가 없는 사유경제에서의 상황과 견주어보면, 자본재가 추가됨에 따라서 1인당 소득이 크게 증가한다는 사실을 발견하게 됩니다. 자본재가 없었을 때는 자녀 양육비가 400일 때 2,400으로 정해지던 1인당 소득이 자본재를 추가하면 3,600으로 증가하는 데서 그러한 사실을 확인하게 됩니다. 즉, 다른 모든 것은 동일하게 유지한 채 자본재만 추가했을 때의 효과는 1인당 소득을 50% 증가시키는 것입니다. 1인당 소득이 1.5배로 늘어난다는 사실이 '별것 아닌 것'은 아니지만 그렇다 하더라도 생산요소로서 자본재를 추가할 때 소득이 왜 이 정도밖에 증가하지 못하나 하고 의아해할 수 있습니다. 본격적으로 기계화가 진전된 산업혁명 발발 이후 한 세기 동안에 인류의 평균소득이 몇 배 이상 증가했던 사실을 염두에 두면 자본재를 추가할 때 1인당 소득이 50%밖에 증가하지 않는다는 결과는 실제와 거리가 먼 것임에 틀림없습니다.

18세기 중반 이후에 산업혁명이 본격적으로 진행되면서 인류는 그들이 지난 시기 수만 년에 걸쳐서 사용해오던 전통적인 생산방식을 버리고 그와는 전혀 다른 성격을 지닌 근대적 생산방식으로 옮겨가기 시작했습니다. 산업혁명 이후 오늘에 이르기까지 최소한 18배 증가한 인류의 평균소득이 변화해온 과정에 대해 이해하려면 우리가 지금까지 활용해오던 생산방식을, 바로 그게 방금 언급한 전통적 방식입니다, 버리고 근대적 생산방식을 주축으로 하는 새로운 이론모형을 활용해야 합니다. 우리는 그러한 작업을 이 책의 제7장에서 수행하게 됩니다.

4.3 자본재가 추가된 노예경제

주인의 의사결정

4.2절에서는 자본재가 추가된 사유경제의 정상상태에 관해 공부했습니다. 이제부터는 노예경제에 자본재가 추가되면 어떤 일이 벌어지는지 알아보게 됩니다. 노예경제란 공동체 구성원 중 소수인 주인만이 모든 것을 소유하고 자유를 누리며 공동체 구성원의 다수를 이루는 노예는 아무것도 소유하지 못하고 아무런 자유도 없는 경제임을 상기합시다. 이러한 노예경제에서 자본재가 추가된다는 것은 주인이 종전에 갖고 있던 토지 x와 노예 s에 더해서 자본재 z까지 소유하게 된 상황을 말합니다. 즉, 자본재가 추가된 노예경제에서 주인은 그의 부모로부터 물려받은 토지와 노예 그리고 자본재 (x, z, s)를 이용해서 일생을 살아가게 됩니다. 자본재가 추가되었다고 해서 주인이 하는 일이 본질적인 면에서 바뀌는 것은 아닙니다. 이제 주인은 자기 소유의 노예를 시켜서 자기 소유의 경작지 x에 나가서 역시 자기 소유의 자본재 z를 활용해서 재화를 생산하도록 시킵니다. 종전에는 도구와 기계 즉, 자본재 없이 노예들의 노동력만 투입해서 생산하던 재화를 이제는 주인이 소유하는 도구와 기계의 도움을 받아서 생산하게 하는 것입니다.

주인의 생산함수는 다음과 같이 주어집니다.

$$y = Ax^{\alpha}z^{\nu}s^{1-\alpha-\nu} \tag{4.12}$$

식 (4.12)는 지금까지 우리가 고려했던 생산함수와 대동소이합니다. 자본재 z가 추가되었다는 점 이외에는 우리가 제3장에서 공부한 자본재가 없는 노예 경제의 생산함수와 동일한 형태입니다. 가령 주인이 가진 토지와 자본재가 각각 12만 5,000평과 8,000개이고 주인이 거느린 노예가 8명이며 주인이 활용할 노하우 수준이 10일 때, 생산함수의 파라미터가 $\alpha = \nu = 1/3$이라면, 이 주인 가문이 생산하는 재화의 양은 $10 \times 50 \times 20 \times 2 = 20{,}000$개가 됩니다.

주인은 식 (4.12)로 정해진 소득에서 노예에게 나누어 줄 몫 sy_s를 공제한 것을 가지고서 자신의 소비 c_l과 자녀 양육 그리고 자녀에게 남겨줄 자본재 형성을 위해 사용하게 됩니다. 주인의 자녀 하나당 양육비를 k_l 그리고 주인이 낳을 자녀의 수를 n_l이라 하면 $k_l n_l$이 주인이 자녀 양육을 위해 쓰게 되는 비용이 됩니다. 현세대의 주인이 그의 부모에게 받은 자본재의 양은 z입니다. 그는 이것을 생산에 투입하게 됩니다. 앞에서와 마찬가지로 자본재는 감가되지 않는 것으로 가정합니다. 이 경우에 $y - sy_s + z$가 주인이 쓸 수 있는 총가용자원이 됩니다. 이 중 $y - sy_s$는 이번 기에 생산된 재화 중에서 주인이 쓰는 몫이고 z는 조상으로부터 물려받은 것을 쓰는 몫이 됩니다.

이상의 논의를 반영해서 주인의 예산제약을 아래와 같이 나타낼 수 있습니다.

$$c_l + (z' + k_l)n_l = Ax^{\alpha}z^{\nu}s^{1-\alpha-\nu} - sy_s + z \tag{4.13}$$

식 (4.13)의 왼편에서 z'은 주인이 자녀 한 명에게 유산으로 남겨줄 자본재의 양을 나타냅니다.

주인이 효용을 극대화하기 위해 노력한다는 사실은 자본재가 추가되더라도 변하지 않습니다. 세 가지 재산 $(x,\ z,\ s)$를 소유한 주인의 극대화된 생애효용을 가치함수value function를 써서 $v(x,\ z,\ s)$로 나타낼 수 있습니다. 이 경우에 주인은 다음과 같은 문제를 푸는 것으로 이해할 수 있습니다. (이어서 제시되

는 모형의 성격에 관해서는 제2장과 제3장에서 설명한 바 있습니다.)[4)]

$$v(x, s, z) = Max\ (c_l)^{1-\beta}(n_l)^{\eta}[v(x', s', z')]^{\beta} \tag{4.14}$$

subject to

$$c_l + (z' + k)n_l = Ax^{\alpha}s^{1-\alpha-v}z^{v} + z - sy_s \tag{4.15}$$

$$x' = \frac{x}{n_l} \tag{4.16}$$

$$s' = \frac{sn_s}{n_l} \tag{4.17}$$

$$x > 0\ and\ z > 0,\ given \tag{4.18}$$

토지와 노예와 기계를 소유하는 노예경제에서 주인의 가치함수 $v(\ )$가 이제 세 개의 변수 x, s, z의 함수가 됨에 유념합시다. 한편 내 자손의 가치함수에 들어가는 x', s', z'이 무엇인지는 전과 거의 동일하게 정해집니다. 즉, $x' = x/n_l$이고 $s' = sn_s/n_l$이며 z'은 그대로 z'입니다. 어? 이 마지막 말이 무슨 뜻이지요? 그것은 다름이 아니라 현재 세대가 자식 세대가 갖게 될 자본재의 양 z'을 직접 정한다는 뜻입니다. 위에 제시한 제약조건 식 (4.15)의 왼편에 z'이 선택변수로 들어가 있는 게 그것을 의미합니다. (보통은 $z_{t+1} = i_{zt} + (1-\delta)z_t$라는 형태로 자본축적을 표시하는 게 관행입니다. 이때 i_{zt}는 자본재에 대한 투자액을 나타냅니다. 이 관행을 따르면 투자 i_{zt}가 선택변수가 됩니다. 여기에서는 직접 z_{t+1}을 정하는 것으로 보고 있지만 사실은 둘 다 마찬가지 결과를 낳습니다.) 참고로 식 (4.13)이나 바로 위에 제시된 식 (4.15)의 오른편에 z가 더해진 것은 자본재가 감가되지 않으며 자본재를 소비재로 사용할 수도 있다는 가정을 적용한 것입니다.

노예경제의 정상상태: 수식

식 (4.14)~식 (4.18)로 나타낸 자본재가 추가된 노예경제의 경제문제 역시

---

4) 이 부분을 건너뛰고 124쪽으로 가도 됩니다.

풀기가 어렵습니다. x만 있는 사유경제에서도 해를 찾는 게 어려운 일이었는데 상태변수 z와 s가 추가되었으니 더 어려운 게 당연합니다. 제가 푼 해답을 제시하도록 하겠습니다. 이 해답 역시 정상상태의 해입니다.

$$y_l = \frac{1-\beta+\eta}{\eta-\beta}\,\frac{1-(1-\alpha-v)\beta}{1-(1-\alpha)\beta}\,k_l \tag{4.19}$$

$$c_l = \frac{1-\beta+\alpha\beta+(1-\beta+\eta)\beta v}{(\eta-\beta)[1-(1-\alpha)\beta]}\,k_l \tag{4.20}$$

$$z = \beta v y \tag{4.21}$$

$$s = \frac{\eta}{\eta-\beta}\,\frac{(1-\alpha-v)\beta}{1-(1-\alpha)\beta}\,\frac{k_l}{k_s} \tag{4.22}$$

$$x = \left[\frac{\eta}{\eta-\beta}\,\frac{(1-\alpha-v)\beta}{1-(1-\alpha)\beta}\right]\left(\frac{1}{A}\right)^{\frac{1}{\alpha}}\left(\frac{1}{\beta v}\right)^{\frac{v}{\alpha}} \cdot \left[\frac{1-\beta+\eta}{\eta}\,\frac{1}{(1-\alpha)\beta}\right]^{\frac{1-v}{\alpha}} k_l (k_s)^{\frac{1-\alpha-v}{\alpha}} \tag{4.23}$$

$$y = \frac{1-\beta+\eta}{\eta-\beta}\,\frac{1}{1-(1-\alpha)\beta}\,k_l \tag{4.24}$$

$$y_s = \frac{1-\beta+\eta}{\eta}\,k_s \tag{4.25}$$

$$c_s = \frac{1-\beta}{\eta}\,k_s \tag{4.26}$$

$$N_l = \frac{X}{x},\; N_s = sN_l \tag{4.27}$$

$$\bar{y} = \frac{sy_s + y_l}{1+s} \tag{4.28}$$

위에서 식 (4.19)~식 (4.23)은 각각 이 가문의 총산출물 중 주인이 자기 몫으로 차지하는 소득, 그의 소비, 그가 행하는 자본재 투자, 그의 가문이 소유하는 노예의 수 그리고 그의 가문이 소유하는 경작지의 크기를 나타냅니다. 주인이 행하는 자본재 투자의 크기는 식 (4.21)과 같이 정해지는데 이를 보면 생산량의 $100\beta v\%$를 자본축적에 사용함을 알 수 있습니다. 생산량은 식 (4.24)로 정해지는데, 이는 $y=Ax^{\alpha}z^{v}s^{1-\alpha-v}$로 정해지는 생산함수에 식 (4.23), 식 (4.22) 및 식 (4.21)로 정해지는 x, z 및 s 값을 대입해서 얻게 되는 값입니다.

식 (4.25)와 식 (4.26)은 자본재가 추가된 노예경제에서 주인이 노예에게 나누어 주는 소득의 크기 및 그 소득 중에서 노예가 자신을 위해서 사용하는 소비를 나타냅니다. 한편 식 (4.27) 및 식 (4.28)은 총경작면적 X를 보유한 공동체가 정상상태에 이르렀을 때에 주인과 노예의 숫자가 어떻게 정해지는지와 정상상태에서 정해지는 이 공동체 전체의 평균소득의 크기를 나타냅니다. 한편 위에서는 표기하지 않았지만 정상상태에서 정해지는 자녀의 수는 주인과 노예 모두 한 명이 됩니다.

자본재의 생산기여도를 나타내는 파라미터 v가 추가로 들어간 것 외에는 주인이나 노예의 정상상태를 나타내는 해들이 우리가 제3장에서 구한 자본재가 없는 노예경제모형의 정상상태를 나타내는 해들과 큰 차이가 없습니다. 실제로, 예로 들어서, 식 (4.19)에서 자본재의 생산기여도를 나타내는 파라미터 v의 값을 0으로 놓으면 즉, 자본재가 생산요소로서 아무런 역할도 하지 않는 것으로 하면, 식 (4.19)로 주어진 y의 크기가 제3장의 식 (3.10)으로 주어진 것과 같음을 볼 수 있습니다.

식 (4.25)와 식 (4.26)이 노예의 처지를 나타내는 식입니다. 이들은 우리가 제1장에서 구한 공유경제에서의 1인당 소득 y_m과 제3장에서 구한 자본재가 없는 노예경제에서의 노예의 소득 y_s와 동일한 크기로 정해집니다. 이를 보면 자본재가 추가되어도 노예의 처지는 하나도 나아지는 게 없음을 알 수 있습니다.

노예경제의 정상상태: 수치 예

자본재가 추가된 노예경제의 정상상태가 어떤 모습을 보이는지 알아보기 위한 한 방편으로 앞에서 한 것과 같이 수치 예를 공부하도록 하겠습니다. 이를 위해서 자본재가 추가된 사유경제에서 상정했던 바와 똑같은 파라미터값

표 4-2 자본재가 추가된 노예경제의 정상상태

k_s	200	200	200	200	200
k_l	400	600	800	1,000	1,200
A	50	52.5	56	62	71
X	10만 평	100만 평	1,000만 평	1억 평	10억 평
y_l	22,741	34,111	45,482	56,852	68,223
c_l	22,341	33,511	44,682	55,852	67,023
y_s	680	680	680	680	680
c_s	480	480	480	480	480
z	2,341	3,511	4,682	5,852	7,023
s	3.44	5.16	6.89	8.61	10.33
x	15,675	20,314	22,282	20,532	16,408
N_l	6	49	449	4,870	60,946
N_s	22	254	3,092	41,935	629,571
N	28	303	3,541	46,805	690,517
$\bar{y}$	5,649	6,108	6,358	6,525	6,641
Y	158,172	1,850,724	22,513,678	305,402,625	4,585,723,397

을 상정하기로 합니다. 거기서와 마찬가지로 주인의 자녀 양육비를 400, 600, 800, 1,000 및 1,200인 경우로 나누어 살펴보고 동시에 이 노예경제가 지닌 경제생활 또는 삶에 관한 지혜 A의 값을 50, 52.5, 56, 62 및 71이 되는 경우로 나누어 살펴보겠습니다. 경작면적 X는 10만 평에서 10억 평까지 단계적으로 확대되는 상황을 상정합니다.

위에서 상정한 파라미터와 데이터하에서 정해지는 자본재가 추가된 노예경제의 정상상태는 [표 4-2]에 나타낸 바와 같습니다.

[표 4-2]를 보면 몇 가지 흥미로운 점을 발견하게 됩니다. 그중 몇 가지만 살펴보겠습니다.

도구와 기계가 있어도 비참하기는 마찬가지인 노예의 처지

노예의 소득과 소비는 공유경제에서 정해졌던 것과 마찬가지로 생계비 수준에서 정해집니다. 우리가 상정한 파라미터와 데이터하에서는 노예의 소득이 680 그리고 소비가 480으로 정해집니다. 노예의 경제상황은 경제의 여건이 변화되더라도 달라지지 않습니다. [표 4-2]에서 보듯이 *A*가 50에서 71까지 변화되고 공동체의 토지면적이 10만 평에서 1억 평으로 늘어나고 공동체가 도구나 기계 등의 자본재를 활용하기 시작해도 노예의 처지는 1인당 소득 680에 그대로 머물러 있습니다. 토지가 10만 평에서 10억 평으로 확대되고 종전에는 쓰이지 않던 자본재가 본격적으로 쓰이게 되었음에도 불구하고 노예의 처지는 조금도 나아지지 않는 것입니다. 이것은 노예가 아무것도 소유하지 못하고, 그렇기에 아무런 자유도 지니지 못하기 때문에 일어나는 일입니다.

도구와 기계의 도입으로 몰라보게 개선되는 주인의 처지

주인이 수확하는 생산물 중에서 주인이 자기 몫으로 갖는 산출물의 크기는 자본재가 없었을 때 정해지던 주인의 몫보다 많아집니다. 주인이 자녀 양육에 얼마나 많은 자원을 투입하는가와 관계없이 주인이 노예에게 주는 몫은 680으로 변함이 없지만, 주인이 갖는 몫은 자녀 양육비가 증가함에 따라서 같은 비율로 증가합니다. [표 4-2]에서 주인이 자녀 양육을 위해 쓰는 비용이 400에서 1,200까지 단계적으로 증가할 때 주인의 소득이 22,741에서 68,223까지 증가하는 데서 그러한 사실을 알 수 있습니다.

주인이 행하는 자본재에 대한 투자는 1인당 자본재의 양이 주인이 거두는 총수확량의 9.3%가 되는 수준에서 정해집니다. 그 크기는 [표 4-2]에서 보듯이 2,341에서 7,023에 이르기까지 단계마다 증가하게 됩니다.

한편 주인 한 사람이 거느리는 노예의 숫자는 주인이 자신의 자녀 양육을 위해 쓰는 비용이 증가함에 따라서 3.44명에서 10.33명에 이르기까지 늘어납니다. 이는 자본재가 없었을 때보다 적은 수입니다. 이를 보면 기계와 도구를 활용하게 되면서 주인이 거느리는 노예의 숫자가 줄게 됨을 알 수 있습니다. 주인 한 명이 거느리는 노예의 숫자를 결정하는 데 있어서는 A의 크기는 아무런 영향도 미치지 않습니다. 그러나 이 나라에서 살아가는 모든 노예의 숫자는 A가 커짐에 따라서 증가합니다. A가 커지면 주인 한 사람이 소유하는 토지의 면적이 줄어들면서 주인의 수가 늘어나는 변화가 유발됩니다. 주인 한 사람이 소유하는 노예의 수는 변함이 없어도 주인의 수가 늘어나므로 노예의 총수효 역시 늘어나게 되는 것입니다.

정상상태에서 주인 한 사람이 소유하는 경작면적은 15,675평에서 22,282평으로 늘어났다가 다시 줄어들기 시작해서 최종적으로는 16,408평이 됩니다. 이러한 결과가 나오는 것은 주인이 소유하는 토지의 면적이 그가 자녀 양육에 투입하는 비용 k_l이 증가하면 늘어나지만 주인들이 지닌 경제에 관한 노하우 A값이 커지면 줄어들기 때문입니다. 즉, 두 가지 힘이 상반된 방향으로 영향을 주기 때문에 그렇게 됩니다. [표 4-2]의 마지막 열에서 A만 첫 단계의 값이었던 50으로 되돌리면 주인 한 사람이 경작하는 토지의 면적이 46,980평으로 정해졌을 것이라는 데서 기술진전이 일어나면 경작지의 면적이 줄어든다는 사실을 확인할 수 있습니다.

노예경제의 경제규모 및 국력

[표 4-2]를 보면 우리가 고려하는 상황하에서 경작면적이 10만 평일 때 6명으로 정해지던 주인의 숫자가 경작면적이 10억 평으로 확대되면 60,946명으로 늘어남을 알 수 있습니다. 주인 한 사람이 거느리는 노예의 숫자는 3.44명에서 10.33명으로 늘어나므로 노예의 총숫자는 경작면적이 10만 평일 때는 22명이던 것이 10억 평이 되면 무려 629,571명으로 늘어납니다. 경작면적이 10억 평일 때 공동체 전체의 인구는 690,517명이 되고 총생산은 4,585,723,397이 됩니다. 이것이 달러화로 측정된 수치라면 총생산이 46억 달러이고 인구가 69만 명 정도인 국가가 되는 셈입니다.

한편 공동체 전체의 평균소득은 5,649에서 6,641 사이에서 정해집니다. 이 수치 역시 달러화로 측정한 것이라면 1인당 소득이 5,000~7,000달러인 나라가 되는 셈입니다. 인구의 다수를 이루는 노예의 소득이 한 사람당 680밖에 안 되는데 평균소득이 비교적 크게 나오는 까닭은 주인의 소득이 노예의 소득보다 훨씬 크게 정해지기 때문입니다.

4.4 자본재가 추가된 사유경제와 노예경제 비교

자본재 도입 후 대폭 향상된 주인의 경제적 처지

이제 [표 4-1]과 [표 4-2]를 견주어보기로 합시다. [표 4-1]은 자본재가 추가된 사유경제의 경우이고 [표 4-2]는 자본재가 추가된 노예경제의 경우입니다. 우리가 관심을 가지는 것은 두 경제에서 1인당 소득이 어떤 크기로 정해지는가 하는 점입니다. 두 개의 표를 견주어보면, 우리가 고려한 처음 두 단계에서는 노예경제의 평균소득이 사유경제의 평균소득보다 크지만 그 이후 모든 단계에서는 사유경제의 평균소득이 노예경제의 그것보다 크다는 사실을 알 수 있습니다. 우리가 고려한 마지막 단계로서 자유인 및 주인의 자녀 양육비가 1,200이고 기술수준이 71이며 토지가 10억 평일 때를 보면 사유경제의 평균소득은 10,800임에 비해서 노예경제의 평균소득은 6,641밖에 되지 않습니다. 이를 보면 사유경제의 보통 사람이 노예경제를 살아가던 사람들보다 잘 살게 될 것임을 알 수 있습니다.

사유경제를 살아가는 일반인과 노예경제에서 살아야 하는 노예의 처지를 견주어보면 자유인의 소득이 노예의 소득보다 5.3배 내지 15.9배 더 큼을 알 수 있습니다. 너무나 당연한 이야기이지만 사유경제의 일반인이 노예경제에서 살아야 하는 노예보다 훨씬 더 잘삽니다.

사유경제의 일반인이 누리는 삶의 질과 노예경제에서 노예가 누리는 삶의 질을 비교해보면 그 차이는 말할 수 없을 만큼 큽니다. 사유경제의 일반인은 경제상황이 개선되면서 소득이 반복적으로 증가하는 데 반해서 노예경제에서 정해지는 노예의 몫은 경제상황이 개선됨에도 불구하고 전혀 나아지지 않습니다. 사유경제의 자유인이 가지는 소득은 처음 단계의 3,600에서 마지막 단계의 10,800에 이르기까지 반복해서 증가함에 반해서 노예경제에서 살아가는 노예의 몫은 경제 여건이 개선됨에도 불구하고 680의 소득밖에 얻지 못하는 것입니다. 노예의 처지에서 보면 사유경제는 그야말로 천국인 셈입니다. 게다가 사유경제에서는 모든 이가 자유인임에 반해서 노예경제에서는 노예는 아무런 자유도 누리지 못합니다. 그러므로 노예들이 모든 사람이 자기들보다 5배에서 16배나 더 잘살 뿐만 아니라 자기들은 꿈조차 꾸지 못하는 온전한 자유까지 가진 사유경제의 일반 시민을 부러워할 게 당연합니다.

그러나 노예경제를 운영하는 주인의 처지와 사유경제를 살아가는 일반인의 처지를 견주어보면 사정이 판이하게 달라집니다. 우리가 고려한 어떤 경우에나 노예경제의 주인이 사유경제의 일반인보다 훨씬 더 부유하게 삽니다. 사유경제를 살아가는 자유인의 소득이 3,600에서 10,800으로 증가하는 동안에 노예경제를 장악한 주인의 소득은 22,741에서 68,223으로 증가하는 데서 그러한 사실을 확인하게 됩니다. 노예경제의 주인이 사유경제의 일반인보다 6.3배 더 부유합니다.

더욱 놀라운 사실은 사유경제와 노예경제의 경제규모가 크게 차이 난다는 사실입니다. 우리가 고려한 다섯 단계 중 마지막 단계의 경우를 보면, 사유경제에서는 10,800의 소득을 지닌 286,394명의 자유인이 살아가는 데 비해서 노예경제에서는 68,223의 소득을 지닌 주인 60,946명과 680의 소득을 지닌 노예 629,571명이 삽니다. 주인의 수는 자유인의 1/5 정도로 훨씬 적지만 총인구는 노예경제가 사유경제보다 2.4배 많습니다. 공동체 전체의 총생산에 있어서는, 우리가 고려한 첫 단계에서는 사유경제 354,240 대 노예경제 158,172로 사유경제가 노예경제를 압도하지만, 마지막 단계가 되면 3,381,743,440 대 4,585,723,397이 되어서 노예경제가 사유경제를 압도하게 됩니다.

노예경제로의 이행은 역사의 필연이었는가?

노예경제를 경영하는 주인의 소득이 사유경제를 살아가는 일반인의 소득보다 6.3배 더 많다는 사실과 노예경제의 경제규모가 사유경제의 경제규모보다 훨씬 더 커진다는 사실이 의미하는 바가 매우 중요합니다. 그것은 무엇보다도 공동체의 정치경제구조가 정치적으로는 독재체제로, 그리고 경제적으로는 노예체제로 변화될 가능성이 아주 높음을 말해줍니다. 노예체제로 이행할 가능성이 높은 이유는 방금 본 바와 같이 노예경제에서 주인 되는 자들이 훨씬 더 풍요롭게 살게 될 뿐만 아니라 국가 전체로 보아도 사유경제 국가보다 몇 배 더 부강하기 때문에 공동체 구성원 중 누구인가가 노예경제를 구축하고자 하는 강한 욕망을 갖게 되기 때문입니다. 그 누구인가는 말할 것도 없이 공동체의 엘리트 즉, 지도자들입니다.

소수의 지도자들이 다수의 민중을 노예로 만들기 위해서는 강한 힘이 필요했을 것이므로 독재체제를 만들려는 동기가 매우 강했을 것입니다. 농경목축시대에 들어와서 크게 확대된 공동체의 질서를 유지하는 데 있어서 당시의 노하우로는 공동체 구성원 모두가 승복하는 지도자가 필요해진 것도 독재체제 형성을 촉진했을 것으로 보입니다. 30만 년 가까운 기간 동안 평등사회에서 살던 사람들을 극심한 불평등 사회인 독재체제하에서 살아가도록 만드는 과정에서 공동체의 구성원 간에 그야말로 혈투가 벌어졌을 것입니다. 농경목축시대가 시작되고서도 몇천 년이 지나서야 비로소 우리에게 익숙한 나라 이름들이 등장한 게 그런 연유에서입니다.

이야기가 본론에서 조금 벗어나지만, 독재체제와 노예제도를 공고하게 만드는 데 있어서 그 시대를 살아갔던 지식인들이 제공한 이론과 철학과 사상의 힘이 매우 컸었다는 사실을 지적하고자 합니다. 역사상에 이름을 남긴 사상가들 중에서 그들이 살았던 사회의 가장 밑바닥에 자리한 기층민들의 자유와 권리 신장을 위해 애쓴 사람은 소수에 불과합니다. 대다수의 지성인들은 그들에게도 혜택이 돌아가는 독재체제와 노예제도를 공고하게 만드는 데 도움이 되는 논리를 개발하고 전파하는 일에 전념했습니다.

부처는 어떤 삶을 가르쳤나요? 무소유와 극기 그리고 자비를 통한 해탈이 그가 가르친 바입니다. 무소유와 극기는 다른 의미에서의 인간해방입니다. 아무것도 가지지 않고 자신마저도 버리는 삶이 무엇엔가 구속될 리 없습니다. 그렇지만 보통 사람이 무소유와 극기의 삶을 살아가기는 무척 어렵습니다. 공자의 가르침은 무엇입니까? 아마도 부모에게 효도하고 군왕에게 충성을 다하라는 것이 그가 가르친 것의 핵심일 것입니다. 이는 인간해방과는 거리가 있습니다. 기존 질서인 왕정 제도에 충실하게 봉사하라는 가르침인 것 같습니다. 조선의 사상적 근간인 성리학 역시 인간해방과는 거리가 멉니다. 노비나 상민이 양반과 왕후장상과 동격이 된다는 것은 그야말로 언감생심의 일이었습니다. 조선 후기의 대사상가인 다산 정약용의 가르침도 기층민의 해방과는 거리가 있었던 것 같습니다. 『목민심서』만 하더라도 목자牧者(다스리는 사람)가 백성民(다스림을 받는 사람)을 어떻게 다스리는 게 옳은 일인지를 말하고 있지, 백성 스스로가 자유인이 되어서 성장해가는 사회에 대한 언급은 없습니다.

인류의 스승으로 추앙받는 분 중에서 기층민들의 해방을 옹호한 사람은 예수뿐입니다. 하느님의 자녀는 빈부귀천이나 남녀노소의 차이가 없이 모두 동등하다는 게 그의 가르침입니다. 그러나 그리스도가 가르친 해방은 영혼의 해방에 관한 것이지, 누구나 재산을 가질 수 있으며 누구나 자유로운, 인간해방 즉, 노예해방을 이루자는 것은 아닌 것 같습니다. 그리스도는 개인이 재산을 갖는 것에 관해서 좋지 않게 생각하였으며 물질적인 것 혹은 세상의 것에 연연하지 않도록 가르쳤습니다. 부자가 하늘나라에 들어가기가 아주 어렵다거나 가진 것을 다 나누어 주라고 가르친 것을 보면 그런 생각이 듭니다. 아마도 예수가 가르친 바는 하늘나라에서 살아갈 영원한 구원에 관한 것이어서 현세에서 경제를 발전시키는 일은 하찮게 여긴 것 같습니다.

노예제도 붕괴의 씨앗

이러한 이야기는 지나치게 비관적인 것 아닐까요? 인류가 걸어온 길을 보면 농경목축시대 약 1만 년의 거의 전 기간에 걸쳐서 정치적으로는 독재체제 그리고 경제적으로는 노예제도를 유지해온 것은 맞습니다. 그러므로 방금 설명한 바와 같이 인류사회의 정치경제 구조가 그러한 방향으로 진화되었을 것이라는 우리의 가설이 크게 틀리지 않습니다. 그러나 지금부터 약 500년 전부터 수천 년을 지속되어 왔던 독재체제와 노예제도에 균열이 생기기 시작했음도 사실입니다. 그러한 균열이 18세기 중반 이후 지속되어 온 산업혁명의 시대에 들어와서 전 세계적인 현상으로 일반화된 것 역시 역사적 사실입니다. 21세기를 살아가는 오늘날에는 대부분의 인류가 민주주의 정치제도와 자유주의 경제제도를 '정상적인 것'으로 받아들입니다. 민주주의와 자유경제가 확실하게 뿌리내린 소위 선진국은 물론이거니와 아직 그것들이 뿌리를 내리지 못한 다른 나라들도 민주주의와 자유경제를 이상으로 여깁니다.

이러한 사실은 우리 역사의 어느 시기부터 독재체제와 노예제도를 붕괴시키려는 힘이 그것들을 고수하려는 힘을 압도하는 일이 벌어졌음을 나타냅니다. 그 시초는 산업혁명이 가장 먼저 일어난 영국이 제공하였습니다. 그러한 의미에서 중세 이후 영국에서 일어난 수많은 정치경제 사건들이 갖는 의미가 아주 큽니다. 이 시기의 영국 역사를 한마디로 표현하자면 인간해방의 역사라고 할 수 있습니다. 지배계층의 노예로 살아야 했던 절대다수의 민중들이 자기 것을 가질 수 있게 되고 자기 의사대로 살아갈 수 있게 된 것이 바로 인간해방입니다. 인간해방이 이루어졌기에 우리가 사람답게 살 수 있게 된 것입니다.

이러한 설명에 한 가지 커다란 의문이 따릅니다. 우리는 모형과 수치를 활용한 설명에서 노예경제의 주인이 사유경제의 일반인보다 훨씬 더 잘사는 데다 노예경제의 경제규모가 사유경제의 그것보다 훨씬 더 크기 때문에 인류사회가 수렵채취시대의 공유경제에서 농경목축시대의 노예경제로 진화하게 되었다는 가설을 제시한 바 있습니다. 그동안 일이 진행되어 온 경과를 보면 우리가 제시한 가설이 실제로 일어났던 역사상의 사실과 크게 다르지 않다고 할 수 있습니다. 그렇지만 바로 위의 문단에서 인간해방이 이루어졌기에 우리가 비로소 인간답게 살 수 있게 되었다고 설명하지 않았나요? 이는 서로 간에 모순되는 주장인 것 같습니다.

노예경제의 주인이 사유경제의 일반인보다 아주 잘살고 또한 노예경제의 국력이 사유경제의 국력보다 크기 때문에 인류사회가 독재정치와 노예경제의 방향으로 나아갔다는 가설은 인간의 가치를 고려하지 않은 주장입니다. 사유경제의 일반인들이 자유를 지닌 재산 소유자로서 누리는 인간적인 가치가 노예경제의 절대다수를 이루는 노예들이 누리는 인간적인 가치보다 훨씬 더 큽니다. 그럼에도 불구하고 노예경제의 주인들은 그들만의 가치 확대를 도모하기 위해서 독재정치와 노예경제를 공고히 해왔으며 그 결과 절대다수의 노예 즉, 기층민들은 사람다운 삶을 살 수가 없었던 것입니다. 공동체의 절대다수인 노예가 해방되어 자유인이 되었을 때 누리게 되는 인간적인 가치를 고려하면 독재정치와 노예경제를 민주정치와 사유경제로 바꾸는 게 지극히 타당한 일입니다. 다만 주인이 그러한 일이 일어나지 못하도록 방해하고 있었을 뿐입니다. 영국에서 시작되어서 전 세계로 확산된 인간해방은 바로 그러한 주인들의 폭거를 무너뜨린 대사건입니다.

제5장에서는 노예해방에 관해서 살펴보게 됩니다.

제 5 장

노예해방=인간해방

현생 인류가 이 지구상에서 살아온 기간이 약 30만 년이라고 합니다. 이 기간 중에서 약 29만 년 동안은 사람과 사람 사이에 별다른 차별이 없는 공유경제의 시대를 살았으며 그 이후 약 1만 년의 대부분은 공동체 구성원의 극소수만이 모든 것을 소유한 채 자유를 누리며 풍요롭게 사는 가운데 절대다수의 기층민들은 가진 것도 없고 행동의 자유도 제한된 상태에서 겨우 입에 풀칠하는 정도의 삶 즉, 생명유지수준의 삶subsistence life을 살아왔습니다.

산업혁명이라는 사건이 인류사에서 가지는 중요성은 그것을 계기로 해서 노예 상태에서 살던 절대다수의 기층민들이 역사상 처음으로 재산을 소유하고 자유를 누리게 되었다는 데 있습니다. 재산소유와 자유가 보편적인 규범으로 자리 잡아가기 시작하자 그동안 억눌려왔던 인간의 지능이 폭발적인 힘을 발휘하기 시작했습니다. 그 단적인 결과가 경제적인 측면에서 볼 때 인류의 평균소득이 산업혁명 발발 당시의 1,000달러에서 현재의 1만 8,000달러로 무려 열여덟 배나 증가했다는 사실입니다. 세계의 인구가 산업혁명 발발 당시의 10억 명에서 현재의 약 80억 명으로 증가한 것 역시 인간해방으로 소득이 지속적으로 증가한 데 힘입은 것이라고 할 수 있습니다.

조선시대에 제법 잘살던 양반은 적어도 열 명의 하인을 거느리고 있었던 것 같습니다. 역사서나 소설에서 잘사는 양반집을 묘사하면서 유모, 찬모, 보모, 침모, 심부름하는 남녀 아이들, 청장년 일꾼, 마부, 하인들의 우두머리 등을 거론하는 것을 보면 그렇게 짐작됩니다.[1] 이를 조선 전체에 대해서 보면 그 당시 인구가 100만 명이라고 할 때 우리가 얘기하는 주인의 숫자는 많아야 10만 명 정도였을 것으로 짐작됩니다. 90만 명은 별 볼 일 없는 양반이나 상민 또는 노비였지요. 상민이라고 해도 사실은 노비나 다름없었습니다. 가진 게 별로 없던 양반도 상민처럼 어렵게 살아야 했지만 그래도 그들은 제한적이나마 '자유'를 갖고 있었으므로 우리가 상정한 모형에 등장하는 노예와는 다르다고 보아야 할 것입니다.[2]

---

1) 여기에서 언급한 이가 모두 노비의 신분을 지녔던 것은 아닙니다. 주인의 가난한 친인척이 '도우미'로 일한 경우도 많습니다.

2) 여기 등장하는 수치는 모두 가상의 것들입니다. 조선조의 경제사회상에 관한 연구들이 속속

5.1 당위로서의 노예해방과 실증적 명제로서의 노예해방

사유경제와 노예경제의 비교

우리는 이제 노예해방에 관해서 공부하게 됩니다. 그 사전작업으로서 우리가 제1장부터 제4장에 걸쳐서 알아낸 결과들을 1인당 소득 및 소비를 기준으로 비교해보고자 합니다. 우리가 공부한 것은 크게 세 가지 다른 상황에 관한 것입니다. 공동체 구성원 전체가 공동으로 생산수단을 소유하는 공유경제, 공동체 구성원 각자가 사적으로 생산수단을 소유하는 사유경제 그리고 공동체 구성원 중 일부가 생산수단을 독점적으로 소유하는 노예경제가 그것입니다. 그런데 농경목축시대 이후에는 점진적이나마 자본재도 생산요소의 하나로 쓰이기 시작하였으므로 자본재 유무에 따라서 위의 세 가지 중에서 사유경제와 노예경제는 이를 다시 둘씩 나누어서 모두 다섯 가지 경우를 고려할 수 있습니다. (수렵채취시대에는 자본재라고 할 게 별반 없었기 때문에 둘로 나누지 않습니다.) 수렵채취시대의 공유경제, 자본재가 없는 사유경제, 자본재가 추가된 사유경제, 자본재가 없는 노예경제 그리고 자본재가 추가된 노예경제가 그것입니다.

비교가 의미 있는 것이 되려면 파라미터나 데이터 값을 가능하면 동일하게 놓아야 합니다. 효용함수의 파라미터 η와 β를 동일하게 상정하는 것은 아무런 문제가 없습니다. 아니 사실은 동일하게 놓는 게 맞습니다. '사람은 누구나 같다'라는 명제를 받아들인다면 그렇습니다. [표 5-1]에 실린 비교 결과는 $\eta=0.3$과 $\beta=0.28$이라는 가정하에서 도출한 것입니다. 그러나 경제 여건을 나타내는 파라미터들은 상황에 따라서 그 크기가 달라져야 합니다. 이러한 이유로 생산함수의 파라미터 α와 v의 크기는, 공유경제와 자본재가 없는 사유경제 및 노예경제에서는 α가 1/2이 되며 자본재가 추가된 사유경제와 노예경제

등장하고 있으므로 가상의 수치들을 실제의 수치들로 대체할 수 있는 때가 곧 올 것으로 판단됩니다.

에서는 $\alpha = v = 1/3$이 되는 것으로 상정하겠습니다. 동일한 이유로 자녀 양육비 k는 공유경제에서는 모든 사람이 200, 사유경제와 노예경제에서는 자본재의 유무에 따라서 600과 1,200이 되는 것으로 상정합니다. 노예경제에서 노예의 경우에는 자본재 유무와 관계없이 자녀 양육에 200을 사용하는 것으로 상정합니다.[3)]

[표 5 - 1]에 있는 결과를 보면 사유재산이라고는 하나도 없어서 모든 게 공동소유인 공유경제에서는 모두가 680의 소득을 갖게 되어서, 가난하지만 아무런 차별이 없는 상태가 됩니다. 그런데 다른 모든 것은 그대로 두고 소유형태만 공동소유에서 사적소유로 바꾼 사유경제에서는 자본재 유무에 따라서 모든 이가 3,825 또는 10,800의 소득을 갖게 됩니다. 이 경우에도 사람들 사이에 소득 차이는 존재하지 않습니다. 그러나 공동체가 주인계층과 머슴 또는 노예계층으로 분리된 노예경제에서는 자본재 유무에 따라 주인은 한 사람당 30,600 또는 68,223의 소득을 가지지만 노예는 한 사람당 680밖에 갖지 못합니다. 노예경제에서는 구성원 중 소수인 주인이 모든 것을 소유하며 그것을 바탕으로 자유롭게 행동하지만 다수인 노예는 아무것도 소유하지 못할뿐더러

표 5-1 정상상태의 비교

	공유경제	사유경제 (자본재 무)	사유경제 (자본재 유)	노예경제 (자본재 무)	노예경제 (자본재 유)
y_m	680				
y_e		3,825	10,800		
y_l				30,600	68,223
y_s				680	680
s				7.33	10.33
x	185	5,308	3,492	62,701	16,408
z			1,008		7,023
$\bar{y}$	680	3,825	11,808	4,272	6,641

3) [표 5 - 1]의 결과들은 A 또는 X와는 무관하게 정해짐을 기억합시다.

자유마저 박탈당하기 때문에 그러한 결과가 나옵니다.

[표 5-1]에 나타난 결과는 우리에게 아주 중요한 사실을 말해줍니다. 하나는 공동소유보다 사적소유가 사람들을 훨씬 더 풍요롭게 만든다는 사실입니다. 다른 모든 것은 동일한 가운데 오직 소유형태만 공동소유에서 사적소유로 바꿀 때 1인당 소득이 680에서 3,825로 다섯 배 이상 증가하는 데서 그러한 사실을 분명하게 볼 수 있습니다. 둘은 자본재를 도입하면 토지와 노동력만으로 생산하던 것보다 훨씬 더 풍요로운 경제를 만들 수 있다는 사실입니다. 위에서 소유형태를 공동소유에서 사적소유로 바꾸는 데서 더 나아가서 자본재까지 활용하게 되면 1인당 소득이 10,800으로 증가하는 데서 그러한 사실을 확인할 수 있습니다. 사유경제라 하더라도 자본재가 없었을 때는 3,825의 소득밖에 창출하지 못하던 데서 자본재를 도입한 후에는 10,800의 소득을 창출하게 되는 상황으로 바뀌는 것입니다. 셋은 노예경제로 바뀌면 주인의 처지는 사유경제의 일반인보다 훨씬 더 좋아지지만 노예의 처지는 사유경제의 일반인보다 훨씬 더 열악한 상황으로 전락하게 된다는 사실입니다. 주인은 자본재 유무에 따라서 30,600 또는 68,223의 소득을 가지지만 노예는 680밖에 갖지 못하는 데서 그러한 사실을 확인할 수 있습니다. 주인이 노예에게 주는 680은 공동소유사회에서 모든 이가 누렸던 생명유지수준의 소득 680과 동일합니다.

이러한 사실이 의미하는 바가 무엇일까요? 이 물음에 대한 답을 규범적인 것과 실증적인 것으로 나누어서 생각해볼 수 있습니다. 규범적인 측면에서의 답을 모색한다는 것은 어떤 것이 옳으냐를 기준으로 판단하자는 얘기이고 실증적인 측면에서 답을 모색한다는 것은 어떠한 방향으로 인류의 역사가 흘러갔을지에 관해 생각해보자는 것입니다.

사유경제의 우월성: 당위

규범적인 측면에서 보면 사유경제가 가장 낫습니다. 사유경제란 누구나가 재산을 소유할 수 있고 누구나가 본인의 자유의사에 따라 행동할 수 있는 경제를 말합니다. 사유경제가 공유경제보다 우월하다는 데 대해서 이의를 제기하기는 어렵습니다. 공유경제에서 680의 소득밖에 갖지 못하던 사람들이 사유경제가 되면 그것의 다섯 배보다도 많은 3,825의 소득을 갖게 됩니다. 소득이 대폭적으로 늘어난다는 사실 이외에도 개인의 자유라는 측면에서도 사유경제가 공유경제보다 월등합니다. 공동소유사회가 좋다고 주장할 사람도 있겠지만 필자는 그러한 의견에 동의하지 않습니다.

사유경제와 노예경제를 견주면 어떨까요? 이 역시 사유경제가 노예경제보다 월등하다는 게 필자의 판단입니다. 노예경제에서 주인은 재산과 자유를 독점적으로 가지며 그 결과 공유사회의 일반인이 누리던 680이나 사유경제에서 일반인이 누리는 3,825(10,800)의 소득보다 훨씬 많은 30,600(68,223)의 소득을 가집니다. 그러므로 주인의 입장에서 보면 노예경제가 최선입니다. 그러나 주인보다 7.33(10.33)배나 많은 수의 노예들은 한 사람당 680의 소득밖에 갖지 못하는 데에다 자유를 박탈당한 채 살아가야 합니다.[4] 노예의 처지에서 보면 노예경제는 최악입니다. 공동체의 구성원 중 다수를 노예로 부리는 경제를 좋은 것이라고 말할 수는 없습니다. 이와 같이 보면 규범적인 측면에서 볼 때 사유경제가 최선입니다. 그러므로 우리가 할 수만 있다면 개인이 사적으로는 아무것도 가질 수 없는 공유경제를 누구나 재산을 소유할 수 있고 누구나 자유롭게 행동할 수 있는 사유경제로 바꾸는 것이 좋고, 구성원 중 일부가 주인이 되어서 다른 구성원을 노예로 부리는 노예경제를 해체해서 사유경제로 만드는 게 좋습니다. 아니 그저 좋은 정도가 아니라 그렇게 하는 것이 옳은 일입니다.

노예경제로 나아간 까닭들

규범적으로 보아서 옳다고 해서 인류사회가 반드시 그 길로 나아가는 것은 아닙니다. 오히려 실제 일이 진행된 경과를 보면 옳은 길이 아님에도 그쪽으

4) 괄호 밖은 자본재가 없는 경우, 그리고 괄호 안은 자본재가 있는 경우의 값입니다.

로 가는 경우가 많습니다. 우리의 예에서도 수치로만 보면 공유경제가 노예경제로 변모될 가능성이 아주 높습니다. 실제로 인류가 수렵채취시대를 마감하고 농경목축시대로 접어들면서 채택한 것은 노예경제입니다. 우리는 제3장에서 농경목축사회가 어떻게 해서 노예경제로 나아가게 되었는지 알아본 바 있습니다.

많아야 수백 명에 불과하던 수렵채취시대의 공동체가 농경목축시대에 들어와서 수천 명에서 수만 명 이상 되는 대형 공동체로 변모되기 시작하였습니다. 공동체의 규모가 확대되면서 소공동체일 때는 별로 필요하지 않던 일 즉, 공동체를 다스리는 일이 필요해졌습니다. 충돌의 빈도가 높아진 구성원 간의 이해관계를 원만하게 조정해야 할 필요가 생겼으며, 구성원 간에 이루어지는 각종 교환exchange이 차질 없이 이루어지게 해주는 질서를 형성할 필요가 생겼으며, 적대적인 세력으로부터 공동체를 보호해야 할 필요가 생겼으며, 공동체 전체가 필요로 하는 공공재를 공급해야 할 필요가 생긴 것입니다.

누구인가는 그러한 필요를 충족해주어야 합니다. 그래야 공동체가 유지될 수 있습니다. 그런 연유에서 대두된 것이 공동체를 다스리는 일에 전념하는 사람들입니다. 농경목축시대에 들어와서 생산력이 팽창되면서 좁은 의미의 생산에 종사하지 않는 사람도 먹여 살릴 수 있는 여력이 생긴 것이 다스리는 계층의 출현을 촉진시켰습니다. 다스리는 계층이 출현하게 되자 그들이 공동체의 지도자로 부상하는 데에는 그리 오랜 시간이 걸리지 않았습니다. 처음에는 집단 지도체제로 출발했으나 권력이 한두 사람에게로 집중되는 데 그리 많은 시간이 걸리지 않았습니다. 강한 힘을 지닌 국가가 형성되면서 왕이 출현하게 된 것입니다. 군왕이 등장하면서 권력만 그에게 집중된 것이 아니라 국가 내의 재산도 모두 왕의 것으로 바뀌게 되었습니다. 왕에게 재산과 권력이 집중되었지만 국가를 다스리는 일을 왕 혼자서는 할 수 없었으므로 많은 수의 관료들이 왕을 보좌하게 되었습니다. 왕은 그에게 충성을 바치는 높고 낮은 관리들에게 적절한 규모의 재산과 권력을 나누어 주었습니다. 왕을 정점으로 하는 피라미드형의 지배계층이 형성된 것입니다.

다스리는 일에 종사한 사람은 소수였습니다. 공동체의 절대다수는 다스림을 받는 사람이었습니다. 다스림을 받는 사람들도 초기에는 사람 대접을 받았지만 시간이 흐를수록 국가 권력이 강화되면서 이들 절대다수의 '백성'들은 평생을 나라님이 시키는 대로 살아가면서 "성은이 망극하여이다."를 읊조려야 목숨을 부지할 수 있는 노예의 처지로 전락하였습니다. 평민의 생활수준은 우리가 모형을 통해 알아보았던 노예들의 생활수준 즉, 생명유지수준을 크게 벗어나지 않는 것이었습니다.

공유경제가 노예경제로 변화되었다는 것은 인류사에서 볼 때 엄청난 비극입니다. 국가체제가 공고해지기 시작한 지난 수천 년 동안 인류사회가 경험한 것은 인구의 10%도 안 되는 소수 지배계층인 주인이 인구의 90%가 넘는 일반 민중을 노예처럼 부리며 살아온 노예경제입니다.

680의 소득을 주면서 부릴 수 있는 노예를 여러 명 거느린 주인이 얻는 소득이 자본재가 없을 때는 30,600이고 자본재를 사용하게 되면 68,223이 되어 공유사회에서 살았던 그들의 조상보다 50배 내지 100배 더 잘살게 되는 '황금 같은' 기회를 두고서 그것은 사람이 할 도리가 아니라고 외면할 사람은 많지 않을 것입니다. 남들보다 힘이 세거나 머리가 좋거나 꾀가 많거나 친화력이 좋은 사람이 지도자가 되어서 자기보다 못한 사람들을 노예로 만드는 일이 그렇게 어렵지는 않았던 것 같습니다. 아마도 이러한 사실이 규범적으로는 그러면 안 되는 일이지만 실증적으로는 노예경제로 바뀌게 된 과정인 것 같습니다.

정치 노하우의 발달과 인간해방

인류사회가 수렵채취시대를 벗어나서 농경목축시대로 접어들었을 때에 공유경제를 사유경제로 변화시켰다면 구성원 모두에게 혜택이 돌아갈 수 있는 엄청난 규모의 경제적 진보를 이루었을 것입니다. 그러나 실제로 일어난 일은 구성원 중 소수에 불과한 지배계층 즉, 주인에게만 커다란 혜택이 돌아가고 다수의 일반 민중에게는 소유권도 자유도 주어지지 않은 상황이었습니다. 다수의 일반 민중이 실질적으로 노예나 다름없이 살아가는 노예경제가 농경목축시대의 전형norm이 된 것입니다.

왜 그런 일이 벌어졌을까요? 앞에서 공동체의 규모가 커지면서 공동체를 다스릴 필요가 대두되었으며 그것이 지배계층이 성립되는 배경이 되었다는 설명을 한 바 있습니다. 아울러서 새롭게 등장한 지배계층이 아주 빠른 속도로 권력과 재산을 독점하게 되었다고 설명하였습니다. 이러한 설명은 공동체를 다스리는 일이 권력과 재산을 독점한 계층에 의해서 이루어져야만 했다는 것을 전제로 한 것입니다. 필자가 그런 전제를 바탕으로 해서 논의를 전개한 것은 당시의 정치 노하우로는 그렇게 하는 것이 가장 효과적인 방안이었을 것이라는 판단에서입니다.

인류가 산업혁명 이후에 개인에게 소유권과 자유를 부여하는 방향으로 나아가게 된 것은 그동안에 이루어진 정치 노하우의 발달 덕택에 수천 년간 유지되어 오던 노예제도를 폐지하고서도 공동체를 유지하고 발전시키는 게 가능해졌기 때문입니다. 노예제도가 당연한 줄 알았던 사람들이 노예를 해방시켜 만인 평등의 사회를 만드는 인간해방이 규범적으로 타당한 일일 뿐 아니라 공동체를 유지하면서도 더 큰 발전을 이룰 수 있는 계기가 될 수 있음을 인식하게 된 것입니다. 지배계층에 속한 사람들 중에서도 그러한 인식을 가진 사람들이 출현하였으며 수천 년간 다스림을 받아오던 일반 민중들도 그러한 인식을 가지기 시작한 것입니다.

5.2 노예해방의 경제논리

이제 제5장의 주제인 노예해방의 경제적 논리에 관해서 생각해보기로 합시다. 이를 위해서 농경목축시대의 전형이었던 노예경제가 고착되어 있는 상황을 논의의 시발점으로 잡겠습니다. 앞의 수치 예에서 보았듯이 자본재가 추가된 노예경제에서 주인은 68,223의 소득을 갖고 노예는 680의 소득을 갖습니다. 양자 간에 무려 100배의 차이가 존재합니다. 이러한 상황에서 어느 날 갑자기 노예해방이 이루어졌다고 합시다. 여기에서 노예해방이란 이제까지 가진 게 아무것도 없던 노예에게, 그리고 자유란 전혀 없었던 노예에게 주인이 갖고 있던 재산을 모두에게 (균등하게) 나누어 주고 또한 억제되었던 자유를 주는 것을 말합니다.

균등배분 방식을 통해서 노예해방이 이루어진 사회에서는 주인과 노예의 구분 없이 모든 사람이 $x=X/N$만큼의 재산을 가지게 됩니다. 여기에서 $N=N_l+N_s$로서 인간해방이 이루어진 공동체의 총구성원 수입니다. 한 가지 추가할 사항은 인간해방이란 노예들에게 재산을 나누어 주는 것은 물론 이제까지 주인이 시키는 대로 살던 그들에게 스스로의 의지대로 살아갈 자유까지 주는 것을 의미한다는 사실입니다.

사적소유와 자유가 보장된 사유경제에서는 1인당 소득과 소비가 얼마로 정해질까요? 이 물음에 대한 답이 [표 5-1]에 나와 있습니다. 자본재가 없는 경우에는 3,825 및 3,225가 되고 자본재가 있는 경우에는 10,800 및 9,600이 됩니다. 이 수치를 노예경제에서의 상황과 견주어봅시다. 먼저 노예의 처지에서 보면 680을 받아서 480을 소비하고 200을 자녀 양육에 쓰던 비참한 상황에서 3,825 내지 10,800을 버는 자유인이 된다는 것은 그야말로 '지옥에서 천당으로 직행하는 것'과 같은 일이 됩니다. 게다가 철저하게 박탈당했던 자유를 되찾게 되니 얼마나 좋은지 형언하기가 어렵습니다. 그러므로 노예의 입장에서 보면 인간해방은 반드시 이루어져야 할 당위가 됩니다.

주인의 입장에서는 어떤가요? [표 5-1]을 보면 알 수 있듯이 그가 지금까지 거느리던 노예를 해방시키고 해방된 노예에게 그 자신과 동일한 액수의 토지와 자본재를 나누어 주는 '혁명'을 일으키면 주인의 소득은 자본재가 없는 경우에는 30,600에서 3,825로 줄어들고 자본재가 있는 경우에는 68,223에서 10,800으로 줄어듭니다. 소득이 적게는 1/6 그리고 많게는 1/8로 줄어드니 주인의 처지에서 보면 인간해방은 결코 일어나서는 안 되는 일입니다. 사정이 그러하므로 주인이 자발적으로 노예를 해방시킬 리가 만무합니다. 주인에게는 노예해방 즉, 인간해방이 어떻게 해서든 막아야 할 타도의 대상이 됩니다.

[표 5-1]을 보면 노예경제에서 주인 한 사람이 거느리는 노예의 숫자가 7명에서 10명이 되는 것을 알 수 있습니다. 주인은 한 사람이 30,600 또는 68,223의 소득을 갖는 데 반해서 노예는 한 명이 680의 소득밖에 갖지 못합니다. 노예들이 받는 소득을 모두 합쳐도 4,984 또는 7,045밖에 되지 않아서 주인 하나가 갖는 소득의 16% 또는 10%에 불과합니다. 결국 노예경제는 한 사람은 아주 좋고 7명 내지 10명은 극도로 나쁜 상황을 만듭니다. 7명 내지 10명이 되어서 숫자로만 보면 노예들이 주인 하나를 압도할 수도 있었을 것 같은데 노예제도가 수천 년간 유지되어 왔음을 보면 인간의 일이라는 게 그렇게 단순한 것은 아닌 듯싶습니다.

노예제도를 폐지했을 때 잃는 것이 워낙 많으므로 주인은 노예를 해방시킬 유인을 갖지 않습니다. 아니 그 반대입니다. 그들은 노예제도를 유지하고 강화시키고자 하는 강한 인센티브를 지닙니다. 주인계층의 일부로서 전제 군주의 '은사'를 입고 살아가던 수많은 '지성인'들이 정치적으로는 군주제도 그리고 경제적으로는 노예제도를 유지하고 발전시키기 위해서 매우 다양한 논리를 개발하였다는 사실을 인류의 역사가 증언하고 있습니다. 그러한 경향은 동양 사회에서 특히 더 강하게 나타났습니다. 한동안 천대받다가 근래에 들어와서 존경의 대상으로 떠오른 공자만 하더라도 그가 평생에 걸쳐서 설파한 것은 기층 민중의 해방이 아니라 국가와 군왕으로 대표되는 기존 질서에 대한 충성입니다.

조선시대의 고관대작들이 지배계층과 피지배계층으로 나누어진 신분제도를 고수하려고 발버둥친 이유도 거기에 있습니다. 역사서를 보면 조선시대의 왕과 관료 그리고 선비 중에서 그들과 동시대를 살았던 조선인 가운데 절대 다수를 이룬 기층민 즉, 백성들을 그들과 동등한 인간으로 대우하자고 주장한 사람은 별로 없어 보입니다. 아무런 차별 없이 누구나 재산을 소유할 수 있고 누구나 자유롭게 행동할 수 있으며 누구나 동등한 권리를 가지는 세상 즉, 인간해방이 완전하게 이루어진 나라를 만들자고 주장한 사람을 찾아보기 어렵다는 말입니다. (기존 질서에 항거하면서 민란을 일으킨 사람이 적지 않게 있었으나 그들이 반란에 성공했었다 하더라도 우리가 아는 바와 같은 만인 평등의 자유사회를 만들었을 것 같지는 않습니다.)

노예해방의 역사

이렇게 보면 수천 년간 인류사회를 지탱해오던 노예경제제도가 붕괴된 것은 매우 놀라운 현상입니다. 오늘날의 세상을 둘러보면 오래전에 노예해방을 이룩한 나라가 많으며 현재 진행형으로 노예해방의 과정을 밟고 있는 나라가 적지 않음을 알 수 있습니다. 반면에 아직도 노예경제를 탈피하지 못한 나라도 많습니다. 잘사는 나라가 모두 노예해방을 이룬 것은 아니지만 노예해방이 이루어진 역사가 긴 나라일수록 잘삽니다. 어떻게 이런 '경이로운' 일이 벌어졌을까요? 바꾸어 말하자면, 수천 년간 이어져 오면서 고착되었던 노예제도가 어떻게 해서 근세에 들어와서 붕괴되기 시작한 것일까요?

노예제도가 붕괴되기 시작한 것이 우연한 현상은 아니었을 것입니다. 한편에서는 노예제도를 폐지해야 한다는 주장을 펴는 사람들이 힘을 얻게 되었을 것이며 다른 한편에서는 노예해방이 이루어진 사유경제가 노예경제보다 경제를 발전시키는 데 유리해진 여건 변화가 있었을 것입니다. 중세 암흑시대를 지나면서 움트기 시작한 유럽의 문예부흥운동에서 전자의 조짐을 볼 수 있고 산업혁명이 이루어지면서 해방된 인간이 발휘하는 엄청난 생산력 팽창을 목도하게 된 것이 후자에 해당됩니다. 노예제도를 폐지하면 그들이 알고 있던 세상에 종말이 올 것을 두려워하던 지배 세력들이 노예제도를 폐지하고 노예해방을 이루는 것이 그들에게도 도움이 된다는 사실을 인지하였기에 노예해방을 받아들인 것 아닐까요?

인류사를 보면 엄청난 피를 흘리지 않고서도 노예해방을 이룬 최초의 국가가 영국입니다. 영국에서 산업혁명의 불길이 세상에서 가장 먼저 타오르기 시작했음은 그 덕분이라고 할 수 있습니다. 미국, 캐나다, 호주, 뉴질랜드는 앞서간 영국의 영향으로 노예해방을 이룩하였으며, 프랑스, 독일, 스웨덴 등 서유럽 및 북유럽 국가들은 영국을 보고 따라 하는 과정에서 노예해방을 이룩하였습니다. 일본은 서구 열강의 도전에 굴복하면서 그 응전으로서 노예해방의 길로 나아갔고, 중국은 덩샤오핑鄧小平의 개혁·개방과 더불어서 노예해방의 길로 접어들기 시작하였습니다. (중국의 개방도 이대로 가다가는 한때 세상의 중심이라고 자부하던 중국이 변방의 '조선朝鮮' 즉, 한국보다 훨씬 못한 처지로 전락할 것이라는 '도전적 문제'에 대한 응전의 결과라고 볼 수 있습니다.)

오늘날의 한국인들은 인류사의 관점에서 볼 때 매우 흥미로운 시대를 살고 있습니다. 불과 100년 전으로 되돌아가면, 우리들의 대부분은 조상 대대로 이어져온 가난을 벗어나지 못한 상태에서 공부라고는 해볼 엄두조차 갖지 못한 채 작은 초가에서 땅 몇 뙈기 부치면서 근근이 살아가고 있었을 것입니다. 마을의 큰 행사가 있으면 조금 배불리 먹을 수도 있었고 또 때때로 마을의 축제를 즐기기도 하였을 것입니다. 나이가 차면 부모가 정해준 배우자를 만나서 결혼하여 새살림을 꾸리고 시간이 지나면 자식을 낳아 키우면서 살다가 때가 되면 세상을 하직했을 테지요. 조상의 음덕과 임금님의 바다같이 넓은 은덕으로 가내에 큰 우환 없이 오늘이 어제 같고 내일이 오늘 같은 삶에 만족하면서 살았을 것입니다.

그때와 견주면 현재의 삶은 그야말로 천양지차입니다. 너무 많이 너무 빨리 그리고 전혀 상상도 못하던 대로 변화해서 혼란스러울 정도입니다. 어떻게 이런 천지개벽할 일이 일어날 수 있었을까요? 그 답은 누누이 말했듯이 노예해방이 일어났기 때문입니다. 우리가 지금도 왕조시대의 노예경제를 유지하고 있었더라면 그러한 변화는 일어나지 않았을 것입니다. 여러분 중에는 '나는 왕족이나 양반으로 태어나서 잘살았을 거야.' 하고 생각하는 사람도 많겠지만 사실 숫자로 따져보면 그런 부류에 속한 사람은 전 인구의 10% 미만이었습니다. 그러니 여러분이 그런 계층에 속했을지 여부를 확률적으로 계산해보면 그 대답이 결코 만족스럽지 못한 게 사실입니다. (이렇게 말하는 나라고 해서 예외였을까요?)

우리나라 사람들은 어떻게 해서 노예 상태를 벗어났을까요? 대한민국이 사유재산권과 자유를 근간으로 하는 시장경제 중심의 자유민주주의 헌법하에 건국되었기에 가능했던 것 아닐까요? 우리가 그런 헌법 위에 나라를 세울 수 있었던 것의 얼마만큼이 우리의 자주적 선택의 결과이었을까요? 이 물음에 대한 답은 해방공간(1945년 종전 시기부터 1948년 건국에 이르기까지)에 관한 역사 공부를 더 해야 얻을 수 있을 것입니다.

이 세상에는 아직도 노예해방과 산업혁명의 물결에 동참하지 않은 나라들이 많습니다. 다시 말하자면 이 시점에도 (실질적인) 노예경제를 유지하고 있는 나라가 적지 않습니다. 왜 이들은 노예제도를 타파하지 못하고 있는 것일까요? 그 해답은 그 사회를 지배하는 주인들의 힘이 강해서 노예를 해방시킬 필요를 느끼지 못한다는 사실과 주인의 지배를 받는 노예들의 역량이 아직은 노예해방을 일으킬 만큼 충분히 강하지 않기 때문이라고 할 수 있습니다. 노예로서는 그가 해방되어 자유인이 된다는 게 더할 나위 없이 좋은 일이지만 주인으로서는 그렇지 않습니다. 게다가 노예를 해방시키면 주인이 재산상의 손해만 보는 게 아닐 가능성도 매우 높습니다. 숫자로 보면 노예가 주인보다 훨씬 더 많은데 해방된 노예가 문득 지금까지 주인에게 '착취' 당해왔음을 깨닫고 분에 못 이겨서 주인의 재산을 빼앗거나 더 나아가서는 주인이나 그 가족의 목숨까지 빼앗을 수도 있습니다. 주인의 입장에서 보면 이것은 생각하기조차 싫은 끔찍한 일입니다. 그러니 주인이 자발적으로 노예해방의 길로 나아가길 기대하기란 거의 불가능한 일입니다. 아마도 대부분의 주인이 그렇게 하지 않으려 들 것입니다.

그런데 세상이 변하면서 수천 년의 역사를 지닌 노예제도를 원형 그대로 유지하기가 점점 더 어려워진 것입니다. 국가 간에 왕래할 일이 극히 적었던 예전에는 백성들이 나라 밖에서 어떤 일이 일어나는지 잘 몰라서 조상 대대로 이어오던 노예제도를 유지하는 게 그렇게 어렵지 않았습니다. 거의 모든 노예들이 자신의 처지를 숙명으로 받아들였던 것입니다. 그러나 근대에 들어와서 해양혁명이 일어나면서 나라들 사이에서 교통과 통신의 연결이 수월해지자 백성들도 나라 밖에서 어떤 일이 벌어지는지 잘 알게 되었습니다. 영국이 산업혁명을 계기로 해서 그 전부터 이루어져 오던 노예해방의 속도를 가속화하자 경제발전의 속도가 높아졌다는 정보가 비교적 빠른 속도로 서유럽 국가로 전파된 것이 그 좋은 사례입니다. 프랑스, 독일, 네덜란드, 덴마크, 스웨덴, 노르웨이 등지에서 이루어진 노예해방이 영국의 노예해방보다 크게 뒤처지지 않았던 것은 교통과 통신의 발달로 국가 간에 정보가 신속하게 전파되었기에 가능했던 일입니다.

21세기인 오늘날에도 독재정치와 노예경제를 버리지 못한 나라 즉, 노예해방을 이루지 못한 나라가 많습니다. 그러나 20세기 후반부터 가속화되기 시작한 국가 간 교역과 교류의 증대 그리고 교통과 통신기술의 획기적인 발전이 가져온 세계 경제의 동조화현상으로 말미암아 노예해방을 거부하는 게 점점 더 어려워지고 있습니다. 다른 나라에서 일어나는 일들, 그중에서도 특히 해방된 인간이 이루어내는 뛰어난 성취들을 노예처럼 살고 있는 자국민들이 모르게 하는 일이 점점 더 어려워져 가고 있습니다. 이러한 사실은 독재정치와 노예경제를 유지하기가 점점 더 어려워져 가고 있음을 의미합니다. 짐작하건대 현재의 추세대로 나아간다면 향후 한 세대 안에 이 세상 모든 곳에서 노예제도는 과거의 잔재로 사라질 것으로 보입니다.

실제 일이 일어난 경과를 보면, 위에서 설명하였듯이, 노예해방은 도처에서 이루어져 왔습니다. 예를 들면 미국의 흑인 노예 해방이 그러합니다. 미국에서는 어떻게 흑인 노예들을 해방시켰을까요? 직접적인 계기는 우리가 잘 알고 있듯이 남북전쟁이었습니다. 노예제도 유지를 고집하는 남부의 여러 주들이 노예제도의 폐지를 주장하는 북부 여러 주들의 지지를 받는 연방정부에게 반기를 들었던 사건이 남북전쟁입니다. 이 전쟁에서 남군이 승리하였다면 아마도 미국의 노예제도는 꽤 오래 지속되었을 것입니다. 인류의 보편적 가치를 보아도 그렇지만 미국으로서도 다행스럽게도 북군이 주축이 된 연방정부가 승리하였기에 노예제도를 폐지하는 길로 나아가게 된 것이지요.

여기에서 미국으로서도 다행이었다고 쓴 것은, 만일 미국이 노예제도를 유지하였더라면 지금과 같은 경제발전은 이룩하지 못하였을 것이기 때문입니다. 남군이 승리하였을 경우에 일어날 수 있었던 가장 높았던 가능성은 미국이 남북으로 갈라져서 다른 나라가 되는 사태였습니다. 그런 일이 벌어졌더라면 남부 미국(그 이름이 무엇이었을지는 잘 모르지만)은 북부 미국에 훨씬 뒤처진 나라가 되었을 것입니다. 아직도 노예제도를 완전히 폐지하지 못한 중남미 여러 나라의 사정을 보면 그렇게 짐작할 수 있습니다. (중남미 여러 나라들은 극소수의 상류층이 절대다수의 기층민들을 '노예'처럼 부리며 살아가고 있습니다. 노예라고 불리지는 않지만 중남미 여러 나라의 기층민들은 사실상 노예나 다름없는 처지에 놓여 있습니다.)

노예해방이 결코 쉬운 일이 아니라는 사실도 미국의 노예해방 역사를 보면 알 수 있습니다. 남북전쟁에서 연방정부가 승리하면서 공식적으로는 노예해방이 선포되었지만 그렇다고 해서 일시에 노예해방이 완전하게 이루어진 것은 아닙니다. 지금도 여전이 남아 있는 흑백 인종차별을 보면 노예해방은 아직도 진행 중인 사건이라고 할 수 있습니다. 규범이나 제도나 정책의 측면에서는 흑백 차별이 없어졌으나 사람들의 마음속에 그리고 일상의 관행에는 차별이 남아 있습니다. 흑인으로 분류되는 오바마Barack Obama가 대통령이 된 사실에서 노예해방이 완결되었다고 생각하는 것은 오산입니다. 사실 오바마는 피부 색깔이 희지는 않으나 아버지가 케냐 사람일 뿐 미국으로 팔려온 노예의 후손이 아닙니다. 그가 상징하는 것은 피부색이 희지 않은, 그래서 통상적으로 흑인으로 불리는 사람이 역사상 최초로 미국의 대통령이 되었다는 사실이지 노예 출신이 대통령이 되었다는 것은 아닙니다.

좀 더 긴 관점에서 세상이 변화해나가는 모습을 보면, 아직도 노예제도를 갖고 있는 대부분의 나라에서 주인이 백성을 노예로 부리는 관행을 고치지 않으면 어느 날 갑자기 멸망을 맞이하게 될 것으로 보입니다. 역사가 그런 사실을 말해줍니다. 우선 노예해방을 거부하다가 종말을 맞이한 주인들이 꽤 많다는 사실이 그렇습니다. 과거로 거슬러가면 루이Louis 왕조의 프랑스, 제정 러시아와 독일, 황제가 통지하던 청淸, 군부독재인 막부 등이 모두 그런 부류에 속합니다. 현대로 오면 이란의 샤Shah, 필리핀의 마르코스Ferdinand Marcos, 리비아의 카다피Muammar Gaddafi, 이집트의 무바라크Hosni Mubarak, 이라크의 후세인Saddam Hussein, 루마니아의 차우셰스쿠Nicolae Ceaușescu 등에서 그러한 예를 볼 수 있습니다.

왕정이나 독재체제가 붕괴되자마자 노예해방이 즉시에 완전하게 이루어지는 것은 결코 아닙니다. 수백 년 또는 수천 년을 이어져온 노예제도가 어찌 단시일 내에 사라질 수 있을까요? 대개의 경우 '주인'의 이름만 바뀔 뿐 해방된 것으로 착각하는 절대다수의 기층민들은 여전히 노예의 처지를 벗어나지 못한 게 역사입니다. 독일의 히틀러Adolf Hitler와 러시아의 스탈린Joseph Stalin 그리고 중국의 마오쩌둥毛澤東의 사례에서 보면 왕정 붕괴 이후 일반 민중이 경험한 것은 그 전보다 나아진 게 없는, 경우에 따라서는 더 나쁜 상황이었습니다.

러시아의 경험이 이러한 사실을 잘 보여줍니다. 1917년에 제정 러시아를 무너뜨린 볼셰비키 혁명이 성공을 거두었을 때 그 나라 사람들은 이제 곧 모든 이가 유산자이며 자유인이 되는 세상이 오는 줄 알고 환호했습니다. 특히 수백 년 동안 노예처럼 억눌려 살아오던 가난하기 짝이 없는 노동자 농민들은 이제야 자기들의 세상이 왔다고 좋아했습니다. 그러나 그 후에 전개된 역사는 그들의 기대를 완전히 저버린 것이었습니다. 어떤 면에서는 제정 러시아의 차르Tsar보다 더 악독한 독재자를 만나서 소비에트 연방이 붕괴되기까지 무려 80여 년 동안 또 다른 노예의 시대를 살아야 했습니다. 러시아 혁명의 와중에서 수많은 사람들이 피를 흘렸으나 그 이후에 돌아온 결과는 황제에서 폭압적인 독재자로 주인의 이름만 바뀌었을 뿐 가진 것도 자유도 없었던 절대다수의 기층민들은 제정 러시아 시대 때보다 더 열악한 여건을 지닌 노예의 처지였습니다.

노예제도 붕괴가 역사의 필연이라면 그것을 거부하다가 '피'의 종말을 맞는 것보다는 선제적으로 노예를 해방시키면서 자구책을 모색하는 것이 주인에게도 유리할 것입니다. 덩샤오핑이 펼친 개혁·개방 정책이나, 공산통일 후 일정

기간이 경과된 이후의 일이기는 하지만, 베트남이 공산주의 계획경제를 포기하고 대외개방형 시장경제체제로 기조를 바꾼 것이 그러한 사례가 됩니다.

노예해방의 다양한 양상

이제 노예해방이 어떤 과정을 거쳐서 일어나겠는지 생각해보기로 합시다. 노예해방이 이루어지는 데는 아마도 다음과 같은 여러 가지 방식이 있을 것입니다.

첫째, 주인 그룹 중 일부가 노예해방의 주동자가 되는 경우입니다. 그들이 그렇게 하는 것은 어차피 일어날 일을 '선도'함으로써 노예제도가 붕괴된 이후에도 자기들의 이익을 확보하려는 동기에서일 것입니다. 이 경우 노예해방을 주도하는 주인은 그들에게 반대하는 다른 주인, 그중에서도 평소에 노예들에게서 원망을 듣던 '악질적'인 주인들을 축출함으로써 해방된 노예들의 환심을 사려고 시도할 가능성이 높습니다. 말하자면 희생양scape goat을 내세운 내부 쿠데타인 셈입니다.

둘째, 재산과 생명의 위협을 느낀 두목 격의 주인이 국외로 도피한 후 무정부 상태가 전개되면서 노예제도가 붕괴되는 경우입니다. 이 경우에 노예제도가 붕괴되더라도 그 자리에 노예해방이 이루어진 민주적이고도 자유로운 정치경제제도가 들어설 것이라는 보장은 없습니다. 상당한 기간 동안 무질서와 혼란 속에서 약탈이 진행될 가능성이 높습니다.

셋째, 독재정치와 노예경제를 지탱하던 각종 장치와 도구들이 더 이상 원활하게 작동하지 않으면서 시스템이 자체적으로 붕괴되는 경우입니다. 이 경우에는 외부에서의 압력이나 영향이 변화를 야기하는 중요한 계기가 됩니다.

넷째, 주인이 자기들의 지위와 생명을 보장받는다는 전제하에서 노예를 해방시키는 경우입니다. 이는 조금 전까지만 하더라도 노예였던 신참 자유인들이 그들이 노예였을 때 했던 약속을 틀림없이 준수할 것임이 보장되어야 실행 가능한 방안이 됩니다. 그러나 해방된 노예가 그들이 노예였을 때 맺은 계약을 준수하도록 강제할 방도가 무엇인지는 분명하지 않습니다.

다섯째, 노예들이 주인들에게 자기들을 해방시켜 주면 해방된 이후에 얻게 되는 소득의 일부를 주인에게 이전해줌으로써 주인의 이해관계를 해치지 않겠다는 약속하에 노예해방을 쟁취하는 방안입니다. 이 방안도 해방된 노예가 그들이 얻는 소득의 일부를 예전의 주인에게 이전해주리라는 보장이 없으므로 실현 가능성은 높지 않습니다.

여섯째, 위의 다섯 번째 방안을 보완하는 것으로서 노예들이 누구인가에게서 빌린 돈으로 해방된 이후에 주인에게 이전해주기로 약속한 금액 또는 그 이상을 지불하고서 노예해방을 '사는' 방안이 있습니다. 이 방안은 노예들에게 자금을 융통해줄 그 누구인가가 과연 실제로 존재할 것인지가 문제가 되며 설령 그러한 자가 있어서 빌린 자금으로 주인을 '매수'한다 하더라도 주인들이 돈만 받고 약속을 이행하지 않을 수도 있기에 문제가 됩니다.

일곱째, 노예도 주인도 아닌 나라 밖의 제3자가 '못된 주인'을 제거하고 노예들을 해방시키는 방안이 있습니다. 이 방안이 유효하려면 제3자가 남의 나라의 못된 주인을 제거할 까닭이 있어야 하며 또한 그 못된 자를 제거할 능력이 있어야 합니다. 남의 나라의 '못된 주인'을 제거하려다가 자칫하면 자기가 커다란 피해를 볼 수도 있으므로 이런 방안을 택할 제3자가 그리 많지는 않을 것입니다.

여덟째, 노예들이 주인을 축출하는 방안이 있습니다. 우리가 위에서 공부하였던 수치 예에서 한 명의 주인이 10명의 노예를 거느린다는 결과를 얻은 바 있듯이 수적으로는 노예가 주인을 압도합니다. '절제를 모르는 폭력brutal force'으로만 보면 노예들이 주인을 축출하지 못할 까닭이 없습니다. 그렇지만 노예제도가 수천 년 동안 유지되어 온 것을 보면 주인들이 노예를 다루는 노하우가 매우 발달된 게 틀림없어 보입니다. 그러므로 섣불리 숫자만 믿고 나섰다가는 낭패를 보기가 십상입니다. 다른 집 노예들과의 연대를 통해서 온 나라의 노예들이 일시에 들고 일어나지 않으면 성공하기 어려운 방안입니다. 노예들이 그들의 우군으로 외세를 등에 업는 일도 위험하기는 마찬가지입니다. 노예해방을 지원해준 외세가 새로운 주인으로 대두되지 않는다는 보장이 없기 때문입니다.

이처럼 적지 않은 수의 방안을 놓고서 곰곰이 생각해볼 때 얻게 되는 결론은 규범적으로 보면 마땅히 이루어져야 할 노예해방이 실제에 있어서는 그것을 실현하기가 매우 어려울 것이라는 사실입니다. 아마도 사정이 그러하기 때문에 지금도 노예경제를 유지하는 나라가 많은 것 같습니다. 그러나 이미 수백 년 전에 노예를 해방시킨 나라가 적지 않으며 지금도 노예해방에 동참하는 나라가 계속해서 늘고 있음을 보면 노예해방이 '실현 가능한 이상'임에 틀림없습니다.

5.3 노예해방의 경제논리: 수치 예를 통한 이해

위에서 알아보았던 노예해방의 다양한 방안 중에서 경제적 방안에 관해서 좀 더 알아보기로 합시다. 노예해방의 경제적 방안이란 당사자들이 행하는 자발적인 거래를 통해서 '노예해방'이라는 '상품'을 사고파는 것을 말합니다. 노예해방이라는 상품을 사고판다 하니 많이 이상하지요? 경제학자들이 사용하는 용어에 익숙하지 않은 사람의 관점에서 보면 노예해방을 상품이라고 부르면서 그것을 사고파는 거래를 통해서 문제를 이해해보자는 제안을 미친 짓이라고 비난할 가능성이 높습니다. 그렇더라도 미친 척하며 따라가 봅시다.

우리가 고려한 수치 예에서 자본재가 있는 노예경제의 경우에 주인은 자기 몫으로 68,223을 챙기면서 노예에게는 한 명당 680밖에 주지 않음을 보았습니다. 한 명 대 한 명으로 대비하면 주인은 노예보다 100배나 많은 소득을 차지합니다. 주인 대 노예 전체로 보더라도 후자에게 돌아가는 몫이 7,024에 불과하므로 여전히 열 배 가까이 차이가 납니다.

이런 상황에서 노예제도를 폐지하고 주인이 가졌던 생산수단을 주인과 노예 구분 없이 모두가 동일하게 나누어 가지고서 자기가 하고 싶은 대로 행동하도록 허용하는 노예해방이 이루어진 사유경제에서는 모든 이가 10,800의 소득을 얻게 됩니다. 그러므로 지금까지 노예였다가 해방되어 자유인이 된 사람은 680에서 10,800으로 약 16배의 소득증대를 경험하게 됩니다. 주인 한 명이 거느렸던 노예가 10.33명이었으므로 약 10명의 해방된 자유인이 그러한 혜택을 향유하게 됩니다. 그렇지만 이미 잘 알고 있듯이 주인은 68,223을 가지던 데에서 10,800밖에 가지지 못하는 처지로 그야말로 급락하게 됩니다. 여러분이 주인이었다 하더라도 받아들이기 어려운 상황임에 틀림없어 보입니다.

노예들 역시 우리가 방금 전에 알아본 상황에 관해서 잘 압니다. 아무런 보상책을 마련하지 않는 한 주인이 그들을 해방시켜 줄 리 만무하다는 사실을 노예들도 잘 안다는 얘기입니다. 이 경우에 주인이 노예를 해방시키도록 유도할 방안이 없을까요? 하나의 방안은 위에서 말한 대로 '노예해방'을 사는 방안입니다. 해방된 노예의 소득이 680에서 10,800으로 증가하는데 노예를 해방한 주인의 소득은 68,223에서 10,800으로 감소합니다. 이런 상황에서 해방된 노예들이 한 사람당 5,559씩 거두어서 예전의 주인에게 이전해주면, 주인은 종전과 마찬가지로 68,223의 소득을 가지게 되고 해방된 노예는 주인에게 이전해주고도 5,241의 소득을 가지게 됩니다. 노예의 입장에서 보면 10,800의 소득을 가지는 대신에 5,559를 주인에게 이전해주고 5,241의 소득을 가지면서 자유를 얻는 게 노예상태에 머물면서 680밖에 받지 못하는 것보다 훨씬 더 '남는 장사'입니다. 주인은 노예를 해방시키는 게 못마땅하기는 하지만 본인이 노력해서 번 10,800에 더해서 해방시켜 준 노예들로부터 57,423의 소득을 이전받게 되어 결과적으로 종전과 동일한 68,223의 소득을 갖게 되므로 크게 손해 볼 일도 아닙니다. 사정이 그러하다면 주인과 노예들 간에 방금 본 바와 같은 거래가 일어날 법도 합니다.

방금 전에 알아본 예에서 5,559는 해방된 노예가 주인에게 이전해줄 금액의 최소치입니다. 이론적으로만 보면 노예는 자유를 얻는 대가로 최대 10,120까지 이전해줄 수 있습니다. 이런 종류의 거래가 이루어진다면 이전 금액은 5,559와 10,120 사이에서 정해질 터인데 그 구체적인 금액은 주인과 노예 간의 협상력에 의해서 정해질 것입니다. 그런데 이 방안은 한 가지 치명적인 약점을 지니고 있습니다. 노예해방으로 자유인이 된 종전의 노예들이 노예해방이 일어나기 전에 했던 소득이전 약속을 지키지 않을 가능성이 높다는 사실이 그것입니다. 억눌려 살아온 긴 세월을 회상하면서 '못된 짓을 일삼던' 옛 주인을 타도하자고 나설 수도 있다는 사실 역시 이 방안의 실현 가능성을 낮게 만듭니다.

해방된 노예가 '노예해방'을 전제로 약속한 소득의 이전을 거부할 위험을 회피하는 하나의 대안으로서, 제3자가 노예들을 대신해서 주인에게 보상금을 지불한 다음, 해방된 노예에게서 빌려준 자금을 회수하는 방안을 생각할 수 있습니다. 예를 들자면 노예들을 해방시켰을 때 주인이 입을 손실액 57,423을 금융기관 또는 제3국에서 대신 갚아주고, 돈을 빌려준 측에서 해방된 노예에게서 한 사람당 5,559 플러스 이자를 회수하는 것입니다. 이 방안은 해방될 노예와 돈을 빌려줄 제3자 사이에 '신뢰'가 있어야 가능한 대안이 됩니다. 노예들에게 자금을 융통해줄 제3자를 찾을 수 있다 하더라도 이 방안 역시 치명적인 약점을 지닙니다. '보상금'을 챙긴 주인이 '돈'만 받고 약속을 지키지 않을 가능성이 높다는 게 그것입니다. 돈을 융통해준 제3자 또는 그 외에 '이행을 강제할 수 있는 힘을 가진' 그 누구인가가 주인이 약속을 지키도록 강제할 장치를 마련하지 못하면 이 방안을 실행에 옮기기가 어렵습니다.

어느 모로 보건 노예를 해방시키는 일은 매우 어려운 과제인 것 같습니다. 경제가 정상상태에 놓여서 더 이상 변동하지 않을 때는 특히 더 그렇습니다. 이때의 상황은 주어진 파이를 누가 더 크게 갖느냐 하는 문제가 되므로 기득권을 쥐고 있는 주인들을 설득해서 노예를 해방시키도록 유도하기가 어렵습니다. 주인들이 잃는 것이 너무나 많기 때문입니다.

그러나 경제가 지속적으로 발전하는 상황이 되면 사정이 달라집니다. 이 경우에는 '주인'과 '노예'가 나누어 가질 파이의 크기가 해마다 커지므로 양자 모두에게 이득이 되는 상황을 만들기가 용이해집니다. 사실 인류가 산업혁명 이후에 경험한 폭발적인 경제발전은 모두가 노예해방을 선도한 나라들이 앞장서서 이룩한 것입니다. 20세기 후반에 들어와서 세계 경제의 발전 속도가 빨라진 것도 제2차 세계대전이 끝나면서 그 이전 시기에는 오직 소수의 국가만이 참여했던 노예해방의 길에 다수의 국가들이 동참하면서 일어난 일입니다. 이것이 가능했던 것은 지속적인 경제발전에 힘입어서, 노예를 해방시키는 일이 노예들은 물론이고 주인에게도 이득이 되는 상황이 전개되었기 때문입니다. 게다가 그 이득이 해마다 증대되는 상황이 전개되었으므로 노예를 해방시키지 않을 이유가 없었던 것입니다.

이처럼 발전하는 나라에서는 노예해방을 이루어내기가 용이합니다. 구성원들 사이에서 나누어 먹을 파이가 지속적으로 확대되는 상황이 전개되므로 기득권자들의 권익을 손상시키지 않고서도 그동안 약자로서 어려움을 겪어왔던 사람들의 몫을 확대하는 게 쉽기 때문입니다. 더 중요한 이유는 노예해방이 이루어지면 경제발전의 속도가 빨라지고, 빨라진 발전 속도가 가져오는 부의 증가로부터 전 시기의 주인들이 얻는 이득이, 노예를 해방시킴으로써 그들이 잃은 것보다 훨씬 클 뿐만 아니라, 그들에게 돌아가는 파이의 크기가 시간이 지날수록 점점 더 커진다는 데 있습니다. 그렇다고 해서 노예의 처지에 놓여 있다가 해방된 자유인이 손해를 보는 것은 아닙니다. 그들도 빨라지는 발전 속도가 가져오는 부의 증가에 동참하므로 예전의 주인이나 마찬가지로 소득의 증대를 경험하게 됩니다.[5]

이 논의에 한 가지 중요한 사항이 숨겨져 있습니다. 노예해방이 촉발할 지속적인 경제발전에 힘입어서 궁극적으로는 종래의 주인과 종래의 노예 모두에게 시간이 흐를수록 이익이 증대되는 상황이 전개되겠지만, 노예해방 초기에는 종래의 주인이 커다란 손실을 감수해야 할 가능성이 높다는 사실이 그것입니다. 일종의 '죄수의 고민prisoner's dilemma'이 생기는 것입니다. 노예제도를 고수하면 주인은 확실하게 큰 이득을 보게 되지만 노예는 확실하게 큰 손실을 보게 됩니다. 노예제도를 폐지하면 해방된 노예는 확실하게 이득을 보게 됩니

5) 마오쩌둥 치하에서 '주인'이었던 자들이 그 전보다 훨씬 더 부유한 집단으로 변신할 수 있었던 게 중국이 '노예해방'을 이룰 수 있었던 중요한 계기가 됩니다.

다. 그렇지만 주인은 적어도 노예해방 초기에는 큰 손실을 입을 가능성이 큽니다. 장기적으로는 주인도 노예제도를 유지했을 때보다 형편이 월등하게 좋아짐은 물론이거니와 시간이 흐를수록 계속해서 형편이 개선되는 상황을 맞게 됩니다. 그러므로 '조금만 참고 희생하면' 지금보다 더 좋은 미래가 펼쳐질 수 있습니다. 문제는 단기에 입을 손실은 거의 확실한 사건임에 비해 장기에 얻을 이득은 매우 불확실한 사건이라는 데 있습니다.

노예를 해방시켜 본 경험이 전혀 없는 상황에서는 노예를 해방시키는 게 두려운 게 정상입니다. '아무도 가보지 않은 길'을 갔을 때 얻게 될 점증하는 이득이라는 매우 불확실한 사건event보다는 작지만 확실한 현재의 이득이 더 낫게 보이는 게 당연합니다. 아무도 가보지 않은 길에 매설되어 있을지도 모를 수많은 지뢰들을 생각하면 더 그렇습니다.

5.4 노예해방(인간해방)은 경제발전의 선결 조건[6)]

인간해방과 경제발전은 상생작용을 일으킵니다. 인간해방이 경제발전을 촉발시키며 경제발전이 인간해방을 가속화시킵니다. 인간해방이 이루어지지 않은 곳에서는 지속적인 경제발전이 일어나지 않으며 경제가 정체되거나 쇠퇴하면 인간해방이 이루어지기 어렵습니다. 인간해방을 계기로 해서 경제가 발전 단계에 들어서더라도 인간해방의 길에서 후퇴하면 더 이상의 경제발전을 기대하기가 어려워집니다.[7)]

영국이 세상에서 가장 먼저 산업혁명을 통해서 지속적인 경제발전의 길로 나아간 것은 인간해방의 과정이 선행되었기에 가능했습니다. 일본이 경제발전의 장정에 돌입할 수 있게 된 것도 메이지유신明治維新이라는 개혁을 통해서

6) 이제부터는 노예해방과 인간해방을 동의어로 사용합니다.

7) A. Sen, *Development as Freedom*, Oxford University Press, 1999은 기층민들을 해방시키는 게 진정한 개발이라고 말하고 있습니다.

그때까지 지배계층의 소유물에 불과했던 일반 민중을 해방시키기 시작한 계기가 되었습니다. 중국이 경제발전의 과정을 밟기 시작한 것도 공동소유와 집단노동을 철칙으로 하던 노예경제를 개인의 소유권과 자유를 중시하는 사유경제로 전환하기 시작한 이후의 일입니다. 근래에 들어와서 중국 경제가 어려움을 겪는 것이 그동안 중국에서 전개되던 인간해방의 과정이 뒷걸음치기 시작한 때문일 수도 있습니다.

인간해방이 이루어지면 경제가 발전하게 되는 근본적인 이유는 인간해방이 이루어져야 미래를 위한 투자가 일어나기 때문입니다. 노예경제에서도 주인들이 투자에 나설 수 있으며 실제로 투자에 나서기도 하지만 그것은 대부분 물적자본에 대한 투자에 불과합니다. 우리가 아직 논의하지 않았지만 발전을 추동하는 가장 중요한 힘은 토지도 아니고 물적자본도 아니며 단순 노동도 아닙니다. 그것은 경제학자들이 인적자본이라고 부르는 인간의 두뇌가 발휘하는 능력입니다. 개인과 공동체가 지닌 인적자본의 축적 없이는 지속적인 경제 발전을 기대하기 어렵습니다.

공유경제에서는 물론이거니와 노예경제에서는 인적자본의 축적이 잘 이루어지지 않습니다. 공유경제에서는 인적자본을 축적할 동기가 없어서 문제이고, 노예경제에서는 인적자본을 축적할 유일한 주체인 주인이 축적하는 인적자본은 노예제도를 공고하게 만드는 노하우를 개발하는 것이 주류를 이루므로 인적자본 축적이 경제를 발전시키는 데 도움을 주지 못합니다. 주인이 그가 거느린 노예의 인적자본을 늘리는 투자를 행하면 노예의 생산성을 높일 수는 있지만 똑똑해진 노예가 주인에게 반기를 들 가능성이 높아지므로 그런 '바보짓'을 할 주인도 없습니다. 결국 인간해방이 이루어지지 않으면 발전에 도움이 되는 인적자본의 축적이 이루어지 않는다는 결론을 얻게 됩니다. 인간해방이 이루어진 사유경제라야 발전에 도움이 되는 인적자본이 활발하게 축적되며 그 결과 경제가 활발하게 발전하게 되는 것입니다.

5.5 현대인은 진정한 자유인인가?

인간해방은 한번 이루어지면 되돌릴 수 없는 불가역적인 게 아닙니다. 인간해방도 사람이 하는 일이기 때문에 시류가 바뀌면 언제든지 후퇴하게 됩니다. 어떤 공동체에서이건 그동안 진행되어 오던 인간해방의 과정을 되돌려 놓는 일이 발생한다면 그것은 거의 틀림없이 그렇게 함으로써 이득을 얻는 집단의 힘이 크기 때문에 일어나는 일입니다. 우리는 노예경제에 대한 분석에서 공동체를 노예화했을 때 주인이 얻게 되는 이득이 엄청나게 크다는 사실을 확인한 바 있습니다. 바로 그러한 사실 때문에 기회만 있으면 다른 이들을 노예로 만들려고 시도하는 사람이 등장합니다. 자유인이 된 우리 인류를 재노예화할 위험이 상존하는 까닭입니다.

현대를 살아가는 우리는 누구나 다 자신이 주인인 자유인이라고 믿고 있지만 사실은 자기도 모르는 사이에 노예가 될 위험이 도처에 도사리고 있습니다. 돈, 권력, 명예, 애정, 유행, 시류 등 우리를 노예화하려고 유혹하거나 억압하는 것들이 많습니다. 경계하고 또 경계하지 않으면 본인의 의지대로 살아가는 자유인인 줄 착각하면서 실제는 누구인가 또는 무엇인가의 노예로 살아가기가 십상입니다.[8)]

문제를 더 어렵게 만드는 것은 우리들 마음속에 자유로움을 두려워하는 심리가 있다는 사실입니다. 이에 관해서는 일찍이 에리히 프롬Erich Fromm이 그의 저서 『자유로부터의 도피Escape from Freedom』에서 설명한 바 있습니다. 이 책의 1941년판 서문에서 프롬은, "현대인은 산업혁명 이전 사회의 질곡에서 해방되었다. … 자유가 그에게 독자성과 합리성을 주었으나 동시에 그를 고립시켰으며 그 결과 두려움과 무력감에 시달리게 만들었다. 이는 참기 어려운 고립을 가져왔으며 자유로움의 짐으로부터 벗어나기 위한 방편으로서 (종교, 정치, 국가, 소비, 청년폭력단체 등에 대한) 의존과 순종의 길로 접어들게 만든

---

8) 인류사회가 노예제도로 나아가는 위험에 관한 경고로서 F. Hayek, *The Road to Serfdom*, London and New York: George Routledge and Sons, 1944를 보십시오.

다."고 말하고 있습니다. 같은 책의 1965년판 서문에서는 이로부터 한 걸음 더 나아가서, "현대인은 여전히 두려움에 사로잡혀서 그의 자유를 온갖 종류의 독재자들에게 헌정하려는 유혹과 잘 먹고 잘 입을 수만 있으면 스스로를 기계의 한 부품으로 만들려는 유혹에 빠진다."고 말하고 있습니다. 프롬에 의하면 현대인이 이러한 성향을 갖는 것은 "인간의 두뇌는 20세기를 살고 있으나 대다수 인류의 심장은 아직도 석기시대를 살고 있기 때문"이라고 합니다.[9] 프롬의 이러한 관찰이 틀리기를 바라지만 인간 현실은 우리의 그러한 바람대로 되는 게 아닌가 봅니다.

이렇게 우리를 노예로 만들려는 힘이나 우리 스스로가 노예가 되고자 하는 유혹이 강하다는 사실이 인류의 앞날을 어둡게 만듭니다. 다만 다소 위안이 되는 것은 인류사회가 아직까지는 구시대의 노예경제로 회귀하고 있지는 않다는 사실입니다. 오히려 현재까지 세계 도처에서 인간해방이 더 널리 확산되는 추세를 보이고 있습니다. 그러나 안심할 수는 없습니다. 이미 적지 않은 수의 나라에서 그 나라 국민들이 어렵사리 쟁취하였던 인간해방이 후퇴하는 조짐을 보이고 있습니다.

무엇이 인간해방의 과정을 되돌려 놓을까요? 이 물음에 답하기 전에 먼저 관찰할 수 있는 현상은, 인간해방의 역사가 긴 나라일수록 그것을 되돌려 놓는 일이 일어날 확률이 낮다는 사실입니다. 미국, 캐나다, 일본, 서유럽 여러 나라 등지에서 인간해방에 역행하는 일이 벌어질 확률은 0%에 가깝습니다. 그러나 인간해방의 역사가 비교적 짧은 중국, 베트남, 캄보디아, 라오스 등지에서는 그동안 진행되어 오던 인간해방의 과정을 되돌리는 일이 일어날 가능성이 결코 낮지 않습니다.

인간해방이란, 다시 한번 말하거니와, 수천 년간 자기 것이라곤 하나도 없이 자기 의사대로 자유롭게 살지 못하면서 그저 '주인'이 주는 것을 받아먹으며 '주인'이 하라는 대로 하며 살아야 했던 '노예'들에게, 자기 것을 갖도록 허용하고 또한 자기 의사대로 자유롭게 살도록 허용하는 것을 말합니다. 즉, 사

---

9) E. Fromm, *Escape from Freedom*, New York: Henry Holt and Company, 1941.

유재산권 보장과 경제적 자유 허용이 인간해방의 두 가지 핵심 사항입니다. 이렇게 보면 인간해방에 역행한다는 것은 재산권을 침해하고 경제적 자유를 제한하는 것을 뜻함을 알게 됩니다.

이 정도만 설명해도 인간해방의 역사가 짧은 나라의 많은 사람들은 '사유재산권과 경제적 자유를 제한하는 것은 좋은 일 아닌가?' 하고 반문할 것입니다. 인류 역사에서 인간해방이 지니는 진정한 의의를 이해하지 못하기 때문에 그러한 태도를 보이게 되는 것입니다. 30만 년도 더 된다는 호모사피엔스 역사에서 보통 사람이 사람답게 살기 시작한 것은 아주 길게 잡아도 최근 500여 년이라는 극히 짧은 기간에 일어난 현상입니다. 그렇게 된 것은 바로 그때부터 인간해방이 이루어지기 시작한 덕택입니다. 사정이 그러한데도 인간해방에 역행하는 일이 벌어지는 것은, 30만 년 가까운 세월을 '노예상태'로 살아온 인간이기에, 500년도 안 되는 짧은 역사를 지닌 인간해방에 대해서 확신을 갖지 못하기 때문인 것 같습니다. 프롬의 말을 빌려 설명하자면, "인간의 육체는 21세기를 살고 있으나 대다수 인류의 두뇌와 심장은 아직도 수만 년 전의 '공유시대'에 머물러 있다."고 할 수 있습니다.

인간해방이야말로 우리가 지향해야 할 일임에도 불구하고 아직도 많은 사람이 그에 대해 의구심을 갖는 또 다른 이유는, 그동안에 진행되어 온 인간해방이 모든 사람에게 동일한 혜택을 준 것은 아니기 때문입니다. 노예상태에 있던 절대다수의 기층민들이 해방된 것은 맞지만, 인간해방의 혜택은 보다 능력이 뛰어난 사람에게 더 크게 돌아갔습니다. 모든 사람의 평균적인 삶의 질은 공유시대나 노예경제시대의 그것보다 현저하게 개선되었지만, 종전에는 기층민이라면 누구나 비슷하게 비참한 처지에 놓여 있었는데 인간해방이 이루어진 결과 기층민들 사이에서도 경제적 처지가 천차만별인 상태가 전개된 것입니다. 그게 우리 인류가 이루어낸 인간해방의 결과물입니다.

다시 말하자면 인간해방은 노예처럼 살던 사람들을 비로소 사람답게 살 수 있게 만들었지만 동시에 그 혜택이 사람들 사이에 불균등하게 돌아가는 상황을 초래했습니다. 재산을 소유하게 되고 행동의 자유를 갖게 된 것은 좋은 일이나 그러한 기회를 잘 활용한 사람과 그러지 못한 사람 사이에 차이가 생기기 시작하고 경우에 따라서는 그 차이가 점점 더 심화되기도 하였습니다. 모두가 비참하던 만인평등의 사회가 모든 이가 사람답게 살 수 있는 해방된 사회로 변화되었으나 동시에 사람들의 처지가 불균등해지는 불평등 사회로 변모되기 시작한 것입니다. 이러한 불평등은, 수십만 년 동안 지속된 수렵채취시대에 만인평등의 가난한 삶을 살았던 역사나 1만 년에 걸친 농경목축시대에 극히 소수를 제외한 절대다수의 기층민들이 누구나 다 노예로서 비참하게 살던 역사가 골수에 깊이 박힌 인류에게 있어서는, 어찌 보면 참으로 견디기 어려운 것인지도 모릅니다. 그래서 사람들은 기회만 있으면 가난하지만 사람들 사이에 큰 차이가 없었다고 여겨지는 '공유사회'로 회귀하려는 본능적인 몸부림이 나오는 것 같습니다.

오늘을 살고 있는 현대인의 유전자 속에 '모두가 평등했었던 원시 공동사회'라는 가공의 이상향에 대한 그리움이 강하게 남아 있는 것으로 보입니다. 인간해방에 역행하는 주장에 대해 너무나 쉽게 열광하는 대중의 반응을 보면 그런 생각이 듭니다. 인간해방의 역사가 상대적으로 긴 나라에서는 인간해방에 역행하려는 움직임을 제어하는 힘들이 작동하지만 역사가 짧은 나라에서는 인간해방에 역행하려는 움직임을 제어할 힘이 미약합니다. 그 결과 인간해방의 역사가 일천한 나라에서는 그런대로 진행되던 인간해방의 과정이 일거에 수포로 돌아가는 일들이 빈번하게 일어납니다. 그 결과는 '그렇게 하면 일반 대중이 다 같이 잘살게 될 것이다.'라는 장밋빛 환상과는 달리 대중들의 삶은 인간해방이 진행되던 당시보다 더 나빠지는 것입니다.

제 6 장

자본축적과 경제발전

지금까지 설명한 내용을 공부하면서 현명한 독자라면 한 가지 근본적인 물음이 생겼을 것입니다. 그것은 사유를 허용하고 자유를 보장하더라도 이제까지 공부한 경제모형에서는 지속적인 경제성장 현상은 일어나지 않았다는 사실입니다. 우리가 공부한 것은 공유경제, 자본재가 있는 사유경제와 자본재가 없는 사유경제, 자본재가 있는 노예경제 그리고 자본재가 없는 노예경제에서 정해지는 정상상태stationary state에 관한 것이었습니다. 각 경제에서 정해지는 정상상태가 어떠한 모습을 보이는가 하는 점과 각각의 경우에 정해지는 정상상태를 비교해봄으로써 배우게 되는 사실들을 확인해본 게 지금까지 우리가 해온 작업입니다.

산업혁명이 발발한 이래 인류의 평균소득이 18배 증가해왔다는 사실을 정상상태에 관한 이론모형을 이용해서 설명할 도리는 없습니다. 지속적인 성장이 일어나는 이론모형을 구축하지 않고서는 산업혁명이 일어난 이후에 인류가 이룩해온 최소한 150배에 이르는 경제규모의 팽창을 설명하는 게 불가능하기 때문입니다. 그렇다면 인류는 어떻게 해서 평균으로는 18배 그리고 총량으로는 150배에 이르는 가치창출의 증대를 실현할 수 있었을까요? 이러한 물음에 대해 경제학자들이 1차적으로 제시한 가설은 물적자본 축적에서 해답을 찾는 것이었습니다. 1950년대부터 1980년대에 이르기까지 제시된 신고전학파 경제성장모형이 바로 그것입니다. 제6장에서는 신고전학파 성장모형을 중심으로 해서 경제성장 현상을 이해해보고자 합니다.

신고전학파 성장모형을 소개하기 이전에 먼저 지금부터 설명하려는 이론모형이 우리가 지금까지 공부해왔던 모형과 어떤 점에서 다른지 알아보기로 합니다. 가장 큰 차이점은 인구성장률을 다루는 방식에서 나옵니다. 우리가 지금까지 공부한 모형에서는 부모가 몇 명의 자녀를 낳아 키울 것인지 결정하는 것을 통해서 인구증가율을 내생적으로 정함에 비해서 신고전학파 성장모형에서는 인구증가율을 외생변수로 다룹니다. 인구증가율이 어떻게 정해지며 그것이 경제의 정상상태와 어떤 관련을 가지는지 알아보는 대신에 외생적으로 주어진 인구증가율하에서 경제가 어떤 과정을 거쳐서 성장하는지 알아보고 있는 것입니다.

6.1 신고전학파 성장모형: 이론[1)]

모형

신고전학파 성장모형을 아래에 제시하는 몇 가지 식으로 요약해서 나타낼 수 있습니다.

$$Y = Z^{\alpha}(ALh)^{1-\alpha} \tag{6.1}$$

$$Y = C + S \tag{6.2}$$

$$S = \gamma Y \tag{6.3}$$

$$\dot{Z} = I - \delta Z \tag{6.4}$$

$$I = S \tag{6.5}$$

$$L = L_0 e^{nt} \tag{6.6}$$

$$A = A_0 e^{gt} \tag{6.7}$$

$$h = h_0 e^{\mu u} \tag{6.8}$$

식 (6.1)은 이 경제의 총생산이 자본재 Z와 노동력 L과 노동자가 가진 인적 자본 h와 경제의 전반적인 기술수준 A의 함수로 정해짐을 보여줍니다. 함수 형태는 이해하기 쉽도록 우리에게 친근한 콥·더글러스 함수로 하였습니다. 식 (6.2)는 생산된 재화가 소비와 저축으로 쓰임을 보여줍니다. 정부지출과 조세 그리고 수출과 수입을 고려하지 않고 있으므로 생산된 물자는 소비하거나 저축하는 데 쓰이게 됩니다.

식 (6.3)은 이 경제의 저축률이 γ가 됨을 보여줍니다. 본래는 경제주체들의 의사결정 과정을 통해서 저축률 γ를 내생적으로 결정해야 하지만 대부분의 신고전학파 성장모형에서는 그러한 선택의 과정을 생략하고 γ를 주어진 데이터로 취급합니다.[2)]

1) 이것은 너무나 잘 알려져 있어서 그 출처를 밝히는 게 무의미해지고 있습니다. 경제성장론 교재 어느 것을 보아도 무방합니다.

2) 램지(Frank Ramsey)나 카스(David Cass)가 제시한 저축률을 내생화한 소위 최적성장모형도

식 (6.4)는 자본축적의 과정을 나타냅니다. 이 식에서 변수 위에 점dot을 첨가한 것은 그것이 이 변수가 시간이 지남에 따라서 변화하는 양임을 표현하기 위함입니다. 즉, $\dot{Z}$가 0보다 크면 변수 Z가 증가하는 것을, 그리고 $\dot{Z}$가 0보다 작으면 변수 Z가 감소하는 것을 의미합니다. 여기에서 I는 투자이고 δZ는 자본재가 마모되거나 쓸모가 없어지는 부분 즉, 감가되는 부분을 나타냅니다. 이때 δ(델타)를 감가율이라고 합니다. 이를 보면 투자하는 양이 감가되는 양보다 많아야 자본재의 양이 늘어남을 알 수 있습니다. (우리가 사용한 감가 또는 감가율이라는 용어를 기업회계에서는 감가상각 또는 감가상각률이라고 부릅니다.)

식 (6.5)는 투자와 저축의 등식으로서 투자의 재원이 저축에서 나옴을 보여줍니다. 국가 간의 자본거래가 이루어지지 않는 상황에서는 국내 저축이 모두 그 나라에서 이루어지는 투자에 쓰이게 되므로, 투자율은 저축률과 동일하게 정해집니다. 이는 이 경제의 금융부문이 효율적으로 작동하고 있음을 전제한 것입니다. 저축이 곧 투자가 되므로 위에서 소개한 저축률 γ는 동시에 투자율이 됩니다.[3]

식 (6.6)~식 (6.8)은 인구증가(노동력증가), 기술진보 그리고 인적자본이 모두 외생적으로 주어진 상황을 나타냅니다. 노동력은 매년 인구증가율 n의 속도로 늘어나고 기술은 매년 g의 속도로 발전합니다. 인적자본은 조상으로부터 물려받은 인적자본 h_0와 그 자신이 교육(u)을 통해서 축적한 것의 조합으로 정해집니다. 마지막 식에서 μ는 교육투자의 생산성을 나타냅니다. 인구증가율과 기술진보율이 어떻게 해서 정해지는지 설명하지 않고 그냥 인구가 n%의 속도로 증가하고 기술이 g%의 속도로 향상되는 경우에 경제가 어떤 경로를 밟아서 성장하는지 알아보고 있기에 이런 종류의 신고전학파 성장모형

신고전학파 성장모형의 일부로 여겨집니다. Ramsey(1927)와 Cass(1965)를 보시오.

3) 대한민국 경제처럼 저축률과 투자율의 괴리가 크지 않은 경우에는 이렇게 상정해도 괜찮습니다. 그러나 경상수지 흑자 또는 적자 폭이 아주 큰 나라의 경우에는 저축률과 투자율이 크게 차이가 납니다.

을 외생적 성장모형이라고 부릅니다.

우리가 분석해본 제1장에서 제5장까지의 논의에서는 인구증가율이 내생변수로서 모형 내에서 정해졌습니다. 또한 우리는 제7장과 제8장에서 인구증가율은 물론이거니와 인적자본의 증가 속도와 기술의 진보 속도 역시 모형 내에서 정해지는 상황에 관해서 공부하게 됩니다. 이렇게 보면 우리가 이번 제6장에서 공부하는 신고전학파 성장모형은 우리가 지금까지 공부한 모형 및 앞으로 공부할 모형의 부분집합에 속하는 특수한 경우에 해당함을 알 수 있습니다.

사실 외생적으로 주어진 성장의 동인을 제외하면 신고전학파 성장모형은 자본재가 없는 사유경제의 정상상태가 자본재를 추가하면 어떠한 새로운 정상상태를 갖게 되는가 하는 것과, 처음의 정상상태에서 새로운 정상상태로 이동해가는 과정은 어떠한 것인지를 알아보는 것에 지나지 않습니다. 우리는 제5장에서 자본재를 도입하면 어떤 일이 벌어지는지 알아보는 과정에서, 자본재가 없는 사유경제에서는 3,825로 정해지던 1인당 소득이 자본재를 추가하면 10,800이 된다는 사실을 수치 예를 통해 확인하였습니다. 신고전학파 성장모형 역시 바로 그러한 사실을 설명합니다. 즉, 자본재를 추가하면 경제가 1인당 소득 3,825로 대표되는 저소득 상태가 1인당 소득 10,800으로 대표되는 상대적인 고소득 상태로 변화된다는 사실을 밝히고 있습니다. 다만 신고전학파 성장모형은 여기에서 한 걸음 더 나아가서 1인당 소득 3,825에 있던 경제가 어떤 조정의 과정을 거쳐서 1인당 소득 10,800인 경제로 이행하는지도 설명한다는 점에서 상이합니다.

신고전학파 성장모형에서도 자본축적의 결과로 1인당 소득이, 예를 들어서, 당초의 3,825에서 10,800에 이르면 자본축적을 엔진으로 하는 경제성장은 더 이상 일어나지 않게 됩니다. 낮은 속도로나마 지속적으로 성장하는 선진 경제를 설명하는 데는, 따라서, 신고전학파 성장모형이 별 소용이 없게 됩니다. 그래서 신고전학파 성장모형을 옹호하는 학자들은 그들이 정립한 모형에다 외생적인 기술진보를 추가함으로써 난관을 돌파하고자 시도하였습니다. 기술이 일정한 속도로 발전한다면 자본축적으로 통해서 정상상태인 10,800에 도달한 이후에도 1인당 소득이 계속해서 증가하게 됩니다. 가령 기술진보율이 연 1.5%라면 자본축적을 통해서 정상상태에 이른 경제에서도 1인당 소득은 연 1.5%의 속도로 증가하게 됩니다. 이러한 점에서 신고전학파 성장모형은 외생적인 요인으로 지속적인 성장현상을 설명하는 외생적 성장이론이라고 할 수 있습니다. 그런데 이렇게 하는 게 '사실'에 대한 올바른 설명이 되는지는 의문입니다. 필자의 견해로는 그것은 결코 만족스러운 이론이 아닙니다. 그렇더라도 아래에서는 신고전학파 성장모형의 골자에 대해서 공부하기로 합니다.

운동의 법칙

식 (6.1)~식 (6.8)로 주어진 신고전학파 성장모형을 조금 복잡한 연산과정을 거쳐서 정리하면 다음과 같은 '운동의 법칙law of motion'[4]을 얻게 됩니다.

$$\dot{\tilde{z}} = \gamma(\tilde{z})^{\alpha} h^{1-\alpha} - (n+\delta+g)\tilde{z} \tag{6.9}$$

이 식에서 새로운 변수 $\tilde{z}$는 자본재 Z를 (AL)로 나눈 것을 나타내는데 이를 '유효노동력 한 사람당 자본재capital per effective worker'라고 부릅니다. 기술수준 A와 단순노동력 L을 결합한 AL을 유효노동력이라고 부릅니다. 가령 기술수준을 나타내는 값이 100이고 노동자의 수가 100명이면 유효노동력은 10,000이 되는 식입니다. 이때 노동자의 수는 100에 그대로 있더라도 기술수준이 110으로 향상되면 유효노동력은 11,000이 됩니다.

식 (6.9)를 운동방정식이라고 부르는 것은 그것이 유효노동력 1인당 자본재의 변화과정을 나타내기 때문입니다. 식에서 보듯이 유효노동력 한 사람당 실제 투자액이 유효노동력 한 사람당 자본재의 양을 현재의 수준에서 유지하기 위해 필요한 최소한의 투자요구액보다 많으면 $\tilde{z}$가 증가하고 그 반대이면 감소하게 됩니다. 양자가 동일한 크기이면 $\tilde{z}$는 증가하지도 감소하지도 않고 그 상태에 머물게 됩니다.

---

4) 이는 영문을 그대로 번역한 용어로서 '운동방정식'이라고 부르는 게 관행입니다.

식 (6.9)에서 $\gamma(\tilde{z})^{\alpha}h^{1-\alpha}$가 실제투자액을 나타내며 $(n+\delta+g)\tilde{z}$가 최소한의 필요투자액을 나타냅니다. 예를 들어서 인구증가율이 연 1.5%, 감가율이 연 6% 그리고 기술진보율이 연 3.5%인 경제에서는 현재 그 경제가 지닌 유효노동력 1인당 자본재의 11%에 해당하는 양이 최소한의 필요투자액이 됩니다.

정상상태

경제학자들이 상정하는 일반적인 경제상황하에서는 현재의 $\tilde{z}$가 작은 값을 지닐 때는 식 (6.9)의 앞부분인 실제투자액이 뒷부분인 최소투자요구액보다 크고 현재의 $\tilde{z}$가 아주 큰 경우에는 그 반대의 관계가 성립합니다. 따라서 현재의 $\tilde{z}$가 작을 때는 시간이 지날수록 $\tilde{z}$가 큰 값을 향해 증가하게 되며, 현재의 $\tilde{z}$가 아주 클 때는 시간이 지나면서 $\tilde{z}$가 작은 값을 향해 감소하게 됩니다. 그렇다면 현재의 $\tilde{z}$가 증가하거나 감소해서 도달하게 되는 귀착점은 무엇이 될까요? $\tilde{z}$가 더 이상 증가하지도 감소하지도 않는 점에 도달한다는 것은, 그러한 점을 $(\tilde{z})^*$라고 할 때, $\tilde{z}$가 증가하거나 감소하는 변화를 통해서 $(\tilde{z})^*$에 도달한 이후에는 거기에 그대로 머물러 있게 된다는 이야기입니다. 상황을 변화시키는 어떤 일이 일어나지 않는 한 $(\tilde{z})^*$에 도달한 이후에는 그냥 그 자리에 머물러 있게 된다는 이야기이지요. 그래서 경제학자들은 $(\tilde{z})^*$를 '경제의 정상상태定常狀態, stationary state'[5]라고 부릅니다.

경제의 상태state를 결정하는 변수인 유효노동력 1인당 자본재의 양 $\tilde{z}$가 한 자리에 머물러 있다는 것은 $\tilde{z}$의 변화를 나타내는 $\dot{\tilde{z}}$가 0이 됨을 의미하므로, 식 (6.9)를 0으로 놓고 그것을 만족시키는 $\tilde{z}$값을 구하면 그것이 정상상태의 $\tilde{z}$가 됩니다. 그 값을 구하면 아래와 같습니다.

$$(\tilde{z})^* = \left[\frac{\gamma}{n+\delta+g} \right]^{\frac{1}{1-\alpha}} h \qquad (6.10)$$

---

5) 정상상태란 외부적 충격요인이 없을 때 한 경제가 지속적으로 머물러 있는 지점을 나타냅니다.

식 (6.10)에서 위 첨자 *를 추가한 것은 이 값이 정상상태임을 나타내기 위함입니다.

정상상태의 유효노동력 1인당 자본재의 크기는 식 (6.10)에서 보듯이 투자율, 인구증가율, 감가율, 기술진보율 그리고 노동자가 지닌 인적자본의 크기 등의 함수로 결정됩니다. 좀 더 구체적으로 보면, $(\tilde{z})^*$는 투자율 γ의 증가함수이며 동시에 인구증가율 n, 감가율 δ 그리고 기술진보율 g의 감소함수가 됩니다. 그것은 또한 인적자본 h의 증가함수가 됩니다. 그러므로, 예를 들어서, 노동자가 지닌 인적자본의 크기 h가 늘어나면 이 경제의 정상상태 $(\tilde{z})^*$의 값도 커지게 됩니다. 또한, 예를 들어서, 물적자본에 대한 투자율 γ가 높아져도 정상상태 $(\tilde{z})^*$의 값이 커집니다.

정상상태와 경제성장

지금까지 우리가 알아낸 것은 경제의 초기 상태를 나타내는 $\tilde{z}_0$가 시간이 흐름에 따라 그 경제의 장기 정상상태인 $(\tilde{z})^*$를 향해 상향 이동하면서 수렴해 간다는 사실입니다. 그런데 유효노동력 한 사람당 생산이 $\tilde{y}=(\tilde{z})^{\alpha}h^{1-\alpha}$로 정해지므로 $\tilde{z}_0$가 $(\tilde{z})^*$를 향해 상향 이동한다는 것은 $\tilde{y}$ 역시 $\tilde{y}_0=(\tilde{z}_0)^{\alpha}h^{1-\alpha}$에서 $(\tilde{y})^*=(\tilde{z}^*)^{\alpha}h^{1-\alpha}$를 향해 상향 이동하게 됨을 의미합니다. 이때 $\tilde{y}_0$가 $(\tilde{y})^*$를 향해 상향 이동한다는 것이 바로 $\tilde{y}$가 계속해서 커지는 것 즉, $\tilde{y}$가 성장함을 의미합니다. 이와 같이 초기 상태에서 정상상태를 향해 상향 이동하는 과정으로 경제성장 현상을 설명하는 것이 신고전학파 성장모형의 골자입니다.

$\tilde{z}_0$가 $\tilde{z}^*$를 향해 상향 이동해가는 과정으로서 경제성장을 설명하는 데는 겉으로 잘 드러나지 않는 두 가지 심오한 사실이 숨어 있습니다. 하나는 경제가 일단 정상상태에 도달하면 더 이상 $\tilde{y}$가 성장하지 않는다는 사실입니다. 즉, $\tilde{y}_0$는 $\tilde{y}^*$에 도달할 때까지만 성장할 뿐 일단 정상상태에 도달하면 그 자리에 그대로 머물게 됩니다. 그러므로 정상상태에 도달한 이후에는 $\tilde{y}$가 더 이상 성장하지 않습니다.

다른 하나는 비록 유효노동력 1인당 생산 $\tilde{y}$는 정상상태에 도달한 이후에 더 이상 증가하지 않더라도 우리가 관심을 가지는 1인당 생산 $y = Y/L$는 계속해서 늘어날 수도 있습니다. 기술진보 덕택에 그렇게 되는 것입니다. 정상상태에 이르는 것은 유효노동력 한 사람당 소득인 $\tilde{y}$이지 우리가 관심을 갖는 1인당 소득은 아닙니다. 양자 간의 관계가 $y = \tilde{y}A$가 됨에서 알 수 있듯이 $\tilde{y}$가 정상상태에 도달해서 더 이상 변화하지 않더라도 기술수준 A가 매년 g의 속도로 진보하면 1인당 생산 y 역시 매년 g의 속도로 증가하게 되는 것입니다. 이는 1인당 생산(소득) y의 성장이 초기상태에서 정상상태에 이르는 과정에서 일어나는 이행성장과 기술수준 A가 g의 속도로 성장하는 것에 기인한 장기 지속성장을 합한 것으로 정해짐을 의미합니다. 그러므로 이행과정 중에는 g + 이행성장률의 속도로 증가하던 1인당 소득이 경제가 정상상태에 도달한 이후에는 이행성장률이 0이 되므로 g의 속도로만 성장하게 되는 것입니다.

어떤 경제가 현재 1인당 소득 1,000달러에 있는데 그 경제의 정상상태가 10,000달러이고 또한 이 경제가 매년 2%의 속도로 기술을 발전시킨다고 합시다. (사실 이는 매우 무리한 가정입니다. 1인당 소득이 1,000달러인 나라가 매년 2%의 속도로 기술을 발전시킨다는 것은 극히 현실성이 낮은 가정입니다.) 이 경제는 이제 1,000달러에서 정상상태인 10,000달러를 향해 이동해갑니다. 10,000달러에 도달하는 데 몇 년이 걸릴까요? 20년이 걸린다고 합시다. 20년 만에 1인당 소득이 10배가 되려면 얼마나 빠른 속도로 성장해야 할까요? 무려 연 11.51%씩 성장해야 합니다. 이는 평균치일 뿐 실제에 있어서는 처음에는 성장률이 예를 들어서 연 20%로 아주 높다가 10,000달러에 근접해갈수록 점점 낮아져서 결국에는 0%가 됩니다. 그런데 이 경제는 기술진보로 인해서 자본축적이 없이도 연 2%씩 성장하므로 자본축적까지 감안하면 처음에는 성장률이 22%가 되었다가 그 이후 점차 낮아지기 시작해서 1인당 소득이 10,000달러에 도달하면 2%가 됩니다. 이때 20%에서 시작해서 0%로 수렴하는 것이 이행성장률이고 연 2%는 정상상태에 도달한 이후에도 지속되는 지속성장률입니다.

6.2 신고전학파 성장모형의 함의

어떤 경제이든지 그 경제의 성장률이 이행성장률+기술진보율로 정해진다는 신고전학파 성장모형은 다음과 같은 함의를 지니고 있습니다.

정상상태로 향하는 과정에서의 이행성장

초기상태가 정상상태에서 멀리 떨어진 경제일수록 더 빠른 속도로 성장하게 됩니다. 그렇더라도 정상상태에 도달한 연후에는 기술진보율만큼만 성장합니다. 예를 들어서 중국 경제의 기술진보율이 연 2%라면 중국이 경제발전에 나선 초기에는 이보다 훨씬 높은 비율로 성장하겠지만 중국 경제가 그 자신의 정상상태에 근접해가면서 성장률이 연 2% 수준으로 낮아집니다. 이러한 사실은 제아무리 현재의 성장률이 높은 나라라 하더라도 그러한 고율의 성장률을 영원히 유지할 수는 없음을 말해줍니다. 정상상태에 가까이 다가갈수록 성장률이 낮아지는 현상을 피할 수 없게 됩니다.

신고전학파 성장모형에서 1인당 소득이 지속적으로 증가하는 궁극적인 이유는 기술이 지속해서 발전하기 때문입니다. 그러므로 기술진보율 g가 0이면 그러한 경제는 지속적인 성장을 기대할 수 없습니다. 정상상태에 도달하기까지는 성장하더라도 일단 거기에 도달하면 성장률이 0이 됩니다. 이러한 사실을 뒤집어서 이용하면 기술진보율 g가 높은 나라는 영원히 높은 비율로 성장한다는 결론을 얻게 됩니다. 경제가 정상상태에 도달한 것으로 볼 수 있는 선진국 경제의 성장률 차이는 기술진보율 차이에서 나옵니다. 그런데 기술의 국가 간 전파가 매우 빠른 속도로 이루어지므로 선진국들의 장기 성장률은 서로 간에 비슷한 수준에서 정해지게 마련입니다.

정상상태 이해: 수치 예

이제 구체적인 수치를 들어서 정상상태에 대해서 이해해보기로 합시다. 이를 위해서 저축률=투자율이 30%이고 인구증가율이 연 1.5%, 감가율이 연 6% 그리고 기술진보율이 연 3.5%인 경제를 상정하기로 합니다. 생산함수의 파라미터 α는 1/3이고 노동자의 인적자본은 16이며 정상상태의 기술수준이 100이라고 합시다. 이러한 파라미터값을 주면 정상상태의 유효노동력 1인당 자본은 83.18로 정해지며 유효노동력 1인당 생산은 27.71이 됩니다. 이는 정상상태의 1인당 생산이 2,771로 정해질 것임을 의미합니다. 이 경제가 현재 1인당 소득 500인 상황에 있다면 정상상태인 2,771을 향해서 성장하게 됩니다. 그런데 정상상태 2,771 자체가 기술진보율 연 3.5%의 비율로 성장하게 되므로 500에서 2,771이라는 고정 목표물을 향해 이동하는 것이 아니라 계속해서 이동하는 목표물을 향해 움직이게 되는 것입니다. 고정 목표물일 때보다 시긴은 더 걸리겠지만 그렇더라도 이동 목표물에 근접해감에 따라서 1인당 소득 증가율이 연 3.5%를 향하여 하향하면서 수렴해간다는 사실은 여전히 성립합니다.

정상상태의 이동과 경제성장

이러한 설명을 들으면서 여러분 중의 어떤 사람들은 정상상태 자체가 변화하면 어떻게 될까 하고 궁금해할 것입니다. 이것은 아주 중요한 얘기입니다. 정상상태를 나타내는 식 (6.10)으로 돌아가 봅시다. 그것을 보면 투자율 γ가 높아지거나, 인구증가율 n이 낮아지거나, 인적자본 h가 커지면 정상상태 자체가 커지게 됨을 알 수 있습니다. 이를 확인하기 위해서 투자율이 30%에서 40%로 높아지고, 인구증가율이 연 1.5%에서 1.3%로 낮아지며, 16이던 인적자본이 20으로 늘었다고 합시다. 100이던 처음 정상상태의 기술수준 역시 새로운 정상상태에 적합한 120으로 20% 향상되었다고 합시다. 이러한 변화는 정상상태에서 정해지는 유효노동력 1인당 생산을 종전의 27.71에서 38.139로 증가시킵니다. 이제 기술수준이 120이므로 이를 적용하면 새로운 정상상태의 1인당 생산은 4,576.62가 됩니다. 종전의 2,771에서 무려 65%가 증가하는 것입니다. 정상상태가 2,771에서 4,577로 이동한다는 것은 이제까지 2,771이라는 목표물을 향해 이동하던 경제가 이제 4,577이라는 새로운 목표물을 향해 이동하게 됨을 의미합니다. 더 멀고 더 큰 목표물을 향해 이동하게 되니 조금씩 낮아지던 경제성장률이 한 단계 높아집니다. 그러나 새로운 정상상태에 근접해감에 따라서 성장률은 한 단계 높아진 수준에서 다시 장기 성장률을 향해 하향 이동하게 됩니다.

만일 방금 우리가 본 것과 같은 정상상태 자체를 변화시키는 일이 또다시 벌어진다면 어떻게 될까요? 예를 들어서 2,771에서 4,577로 이동했던 정상상태가 어떤 일이 계기가 되어서 10,000 그리고 20,000 또다시 30,000 등으로 상향 이동한다면 어떤 일이 일어날까요? 이러한 변화가 일어나면 언제인가는 1인당 소득이 30,000을 넘게 될 것임이 확실합니다. 비록 현재의 소득수준이 4,577 미만이라 하더라도 그렇게 됩니다. 그뿐만 아니라 경제성장률 역시 상당한 기간 동안 높은 수준에서 유지됩니다. 정상상태가 점프할 때마다 하락하던 경제성장률이 다시금 높아지는 일이 반복되므로 그렇게 됩니다.

신고전학파 성장모형이 주는 메시지

신고전학파 성장모형이 갖고 있는 이러한 함의는 우리에게 긍정적인 메시지와 부정적인 메시지를 동시에 던집니다.

긍정적인 메시지 중의 하나는 어떤 경제이건 여건 변화를 통해서 이제까지 정체되어 있던 경제를 성장경로에 올려놓는 데 성공하면 그 나라 경제의 장기 정상상태를 향한 이행의 과정을 거치면서 지속적인 성장을 이룩할 수 있다는 사실입니다. 또 다른 긍정적인 메시지는 성장궤도에 진입한 이 경제가 정상상태 자체를 상향 이동시키는 여건 변화를 이루어낼 수 있으면 새로운 정상상태를 향해 움직이면서 더 오랫동안 높은 경제성장을 지속할 수 있다는 사실입니다.

부정적인 메시지란 오랫동안 정체되어 빈한한 상태에 머물던 경제가 우여

곡절 끝에 성장경로에 들어서더라도 그 나라 경제의 장기 정상상태 자체가 별로 좋지 않은 것이면 경제가 성장하는 힘이 매우 미약할 것이라는 사실입니다. 예를 들어서 현재 1인당 소득 700달러 수준에서 정체되어 있는 어떤 나라의 정상상태가 1,000달러라고 하면 비록 그 경제가 정체상태를 탈피하여 성장궤도에 진입하더라도 1,000달러에 도달하면 더 이상 성장하지 않게 됩니다. 700달러에서 1,000달러로 성장하는 게 나쁜 것은 아니지만 그것을 두고 괄목할 만한 성장이라고 말할 수는 없습니다. 또 하나의 부정적인 메시지는 정상상태가 1,000달러인 경제가 정상상태 자체를 상향 이동시켜서 5,000달러 또는 1만 달러로 만드는 일이 매우 어렵다는 사실입니다. 그래서 그러한 경제는 1,000달러의 1인당 소득을 지니는 상태에서 빗어나기가 어렵습니다.

정상상태 자체의 변화에 대해 침묵하는 신고전학파 성장모형

신고전학파 성장모형은 한 경제의 정상상태 결정과 그 경제가 초기상태에서 정상상태로 이행하는 과정에 관해서는 잘 설명하지만 정상상태 자체를 상향 이동시키는 일에 관해서는 침묵을 지킵니다. 그래서 정상상태에 이르기까지의 이행성장은 잘 설명하지만 정상상태에 도달한 이후의 지속적인 경제성장을 설명하는 데는 한계가 있습니다. 신고전학파 성장모형에서는 이러한 한계를 외생적으로 주어지는 기술진보를 통해서 해결하고 있지만 기술진보율이 어떤 경제원리에 의해서 정해지는지를 설명하기 전에는 그저 '애드 호크ad hoc' 한 이론에 지나지 않게 됩니다.

신고전학파 성장모형이 정상상태 자체의 상향 이동에 대해서 침묵을 지키는 까닭이 무엇일까요? 정상상태를 나타내는 식 (6.10)을 검토해보면 그 까닭을 유추할 수 있습니다. 식 (6.10)은 모형의 파라미터인 투자율 γ, 인구증가율 n, 감가율 δ, 기술진보율 g와 생산함수의 파라미터인 α 그리고 데이터인 인적자본 h 등이 한 경제의 정상상태 결정에 영향을 주는 요소들임을 알려줍니다. 신고전학파 성장이론을 개발한 학자들은 이미 원만하게 성장하고 있는 선진국 경제를 분석의 대상으로 하고 있기 때문에 방금 언급한 파라미터나 데이터가 변화할 것이라고는 생각하지 않습니다. 파라미터값이 안정적이라는 가설을 믿는 것이지요. 파라미터가 변화했기 때문에 경제가 달라졌다고 설명하면 모형의 일관성이 없다는 생각이지요. 이렇게 파라미터의 가변성을 배제하고 있으므로 당연하게도 정상상태도 한번 정해지면 변화하지 않는다고 보는 것입니다. 하나의 모형을 가지고서 다양한 상황을 설명할 수 있어야 좋은 이론이라고 간주하는 이러한 관점은 사실 상당히 존중해주어야 합니다. 그렇지 않고 그때그때 상황에 따라서 다른 파라미터를 적용해서 현상을 설명한다면 결과를 놓고서 그것에 맞게 모형을 뜯어고치는 것과 크게 다르지 않습니다.

6.3 정상상태의 상향 이동

물적자본 투자율의 제고

그렇더라도 정상상태 결정에 영향을 주는 파라미터 중에서 투자율 γ와 노동자가 지닌 인적자본 h를 고정 불변인 것으로 간주하는 것은, 발전하는 경제의 현실과 너무나 동떨어진 가정입니다. 대한민국이 걸어온 길을 보면 1960년대 초반에는 10%가 안 되던 고정자본 투자율이 1990년대 중반에 이르기까지 지속적으로 상승해서 한동안은 45%를 넘는 높은 수준을 유지하다가 외환위기 이후 낮아지기 시작해서 지금은 30% 수준에 머물고 있습니다. 그러므로 대한민국 경제의 정상상태를 논하면서 투자율이 하나의 수치에 고정되어 있었다고 상정하는 것은 이치에 맞지 않습니다. 고정자산 투자율이 10%에서 45% 이상으로 상승했다가 30%로 낮아진 것을 반영하면 그것만으로도 대한민국 경제의 정상상태가 여러 번에 걸쳐서 (상향) 이동한 것을 설명할 수 있습니다.

인적자본 투자 확대

이러한 사실은 인적자본에 관해서도 동일하게 적용됩니다. 인적자본의 크기를 측정하는 대표적인 변수가 근로자가 학교 교육을 받은 햇수입니다. 우리나라 노동자의 평균 수학연도는 1960년대 초에는 5년 미만이었으나 지금은 12년을 넘습니다. 지금도 30대까지의 청장년층만 치면 학교에 다닌 햇수가 16년 가까이 됩니다. 학교에 다닌 햇수가 5년이 채 안 되는 노동자가 지닌 인적자본과 학교 다닌 햇수가 12년에 이르는 노동자가 지닌 인적자본의 양과 질이 서로 같은 것이라고 보기는 매우 어렵습니다. 거의 확실하게 12년 동안 학교에 다닌 사람의 인적자본이 5년도 채 안 다닌 사람의 인적자본보다 많을 것입니다. 그러므로 우리나라의 현실을 이해함에 있어서 근로자가 지닌 평균적인 인적자본이 1960년 초 이래 변함이 없었다고 보는 것 역시 어불성설입니다. 그보다는 5년에서 12년으로 증가되어 온 수학연도 수를 반영해서 인적자본의 크기를 조정해주는 것이 더 타당할 것입니다. 인적자본의 크기를 조정하면 당연한 말이지만 정상상태도 변화됩니다.

정상상태 상향 이동 가설

이와 같이 보면 대한민국과 중국 경제처럼 비교적 빠른 속도로 발전하는 경제를 설명하는 데는 변화하지 않는 정상상태를 상정하는 선진경제형 신고전학파 성장모형이 적합하지 않음을 알게 됩니다. 대한민국 경제의 정상상태가 예를 들어서 1인당 소득 2만 달러 수준인데, 과거에는 거기에 한참 못 미쳤기 때문에 정상상태를 쫓아가느라고 빠르게 성장했으나 2만 달러에 도달한 이후에는 성장 동력을 잃고 정체될 수밖에 없다고 설명하는 것이 선진경제형 신고전학파 성장모형입니다. 이에 비해서 한국 경제의 정상상태가 처음부터 2만 달러일 수는 없으며 오히려 그보다는 한국 경제의 정상상태가 투자율과 교육기간의 확대를 통해서 몇 차례에 걸쳐서 상향 이동했기에 대한민국이 오늘날 구매력을 기준으로 해서 4만 4,000달러를 상회하는 1인당 소득을 가지게 되었을 것이라고 설명하는 것이 정상상태 상향 이동의 가설입니다. 한국이나 중국 경제의 고속 성장을 설명하는 데는 정상상태 불변의 가설보다는 정상상태 상향 이동 가설이 더 타당한 것으로 판단됩니다.

정상상태 자체를 상향 이동시키는 일이 가능하다는 가설이 틀리지 않는다면 이는 우리에게 매우 긍정적인 메시지를 줍니다. 2000년대에 들어서면서부터 대한민국 경제의 성장률이 낮아졌습니다. 30년 이상에 걸쳐서 6%에 근접한 수준을 유지했던 1인당 소득 성장률이 지금은 2% 미만으로 낮아졌습니다. 이를 두고서 우리나라 경제가 완숙기에 들어섰으므로 당연한 현상이라고 생각하는 게 대세인 듯합니다. 이를 신고전학파 성장모형으로 이해하자면 대한민국 경제는 2000년경에 정상상태에 도달하였으므로 성장률이 낮은 것이 지극히 정상적인 일이라는 말이 됩니다. 그렇지만 정상상태가 고정불변인 것이 아니어서 경제주체들의 노력을 통해서 상향 이동시킬 수 있는 것이라면 사정이 달라집니다. 지금이라도 우리가 대한민국 경제의 정상상태가 상향 이동하는 데 필요한 조치들을 취해나간다면 성장률 하락 현상을 역전시킬 수도 있기 때문입니다.

정상상태 자체를 변화시키는 경로를 통해 경제성장률을 높은 수준으로 유지할 수도 있다는 설명이 의미 있는 것이 되려면 정상상태를 변화시키는 것이 무엇인가 알아야 합니다. 신고전학파 성장모형이 제시하는 정상상태의 유효노동력 1인당 자본재의 양을 나타내는 식 (6.10)을 보면 물적자본에 대한 투자율을 높이거나 인적자본에 대한 투자를 늘리는 게 정상상태를 상향 이동시키는 길이 됨을 알 수 있습니다. 물적자본에 대한 투자율이 5% 정도로 극히 낮고 국민들의 학교교육 이수연도가 6년 이하여서 현재의 정상상태가 1,000달러밖에 되지 못하는 나라라 하더라도, 물적자본에 대한 투자율을 10%, 15%, 20%, 25% 등으로 높여나가고 아동들의 교육에 힘써서 국민들의 교육이수연도를 6년에서 8년, 10년, 12년, 16년 등으로 늘려나가는 데 성공하면 정상상태를 5,000달러, 1만 달러, 1만 5,000달러, 2만 달러 등으로 상향 이동시킬 수 있다는 얘기입니다.

이러한 변화를 통해서 1,000달러이던 정상상태를 2만 달러로 변화시키는 데 성공하면 1,000달러보다 작게 정해지던 실제 소득도 2만 달러를 향해 증가하게 됩니다. 그렇게 하는 데 예를 들어서 40년이 걸린다 하더라도 이는 연평균 7.5%에 달하는 고도 경제성장을 달성한 것이 됩니다. 정상상태의 반복적인 상향 이동을 실현하는 것을 통해서 40년 만에 1인당 소득을 20배 증가시킨다는 것은 사실 매우 놀라운 일입니다. 인류의 경제사를 보면 그런 정도의 경제발전을 이룩한 나라는 몇 개 되지 않습니다.

무엇이 정상상태의 상향 이동을 촉발하는가

위의 설명에는 한 가지 아주 중요한 사실이 결여되어 있습니다. 이 설명에서 물적자본 투자율이 5%에서 25%로 높아지고 교육 이수연도가 6년에서 16년으로 늘어나는 것을 상정했는데 문제는 그러한 일이 저절로 이루어지는 것도 아니며 또한 누군가의 명령을 통해서 달성할 수 있는 일도 아니라는 점입니다. 즉, 어떻게 해서 그러한 변화를 가져올 것인가 하는 논의가 결여되어 있습니다. 우리가 설명한 것은 그러그러한 변화가 일어나면 이러이러한 결과가 나온다는 가설일 뿐 어떻게 해서 실제로 그러한 변화가 일어나게 되는지에 대해서는 함구하고 있는 것입니다. 이는 결코 훌륭한 설명이 되지 못합니다. 가능성을 보여준 것은 공헌이지만 가능성을 현실로 만드는 방안이 무엇인지 알아내지 못한다면 그러한 주장은 공허한 놀음에 그치게 됩니다.

그러므로 정작 중요한 것은 정상상태를 상향 이동시키면 좋은 결과가 나온다는 것이 아니라 어떻게 하면 정상상태가 상향 이동하게 될 것인가 하는 문제입니다. 위에서 우리가 행한 물적자본에 대한 투자율을 높이고 인적자본에 대한 투자를 늘려나가면 정상상태가 상향 이동한다는 설명이 의미 있는 것이 되려면 어떻게 하면 물적자본 투자율이 높아지고 어떻게 하면 국민들의 교육 이수연도가 늘어나는가 하는 물음에 답할 수 있어야 합니다.

정부가 주도한다?

어떻게 하면 될까요? 이러한 물음을 받으면 대부분의 우리나라 사람들은 "아, 그거야 정부가 주도해서 투자율을 늘리고 학교 교육을 오래 시키면 되는 거 아닌가?" 하고 대답할 것입니다. 그렇지만 정부가 투자율을 늘리라고 한다고 투자가 늘어날까요? 정부가 이제까지 초등학교만 다니던 학생들더러 대학교까지 다녀야 한다고 해서 금방 그렇게 될까요? 문제가 그렇게 단순하다고 생각하면 큰 오산입니다. 설령 정부가 직접 하거나 정부가 독려해서 그렇게 한다 하더라도 그 비용은 어디서 나오나요? 어찌어찌 비용을 조달해서 정부가 투자하라는 대로 했다가 실패하면 누가 책임지나요?

발전 친화적인 제도와 장치와 정책

그런 방식으로 해서 문제가 해결된다면 오죽 좋겠습니까? 그러나 세상일은 그렇게 돌아가지 않습니다. 국민들 스스로가 투자처를 찾아서 자기 책임하에 자기의 판단에 따라서 투자에 나서야 하며 국민들 스스로가 자녀 교육이나 자신들의 교육에 투자를 늘려나가야 성공하게 됩니다. 그러므로 우리가 해야 할 일은 국민들 스스로가 물적자본과 인적자본을 확충하는 일에 열성을 보이도록 유도하는 환경, 제도, 장치, 정책 등을 만드는 것입니다. 즉, 투자하고 싶게 만들고 투자하기 용이하게 만드는 게 선결과제입니다.

사실 제도와 규범과 정책 등이 투자하기에 우호적인 특성을 지니면 투자하라고 말하지 않더라도 투자가 활성화됩니다. 반면에 제도나 규범 그리고 정책 등이 투자에 대해 비우호적인 상황에서는 아무리 투자를 늘리라고 독려하더라도 잘 되지 않습니다. 투자를 꺼리도록 경제환경을 만들어놓고서 투자하라고 독려하는 것은 앞뒤가 안 맞는 일입니다. 바퀴 아래 돌을 끼워놓고서 앞으로 가라고 말을 때린다고 마차가 잘 나갈 수 있을까요?

그러므로 정상상태를 상향 이동시키는 변화를 일으키고자 하면 누가 시키지 않아도 국민들 스스로가 정상상태를 상향 이동시키는 변화를 일으키는 행동을 하도록 유도하는 환경을 조성하는 게 선결과제가 됩니다. 그렇게 하고 싶은 마음도 잘 들지 않고 막상 그렇게 하려고 해도 잘하기 어려운 환경은 그대로 두고서 투자하라고 해서 될 일이 아닌 것입니다.

아마도 여러분들은 교육 투자는 이러한 데서 예외일 것이라고 생각할 것입니다. 우리나라의 교육 투자는 지나침을 걱정할 정도로 과열되어 있다는 판단에서 그러한 생각을 가질 수 있습니다. 우리나라의 경우에는 누가 나서서 자녀 교육에 더 많이 투자하라고 말하지 않아도 부모들이 자녀 교육에 열성적인 것은 맞습니다. 우리에게 문제가 되는 것은 높은 교육열에 부응할 만큼 교육 투자의 성과가 높지 않다는 데 있습니다. 즉, 교육의 양이 아니라 교육의 질이 문제가 됩니다.

그러나 대다수의 빈국들은 교육환경이 매우 열악해서 부모가 자녀들을 잘 교육시키고자 해도 그것을 실행에 옮기기가 어렵습니다. 게다가 많은 나라에서는 자녀를 잘 교육시켜 보았자 별 소용이 없다고 체념하는 부모도 많습니다. 아이들을 교육시키더라도 그 혜택이 자식에게 돌아가는 것이 아니라 힘과 돈을 독점한 '강도'들에게 빼앗기는 상황에서는 자녀 교육에 열성적이기 어렵습니다. 자식을 교육시켜서 '강도'의 일원으로 키우려는 부모가 없지는 않겠지만 그런 교육을 통해서 길러진 인재가 과연 공동체 발전에 도움이 될까요?

그러므로 중요한 것은 경제주체들 누구나가 아무런 차별 없이 열성적으로 투자하고 싶게 만들고 또한 실제로 투자하려 할 때 누구나 다 그렇게 할 수 있는 자유를 허용하고 기회를 보장하는 일입니다. 이러한 일의 요체는 경제주체들의 사유재산권을 보호하며 행동의 자유를 허용하는 데 있습니다. 즉, 사적소유 허용과 경제활동의 자유 보장이 더 나은 미래를 위한 투자를 유도하는 근본적인 힘이며 따라서 그것이 경제발전의 근본적인 힘이 되는 것입니다.

경제개혁과 정상상태의 상향 이동

정상상태의 상향 이동에 관하여 논의하면서 물적자본 및 인적자본에 대한 투자에 초점을 맞추었습니다. 그렇지만 이는 어디까지나 신고전경제학파의 성장모형을 중심으로 해서 논의할 때 그렇다는 것이지 정상상태 자체를 변화시키는 일은 투자율을 높이는 것보다 훨씬 더 고난도 작업이 됩니다. 사실 정상상태란 우리가 흔히 말하는 한 나라 경제의 근원적인 힘을 나타내는 말입니다. 그 나라 경제가 언제인가는 그곳으로 가고자 하는 귀착점이지요. 그게 그 나라 경제의 실력이기 때문에 일시적으로는 그것에서 벗어날 수 있으나 결국에는 되돌아가는 지점이라는 말입니다. 그러한 정상상태가 성장으로 표출된 것이 사람들이 흔히 말하는 잠재성장률입니다. 어떤 이는 이를 두고서 기초체력이라고 부르기도 합니다. 그렇기 때문에 한 나라의 정상상태는 물적자본이나 인적자본에 대한 투자를 훨씬 뛰어넘는 보다 더 근본적인 힘들에 의해 정해집니다. 그 힘이 무엇일까요? 국가의 근간을 이루는 이념, 사상, 규범 그리고 그것이 반영된 제도, 기관, 기구, 장치 그리고 그것과 깊은 관련을 가지는 정치와 정책 등이 모두 그 나라 경제의 정상상태 결정에 영향을 미치는 근본적인 힘들입니다. 그러므로 나라의 기본을 반영하는 정상상태를 변화시키려면 바로 그 나라의 근간을 이루는 것들을 변화시켜 나가야 합니다.

이렇게 보다 근본적인 측면에서 정상상태를 변화시키는 사례가 많습니다. 몇 가지를 들어보기로 하겠습니다.

6.4 경제개혁을 통해 정상상태를 상향 이동시킨 사례들

영국

영국의 산업혁명입니다. 18세기 중엽에 산업혁명에 착수하기 이전의 영국과 그 이후의 영국은 많은 면에서 다릅니다. 단순화하자면 산업혁명 이전 시기의 영국은 노예경제였음에 비해서 산업혁명 이후의 영국은 사유(자유)경제입니다. 노예경제와 사유경제의 정상상태가 다를 것임은 불문가지입니다. 이

것은 영국인들이 수천 년간 유지해오던 노예제도를 폐지하는 인간해방을 이룩하였기에 가능했던 일입니다. 즉, 인간해방이라는 인류 역사 초유의 대장정에 어느 나라보다도 먼저 들어선 것입니다. 이러한 영국의 사례야말로 국가의 근간을 바꿈으로써 경제의 정상상태를 변화시킨 대표적인 일이 됩니다.

미국

미국 경제의 성공입니다. 미국은 영국 등 서유럽의 사례를 신대륙에 이식시키는 데 성공하는 것을 통해서 발전의 길로 들어섰습니다. 그런 바탕 위에다 미국 특유의 강건한 자유주의를 보강해서 구대륙 국가보다 더 활기차게 경제발전을 이룩한 것입니다. 이는 산업혁명이 진행 중이던 구대륙 국가에서 통용되던 정상상태를 미국식의 정상상태로 업그레이드시킨 사례가 됩니다. 이러한 일에 성공한 결과 미국은 20세기 초반에 영국보다 잘사는 나라로 발돋움한 이래 현재까지 우위를 유지하고 있습니다. 상대적인 후진국에서 출발하였던 미국이 건국 250년이 된 오늘날 세계 최강의 경제력을 보이고 있는 데서 미국경제가 매우 강건한 정상상태를 가지고 있음을 짐작할 수 있습니다.

일본

일본의 기적적인 경제발전입니다. 일본은 1860년경 이전의 시기만 하더라도 '쇼군將軍'이 통치하던 '노예경제' 국가였습니다. 상당한 세력을 지닌 '다이묘大名'(영주)들이 대립하고 있었으므로 중앙집권적인 단일 노예경제가 아니고 지역 다이묘들이 우두머리가 된 여러 개의 노예경제로 이루어진 국가였습니다. 그 당시의 일본이 지녔던 것은 노예경제에 부합하는 정상상태를 지닌 것이었으며 그래서 일본은 당시의 기준으로 보더라도 후진국이었습니다. 그러나 소위 메이지유신을 통해서 군웅이 할거하던 다수의 노예경제체제를 국가 전체를 통괄하는 사유경제체제로 전환하기 시작하면서 일본 경제의 정상상태는 종전의 그것과 획기적으로 달라지기 시작하였습니다. 특히 제2차 세계대전 종료 후에 미국의 영향을 받아서 그때까지 지지부진하던 인간해방의 과정을 가속화해 온 결과 일본경제의 정상상태는 몇 단계 더 업그레이드되었습니다. 그 결과 일본은 20세기 후반부에 영국을 추월하고 그 여세를 몰아서 한때는 미국의 위치를 넘보기도 하였으나 현재는 미국 및 중국에 이은 세계 제3위의 경제대국이 되고 있습니다. (총량 규모로는 중국 경제가 일본 경제보다 크지만 1인당 소득에서는 일본이 중국의 세 배 정도 더 잘삽니다.)

대한민국

대한민국의 경제성장입니다. 오늘날의 화폐가치로 계산해서 우리나라의 1인당 소득은 1960년대 초만 하더라도 1,750달러 정도였는데 지금은 4만 4,000달러(구매력 기준)가 넘습니다. 이러한 사실을 두고서 대한민국 경제의 정상상태가 1960년대 초나 지금이나 동일하다고 주장할 사람은 아무도 없습니다. 그게 틀린 주장일 확률이 1에 가깝기 때문입니다. 그것보다는 처음에는 2,000달러 정도밖에 되지 않았던 대한민국 경제의 정상상태가 그동안에 이루어져 온 여러 차례의 '개혁'을 거치면서 현재의 수준으로 상향 이동해왔다고 보는 게 옳아 보입니다.

대한민국 경제의 정상상태를 변화시키는 계기를 만들었을 것으로 추정된 '사건'에는 다음과 같은 것이 있습니다. 건국과 더불어서 신생 대한민국의 경제체제를 사회주의 계획경제가 아닌 시장 자본주의로 하였다. 헌법을 통해서 사유재산권과 경제활동의 자유를 보장하였다. 농지개혁을 단행하는 것을 통해서 노예나 비슷한 처지에 놓여 있었던 수많은 농민을 자영 소농으로 변화시켰다. 수입대체 또는 민족기업 육성이라는 폐쇄적인 사고를 깨고 수출주도형 개방경제를 지향하였다. 국가가 경제를 주도하기보다는 국가의 지원 아래 민간 기업들이 경제를 주도하게 허용하였다. 경제주체들의 국외 진출을 장려하였다. 교육투자를 지속적으로 확대해왔다. 중화학 공업을 육성하였다. 경제자율화를 단행했으며 첨단산업의 성장을 지원하였다. 근로자의 실질임금 상승을 허용하였다. 지식정보산업의 성장을 도모하였다. 경제를 완전하게 개방하게 되었다. 복지지출을 늘리기 시작하였다. 이렇게 열거하자면 끝이 없을 정도입니다.

위에서 나열한 '사건'들이 정말로 우리나라의 정상상태를 긍정적인 방향으로 변화시켰을까요? 그렇다 하더라도 위에 열거한 것들이 똑같이 중요한 것일까요 아니면 그중에서 보다 더 근원적인 것이 있는가요? 필자의 견해로는 위에 열거한 것 중에서 보다 더 근본적인 것은 우리나라가 사유재산과 경제적 자유를 존중하는 기본원칙을 존중해온 것이 가장 큰 힘이 되었다고 생각합니다. 처음부터 사유재산권 보호가 완벽했던 것도 아니고 처음부터 경제적 자유가 광범위하게 주어진 것은 아니지만 그래도 그 방향으로 계속해서 개선해온 것이 주효했다고 생각합니다. 중도에 여러 차례에 걸쳐서 사유재산권을 제한하는 조치를 취하기도 하였으며 경제적 자유를 제한하는 조치를 취하기도 했으나 그렇더라도 기본 방향은 사유재산을 존중하고 경제적 자유를 확대하는 데서 크게 이탈하지 않은 것입니다. 이러한 바탕 위에서 대외 개방 정책을 고수한 것과 인적자본 투자를 장려하고 기술개발을 촉진한 것이 효과를 낸 것이라고 생각합니다.

이것을 좀 더 쉽게 얘기하자면 우리나라의 정상상태를 미국이나 일본 또는 서유럽 여러 나라의 정상상태와 비슷한 것으로 만들려는 노력이 주효한 것이라고 할 수 있습니다. 이런 잘사는 나라의 특징은 무엇입니까? 가장 중요한 것은 사적소유의 보편화 그리고 경제적 자유의 일상화라고 생각합니다. 필자는 이 두 가지를 인간해방의 조건이라고 표현하고 있습니다. 이렇게 보면 인간해방이 완전하게 이루어지는 나라를 만드는 게 경제의 정상상태를 최상의 것으로 만드는 유일한 길임을 알 수 있습니다. 인간해방은 경제를 발전시키는 선결조건이며 경제가 발전하면 인간해방이 보다 더 완전하게 이루어집니다. 설령 경제발전에 별 도움이 되지 않더라도 인간해방 그 자체는 우리가 추구해야 할 당위로서의 목표가 되는데 인간해방이 이루어지면, 아니 인간해방이 이루어져야 경제가 원만하게 발전하게 되므로 금상첨화가 되는 셈입니다.

중국, 베트남, 인도

중국과 베트남 그리고 인도의 경제발전 양상이 놀랍습니다. 세 나라 모두 오랜 세월 동안 침체상태에 빠져 있다가 근년에 이르러서 경제발전의 길로 나선 경우에 해당됩니다. 중국은 1980년대에, 베트남은 1990년대에, 그리고 인도는 2000년대에 들어서면서 개혁과 개방을 모토로 하는 경제 패러다임의 변화를 이룩함으로써 경제발전의 장도에 올라선 나라들입니다. 출발 당시 현재의 구매력으로 500~600달러에 불과하던 중국의 1인당 소득은 2018년 현재 1만 7,000달러 선을 넘어섰습니다. 베트남과 인도의 구매력 기준 1인당 소득은 아직 5,000달러가 안 되지만 현재 두 나라가 발전하는 속도를 보면 그들이 중진국 대열에 합류할 날이 그리 먼 미래가 아닐 것으로 판단됩니다.

6.5 정상상태의 하향 이동

지금까지는 정상상태를 상향 이동시키는 전략을 중심으로 경제발전에 관한 긍정적인 메시지들을 알아보았습니다. 거의 모든 세상사가 그렇듯이 사람들이 정상상태를 상향 이동시키는 긍정적인 방향으로만 행동하는 것은 아닙니다. 산업혁명 이후의 경제발전사를 보면 그 길로 가면 경제흥성을 통해서 국민 모두가 잘사는 나라를 만들 수 있다는 사실이 '빤히 보이는데도' 그러한 방안을 외면한 나라가 참으로 많습니다. 처음부터 그러한 길로 가기를 거부한 나라도 많으며 한때는 흥성의 길로 접어들었다가 변심하고 쇠망의 길로 방향을 선회한 나라도 많습니다. 이를 정상상태의 이동으로 보면, 좋은 방향으로의 상향 이동을 이루어내지 못하고 오히려 나쁜 방향으로의 이동 즉, 하향 이동을 '선택'한 것이 됩니다.

오늘 현재 경제발전에 실패한 나라들은 모두 정상상태를 상향 이동시키는데 실패하였거나, 그런대로 양호하던 정상상태를 불량한 정상상태로 하향 이

동시킨 나라들입니다. 쿠바, 베네수엘라, 북한, 파키스탄, 이란, 이라크, 우크라이나, 조지아[6] 그리고 수많은 사하라 이남 아프리카 국가들이 그러한 사례에 해당됩니다.

정상상태를 개선하지 못하는 이유

왜 어떤 나라들은 불량한 정상상태를 개선하지 않거나 그런대로 괜찮던 정상상태를 악화시키는 선택을 하는 것일까요? 정상상태를 개선하면 국민들의 삶이 개선되고 정상상태를 악화시키면 국민들의 삶이 악화됨에도 불구하고 정상상태를 악화시키는 선택을 하는 이유는 그렇게 함으로써 이득을 보는 집단이 있기 때문입니다. 권력과 재력을 독점한 집단이 절대다수의 국민을 희생시키면서 자기들의 이익을 확보하는 전략의 일환으로 정상상태를 악화시키는 선택을 하게 되는 것이라고 할 수 있습니다.

절대다수를 이루는 국민들의 삶을 개선시킬 수 있음에도 불구하고, 권력과 재력을 독점한 소수가 정상상태를 개선하는 길로 나아가지 않는 이유는, 그렇게 했을 때 자기들이 현재 누리는 독점적 위치가 불안해지기 때문입니다. 다시 말하자면 권력과 재력을 독점한 소수에게는 절대다수의 기층민을 노예로 삼는 게 더 큰 이득이 되기 때문입니다. 이는 노예경제가 사유(자유)경제보다 '주인'에게는 훨씬 더 유리한 제도이기 때문에 주인들이 노예해방을 거부하는 것과 동일한 맥락의 일입니다.

사람들이 그 나라의 불량한 정상상태를 개선하려고 노력하지 않거나 그런대로 양호하던 정상상태를 불량한 것으로 변질시키는 선택을 하는 또 다른 이유는 대중이 그 사회의 여론을 주도해나가는 사람들이 지닌 '틀린' 생각들을 좇아가기 때문입니다. 여기에서 '틀린' 생각이라는 것은 경제발전에 저해가 된다는 측면에서 그렇다는 것입니다. 경제발전에 역행한다는 점만 빼면 그들의

6) 러시아식 이름인 그루지야(Gruziya)가 아니라 영어식 이름인 조지아(Georgia)가 이 나라의 국호입니다.

주장은 참으로 그럴듯하게 들리는 것이 대부분입니다. 그래서 많은 이들이 그러한 주장에 열광하며 찬동합니다. 그들이 주장한 대로 좇아가다가는 경제가 파국에 이를 가능성이 큼에도 불구하고 먼 훗날에 생길 나쁜 결과는 눈에 들어오지 않고 당장 앞에 보이는 무지갯빛 환상을 좇아가는 것입니다.

더 나은 미래를 만들기 위해서 현재의 만족을 희생하자는 것은 별로 인기가 없는 주장입니다. 어떤 나라가 극심한 빈곤 상태를 벗어나서 어느 정도 먹고 살 만해지면 이제 좀 즐기면서 살자는 분위기가 자리 잡게 마련입니다. 미래를 위해 투자하는 데 치중하기보다는 현재를 즐기며 살자는 풍조가 생기기 시작하고 '죽도록 일하는 짓'은 이제 그만하고 여가를 즐기면서 '사람답게' 살아가자는 생각이 자리 잡게 됩니다. 소득이 증가하면 소비를 늘리고 더 많은 여가를 즐기는 게 어찌 보면 당연한 현상입니다. 그런데 문제는 그렇게 하는 게 옳은 일이라고 부추기는 행위입니다. '게으름을 피우는 것'도 괜찮은 일이라는 풍조에 물들기 시작하면 근면하고 성실한 기풍이 약해집니다. 즐기며 살자는 풍조가 일기 시작하면 근검절약하는 마음이 약해집니다. 그 결과 생산성이 떨어지고 저축과 투자가 감소합니다. 더 나은 미래를 만드는 일을 소홀히 하게 되니 경제의 발전 속도가 떨어집니다.

근면성실 그리고 근검절약의 정신이 약해지기 시작하면 소득이 감소하거나 증가하는 속도가 떨어지게 되는데 그런 상황을 좋아할 사람은 별로 없습니다. 사람들이 원하는 것은 적게 일하고 많이 갖겠다는 것인데 자력으로는 그런 '공짜'를 가질 방법이 없습니다. 이때 등장하는 것이 '많이 가진 자의 것을 나누어 갖자'라는 주장입니다. 많이 그중에서도 아주 많이 가진 자가 그렇게 된 것은 무엇인가 부당한 방법을 썼기 때문이므로 그들이 지닌 것을 빼앗는 게 정의로운 일이라고 생각합니다. 또한 아주 많이 가진 자의 것을 떼어내더라도 그는 여전히 많이 가지고 있게 될 터이므로 부자들의 것을 나누어 가져도 문제될 게 없다고 주장합니다. 아주 그럴듯한 주장입니다. 이런 주장이 힘을 얻게 되면 많이 가진 자의 소득이나 재산에 대해서 아주 높은 비율의 세금을 매기게 됩니다. 이러한 일이 일상화되면 경제를 발전시키는 힘들이 약해지기 시작합니다. 경제 쇠퇴와 정체가 시작되는 것이지요.

결국 사유와 자유를 핵심 가치로 하는 인간해방이 제대로 이루어지지 않으면 정상상태의 개선을 통한 경제발전이 불가능하다는 얘기가 됩니다. 그러므로 '인간해방'은 규범적으로는 물론이거니와 실증적으로도 반드시 이루어져야 할 명제입니다. 우리는 다음 장에서 인간해방이 이루어지면 인류의 경제상태가 어떻게 변모되는지 알아보게 됩니다.

제 7 장

전통 경제에서 근대 경제로의 이행

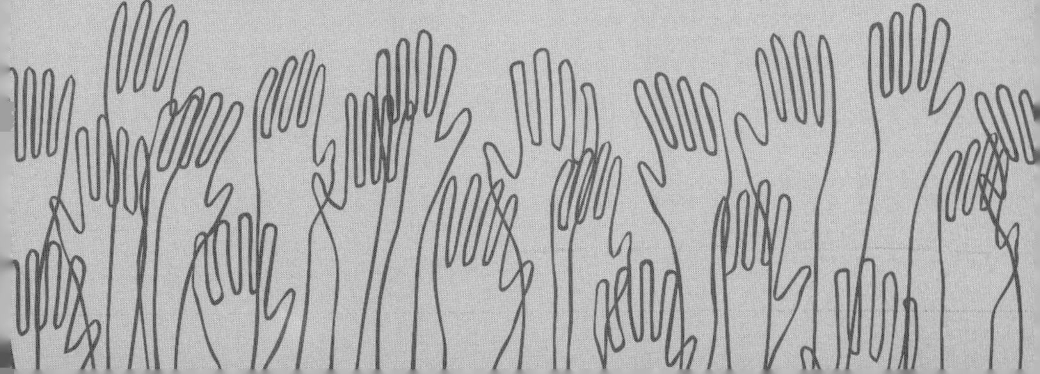

인간해방을 통한 산업혁명이 발발한 시점 이후의 경제변화에 대해 이해하려면 산업혁명 이전의 생산방식과 산업혁명이 일어난 이후의 생산방식이 공존하는 경제에 관하여 공부하는 게 필요합니다. 왜냐하면 산업혁명 이전과 이후의 생산방식이 본질적인 측면에서 다르기 때문입니다. 산업혁명 이전에는 자연자원과 노동력을 결합해서 재화를 생산하는 전통적인 방식을 활용했음에 비해서 산업혁명 이후에는 인적자본이 핵심적인 역할을 수행하는 근대적인 방식을 활용하게 되었습니다.

(인적자본이라는 용어를 사용하고 있지만 이를 물적자본과 인적자본을 결합한 일종의 하이브리드 자본으로 보면 물적자본도 포함한 것으로 이해할 수 있습니다. 더 넓게 해석해서 기술까지 포함하는 것으로 이해할 수도 있습니다.)

7.1 미래를 위한 투자와 산업혁명

전통적인 생산방식에 들어가는 자연자본과는 달리 근대적 생산방식에 들어가는 인적자본은 투자를 통해서 그 크기를 지속적으로 키워나갈 수 있습니다. 인적자본에 대한 투자가 일어나지 않는 경우에는 인적자본을 도입한 생산함수를 활용한다고 해서 달라질 게 없습니다. 그러므로 중요한 것은 인적자본을 활용하느냐의 여부가 아니라 인적자본을 활용하면서 인적자본을 계속해서 늘려나갈 유인이 있느냐가 중요합니다.

그런데 인적자본에 대한 투자가 이루어지면서 전통적인 생산방식의 중요성은 하락한 반면에 근대적 생산방식의 효용성은 지속적으로 높아졌습니다. 그 결과 경제발전에 성공한 나라들을 보면 그 나라 경제에서 근대적 생산방식이 점하는 비중이 매우 빠른 속도로 높아져 왔음을 알 수 있습니다. 이 사실이 매우 중요합니다. 즉, 전통적 생산방식과 근대적 생산방식이 공존하게 되었다는 사실도 중요하지만 그보다 더 중요한 것은 근대적 생산방식을 사용하게 되자 점점 더 그것의 중요성이 커져서 마침내 거의 모든 게 근대적 방식으로 바뀌게 되었다는 사실이 더 중요합니다. 이 장에서 우리는 그러한 일이 일어난 까닭에 관해서 공부하게 됩니다.

산업혁명 이전의 시기에는 인간해방이 이루어지지 않았기에 미래를 위한 투자가 이루어지기 어려웠습니다. 우리가 이미 알아본 바와 같이 공유경제에서는 자기 것이라고는 아무것도 없으므로 미래에 대한 투자가 활성화되기 어렵습니다. 미래를 위해 투자하더라도 당사자나 그의 자손이 투자의 과실을 가질 수 없기 때문입니다.

공유경제에서 투자가 활성화되지 않을 것이라는 가설은 투자의 대상과 관계없이 적용됩니다. 수렵채취의 대상을 잘 돌보거나 공동체의 미래를 담당할 아이들을 잘 키우거나 공동체를 운영하는 새로운 노하우를 개발하면 그 덕분에 공동체의 미래가 지금보다 좋아지는 것은 맞습니다. 그러나 내가 행한 투자의 과실을 모든 사람이 골고루 나누어 가져야 한다는 사실이 투자의욕을 약화시킵니다. 사정이 그러하므로 공유경제에서는 투자가 활성화되기 어렵습니다.

노예경제에서는 주인만이 투자할 유인을 가지며 또한 주인만이 투자할 능력을 지닙니다. 아무것도 가지지 못한 노예는 투자할 능력도 없는 데다 투자할 유인도 갖지 못합니다. 주인이 그에게 주는 것을 가지고 아이 하나 낳아 기르며 자신을 위한 최소한의 소비에 충당하는 게 고작입니다. 투자할 여력이 있을 리 없습니다. 게다가 노예가 투자해보아야 그 과실은 전부 주인이 가져갑니다. 그러니 투자하려는 마음이 들기도 어렵습니다. 노예가 그의 자녀를 더 잘 교육시키려고 노력할 수도 있으나 그래 봐야 똑똑해진 자녀에게 돌아가는 몫이 커지지도 않습니다. 다른 노예보다 똑똑하다고 해서 주인이 그에게 더 큰 몫을 주는 것도 아니기 때문입니다. 게다가 부모 노예가 자식 노예를 교육시키느라고 주인을 위한 생산을 소홀히 하는 일을 주인이 용납할지도 의문입니다. 그뿐 아니라 교육을 통해서 점점 더 똑똑해지는 노예들을 거느린다는 게 주인에게 커다란 위험이 될 수 있습니다. 똑똑해진 노예들이 주인을 압도할 수도 있기 때문에 그렇습니다. 사정이 그러하므로 주인은 노예가 투자하는 것을 억제합니다.

주인은 투자할 유인도 있고 투자할 능력도 있습니다. 따라서 그는 도구와 기계에 대한 투자를 늘릴 수도 있고 경지를 늘리거나 개량하는 투자를 행할 수도 있습니다. 자녀들의 인적자본을 형성하고 증진시키는 투자를 행하며 공동체 전체에게 도움을 줄 삶의 지혜를 발전시키는 일에 앞장서기도 합니다. 그렇지만 그렇게 하는 데 심각한 문제가 따릅니다. 본인의 노동능력만으로는 한계가 있으므로 경지와 물적자본을 늘리는 투자에 노예의 노동력을 투입해야 합니다. 그런데 주인에게만 혜택이 돌아가는 투자 활동에 동원된 노예들이 그것이 자기 일인 것처럼 열심히 일할까요? 아마도 그렇지 않을 것입니다.

주인이 그의 자녀의 인적자본을 형성하고 증진시키는 투자를 행하는 데는 노예의 노동력이 별로 필요하지 않을 것입니다. 그러므로 주인이 그의 자녀를 위해 투자하는 데는 별다른 어려움이 따르지 않습니다. 그렇지만 문제가 되는 것은 주인이 그의 자녀에게 어떤 종류의 인적자본을 형성해주느냐 하는 데 있습니다. 주인의 자녀는 생산 활동에 참여하지 않으므로 주인이 그 자녀에게 가르치는 것은 어떻게 하면 기존 질서를 잘 유지하며 어떻게 하면 노예들을 잘 거느릴 것인가에 관한 것이 대부분입니다. 그러한 지식은 노예경제를 유지하는 데는 도움이 되지만 경제를 번성하게 만드는 데는 별반 도움이 되지 않습니다. 오히려 노예제도만 더 공고해집니다.

주인은 공동체를 경영하고 발전시키는 데 도움이 될 노하우를 개발하는 투자를 행할 수도 있습니다. 그러나 그가 개발한 노하우를 다른 주인들이 '거저' 사용할 수 있기 때문에 그게 자기에게만 도움을 주는 것인 양 열성적으로 하지는 않습니다. 이러한 여러 가지 이유로 해서 노예경제에서도 투자가 활성화되기 어려우며 투자가 이루어진다 해도 경제발전에 크게 도움을 주지는 못합니다.

그러나 인간해방이 이루어지기 시작한 산업혁명 이후의 시기에는 사정이 달라집니다. 자유인이 된 보통 사람들 누구나가 토지자본과 물적자본과 인적자본을 늘려나가는 투자와 기술을 발전시키는 투자에 나서게 됩니다. 사유경제에서는 내가 행하는 투자의 과실이 거의 모두 나와 내 자손에게 귀속됩니다. 게다가 사유경제에서는 공동체에 위해를 가하는 일이 아니면 내가 어떤 일에 투자하건 자유입니다. 그저 내가 판단할 때 최선의 투자를 행하면 됩니다. 그러므로 사유경제에서 이루어지는 투자는 그 양만 많아지는 것이 아니라 질 역시 좋아집니다. 이러한 원리는 투자의 대상이 물적자본이건 인적자본이건 동일하게 적용됩니다. 다만 예외는 기술에 대한 투자입니다. 기술을 개발하면 누구나 사용할 수 있으므로 지식재산권이 확보되지 않으면 기술개발 활동이 지지부진해지기 쉽습니다. 이와 같이 사유경제에서도 재산권을 확정하기가 어려운 상황에서는 투자가 활성화되기 어렵습니다.

이제부터 우리가 제1장에서 제5장에 이르기까지 활용했던 경제모형을 또다시 쓰게 됩니다. 다만 그때에는 고려하지 않았던 인적자본과 인적자본에 대한 투자 활동 및 기술과 기술개발에 대한 투자 활동을 추가해서 공부하게 됩니다. 토지자본과 물적자본에 대한 투자도 고려할 수 있지만 설명을 단순화하기 위해서 인적자본과 기술개발에 대한 투자만 고려하는 것입니다. 우리가 지금부터 설명하려는 모형에 대해 숙지한 다음에 토지자본과 물적자본에 대한 투자를 고려하는 것은 그리 어려운 일이 아닙니다. 그러나 이 모든 것들을 한꺼번에 고려하는 것은 아주 어려운 일입니다.[1)]

노동력, 토지 그리고 인적자본을 투입요소로 해서 생산 활동을 전개하는 경제를 고려합니다. 이제부터 공부할 경제에는 두 가지 생산방식이 존재합니다. 하나는 전통적 생산방식이며 다른 하나는 근대적 생산방식입니다.

이 경제에서 한 사람이 평생 동안 사용할 시간을 1로 표준화normalize 하겠습니다. 자녀를 양육하고 교육하는 데는 부모의 시간이 소요됩니다. 예를 들어서 부모가 n명의 자녀를 낳는다고 할 때 그들을 양육하는 데 한 명당 k의 시간이 소요되고 그들을 교육하는 데 한 명당 r의 시간이 소요된다면 주어진 시간 1에서 $(k+r)n$을 뺀 나머지를 생산 활동에 쓰게 됩니다. 편의상 생산 활동에 투입할 수 있는 시간을 l로 나타내기로 합시다. 자녀를 양육하는 데 아무런 시간도 투입하지 않으면 후손이 끊겨서 멸문이 됩니다. 그러므로 어떤 경

1) 물적자본에 대한 투자에 관해서는 이미 제4장과 제5장에서 알아본 바 있습니다.

우이건 kn만큼의 시간은 자녀 양육에 쓰게 됩니다. 자녀 교육은 조금 다른 문제입니다. 이것은 자녀가 갖게 될 인적자본을 함양하는 투자이므로 투자하는 게 타당한 경우에만 하게 됩니다. 자녀의 인적자본을 함양해보아야 별 도움이 되지 않는다면 r을 0으로 하는 게 올바른 결정이 됩니다. 따라서 자녀의 인적자본 형성을 위한 투자가 소용이 없는 경우에는 $l=1-kn$이 되며 인적자본을 형성하는 게 옳은 결정인 경우에는 $l=1-kn-rn$이 됩니다. (여기에 더해서 자녀가 가지고 일할 신기술을 개발하는 활동에 q시간을 투입하는 상황이 되면 $l=1-rn-kn-qn$이 됩니다. 이에 관해서는 이 장의 후반부에서 상세하게 알아보게 됩니다.)

7.2 전통적 생산방식과 근대적 생산방식

전통적 생산방식

전통적 생산방식이란 우리가 제1장에서 제5장까지의 설명에 활용하였던 생산함수 Ax^{α}를 조금 변형한 $Ax^{\alpha}\theta^{1-\alpha}$를 말합니다. 여기에서 x는 1인당 경작면적을 나타내며 θ는 총가용 노동시간 l 중에서 전통적 생산방식에 투입되는 노동력의 비율을 나타내고 A는 전통적 생산방식에 도움이 되는 노하우를 나타냅니다. α는 0부터 1사이의 값을 가지는 생산함수의 파라미터parameter입니다.

전통경제가 어떤 특징을 갖는지에 관해서는 이미 제2장과 제4장의 논의에서 알아보았습니다.[2)] 여기에서 우리가 전통경제라고 부르는 것은 $y=Ax^{\alpha}$로 특정되는 생산함수를 활용하는 경제를 말하는데 이는 바로 우리가 공부한 자본재가 없는 경우와 자본재가 있는 경우의 사유경제에 해당됩니다. 우리가 알아본 바에 의하면 노동시간 $l=1$을 모두 생산에 투입하고 자녀를 낳아 키우는 데는 시간이 아니라 물질로 kn만큼의 비용을 쓰는 사유경제에서 자본재가 없

2) 여기에서의 논의는 사유경제를 전제로 합니다.

는 경우에는 $y_e = \dfrac{1-\beta+\eta}{\eta-\alpha\beta}k_e$로 1인당 생산이 정해지고 자본재가 있는 경우에는 $y_z = \dfrac{1-\beta+\eta}{\eta-(\alpha+\nu)\beta}k_{ez}$로 정해집니다. 이들이 얼마나 되는지 알아보기 위해서 파라미터값을 적절하게 주고 계산한 결과 자본재가 없을 때는 3,825로 정해지는 1인당 생산이 자본재를 추가하면 10,800이 된다는 사실도 확인한 바 있습니다.

근대적 생산방식[3)]

근대적 생산방식을 생산함수 $Bh(l-\theta)$로 표현할 수 있습니다. 여기에서 h는 이 경제를 살아가는 자유인이 지닌 인적자본의 크기를 나타냅니다. $(l-\theta)$는 가용 노동력 l 중에서 전통적 생산방식에 투입한 노동력 θ를 뺀 값을 나타내는데 그게 바로 근대적 생산방식에 투입하는 노동력의 비율이 됩니다. B는 근대적 생산방식에 도움이 되는 기술을 나타냅니다. 인적자본 h는 근대적 생산방식에서만 유용합니다.

전통적 생산방식은 한계생산력 체감법칙이 적용되는 콥·더글러스 함수로 주어졌음에 비해서 근대적 생산함수는 거기에 투입되는 인적자본 $h(l-\theta)$의 선형함수linear function로 주어졌다는 사실에 유념해야 합니다.

근대적 생산방식을 선형함수로 나타낸 것은 다음과 같은 '생각의 과정'을 거쳐서 도출된 것입니다. 우선 아래와 같은 형태로 주어진 생산함수를 살펴봅시다.

$$y = B(hl)^{\phi}(\bar{h}\bar{l})^{1-\phi},\ 0<\phi<1 \tag{7.1}$$

식 (7.1)로 나타낸 생산함수가 의미하는 바는 이렇습니다. 내가 생산하는 재화의 양은 내가 투입하는 나의 노동능력 hl과 내가 속한 공동체가 지닌 평균적인 노동능력 $\bar{h}\bar{l}$의 함수로 정해집니다. 이는 공동체가 지닌 평균적인 노동능력이 나의 노동능력을 보완하는 역할을 하고 있음을 나타냅니다. 파라미터

3) 여기에서 소개하는 것은 근대적 생산방식 중에서 제일 단순한 형태의 것입니다.

$1-\phi$가 공동체의 평균적인 노동능력이 나의 노동능력을 보완해주는 정도를 나타냅니다. $\phi=1$이면 공동체가 지닌 평균적인 노동능력이 내게는 아무런 쓸모도 없는 상황을 나타냅니다. 공동체가 지닌 평균적인 노동능력이 나의 노동능력을 보완해주는 정도가 클수록 파라미터 ϕ가 1보다 작은 값을 갖습니다.

공동체의 평균적인 노동능력이 나의 노동능력을 보완해준다는 게 무슨 의미인가요? 이는 내가 속한 공동체의 평균적인 인적자본의 양이 내가 지닌 인적자본의 생산성에도 긍정적인 영향을 준다는 사실을 나타냅니다. 즉, 내가 속한 공동체의 구성원들이 '똑똑하면, 유능하면, 경험이 풍부하면, 숙련도가 높으면, 건강하면, 많이 배웠으면, …' 그렇지 않은 공동체에 속했을 때보다 내가 하는 일의 생산성이 높아진다는 사실을 말합니다. 어떻습니까? 여러분이 생각해도 그럴 것 같지요? 경제학자들이 인적자본에 관해 논의할 때 인적자본은 아주 강한 외부경제를 갖는다고 말하는 것은 바로 이런 사실을 가리키는 것입니다. 그런데 우리가 고려하고 있는 사람은 바로 이 공동체의 평균적인 사람입니다. 그러므로 그가 지닌 노동능력 hl은 공동체가 지닌 평균적인 노동능력 $\overline{hl}$과 같습니다. 이런 사실을 식 (7.1)에 반영하면 우리가 상정한 생산함수 $y=Bhl$을 얻게 됩니다. 근대적 생산방식이 노동능력 hl의 선형함수가 되는 것은 바로 이러한 '생각의 과정'을 거친 결과입니다.

7.3 근대적 생산방식과 지속적 경제발전

그렇다면 근대적 생산방식만 활용하는 경제는 어떤 모습을 보일까요? 근대적 생산방식만 활용한다는 것은 생산함수가 $y=Bhl$이 됨을 의미합니다. 여기에서 l은 주어진 시간 1에서 자녀를 양육하거나 교육하는 데 투입하는 시간을 제외한 나머지를 말합니다. 예를 들어서 n명의 자녀를 낳아서 키우고 교육시키는 데 한 명당 각각 k 및 r 시간이 소요된다면 $l=1-kn-rn$이 됩니다. 이처럼 근대적 생산방식을 채택하는 경제에서는 주어진 시간 1을 전부 다 생산에 투입하는 게 아니라 자녀를 낳아 키우고 자녀의 인적자본을 확충하는 데도 사용하게 됩니다. 이제 이러한 사실을 반영하면 근대경제의 생산함수를 다음과 같이 나타낼 수 있습니다.

$$y = Bh(1 - rn - kn) \tag{7.2}$$

식 (7.2)에서 kn은 n명의 자녀를 낳아 키우는 데 소요되는 부모의 시간을 나타냅니다. 또 rn은 n명의 자녀를 둔 부모가 그 자녀의 인적자본 형성에 투입하는 시간을 나타냅니다. 자녀 하나당 r시간을 투입해서 인적자본을 형성해 주는 것입니다.

부모의 인적자본이 h_t일 때 자녀의 인적자본은 아래와 같이 정해집니다.

$$h_{t+1} = \psi(r_t)h_t \tag{7.3}$$

식 (7.3)에서 함수 $\psi(r)$은 부모가 자녀 '교육'에 r시간을 투입할 때 자녀의 인적자본이 부모가 지닌 인적자본보다 얼마나 달라지는지를 나타냅니다. 이것을 '싸이'[4]라고 읽는 것은 다 알지요? $\psi(r)$이 1보다 크면 세대를 거듭할수록 인적자본의 양이 늘어나는 경우를 나타내고, 그것이 1보다 작으면 부모의 노력이 충분하지 않아서 자녀의 인적자본이 부모의 인적자본보다 작아지는 경우를 나타냅니다. 1이면 늘어나지도 줄어들지도 않는 경우이지요.

인적자본 형성을 나타내는 함수를 아래와 같은 형태로 상정하기로 합니다. 이는 순전히 계산의 편의성을 위해 경제논리에 부합하는 것 중에서 가장 단순한 형태를 고려한 것입니다.

$$\psi(r) = Dr^{\varepsilon} \tag{7.4}$$

식 (7.4)에서 D는 임의의 상수입니다. 그리고 ε(입실론)은 인적자본 형성에 투입되는 시간의 생산성을 나타내는 파라미터입니다. 예를 들어서 r은 0.1이고 ε은 0.36이며 D는 2.34이면, 인적자본의 성장률은 2.14%가 됩니다.

---

4) 그리스어로는 '프시'라고 읽고, 영어로는 '사이(또는 싸이)'라고 읽습니다.

부모는 자녀를 양육하고 교육하는 데 소요되는 시간 $kn+rn$을 뺀 나머지 $1-kn-rn$을 생산에 투입해서 얻은 생산물을 소비하며 살아갑니다. (자녀를 위해서는 이미 시간으로 비용을 치렀으므로 더 이상 지출할 게 없습니다.) 그러므로 예산제약은 아래와 같습니다.

$$c=Bh(1-kn-rn) \tag{7.5}$$

우리는 앞의 장의 논의에서 경작지 x를 갖고 일생을 살아가는 사람의 생애효용 즉, 'value'를 $v(x)$로 나타낼 수 있음에 관해 알아본 적이 있습니다. 그렇게 할 수 있었던 이유는 그 모형에서는 x가 상태변수였기 때문입니다. 이제 동일한 논리를 적용하면 인적자본 h를 지니고 일생을 시작하는 사람의 생애효용 즉, 'value'를 $v(h)$로 나타낼 수 있습니다. 왜냐하면 이제는 인적자본 h가 이 경제의 상태변수가 되기 때문입니다. 우리가 앞에서 썼던 효용함수를 그대로 활용하면 이제 아래와 같은 '함수방정식functional equation'을 얻게 됩니다.

$$\begin{aligned} &v(h)=Max\ [c^{1-\beta}n^{\eta}(v(\psi(r)h)^{\beta}] \\ &subject\ to \\ &c=Bh(1-kn-rn) \end{aligned} \tag{7.6}$$

이 문제를 푸는 게 이 책을 읽는 대부분의 독자가 지닌 수학지식의 수준을 넘어서므로 제가 그냥 해답을 제시하겠습니다. 필자가 제시하는 답은 소위 말하는 정상상태의 해 즉, 경제상황에 맞게 모든 조정이 끝난 후의 상태를 나타냅니다. 우선 자녀 수 n과 인적자본 형성에 들이는 시간 r은 아래와 같이 정해집니다.

$$kn+rn=\frac{\eta}{1-\beta+\eta} \tag{7.7}$$

$$n=\frac{\eta-\beta\varepsilon}{1-\beta+\eta}\frac{1}{k} \tag{7.8}$$

$$r=\frac{\beta\varepsilon}{\eta-\beta\varepsilon}k \tag{7.9}$$

근대적 생산방식을 활용하는 경제의 특징

이를 보면 여러 가지 아주 흥미로운 점을 알 수 있습니다. 그중 몇 가지를 정리하면 다음과 같습니다.

첫째, 지금까지 알아본 경제에서는 자녀 수 n이 1로 정해졌으나 이제부터는 n이 반드시 1이 되지는 않습니다. 아니 n이 1로 정해지는 것은 우연의 소산일 뿐 일반적으로는 1보다 크거나 작게 정해집니다. 지금까지 고려한 모형에서 자녀 수가 1로 정해졌던 것은 우리가 고려했던 모든 경제에서는 지속적인 성장이 일어나지 않기 때문이었습니다. 지속적인 성장이 일어나지 않는다는 것은 경제가 같은 상태에 계속해서 머문다는 것 즉, 정상상태에 놓이게 됨을 의미합니다. 정상상태에서는 모든 경제변수가 일정한 값을 지닙니다. 공동체 구성원 수 N 역시 마찬가지입니다. 그래서 자녀 수 n이 1로 정해집니다. 그러나 지속적으로 성장하는 경제에서는 n이 1보다 크거나 작게 정해져서 구성원 수 N이 증가하거나 감소하는 일이 벌어지게 됩니다.

예를 들어서 효용함수의 파라미터가 $\eta=0.3$ 그리고 $\beta=0.28$의 값을 지니며, 인적자본 투자의 생산성을 나타내는 파라미터 ε이 0.36 그리고 자녀 한 명을 양육하는 데 투입하는 시간이 0.1992라 하면 우리가 구한 정상상태는 아래와 같은 값을 지니게 됩니다.

$$kn+rn=0.294,\ n=1.017,\ r=0.097$$

이 수치 예에서는 부모가 자녀를 양육하고 교육하는 데 그가 가진 시간의 29.4%를 투입하는 것으로, 그리고 그가 낳아 기르는 자녀의 수는 1.017명 즉, 인구증가율은 1.7%로 나옵니다. 한편 자녀를 양육하는 데는 부모가 가진 시간의 19.2%를 투입하고 자녀를 교육하는 데는 부모가 가진 시간의 9.7%를 투입합니다.

둘째, 부모가 낳는 자녀 수 n은 자녀를 양육하는 데 소요되는 부모의 시간 k의 감소함수로 정해집니다. 아이들을 낳아 키우는 일에 부모가 시간을 많이 들여야 하면 할수록 아이를 적게 낳게 됩니다. 아이를 낳아 기르는 게 어려워지면 적게 낳는 게 당연합니다. 위에서 든 예에서 자녀를 양육하는 데 투입해야 하는 부모의 시간이 0.192가 아니라 0.18로 줄어들면 자녀의 수가 1.085명으로 늘어나는 데서 k가 줄어들면 n이 커진다는 사실을 확인할 수 있습니다.

셋째, 부모가 자녀 교육에 할애하는 시간 r은 식 (7.9)에서와 같이 정해집니다. 이를 보면 r이 자녀를 양육하는 데 들여야 하는 부모의 시간 k의 증가함수가 됨을 볼 수 있습니다. 아이를 키우는 일이 어려워지면 앞에서 보았듯이 아이를 적게 낳는 대신 아이의 교육에 투입하는 시간을 늘리게 되는 것입니다. 적게 낳아서 잘 기르게 되는 것입니다.

넷째, 자녀 수 n은 파라미터 ε의 감소함수가 되며 자녀의 교육에 투입하는 부모의 시간 r은 ε의 증가함수가 됩니다. ε은 부모가 자녀 교육에 투입하는 시간 r의 생산성을 나타내는 파라미터입니다. 그게 클수록 부모가 아이들 교육에 들이는 정성이 더 큰 효과를 발휘합니다. 그래서 ε이 커지면 r을 늘리게 되는 것입니다. 그렇지만 자녀 수를 그대로 유지한 채 r을 늘리면 아이들 전부에게 투입하는 교육시간이 증대되므로 그만큼 부모가 더 큰 희생을 치르게 됩니다. 그래서 부모는 증대되는 희생을 조금이라도 줄이기 위해서 자녀 수를 줄이는 결정을 내리게 됩니다. 즉, ε이 커지면 n을 작게 만듭니다. 결국 ε이 커지면 n은 작아지고 r은 커지는 변화가 생기게 되는 것입니다. 자녀 수를 줄이는 대신에 낳은 자녀를 더 잘 교육시키는 선택을 하게 되는 것입니다.

위에서 본 두 번째 예($k=0.18$인 경우)에서 부모가 자녀를 양육하는 데 투입하는 '노력'의 생산성을 나타내는 파라미터 ε이 우리가 상정했던 0.36에서, 예를 들어서, 0.4로 높아지면, n이 당초의 1.085명에서 1.024명으로 줄어들고 r이 당초의 0.091에서 0.107로 높아지는 데서 ε의 변화가 자녀 수와 자녀 교육에 투입하는 시간에 대해 미치는 영향을 확인할 수 있습니다.

다섯째, 부모는 그가 자녀를 양육하고 교육하는 데 투입하는 총시간을 항상 일정하게 유지합니다. 식 (7.7)에 그러한 사실이 나타나 있습니다. 자녀를 양육하는 데 투입하는 시간 kn과 자녀를 교육하는 데 투입하는 시간 rn을 합한 총시간이 일정한 값을 갖는 것입니다. 이것은 우리가 고려하는 모형에서는 부모가 생산 활동에 투입하는 시간 $1-kn-rn$을 항상 일정한 값으로 유지한다는 사실을 말해줍니다. 우리가 외생변수로 취급하고 있는 자녀 양육비 k나 인적자본 투자의 생산성을 나타내는 파라미터 ε이 변화하면 그에 대응해서 자녀 수 n과 인적자본투자 r을 변화시키기는 하지만 그러한 변화가 $kn+rn$은 변화시키지 않게끔 하는 선에서 이루어지게 됩니다.

방금 설명한 사실만 놓고서 잘사는 부모나 못사는 부모나 그들이 자녀를 위해서 쏟아붓는 노력의 정도가 동일하다고 생각하는 것은 오해입니다. 자녀를 양육하고 교육하는 데 투입하는 시간으로만 보면 소득수준과 무관하게 동일한 것이 사실입니다. 그러나 잘사는 부모와 못사는 부모의 시간 가치는 판이하게 다릅니다. 이 점에 대해 이해하기 위해서 자녀를 양육하고 교육하는 데 투입하는 부모의 시간을 재화 생산에 투입했더라면 얼마나 되는 가치를 창출했었을까 알아볼 필요가 있습니다. 즉, 부모가 자식을 위해 투입하는 시간의 가치에 대해 알아보자는 얘기입니다. 그것은 아래와 같이 정해집니다.

$$\text{자녀를 위해 사용하는 시간의 가치} = Bh\left(\frac{\eta}{1-\beta+\eta}\right) \tag{7.10}$$

이것을 통해서 분명하게 볼 수 있듯이 부모가 자녀를 위해 투입하는 시간의 가치는 부모가 지닌 인적자본 h가 크면 클수록 크게 정해집니다. 그러므로 비록 시간으로는 동일한 양을 투입하지만 가치로 보면 부유한 부모가 그렇지 않은 부모보다 더 많은 비용을 치르는 것입니다.

1인당 소비의 결정

이제 이 경제에서 1인당 생산=1인당 소득=1인당 소비가 얼마로 정해지는지 알아보겠습니다. 그 해답은 아래에 주어져 있습니다.

$$c = Bh\frac{1-\beta}{1-\beta+\eta} \tag{7.11}$$

식 (7.11)로 표현되는 1인당 소비를 보면 그것이 부모가 생산에 투입하는 시간 $(1-\beta)/(1-\beta+\eta)$와 부모가 지닌 인적자본 h 그리고 근대적 생산방식의 생산성을 나타내는 B의 함수로 정해짐을 알 수 있습니다. (지금 우리가 고려하는 경제에서는 자녀 양육비와 자녀 교육비를 부모의 시간으로 지불하고 있으므로 자녀를 양육하고 교육하는 데 투입한 시간을 뺀 나머지를 활용해서 생산한 소득 전부를 소비하게 됩니다.) 부모가 재화를 생산하는 데 투입하는 시간이 자녀 양육에 필요한 시간 k나 자녀 교육을 위한 투자의 생산성 ε과 무관하게 정해짐에 유념합시다. 이는 식 (7.7)에서 보았듯이 부모가 자녀를 양육하고 교육하는 데 투입하는 총시간이 k와 ε과는 무관하게 정해지는 것과 동일한 차원의 현상입니다.

‘적게 낳아 잘 기르는 선택’과 경제발전

우리가 방금 알아본 결과 즉, 자녀를 양육하는 일에 더 많은 비용이 소요되거나 자녀를 교육하는 데 투입하는 노력의 생산성이 향상될 때 아이를 적게 낳는 대신에, 낳은 아이들을 잘 교육시키는 데 더 많은 노력을 기울이게 된다는 결과를 경제학자들은 자녀에 관한 양과 질의 선택quantity quality choice이라고 부릅니다. 우리가 본 것은 양을 희생하는 대신 질을 높이는 선택을 하는 경우에 해당됩니다.

인적자본을 형성하고 증진하는 활동의 생산성 ε이 커질 때 부모가 n을 줄이고 r을 늘리게 된다는 사실이 경제발전에 관해서 두 가지 측면에서 아주 중요한 의미를 지닙니다. 하나는 인적자본 형성의 생산성이 올라갈수록 인구증가율이 하락하게 된다는 사실입니다. 둘은 인적자본 형성의 생산성이 올라갈수록 부모가 자녀 교육에 더 많은 노력을 기울이는 결과로 인적자본의 성장률이 높아지고 인적자본의 성장률이 높아지면 그것과 정비례해서 1인당 소득의 성장률이 높아진다는 사실입니다. 즉, ε이 커지는 변화가 일어나면 인구증가 속도는 낮아지고 1인당 소득의 증가율은 높아집니다. 20세기 후반 이후에 세계 경제가 폭발적으로 성장하는 가운데 산업혁명과 더불어 높아졌던 인구증가율이 선진국을 필두로 해서 낮아지기 시작한 것은 우리가 방금 살펴본 양보다 질을 선택하는 현상이 점점 더 많은 나라로 확산된 결과인 것 같습니다. 우리의 이러한 추정이 옳다면 세계의 인구증가율이 장기적으로는 하락하게 될 것으로 예상할 수 있습니다.

자녀를 양육하는 데 소요되는 '시간' k가 증가할 때 즉, 자녀를 낳아 기르는 일이 더 '비싼' 일이 될 때, 자녀를 적게 낳는 대신에 적게 낳은 자녀를 더 잘 교육시키게 된다는 사실 역시 경제발전에 대해 말해주는 바가 큽니다. 경제가 발전하기 시작하면 1인당 소득이 증가하면서 부모의 시간가치가 올라갑니다. 그렇게 되면 동일한 시간을 투입하더라도 자녀를 낳아 기르는 게 점점 더 '비싼' 선택이 됩니다. 그 결과 소득수준이 높아질수록 부모가 자녀를 적게 낳는 선택을 하게 됩니다. 그 대신에 적게 낳은 자녀들을 더 훌륭하게 키우려고 노력하게 됩니다. 자녀 교육에 투입하는 자원을 늘리게 되는 것입니다. 이러한 사실은 잘사는 나라가 될수록 즉, 소득수준이 높아질수록, 부모가 낳아 기르는 자녀 수가 줄어들면서 자녀들에게 투입하는 교육투자는 늘어나게 됨을 의미합니다.

지속적 성장의 속도 결정

식 (7.11)을 보면 분명하게 알 수 있듯이 부모의 소비는 부모가 지닌 인적자본의 양에 비례해서 정해집니다. 인적자본이 많으면 생산과 소비 모두 많아집니다. 그것은 또한 근대적 생산방식의 생산성을 나타내는 B와도 정비례해서 정해집니다. 이를 보면 1인당 소득과 1인당 소비가 아주 큰 부자 나라 국민은 그가 지닌 인적자본의 양이 아주 많거나 그 나라의 생산성이 아주 높기 때문에 부유한 것임을 알게 됩니다. 반면에 1인당 소득이나 소비가 아주 작은 가난한 나라의 국민은 그가 지닌 인적자본이 매우 열악한 수준에 놓여 있고 그 나라의 생산성이 형편없이 낮기 때문에 그렇게 된 것입니다.

1인당 생산이면서 동시에 1인당 소비를 나타내는 식 (7.11)이 인적자본 h의 함수라는 것이 아주 중요한 사실을 내포합니다. 인적자본 h의 증감이 1인당 소득의 증감과 직결된다는 사실이 그것입니다. 그런데 우리가 공부하고 있는 모형에 의하면 인적자본은 세대를 거듭하면서 아래와 같이 변화해나갑니다.

$$h_{t+1}=\psi(r)h_t=Dr^{\varepsilon}h_t=D\left(\frac{\beta\varepsilon}{\eta-\beta\varepsilon}k\right)^{\varepsilon}h_t \qquad (7.12)$$

이 식은 모형에서 상정한 식 (7.3)과 식 (7.4)를 적용하고 식 (7.9)에서 정해지는 해답을 대입해서 얻은 결과입니다. 이 식에서 중요한 것은 $\psi(r)$입니다. 왜냐하면 $\psi(r)-1$이 우리가 제시한 모형에서 정해지는 인적자본의 성장률이며 동시에 그것이 이 경제에서 정해지는 1인당 소득의 성장률이 되기 때문입니다. 이렇게 정해지는 1인당 소득(소비)의 증가율을 g라 하면 $g=\psi(r)-1$이며 그 크기는 아래와 같이 정해집니다.

$$\psi(r)-1=D\left(\frac{\beta\varepsilon}{\eta-\beta\varepsilon}k\right)^{\varepsilon}-1 \qquad (7.13)$$

이것이 이 경제의 장기성장률입니다. 이하의 논의에서는 주어진 파라미터 값들이 0보다 큰 성장률을 보장한다고 상정하겠습니다. 이는 모형의 유일한 자유 파라미터free parameter인 D를 적당히 큰 값으로 가정하기만 하면 되는 일입니다. 식 (7.13)을 보면 알 수 있듯이 실증 데이터에 의해 정해지게 될 모형의 파라미터 중에서 β와 ε과 k가 큰 값을 가질수록 그리고 η가 작은 값을 가질수록 성장률이 높게 정해집니다. 여기에서 특별히 주목할 것은 인적자본에 대한 투자의 생산성이 높을수록 경제성장률도 높아진다는 사실입니다.

하나의 예로서 식 (7.13)으로 정해지는 인적자본 증가율이 연 2%라면 1인당 소득도 연 2%씩 성장합니다. 산업혁명 이후에 인류의 평균소득이 1,000달러에서 1만 8,000달러로 증가해온 것은 다른 어느 것보다도 바로 인적자본이 증가해온 결과라고 할 수 있습니다. 연 2%의 성장률이면 1인당 소득은 매 35년마다 두 배씩 늘어납니다. 열여섯 배가 되려면 145년밖에 소요되지 않습니다. 이런 식으로 보면 소득이 열여덟 배가 되는 데 270년 정도가 걸렸다는 사실에서 산업혁명 이후에 인류가 지닌 (1인당) 인적자본의 크기가 연 1%를 조금 넘는 속도로 증대되어 왔을 것임을 짐작할 수 있습니다.

인적자본의 증가 속도가 어느 정도나 되는가 하는 사실도 중요하지만 인류 역사 30만 년의 거의 대부분에 걸쳐서 정체되어 있었던 인적자본이 산업혁명을 계기로 해서 해마다 증가하기 시작하였다는 사실이 더 중요합니다. 인적자본의 지속적인 확대가 이루어지지 않았다면 지금도 우리 인류는 우리 조상들이 그랬던 것처럼 1년에 1,000달러 내외의 소득을 지닌 채 살아가고 있었을 것입니다. 그러한 삶이 얼마나 열악한 것인지는 각자가 판단해볼 문제이지만 분명한 것은 1인당 소득 1만 8,000달러의 삶과 비교해볼 때 1인당 소득 1,000달러의 삶이 더 낫다고 할 사람은 많지 않을 것입니다.

7.4 전통적 생산방식과 근대적 생산방식의 혼용

전통적 생산방식과 근대적 생산방식을 혼용하는 단계에서는 1인당 생산 또는 1인당 소득이 아래와 같이 정해집니다.

$$y = Ax^{\alpha}\theta^{1-\alpha} + Bh(l-\theta) \tag{7.14}$$

경제학을 웬만큼 공부한 사람도 식 (7.14)에 나타낸 것과 같은 생산함수를 보고 당황해할 수 있습니다. 그러나 그럴 필요는 없습니다. 이것은 마치 두 개의 다른 공장이 있는데 한 달에 θ일은 공장 A에서 일하고 $l-\theta$일은 공장 B에서 일하는 사람이 한 달 동안에 생산하는 재화를 나타내는 것과 같습니다.

자녀의 숫자 n과 자녀당 인적자본 형성에 투입할 시간 r의 결정에 관해서는 이미 공부한 바 있습니다. 지금 우리가 공부하는 모형에서는 자녀 양육과 교육에 소요되는 비용을 '시간'으로 지불하므로 $1-(r+k)n$의 시간을 들여서 생산한 재화 y는 모두 자신의 소비 c로 쓰입니다. 그러므로 y가 어떻게 정해지는지 아는 게 중요합니다. 그 해답이 식 (7.1)에 있습니다. 그러나 θ를 결정하지 않으면 y가 얼마가 될지 알지 못합니다. 그러므로 생산하는 데 쓸 시간 l을 어떻게 배분해야 되는지 알아볼 필요가 있습니다.

전통적 생산방식과 근대적 생산방식에 대한 노동력 배분의 문제

그렇다면 어떻게 θ를 정하는 게 합리적인 일일까요? 이 물음에 대한 답은, 경제학도라면 당연히 할 수 있는 것으로서, 1인당 생산 y가 가장 커지도록 θ를 결정한다는 것입니다. 말하자면 식 (7.14)를 최대화시키는 θ를 찾는 게 정답이 됩니다.

최적 노동시간 배분비율을 찾는 한 가지 방법은 그래프를 활용하는 것입니다. 이 방법을 활용하려면 위에서 제시한 두 가지 생산방식을 변수 θ의 함수로서 동일한 좌표 평면에 그래프로 나타내는 게 필요합니다. [그림 7-1]이 하나의 사례를 보여줍니다. 전통적 생산방식은 1보다 작은 지수가 붙은 $\theta^{1-\alpha}$의 함수가 되므로 이를 그래프로 나타내면 원점을 지나는 위로 볼록하게 증가하는 함수의 모양이 됩니다. 어려운 얘기가 아니라 θ값이 커질수록 생산량이 증가하는데 그 한계생산물이 체감한다는 것입니다. θ의 최대치는 l이 됨에 유

그림 7-1 최적 배분비율의 결정

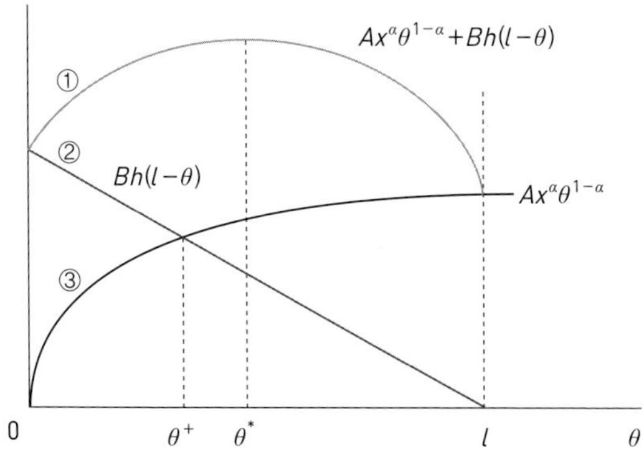

념하기로 합시다. [그림 7-1]에서 ③번 선이 이를 나타냅니다.

근대적 생산방식은 $l-\theta$의 선형함수입니다. 이를 그래프로 나타내면 절편이 Bhl이고 기울기가 $-Bh$인 직선이 됩니다. 이 직선은 $\theta=l$이 될 때 가로축을 만나게 됩니다. 이는 [그림 7-1]의 ②번 선으로 나타내집니다.

위의 그래프를 보면 전통적 생산함수와 근대적 생산함수가 교차하는 점이 있음을 알게 됩니다. 이 점에서 정해지는 θ값을 θ^+라고 부릅시다. 그래프를 보면 알 수 있듯이 만일 두 가지 중 하나만 선택해야 한다면 θ^+보다 작은 값을 선택해야 하는 상황에서는 근대적 생산방식을 사용하고 θ^+보다 큰 값을 선택해야 하는 상황에서는 전통적 생산방식을 선택하는 게 나은 것처럼 보입니다. 즉, either or라면 그런 선택이 최선일 것입니다.

그러나 이것은 착각입니다. 우리는 두 가지 생산방식을 두고서 그중 어느 하나만 사용하든가 아니면 두 가지를 모두 사용하는 옵션에 대해서 공부하고 있는 것입니다. 두 가지를 모두 사용한다는 것을 그래프를 통해 이해하면 어떻게 될까요? 여러분이 위에서 그린 그래프로 돌아가 보세요. 두 가지를 모두 사용할 옵션이 있다는 것은 위에서 그린 그래프 중 어느 하나만을 선택하는 것이 아니라 두 개의 그래프를 수직으로 더한 값이 최대가 되도록 θ를 정하는 게 최선이라는 얘기가 됩니다. 여러분 한번 두 개의 그래프를 수직으로 더해보세요. 이 경우 여러분이 얻게 되는 그래프는 원점에서는 Bhl의 값을 지니고 $\theta=l$에서는 $Ax^{\alpha}l^{1-\alpha}$의 값을 지니는 위로 볼록한 형태의 그래프입니다. 즉, 두 개의 그래프를 합한 것은 증가하다가 감소하는 함수가 됩니다. [그림 7-1]에 나타나 있는 ①번 커브가 ②번 그래프와 ③번 그래프를 합한 하나의 예에 해당합니다. 그러므로 그 값이 가장 커지는 점이 존재합니다. 이제 그러한 점을 θ^*라고 부릅시다. 바로 그것이 최선의 선택이 됩니다.

수학 지식을 활용해서 θ^*의 크기를 구하려면 위에서 제시한 식 (7.14)의 오른편을 θ에 대해서 미분한 값을 0으로 놓고 해를 구하면 됩니다. (이게 바로 일계조건first order condition을 만족시키는 해를 찾는 길입니다. 경제학을 공부하는 학생이라면 이미 이 방식에 아주 친근해져 있으리라 믿습니다.) 일계조건을 구한 다음 그것을 만족하는 θ값을 찾으면 아래와 같은 답을 얻습니다.

$$\theta^{*}=\left[\frac{(1-\alpha)A}{Bh}\right]^{\frac{1}{\alpha}}x \tag{7.15}$$

자, 그러면 이제 $\theta=\theta^{*}$로 정하면 끝인가요? 그런 것처럼 보이지요? 해답은 그렇지 않을 수도 있다는 것입니다. 식 (7.15)를 한번 보세요. 전통적 생산방식의 기술수준을 나타내는 A의 값이 아주 크거나 1인당 경작면적 x가 아주 큰 경우에는 θ^{*}가 l보다 큰 값을 지닐 가능성이 크지요? 그렇지만 θ의 최대치는 l이지 않나요? 즉, 이 경우에는 그 최대치인 $\theta=l$이 됩니다. 이것은 식 (7.15)로 정해지는 θ^{*}의 크기가 l 이하가 될 때만 $\theta=\theta^{*}$가 된다는 말입니다.

노동력의 합리적인 배분 결과로 정해지는 생산함수

자, 이제 노동력의 배분비율 θ^{*}가 결정되었으므로 그것을 생산함수에 대입해서 이 경제의 생산함수를 체계적으로 나타내봅시다. 먼저 전통적 생산방식의 기술수준이 아주 높거나 1인당 경작면적이 상당히 넓거나 근대적 생산방식의 기술수준이 아주 낮거나 노동자가 지닌 인적자본의 양이 매우 적어서 $\theta^{*}=l$을 선택하게 되는 경우에는 전통적 생산방식만 사용하는 것이므로 경제의 생산함수는 아래와 같이 주어집니다.

$$y=Ax^{\alpha}l^{1-\alpha} \tag{7.16}$$

이에 비해서 $\theta=\theta^{*}<l$이 최적 선택인 경우에는 위에서 구한 식 (7.15)로 주어진 θ^{*}값을 생산함수 식 (7.14)에 대입한 것이 이 경제의 생산함수가 됩니다. 조금 복잡한 계산과정을 거쳐서 (여러분은 이 정도 계산을 할 수 있어야 합니다.) 다음과 같은 결과를 얻게 됩니다.

$$y=Bhl+\alpha(1-\alpha)^{\frac{1-\alpha}{\alpha}}A^{\frac{1}{\alpha}}(Bh)^{\frac{\alpha-1}{\alpha}}x \tag{7.17}$$

결국 $\theta^* = \left[\frac{(1-\alpha)A}{Bh}\right]^{\frac{1}{\alpha}} x$가 l보다 작은 값을 갖는 경우에는 식 (7.17)이, 그리고 그렇지 않은 경우에는 식 (7.16)이 경제의 생산함수가 됩니다. (이렇게 생산함수가 경우에 따라서 정해지는 두 가지로 정의되니 혼란하지요? 사실 이게 혼란스럽다 하고 느끼는 것은 경제학에서 이렇게 한 가지 이상으로 행동방정식을 제시하는 경우가 드물기 때문입니다. 그렇지만 수학에서 보면 이것은 아무것도 아닌, 말하자면 식은 죽 먹기보다 쉬운 것입니다. 그러니 겁먹지 마세요.)

7.5 전통적 생산방식으로부터 근대적 생산방식으로의 이행

식 (7.17)은 근대적 생산방식과 전통적 생산방식을 모두 활용할 때의 생산량을 보여줍니다. 식 (7.17)의 앞부분은 근대적 생산방식을 나타내며 뒷부분은 전통적 생산함수를 나타냅니다.

이행의 메커니즘

식 (7.17)을 자세하게 살펴보면 아주 중요한 사실을 확인할 수 있습니다. 그것은 어떤 경제이건 일단 근대적 생산방식을 활용하기 시작하면 시간이 흐를수록 근대적 생산방식을 활용하는 범위는 늘리고 전통적 생산방식을 활용하는 범위는 줄이게 된다는 사실입니다. 우리는 이것을 식 (7.17)의 앞부분은 인적자본 h의 증가함수이지만 뒷부분은 인적자본의 감소함수라는 사실 그리고 식 (7.17)의 앞부분은 자연자원 x와 무관하게 생산함에 비해 뒷부분은 자연자원 x를 사용하지 않으면 생산량이 0이 된다는 사실에서 알 수 있습니다.

식 (7.17)의 뒷부분이 인적자본 h의 감소함수가 된다는 것은, 어떤 일이 계기가 되어서 노동자가 지닌 인적자본 h가 증가하기 시작하면 식 (7.17)의 뒷부분이 갖는 중요성이 점점 줄어든다는 사실을 말합니다. h가 아주 큰 값을 지니게 되면 식 (7.17)의 두 번째 항은 그 값이 0으로 수렴합니다. 즉, h가 증가하면 식 (7.17)의 뒷부분이 갖는 중요성은 점점 줄어들고 앞부분이 갖는 중요성은 점점 커지게 됩니다. h가 아주 커지면 어떻게 될까요? 그렇게 되면 뒷부분의 값이 0으로 수렴하므로 경제의 생산함수 역시 $y=Bhl$로 수렴하게 됩니다. 즉, $h \to \infty$이면 $y \to Bhl$이 됩니다.

인적자본 축적에 영향을 받아서 경제의 생산함수가 $y=Bhl$로 수렴해간다는 것은, 전통적 생산방식에서 근대적 생산방식으로 완전하게 옮겨감을 의미합니다. 우리는 7.2절에서 이러한 과정을 거쳐서 근대적 생산방식으로 완전하게 옮겨간 경제의 정상상태에 관해서 공부한 바 있습니다. 식 (7.7)~식 (7.9)에 근대적 생산방식만 활용하는 경우에 경제가 도달하게 되는 정상상태의 모습이 주어져 있으며 식 (7.13)에 이 경제의 장기 성장률이 어떻게 정해지는지 그 해답이 있습니다. 여러분의 기억을 되살리는 의미에서 그리로 한번 되돌아가 보기를 바랍니다.

우리가 방금 설명한 것은 수천 년간에 걸쳐서 전통적인 생산방식을 활용해오던 인류가 어떤 일이 계기가 되어서이건 근대적인 생산방식을 채용하기 시작하면 시간이 흐를수록 총생산에서 근대적인 생산방식이 차지하는 비중이 점점 더 커지게 됨을 말해줍니다. 근대적인 생산방식을 활용하면서부터 그동안 소홀히 해왔던 인적자본을 함양하는 투자에 나서기 시작하기 때문입니다. 그렇게 하는 까닭은 인적자본의 양이 많고 질이 좋을수록 근대적 생산방식의 효용성이 커지기 때문입니다. 근대적 생산방식을 사용하게 되면 인적자본의 투자수익률이 높아집니다. 그래서 사람들은 전통적인 생산방식을 활용하는 동안에는 잘 하지 않았던 인적자본 투자에 새로이 열을 올리게 되는 것입니다. 인적자본이 증대되면 생산이 증대되며 그렇게 되면 인적자본의 투자수익률이 높은 수준에서 유지되므로 인적자본에 대한 투자가 지속적으로 일어나게 됩니다.

기계의 활용과 산업혁명

이러한 설명을 들으면서 '산업혁명 이후에 인류의 경제력이 급속하게 확대된 것은 그 이전의 시기와는 비교할 수 없을 정도로 엄청나게 많고 엄청나게 질이 좋은 기계를 활용한 때문이 아닌가?' 하고 반문할 사람이 많을 것입니다. 사실 그렇습니다. 산업혁명 이후 인간해방이 본격적으로 진행되는 가운데 우리 인류는 역사상 처음으로 다량의 기계를 노예처럼 부리기 시작하였습니다. 그에 힘입어서 우리는 엄청난 생산력의 팽창을 이룩하였으며 그 덕택에 소득 수준도 엄청나게 높아졌습니다. 그러므로 오늘날 우리가 잘살게 된 데에는 기계를 활용해온 인류의 지혜가 공헌한 바가 매우 큽니다.

그렇지만 기계를 사용한다는 사실만 가지고서는 지속적인 경제성장을 설명하기가 어렵습니다. 우리는 이미 이러한 사실을 확인한 바 있습니다. 우리가 제4장에서 공부한 바와 같이 자본재가 없는 사유경제에서 3,825로 정해지던 1인당 소득이 자본재를 추가하면 10,800으로 세 배 가까이 늘어납니다. 이를 보면 자본재가 소득증대를 위해 매우 중요함을 알게 됩니다. 그러나 자본재를 추가한 결과로 소득이 3,825에서 10,800으로 증가한 이후에는 또다시 그 자리에 머물러 있게 됩니다. 새로운 정상상태로 이행한 이후에는 더 이상의 소득 증가는 일어나지 않습니다.

우리는 이와 동일한 현상을 제6장에서 신고전학파 성장모형을 공부할 때에도 확인하였습니다. 신고전학파 모형 역시 (물직) 자본축적에 초점을 맞춰서 경제성장 현상을 설명합니다. 제6장에서 본 바와 같이 경제주체들이 투자를 통해서 물적자본·노동 비율 z를 늘려나가는 것이 성장을 가져옵니다. 그러나 신고전학파 모형의 핵심인 물적자본·유효노동비율 $\tilde{z}$는 투자를 통해서 증가하기는 하지만 정상상태에 도달하면 더 이상 늘어나지 않는 상황이 반복됩니다. 즉, $\tilde{z}$가 그 정상상태인 $\tilde{z}^*$에 도달할 때까지는 증가하다가 일단 $\tilde{z}^*$에 도달하면 더 이상 증가하지 않습니다. 그 결과 $\tilde{y}=A\tilde{z}^{\alpha}h^{1-\alpha}$로 정해지는 소득도 $\tilde{y}^*=A(\tilde{z}^*)^{\alpha}h^{1-\alpha}$에서 더 이상 변화하지 않습니다. 이러한 사실은 신고전학파 성장모형에 의하면 경제가 $\tilde{z}$에서 $\tilde{z}^*$를 향해 이동해갈 때는 1인당 소득의 증가를 경험하게 되지만 일단 $\tilde{z}^*$에 도달한 연후에는 더 이상 증가하지 않는다는 결론을 얻게 됩니다.[5] 이는 우리가 제6장에서 얻은 결론과 동일한 것입니다.

인적자본을 엔진으로 하는 근대적 생산방식

방금 행한 설명에서 정상상태 y^*가 생산성 A 그리고 인적자본 h의 함수가 된다는 사실에 주목해서 A나 h의 증가를 이용해서 지속적인 경제성장 현상을 설명할 수도 있습니다. 외생적인 기술진보를 상정한 모형은 1960년대부터 연구되어 왔으나 기술진보율이 어떻게 결정되는지를 설명하지 않고 있어서 유용성이 크게 떨어졌습니다. 그러나 1980년대 이후 제시되어 온 소위 내생적 성장모형은 기술진보율 또는 인적자본 증가율을 모형 내에서 설명하고자 하는 이론으로서 상당한 정도의 성과를 거두었습니다. 이 분야의 선구적인 경제학자인 루카스Robert Lucas와 로머Paul Romer가 노벨경제학상을 수상한 것도 그러한 공로를 인정받아서라고 할 수 있습니다.[6] 우리가 지금 설명하고 있는 것이 바로 인적자본에 대한 투자를 엔진으로 하는 지속적인 성장모형에 해당됩니다.

인류사를 되돌아보면 수렵채취시대와 농경목축시대를 관통하던 생산방식은 제1장에서 제5장에 걸쳐서 공부한 바 있는 소위 전통적 생산방식이었음을 알 수 있습니다. 즉, 인류는 아주 오랜 세월에 걸쳐서 $y=Ax^{\alpha}l^{1-\alpha}$인 생산방식을 활용해왔습니다. 이 표현에서 l은 수렵채취시대나 우리가 가상적으로 고려했던 사유경제에서는 1이었습니다. 우리가 그 경우에 $y=Ax^{\alpha}$라는 생산함수를 사용한 것은 그런 이유에서입니다. 그러나 농경목축시대를 관통하던 노예경제에서는 $l=s$가 되므로 $y=Ax^{\alpha}s^{1-\alpha}$가 우리가 공부했던 생산함수이었던

5) 이때에도 생산기술 A가 일정한 속도 g로 발전하면 경제가 정상상태에 도달한 이후에도 1인당 소득 y 역시 g의 속도로 증가하게 됩니다.

6) 루카스는 합리적 기대 가설을 통해서 거시경제학을 새로 쓰게 만든 공으로 노벨상을 수상하였습니다. 그러나 인적자본에 기반을 둔 성장모형을 발전시킨 루카스의 공로가 노벨상을 또 다시 수상할 만큼 크다는 데 대해서 많은 사람이 동의하고 있습니다.

것입니다.

29만 년 이상 $y=Ax^{\alpha}l^{1-\alpha}$라는 생산방식을 유지해오던 인류가 산업혁명을 계기로 해서 $y=Bhl$이라는 생산방식으로 옮겨간 것이 지속적인 성장을 가져온 동인입니다. 즉, $y=Bh(1-kn-rn)$에 의해서 소비가 정해지고, $h'=\psi(r)h$를 통해서 인적자본의 성장이 정해지는 상황으로 변화된 것입니다.

여기에서 한 가지 유의할 사항이 있습니다. 이제까지 자녀 양육에 투입하는 시간을 뺀 $1-kn$을 생산에 투입하던 사람들이 자녀의 교육에도 시간을 쓰기 시작하면 이제 $1-kn-rn$만을 생산에 투입하게 됩니다. 이것이 의미하는 바는 자녀를 교육하는 데 시간을 투입하는 만큼 더 많은 생산을 희생하게 된다는 사실입니다. 그러므로 여러분에게 익숙한 트레이드 오프trade off가 생깁니다. 여기에서 트레이드 오프란, 자녀 교육에 시간을 쓰면 당장의 생산량은 줄어들지만(level effect) 시간이 흐름에 따라서 인적자본이 증가하게 되므로(growth effect) 결과적으로는 미래의 소득이 처음보다 커진다는 사실을 가리킵니다. 이러한 트레이드 오프가 있기에 많은 수의 가난한 나라들이 인적자본 축적에 나서지 못한 것으로 볼 수 있습니다. (아이들을 단순 노동력의 원천으로 활용하는 것과 그 아이들을 잘 교육시켜서 고급 노동력의 원천으로 활용하는 것을 대비해보세요.)

앞의 7.3절에서 보았듯이 근대적 생산방식을 채택하게 되면 경제가 장기적으로 $kn+rn=(\eta)/(1-\beta+\eta)$라는 해solution로 수렴하게 되고 그렇게 되면 1인당 소비가 $c=Bh(1-\beta)/(1-\beta+\eta)$가 되는데 h가 $\psi(r)-1$의 속도로 성장하게 되므로 1인당 소비도 동일한 속도로 지속해서 성장하게 되는 것입니다.[7)]

---

7) 근대적 생산방식에 포함되는 '기술' B 역시 투자를 통해서 발전시켜 나갈 수 있습니다. 이에 관해서는 7.7절에서 설명하게 됩니다.

7.6 무엇이 근대적 생산방식으로의 이행을 촉발하는가

이러한 관찰이 의미 있는 것이 되려면 도대체 무슨 일이 일어났기에 수천 년간 전통적인 생산방식만 사용해오던 인류가 산업혁명이 발발할 즈음에 이르러서 근대적 생산방식을 활용하기 시작하였는지 규명해야 합니다. 우리는 다음에서 인류로 하여금 전통 경제에서 근대 경제로 옮겨가도록 유도한 것이 무엇이었는지에 관해 알아보게 됩니다.

이제부터 인류사의 관점에서 볼 때 매우 중요한 문제에 관해 생각해보기로 합니다. 그 문제란 18세기 중반 무렵 혹은 그 이전 2~3세기 동안에 도대체 무슨 일이 일어났기에 인류가 수천 년간 사용해오던 전통적 생산방식을 버리고 근대적 생산방식으로 옮겨가게 되었는가? 하는 것입니다. 만일 생산방식의 이행 과정이 없었더라면 인류는 오늘날에도 1인당 소득 1,000달러 내외의 '비참한' 삶을 살고 있었을 것입니다. 근대적 생산방식이 있다는 사실을 몰랐거나, 알았다 하더라도 그것을 활용할 여건이 되지 않았더라면 21세기인 지금도 우리가 전통적인 생산방식을 유지하면서 경제가 지속적으로 성장하는 게 가능하다는 사실조차 모르고 있었을 것입니다.

그렇다면 도대체 무엇이 계기가 되어서 전통적 생산방식을 따라오던 인류가 근대적 생산방식으로 옮겨가기 시작한 것일까요? 그때까지는 그런 게 있는 줄도 모르다가 산업혁명이 일어날 무렵 우연히도 근대적 생산방식을 발견 또는 발명 해낸 것일까요? 왜 하필이면 그때? 왜 하필이면 그때의 영국에서? 의문이 꼬리를 물고 나옵니다.

인간해방과 근대 경제

필자의 생각에는 근대적 생산방식이라는 게 그때까지는 아무도 그런 것이 있는 줄 모르는 상태에서 어느 날 갑자기 등장한 신발명품이 아니라고 봅니다. 호모사피엔스가 지구상에 등장한 이래 적어도 30만 년 동안 멸종되지 않고 살아왔으며 국가를 이루고 산 지난 수천 년 동안에는 지구의 도처에서 현대의 노하우로 보아도 놀라운 문명을 건설한 실력을 보면 인간은 참으로 현명합니다. 그렇게 현명한 사람들이 내가 지닌 인적자본보다 나의 자녀가 지닌 인적자본이 더 많고 좋으면 그 아이들 세대는 우리보다 더 잘살게 된다는 사실을 몰랐을 리 없습니다. 그렇다면 산업혁명이 발발하기 훨씬 전부터 인류는 우리가 지금 근대적이라고 부르는 생산방식이 어떤 것인지 알고 있었다고 보는 게 맞습니다. 아마도 어떤 선구자들은 아이들을 잘 교육시키는 것을 통해서 인류를 발전시키려고 노력했을 수도 있습니다. 그러나 그러한 일이 모든 사람에 의해서 실천에 옮겨지지는 않았습니다.

왜 그랬을까요? 여러 가지 가설을 세울 수 있겠지만 필자의 생각은 이렇습니다. 산업혁명이 태동할 때까지는 전통적 생산방식을 사용하는 것이 근대적 생산방식을 사용하는 것보다 유리한 상황이 지속되었습니다. 그러다가 산업혁명이 발발하기 얼마 전부터 일어나기 시작한 일련의 변화로 인해서 전통적 생산방식과 근대적 생산방식 사이의 우열관계가 전자보다 후자가 유리하게 변화되기 시작하였습니다. 근대적 생산방식에 관해서 알고는 있지만 그때까지만 해도 그것을 활용하는 게 수지맞는 일이 아니어서 쓰지 않다가 산업혁명이 태동할 무렵에 일어난 여건 변화 덕에 근대적 생산방식의 유용성이 높아지게 되자 그쪽으로 옮겨가기 시작하였을 것이라는 얘기입니다.

이러한 설명이 유용한 것이 되려면 산업혁명이 발발하기 이전에 어떤 일이 생겼는지를 알아야 합니다. 필자의 생각으로는 중세 이래 영국에서 진전되어 오던 인간해방에서 그 답을 찾을 수 있습니다. 그때까지 구성원 중에서 극히 소수인 지배계층만이 재산을 소유하고 자유롭게 행동하며, 구성원의 절대다수를 이루는 일반인은 아무것도 갖지 못하고 아무런 자유도 없는 노예로서 살아야 하던 상황이 바뀌기 시작하면서 사람이라면 누구나가 재산을 소유할 수 있고 또한 누구나 자유 의지대로 행동할 수 있는 상황이 전개되기 시작한 것입니다. 이를 두고 인간해방이 이루어지기 시작하였다고 표현한 것입니다. 그렇습니다. 수천 년 이상 노예로 살아왔던 절대다수의 기층민들이 근대에 들어오면서 재산을 소유할 수 있는 자유인으로 변신하기 시작하였습니다.

인간해방과 투자

노예가 자유를 갖게 되고 재산을 소유할 수 있게 되자 일어난 가장 큰 변화가 미래를 생각하며 살기 시작했다는 사실입니다. 노예에게는 의미 있는 미래가 없었습니다. 재산을 소유할 수 없으므로 물질적인 투자를 할 수 없고 자식을 낳아도 그가 성인이 되면 노예가 될 처지이므로 자식을 잘 기를 동기를 갖지 못하는 것입니다. 그러던 노예가 자유인이 되자 이제 무엇인가 저축을 해서 더 나은 미래를 도모하게 되었으며 그보다 더 중요한 것은 이제 비로소 아이들을 잘 낳아서 잘 키우고 교육시키려고 노력하게 된 것입니다. 인간해방이 이루어지지 않았다면 미래를 위한 투자가 일어나지 않았을 것입니다. 인간해방이 이루어지지 않았다면 자식을 잘 키우고 잘 교육시키려 노력하지 않았을 것입니다. 공동체 구성원의 절대다수를 이루는 기층민들이 더 나은 미래를 만들기 위한 투자에 나설 유인을 갖지 못하는 사회가 발전할 수는 없습니다. 그러므로 인류가 처한 상황을 근본적으로 바꾸어놓은 것이 바로 인간해방입니다.

이제 우리가 활용하고 있는 모형을 사용해서 인간해방의 결과에 관해 설명하겠습니다. 이를 위해서 앞에서 공부한 전통적 생산방식과 근대적 생산방식이 병존하는 경제에서 이루어지는 노동시간 배분의 문제로 돌아가 봅시다. 우리가 배운 바에 의하면 전통적 생산방식에 투입하는 노동시간 θ의 최적치는 식 (7.15)와 같이 정해집니다. 편의를 위해 그것을 옮겨 적습니다.

$$\theta^* = \left[\frac{(1-\alpha)A}{Bh} \right]^{\frac{1}{\alpha}} x \tag{7.15}$$

이것을 보면 전통적 생산방식에 투입하는 노동시간의 비중은 노동자가 지닌 인적자본 h의 감소함수이며 근대적 생산방식에 적용되는 기술수준 즉, 근대적 기술 B의 감소함수입니다. 그것은 또한 전통적 생산방식에 적용되는 기술수준 A의 증가함수이며, 1인당 경작면적 x의 증가함수입니다. 그러므로 어떤 이유에서이건 A가 B보다 큰 값을 갖거나 x가 큰 경제에서는 전통적 생산방식이 더 중요하고, A보다 B가 큰 값을 갖거나 인적자본 h가 큰 경제에서는 근대적 생산방식이 더 중요합니다.

인간해방과 인적자본

산업혁명이 진전되는 과정은 전통적 생산방식에서 근대적 생산방식으로 옮겨간 과정이라고 할 수 있습니다. 이는 식 (7.15)로 주어진 θ^*가 0으로 수렴해 가는 과정에 해당됩니다. 식 (7.15)에서 보듯이 θ^*를 0으로 수렴하게 만드는 가장 큰 동인은 근대적 생산방식에 적용되는 기술수준 B가 큰 값을 갖게 되거나 이 경제가 지닌 인적자본 h가 큰 값을 갖게 되는 변화에서 나옵니다.

우리는 이제까지 B가 처음부터 그 본연의 역할을 충실하게 수행하고 있음을 상정하고 있었습니다. 무슨 말인가 하면, 가령 B의 참값이 100일 때, 생산활동에 종사하는 모든 사람에 대해서 B가 100으로서의 역할을 다하고 있음을 전제로 한 설명이었다는 말입니다. 그런데 혹시라도 여러 가지 이유로 인해서 산업혁명 이전에는 B가 그 본연의 역할을 다하지 못했던 것은 아닐까요? 가령 B가 10의 힘밖에 발휘하지 못하는 상태에 있었던 것은 아닐까요? 그러다가 인간해방이 이루어지면서 B가 점차 그 본연의 힘인 100을 다 발휘할 수 있게 된 아닐까요?

방금 우리가 생각한 '추정conjecture'이 옳다면 산업혁명과 인간해방을 계기로 해서 B가 그 본연의 역할을 다할 수 있게 된 것이 식 (7.15)에서 정해지는 θ를 l 이하가 되도록 만든 가장 중요한 힘이었던 것으로 판단됩니다. 잠깐! $\theta<l$가 되면 근대적 생산방식을 사용하기 시작하므로 사람들은 이제까지 하지 않던 인적자본 투자에 나서게 됩니다. 즉, 자녀 교육을 위해서 rn의 시간을 투입하기 시작합니다. 그래야 나의 후손이 더 나은 삶을 살 수 있음을 알기에 그렇게 하게 됩니다. 즉, 근대적 생산방식을 활용하면서 동시에 자녀의 인적자본 형

성에 애를 쓰게 되고 그 덕에 인적자본 h가 세대를 거듭하면서 지속적으로 증가하게 됩니다. 이와 같이 B가 제 기능을 다 발휘하게 되면서 근대적 생산방식을 사용하기 시작하게 되며 근대적 생산방식을 사용하게 된 이후에는 인적자본에 대한 투자가 이루어지게 되어서 인적자본 h가 계속해서 증가하는 것입니다. (이는 자녀 교육에 투입하는 시간 r이 충분히 커서 $\psi(r)$이 1보다 크게 정해진다는 것을 전제로 한 설명입니다.)

인적자본 h가 계속해서 커진다는 것은 세대가 지날수록 전통적 생산방식에 종사하는 인력의 비중 θ가 점점 더 작아질 것임을 의미합니다. 수학적인 의미로만 보면 인적자본이 무한대로 커지면 식 (7.15)에서 보듯이 $\theta \rightarrow 0$이 되어 전통적 생산방식은 완전히 사라지게 됩니다. 그러나 현실에서는 인적자본 h가 커지더라도 무한대로까지 커지지는 않을 것이므로 θ 역시 작아지기는 하지만 0이 되지는 않을 것입니다. 즉, 산업혁명이 진전되더라도 전통적 생산방식을 아주 다 버리지는 않게 됩니다. 그러나 산업혁명이 아주 크게 진전된 나라에서는 그 비중이 매우 작을 것입니다.

위에서의 설명을 다른 말로 하자면 인적자본을 늘려나가는 행위가 갖는 수익률rate of return이 그동안은 매우 낮았는데 인간해방을 계기로 해서 인적자본 형성의 수익률이 큰 폭으로 높아졌다는 얘기입니다. 노예경제에서는 공동체 구성원의 절대다수인 노예들은 그 자녀들의 인적자본을 형성할 동기도 기회도 방법도 없었습니다. 잘 교육시켜 봐야 노예의 처지를 벗어나지 못할 게 분명하니 자녀를 잘 교육시킬 동기를 갖기 어려웠으며 주인이 주는 것으로는 아이 하나 키우면서 겨우 먹고살기 바쁠 정도였으므로 애들을 교육시킬 자원이 있을 리가 없었지요. 게다가 노예를 학생으로 받아줄 교육기관이 있었을 리 만무합니다. 그러므로 인간해방이 이루어지지 않은 산업혁명 이전의 시기를 살았던 기층민들에게는 자식을 훌륭하게 교육한다는 게 이룰 수 없는 꿈이거나 교육시켜 봐야 별 소용이 없는 일이었습니다. 공동체의 절대다수인 기층민들이 자녀를 교육시킬 생각조차 하지 못하는 사회에서 제대로 된 인적자본이 축적될 리 없습니다.

이렇게 말하면 여러분들은 아마도 "그렇지만 주인들은 자녀 교육에 정성을 많이 쏟았던 것 아닌가요?" 하고 반문할 것입니다. 그렇습니다. 조선조의 사회상을 보면 주인 계층들은 정말 열심히 자녀들을 훈육했습니다. 그러나 그들이 무엇을 가르치고 배웠지요? 내가 생각하기에는 조선조의 주인계층에서 갈고 닦은 배움은 대부분 어떻게 하면 자기들이 하고 있는 일과 자기들이 살아가고 있는 방식이 정당한 것인가를 입증하려는 것이었습니다. 무엇 때문에 그랬을까요? 어린 백성을 잘 다스린다는 것을 명분으로 내세워서 그들에게 봉사하던 노예경제체제를 더욱 공고하게 만들려고 그랬던 것은 아닐까요?

이쯤 해서 다시 우리의 이야기로 돌아가 봅시다. 산업혁명 초기에는 전통적 생산방식과 근대적 생산방식이 혼용되는 가운데 전통적 생산방식의 비중이 컸었습니다. 그러다가 산업혁명이 진전되면서 근대적 생산방식을 따르는 사람들의 비중이 지속적으로 증가하게 되었습니다. 근대적 생산방식을 따른다는 것은 단지 인적자본이 중요한 생산요소가 된다는 점을 넘어서 부모 세대가 자녀 세대의 인적자본 형성을 위해 노력하기 시작함을 의미합니다. 인간해방이 이루어진 결과 인류 역사상 처음으로 자녀의 인적자본을 확충하기 위해 부모가 노력을 기울이는 행위가 '수지맞는 일'이 되었기 때문입니다. 바로 이런 과정을 통한 인적자본의 지속적인 증가가 소득의 지속적인 증가를 가져온 힘입니다.

이미 여러 번 말했듯이 인류의 평균소득은 산업혁명 발발 당시인 1860년대의 1,000달러 수준에서 현재의 1만 8,000달러 수준으로 260여 년 만에 18배 증가하였습니다. 같은 시기 동안에 인류의 수는 10억 명에서 78억 명으로 약 8배 증가하였으므로 인류가 이 지구상에서 창출하는 부가가치의 총량이 150배가량 증가했음을 알게 됩니다. 호모사피엔스 역사 30만 년의 거의 대부분에 걸쳐서 1,000달러가 안 되는 1인당 소득을 창출하고 있던 인류가 최근 260여 년 만에 그 18배인 1만 8,000달러에 달하는 1인당 소득을 창출하게 된 것은 인류가 지닌 인적자본의 양과 질이 현저하게 증가하고 발전한 결과입니다. 도구와 기계의 활용, 과학 기술의 눈부신 발전, 화석연료의 이용, 국가 간의 교역 확대와 금융의 발전 등이 산업혁명 이후에 우리가 이룩해온 경제발전에 공헌한 것은 틀림없는 사실입니다. 그러한 일련의 일을 해낸 힘의 원천은 바로 우리가 지닌 인적자본입니다. 인적자본의 양과 질이 지속적으로 확대되고 개선되어 오지 않았다면 인류가 이룩한 경제발전은 여전히 미미한 수준에 머물고 있었을 것입니다.

여기에서 한 가지 더 강조할 것은 식 (7.15)에서 보듯이 인적자본이 증가하면 사람들은 더 빠른 속도로 전통적 생산방식에서 이탈하게 된다는 사실입니다. 이것은 우리가 어떤 일이 계기가 되어 전통적 생산방식에서 근대적 생산방식으로 옮겨가기 시작하면 그 이후에는 경제 자체의 내부적 작동원리에 힘입어서 근대적 생산방식으로 이행하는 속도가 점점 더 빨라질 것임을 말해줍니다.

우리가 얻은 이러한 결론이 다음과 같은 몇 가지를 전제로 하고 있다는 사실을 다시 한번 더 강조하고자 합니다. 하나는, 공동체 구성원 절대다수가 이제까지 조상 대대로 활용해오던 전통적 생산방식을 버리고 근대적 생산방식으로 옮겨갈 강한 유인을 가질 수 있어야 한다는 것입니다. 둘은, 그들이 근대적 생산방식을 활용하고자 할 때 그렇게 할 자유가 있어야 한다는 것입니다. 셋은, 근대적 생산방식을 활용하기 시작하는 데서 끝나는 것이 아니라 그것을 계기로 해서 부모들이 그의 자녀들이 자기들보다 더 양호한 인적자본을 가지도록 투자하는 데 진력해야 된다는 사실입니다.

근대적 생산방식이 아무리 좋은 것이라 해도 보통 사람들이 그리로 옮겨갈 인센티브를 갖지 못하고, 설령 그리고 옮아가고자 해도 그렇게 할 행동의 자유가 제약된다면, 근대적 생산방식은 허공에 뜬 그림에 불과하게 될 것입니다. 근대적 생산방식을 활용하기 시작했더라도 부모 세대가 자녀 세대의 인적자본 함양을 위해 투자하지 않으면 경제발전은 이루어지지 않습니다.

7.7 인간해방과 기술발전

연구개발 투자와 기술진보

우리는 지금까지 생산성 B는 고정시킨 채 인적자본 h가 지속적으로 증가하는 형태의 근대적 생산방식에 관해서만 공부하였습니다. 아마도 현명한 독자라면 생산성 B 역시 노동력을 써서 개선해 나갈 수 있음을 짐작할 것입니다. 이제 이에 관하여 알아보고자 합니다.

B의 변화과정 즉, 기술진보의 과정을 모형에 도입하는 데는 여러 가지 방법이 있습니다. 신기술을 탑재한 제품 즉, 신제품을 늘려나가는 경로를 중심으로 설명하는 제품다양성 모형과 기존 제품의 성능 개선을 통해 기술진보를 도모하는 품질사다리 모형이 이 분야의 대표적인 설명 방법입니다.

여기에서는 기술진보도 인적자본이 축적되는 과정과 유사한 경로를 따라 이루어지는 것으로 상정해서 설명하고자 합니다. 부모 세대가 자녀를 교육시키는 데 한 사람당 r시간을 투입하면 $\psi(r)-1$의 속도로 인적자본이 증가되는 것과 마찬가지로 부모 세대가 기술발전을 위해 q시간을 투입하면 $\phi(q)-1$의 속도로 생산기술이 진전되는 것으로 상정하자는 말입니다. 그렇게 하면 다음의 식이 성립됩니다.

$$B_{t+1}=\phi(q)B_t \tag{7.18}$$

식 (7.18)에 새로 도입된 그리스 문자 ϕ는 '피phi'라고 읽습니다.

생산기술까지 변화하는 세상이 되면 우리가 공부하는 모형의 가치함수value function가 인적자본 h만의 함수가 아니라 생산기술과 인적자본을 결합한 Bh의 함수로 변형됩니다. 전에는 h만이 이 경제의 상태변수state variable이었으나 이제 Bh가 상태변수가 됩니다. 그러므로 이제 우리의 문제는 다음과 같이 바뀌게 됩니다.

$$v(Bh) = Max\ c^{1-\beta} n^{\eta} v[\phi(q) B\psi(r) h]^{\beta} \tag{7.19}$$

subject to

$$c = Bh(1 - rn - kn - qn) \tag{7.20}$$

식 (7.19)에 $B'h' = \psi(r)\phi(q)Bh$라는 사실이 이미 포함되어 있음에 유의하세요. 이 문제의 해는 조금 복잡한 계산과정을 거쳐야 얻을 수 있습니다. 그렇지만 소비=소득은 비교적 쉽게 구해집니다. 그것은 다음과 같습니다. (우리가 위의 식 (7.11)에서 구한 것과 동일합니다.)

$$c = Bh\frac{1-\beta}{1-\beta+\eta} \tag{7.21}$$

식 (7.21)은 1인당 소비로 표현했지만 지금 우리가 공부하는 경제에서는 그게 곧 1인당 생산=1인당 소득이 됩니다. 식 (7.21)과 식 (7.11)이 외형상으로는 동일하지만 그 내용은 다릅니다. 형태는 같지만 식 (7.11)에서는 h만 성장했는데 식 (7.21)에서는 인적자본 h와 아울러서 기술 B도 성장하는 게 다릅니다. 그 결과 식 (7.11)에서는 1인당 소득의 성장률이 $\psi(r)-1$로 정해졌음에 비해서 식 (7.21)에서는 B와 h가 모두 성장하므로 1인당 소득의 성장률은 $(B'h' - Bh)/Bh = \phi(q^*)\psi(r^*) - 1$로 정해집니다. 이 표현에서 q^*와 r^*는 h는 물론이고 B도 성장하는 경우에 성립하는 q와 r의 크기를 나타냅니다.

인적자본 투자와 연구개발 투자가 동시에 진행되는 경우의 정상상태

확장된 문제의 해로서 정해지는 자녀 수, 기술개발에 투입하는 시간 그리고 자녀 교육에 투입하는 시간을 각각 n^*와 q^* 그리고 r^*라고 표기합시다. 그것들은 다음과 같이 정해집니다.

$$(r^* + q^* + k)n^* = \frac{\eta}{1-\beta+\eta} \tag{7.22}$$

$$n^* = \frac{\eta - \beta\varepsilon - \beta\xi}{1-\beta+\eta}\frac{1}{k} \tag{7.23}$$

$$r^* = \frac{\beta\varepsilon}{\eta - \beta\varepsilon - \beta\xi} k \qquad (7.24)$$

$$q^* = \frac{\beta\xi}{\eta - \beta\varepsilon - \beta\xi} k \qquad (7.25)$$

이러한 결과를 도출함에 있어서 기술진보율을 결정하는 함수를 $\phi(q) = \phi_0 q^{\xi}$라고 놓았습니다. 파라미터 ξ는, 이를 '시xi'라고 읽습니다, 연구개발에 투입하는 시간 q의 생산성을 나타냅니다. ϕ_0는 임의의 상수입니다. 이는 인적자본 증가율을 결정하는 함수를 $\psi(r) = Dr^{\varepsilon}$이라고 상정한 것과 같은 성격의 것입니다.

식 (7.22)~식 (7.25)는 기술진보를 고려하지 않았을 때의 해인 식 (7.7)~식 (7.9)와 그 형태가 동일합니다. 형태는 동일하지만 최종적인 값은 상이합니다. 예를 들어서 자녀 수를 비교해보면 n과 n^*가 분모는 동일한데 후자의 분자가 전자의 분자보다 작은 값을 가지므로 다른 모든 조건이 동일하다면 $n^* < n$이 됨을 알 수 있습니다. 인적자본을 늘리는 투자에 더해서 기술을 발전시키는 투자를 행하게 되면 부모가 낳아 기르는 자녀 수가 줄어듭니다.

기술개발을 위한 투자가 이루어질 때 인적자본 형성을 위한 투자는 어떠한 변화를 보일까요? 그 해답은 r과 r^*를 견주어보면 알게 됩니다. 위 식에서 알 수 있듯이 이 둘은 분자는 동일한데 분모는 r^*가 r보다 작습니다. 그러므로 다른 모든 조건이 같다면 기술개발에 대한 투자가 이루어질 때 인적자본에 대한 투자도 종전보다 활성화됩니다. 기술이 좋아지면 인적자본의 생산성이 높아지므로 그러한 결과가 나오게 됩니다. 한편 인적자본 투자와 기술개발 투자의 생산성을 나타내는 파라미터 ε과 ξ의 크기가 동일한 경우에는 $r^* = q^*$가 됩니다. 인적자본 투자와 기술개발 투자의 생산성이 동일하면 두 가지 투자에 동일한 시간을 투입하게 되는 것입니다.

식 (7.22)를 보면 부모가 자녀를 양육하고 교육시키며 기술을 개발하는 데 투입하는 총시간이 기술개발을 위한 투자가 이루어지지 않았을 때에 자녀 양육과 교육에 투입하던 시간과 동일하다는 사실을 확인할 수 있습니다. 이는 인적자본을 형성하기 위한 투자에 더해서 기술개발을 위한 투자까지 이루어지게 되면 부모가 낳아 기르는 자녀 수를 더 줄이게 됨을 의미합니다. 즉, 위에서 알아본 바와 같이 자녀 수 n^*가 n보다 작은 값으로 정해집니다.

기술개발을 위한 투자까지 이루어지는 경우에 경제성장률은 아래와 같이 정해집니다.

$$\psi(r^*)\phi(q^*)-1=D\left(\frac{\beta\varepsilon}{\eta-\beta\varepsilon-\beta\xi}k\right)^{\varepsilon}q_0\left(\frac{\beta\xi}{\eta-\beta\varepsilon-\beta\xi}k\right)^{\xi}-1 \qquad (7.26)$$

우리는 지금 성장하는 경제를 대상으로 탐구 중이므로 $\psi(r)-1$과 $\phi(q)-1$은 모두 0보다 큰 값을 가집니다. 위에서 $\psi(r^*)>\psi(r)$가 된다는 사실을 확인한 바 있는데 이것과 $\phi(q^*)-1>0$ 즉, $\phi(q^*)>1$이 된다는 사실을 결합하면 $\psi(r^*)\phi(q^*)>\psi(r)$가 성립함을 알 수 있습니다. 이로부터 인적자본에 대한 투자에 더해서 기술개발에 대한 투자까지 이루어지게 되면 1인당 생산 증가율 즉, 경제성장률이 인적자본에 대한 투자만 이루어질 때보다 상승한다는 사실을 알 수 있습니다.

인적자본과 기술이 다른 점

위의 논의를 보면 사실 생산성 B와 인적자본 h는 이름만 상이할 뿐이지 그들이 행하는 역할은 동일함을 알 수 있습니다. 주민 한 사람을 기준으로 할 때 그가 지닌 시간 1 가운데서 자녀들의 인적자본 형성을 위해서 r을 투입하고 경제의 전반적인 기술발전을 위해서 q를 투입하면 $\psi(r)-1$의 속도로 인적자본이 늘어나게 되며 $\phi(q)-1$의 속도로 생산성이 향상되어 결과적으로 $\psi(r)\phi(q)-1$의 속도로 1인당 생산이 증가한다는 설명을 보면 B와 h의 역할을 바꾸어놓아도 결과는 동일함을 알 수 있습니다. 그렇다면 인적자본과 생산성(기술)이 동일한 것일까요?

인적자본과 기술은 노동자의 생산성을 높인다는 점에서는 동일합니다. 인적자본이 많은 노동자가 그렇지 않은 노동자보다 더 생산적입니다. 앞선 기술을 활용하는 노동자는 그렇지 않은 노동자보다 생산성이 높습니다. 그렇지만 인적자본과 기술 간에는 아주 중요한 차이가 있습니다.

인적자본은 주로 그것을 지닌 노동자의 생산성을 높여주지만 기술은 그것을 활용하는 모든 노동자의 생산성을 높여줍니다. 인적자본이 외부성을 지니므로 그것을 많이 지닌 사람과 함께 일하는 다른 사람들도 인적자본이 뛰어난 사람의 덕을 보기는 합니다. 그렇지만 그 정도는 기술이 갖는 범용성과는 비교가 되지 않을 정도로 제한적입니다.

인적자본은 그것을 지닌 노동자와 분리하기가 쉽지 않습니다. 말하자면 내가 가진 인적자본은 내 안에 내재되어 있으므로 나의 인적자본을 활용하려면 내가 그 일을 해야 합니다. 누구인가가 나는 그대로 둔 채 나의 인적자본만 가져다 활용하기가 매우 어렵습니다. 그러므로 나의 인적자본은 내가 직접 그 현장에 가 있을 때에 가장 큰 힘을 발휘합니다. 요즈음은 통신수단이 발달해서 현장에 가지 않더라도 멀리 떨어져 있는 사람이 나의 인적자본을 활용할 수 있습니다. 그렇지만 내가 직접 현장에 가서 일을 처리하는 것만 못합니다.

반면에 기술은 누구나 그것을 배워서 사용할 수 있으므로 기술을 개발한 사람이나 기술을 소유한 사람이 반드시 현장에 있어야 활용할 수 있는 것이 아닙니다. 말하자면 기술은 그것을 지닌 기술자로부터 분리할 수가 있습니다. 우리가 사용료를 내고 기술을 활용한다 할 때 기술만 있으면 되지 그 기술을 개발한 사람까지 고용해야 하는 것은 아닙니다. 반면에 인적자본을 활용하려면 그것을 지닌 사람도 고용해야 하는 게 일반적입니다. 인적자본이 그것을 지닌 노동자에게 체화되어 있다는 사실이 개개인으로 하여금 이윤동기하에서 인적자본을 축적할 유인을 제공합니다. 내가 인적자본을 늘리면 그 혜택이 내게 돌아오므로 합리적인 비용을 지불하고서 인적자본을 늘릴 유인이 있습니다. 다만 인적자본이 외부성을 지니므로 개인이 행하는 인적자본에 대한 투자는 그가 속한 공동체 전체의 관점에서 볼 때 합당한 수준보다 적게 정해지게 마련입니다. 이러한 사실은 인적자본이 완전한 '사유재'가 아님을 말해주며 그래서 공동체가 그 구성원들의 인적자본 투자를 지원해줄 필요성이 있음을 말해줍니다.

기술, 특히 범용기술은 공공재에 해당됩니다. 그것을 누가 쓴다고 해서 다른 사람이 쓸 수 있는 양이 줄어들지 않으며, 그것을 내가 사용하고 있음을 빌미로 삼아 남들더러 사용하지 말라 하고 말하기도 어렵습니다. 말하자면 기술 특히 범용기술은 비배제성 및 비경합성의 특징을 지닙니다. 그렇기에 기술은 개인이 그것을 이윤동기에서 개발하기가 어렵습니다. 많은 돈을 들여서 개발한 결과를 합당한 대가를 받고 팔기가 어렵기 때문입니다. 그러한 난제를 극복하는 한 방안이 신기술에 대해서 특허권의 형태로 재산권을 형성해주는 것입니다. 다른 방안은, 특히 범용기술에 대해서, 정부가 기술개발에 따르는 비용을 지불하는 대신에 개발한 신기술을 누구나 무료로 쓸 수 있게 하는 것입니다.

기술 가운데 어떤 것은 사적 재화와 유사한 특성을 지니는 것도 있고 또 어떤 것은 여러 가지 방편을 활용해서 사적 재화처럼 만들 수 있습니다. 그러한 기술은 개개인이 이윤동기하에서 개발하고 활용할 수 있으므로 그에 대해서는 정부가 특별하게 지원해줄 필요가 없을 것입니다.

제 8 장

후발주자의 경제발전 : 경험으로부터의 배움

지금까지 설명한 것은 하나의 경제가 수렵채취시대의 공유경제를 지나서 농경목축시대의 노예경제를 거친 후 인간해방을 이루면서 근대적 생산방식을 기반으로 한 지속성장의 시대로 변화한 과정에 관하여 알아본 것입니다. 이 설명에는 선발주자였던 영국에 뒤이어서 지속적인 경제발전의 길로 들어선 후발주자들에 관한 이야기는 별반 없었습니다. 이제 이 부분에 대해서 좀 더 체계적으로 공부해보기로 합시다.

8.1 후발주자가 경제발전에 나선 모습들

후발주자는 어떤 나라일까요? 노예경제 제도하에서 극소수의 상류층 즉, 주인을 제외하면 대다수의 기층민들이 노예나 마찬가지로 비참한 생활을 영위하던 상황에 놓여 있던 나라가 어떤 일이 계기가 되어서, 비록 영국이 그렇게 한 것보다는 늦었지만, 인간해방과 산업혁명의 길로 들어서는 것이 후발주자가 경제발전이라는 머나먼 여정에 참가하게 되는 일반적인 모습입니다. 영국에서 산업혁명이 일어난 이후 다른 나라에서 일이 전개된 과정을 보면 인간해방과 산업혁명이 몇 가지 상이한 모습을 띠고 이루어졌음을 알게 됩니다.

서유럽 및 북유럽 국가들

오랜 세월에 걸쳐서 영국과 앙숙으로 지내던 프랑스와 독일은 후진국이던 영국이 산업혁명을 통해서 자기들을 앞서 나가는 현상을 보고 그야말로 대경실색하였습니다. 자국이 영국에 뒤처지는 것을 목격한 프랑스와 독일의 지도자들은 우리도 영국처럼 해보자는 슬로건을 내세워서 산업혁명의 길로 접어들기 시작하였습니다. (미개하던 영국인도 하는 일을 우리라고 못할쏘냐? 하고 생각했었을 테지요.) 프랑스와 독일의 그러한 움직임은 상당히 빠른 속도로 프랑스와 독일의 영향권 아래 있었던 오늘날의 벨기에, 룩셈부르크, 오스

트리아, 네덜란드, 덴마크로 확산되었으며 이내 그 불길이 스웨덴과 노르웨이 등지로 번져나갔습니다. 이들이 오랜 세월 동안 상당한 정도로 문화를 공유해 왔던 게 그렇게 된 연유인 듯합니다.

상대적으로 소외된 동유럽과 러시아 그리고 지중해 연안 남부 유럽

그러나 그러한 추세가 현재의 폴란드, 체코, 슬로바키아, 헝가리 등의 소위 동유럽으로 확산되는 속도는 매우 느렸습니다. 그리고 그보다 더 멀리 떨어진 지역에서는, 그 대표적인 것이 제정 러시아인데, 인간을 해방시키려는 움직임에 대한 반작용으로 전제정치가 강화되는 일이 벌어지기도 하였습니다. 한편 스페인, 포르투갈, 이탈리아에서는 산업혁명의 불길이 겨우겨우 명맥을 유지할 정도로밖에 타오르지 않았습니다. 그러한 양상은 고대 문명의 발상지라는 그리스에서도 예외가 아니었습니다. 동유럽 국가와 러시아와 스페인 그리고 그리스 등에서 산업혁명의 불길이 크게 일지 않았던 것은 이 지역에는 기득권자들의 장악력이 너무 강해서 노예해방의 움직임이 강하게 일지 못하였기 때문입니다.

영국인이 주축이 되어 건설한 신대륙 국가들

지중해 연안이나 동쪽의 유럽 국가들이 산업혁명에 뛰어들지 못하고 주춤거리는 사이에 영국인이 주축이 되어서 건설한 미국, 캐나다, 호주 그리고 뉴질랜드에서는 시기적으로는 영국보다 늦었지만 산업혁명의 불길이 이내 활활 타오르기 시작하였습니다. 그 결과는 이들 국가들이 서유럽의 후발주자들보다 더 빨리 산업혁명을 성공적으로 정착시킨 것입니다. 구세계를 억누르던 각종 제도나 장치 또는 정책이 신세계로까지 온전하게 이전되지 않았기에 이 지역에서 산업혁명이 더 활발하게 진행된 것으로 판단됩니다. 그만큼 모든 게 신축적이었던 것입니다.

일본

영국과 영국의 영향을 받은 지역을 제외하고서 가장 먼저 산업혁명의 불길이 타오른 곳이 일본입니다. 영국보다는 100년 정도 뒤늦게 시작했지만 일단 산업혁명의 길로 나아가기 시작하면서 일본은 매우 빠른 속도로 서구국가들을 따라가기 시작하였습니다. 일본의 변화는 그때까지 쇄국을 고집하던 일본의 구세대 지도자들이 개항을 요구하던 미국, 영국, 프랑스 등에게 굴복한 이후 등장한, 신세대 지도자들이 대오각성한 데서 비롯됩니다. 즉, 외부적 충격이 일본을 산업혁명의 길로 돌려세운 계기를 이뤘다고 할 수 있습니다. 그러나 외부적 충격이 있다고 해서 반드시 산업혁명의 길로 나아가는 것은 아니라는 사실을 잊지 않아야 합니다. 소위 메이지유신 당시에 일본의 새 지도자들이 내린 현명한 결단이 오늘의 일본을 만든 출발점이 된 것입니다. 일본 경제의 근대사를 읽어보면 이런 사정을 잘 알 수 있습니다.

조선의 경제적 정체

조선은 어떠했을까요? 조선은 잘 알고 있듯이 국왕과 그를 보위하는 중신들로 이루어진 소수의 엘리트가 그보다 훨씬 많은 수의 무지렁이들(평민과 노비)을 다스리는 체제를 갖고 있었습니다. 민본주의라든가 농자천하지대본과 같은 슬로건이 없었던 것은 아니지만 조선시대는 실질적으로 소수의 '주인'이 다수의 '노비 또는 머슴'을 부리며 사는 노예경제체제를 갖고 있었습니다. 수많은 평민들은 입에 풀칠할 정도로 가난하게 살았지만 왕이나 고관대작들은 아주 잘살았던 시기입니다. 조선조의 어느 임금도 또한 어떤 선비들도 대중인 평민(노비 포함)에게 자유를 주자고 주장한 사람이 없었습니다. 모든 게 나라님의 것인 세상에서 그저 성은이 망극함을 느끼면서 살라는 게 성현들의 가르침이었습니다.

조선조 말기에 이르면 그나마 작동하던 국가로서의 기능이 거의 마비상태에 빠집니다. 조선을 둘러싼 국제정세가 숨 가쁘게 돌아가는데도 국가의 장래를 위해 참된 의미의 인간해방과 산업혁명의 길로 나아가자고 주장한 사람이 없었습니다. 인간해방과 산업혁명의 물결에 동참하기를 거부한 청나라가 쇠퇴하고 인간해방과 산업혁명의 물결에 동참한 일본이 흥성하는 것을 보고도 조선도 그렇게 하자고 주장한 사람을 찾아보기 어려웠습니다. 조선조 말기의 국가 지도자들이 국가가 나아갈 방향을 인간해방과 산업혁명의 길로 돌려놓는데 성공했더라면 곧이어 전개된 일본에 의한 식민통치를 받는 수모를 겪지 않았을 것입니다. 우리나라가 19세기 말경에 개혁과 개방의 길로 들어섰더라면 지금쯤은 일본과 대등하거나 일본을 앞지르는 나라가 되었을 것입니다.

아시아의 네 마리 용

우리나라는 제2차 세계대전 이후에 비로소 인간해방과 산업혁명의 길로 방향을 선회한 몇몇 나라 가운데 하나입니다. 사실 전후에 그때까지의 상대적 정체상태에서 벗어나서 경제발전의 길로 접어든 나라는 많지 않습니다. 그중에서도 가장 크게 성공한 것이 우리나라, 대만, 홍콩 그리고 싱가포르 등 소위 아시아의 네 마리 작은 용입니다. 이들은 어떻게 인간해방과 산업혁명의 길로 들어섰을까요? 우리나라나 대만이 개혁과 개방의 길로 나아간 데는 영미로 대표되는 서방 시장경제 국가들에게서 영향을 받은 바가 컸습니다.

공산당 정권에 밀려서 본토에서 쫓겨난 '장제스蔣介石'가 선택할 수 있는 길은 대만에 대해서 우호적이던 일본과 미국의 방식을 따르는 것이었습니다. 우리나라도 사정이 비슷하였습니다. 한반도가 강대국들에 의해서 일방적으로 남과 북으로 갈라진 이후에 남쪽이 미국의 영향권 안에 들어갔다는 역사적 사건이 인간해방과 산업혁명을 가져오는 계기가 되었음은 누구도 부정할 수 없을 것입니다.

이렇게 보면 우리나라의 경우에도 외부적 충격이 지속적 성장 발전을 촉발한 씨앗이 되었다고 할 수 있습니다. 그렇지만 1860년대의 일본이 그랬던 것에 못지않게 대한민국 건국 당시에 우리의 지도자들이 내린 현명한 선택이 오늘날의 대한민국이 있게 만드는 데 결정적인 역할을 했다는 사실도 중요합니다. 그 당시 우리의 지도자들이 국가의 근간으로 사회주의 통제경제체제를 선택했더라면 미국조차도 우리나라가 사회주의로 나아가는 것을 막기 어려웠을 것입니다. 전후에 필리핀과 파나마와 쿠바 등이 변화해온 모습을 살펴보면 미국의 영향력이 강했다고 해서 저절로 인간해방과 산업혁명의 길로 나아가는 것이 아님을 명확하게 볼 수 있습니다. 소위 '해방정국'의 극심한 좌우 대립 속에서 자유민주주의 시장경제를 근간으로 하는 국가를 건립했기에 오늘날의 대한민국이 있는 것입니다.

여타 아시아 국가들

태국, 말레이시아, 인도네시아 등은 싱가포르, 대만, 홍콩, 대한민국의 발전상에 자극받아서 경제발전의 길로 나선 나라들입니다. 그중에서도 우리나라의 경제발전상이 그들에게 준 영향이 가장 컸던 것으로 보입니다. 자기들보다 가난하던 대한민국이 인간해방과 산업혁명을 통해서 번영의 길로 나가는 것을 보고 자극받은 것이지요. 이는 200여 년 전에 프랑스와 독일이 영국의 발전상을 보고 자극받았던 것과 흡사한 일입니다. 그렇지만 이들은 초기의 발전 속도를 유지하지 못해서 오늘날에도 중진국 대열에 머물러 있습니다.

중국, 베트남, 인도 등 역시 앞서가기 시작한 아시아 여러 나라의 경제발전상에 자극을 받아서 경제발전의 길로 접어든 국가들입니다. 시기적으로는 중국이 가장 빠른 1980년대 초반에, 베트남은 그보다 약 10년 뒤인 1990년대 초반에, 그리고 인도는 2000년대 초부터 산업혁명의 길로 접어들었습니다. 중국은 마오쩌둥의 시대를 끝내면서 개혁과 개방을 통해서 산업혁명의 길로 접어들었고, 베트남은 공산정권에 의한 남북통일 이후 약 10년을 정체상태에 머물다가 새로 들어선 지도층들이 과감하게 개혁과 개방의 길로 방향을 선회하면서 산업혁명의 길로 접어들었습니다. 인도는 독립 이후 줄곧 사회주의 폐쇄경제체제를 고집해오면서 후진국의 처지를 벗어나지 못하고 있었습니다. 그러다가 중국의 발전상을 보고 놀라서 뒤늦게 개혁과 개방의 길로 접어들기 시작한 것입니다.

중국, 베트남, 인도 등의 산업혁명은 아직 갈 길이 먼 단계에 있습니다. 이들이 성공할 것인지는 좀 더 지켜보아야 합니다. 이 세 나라가 산업혁명의 길로 계속해서 나아갈지에 대해서 의문을 갖게 만드는 것은, 지속적인 경제발전의 전제조건인 인간해방이 제대로 이루어지고 있지 않다는 사실 때문입니다. 이런 측면에서는 국가 지도자들이 비교적 실용적 마인드를 갖고 있는 베트남이, 공산당의 장악력이 매우 강한 중국이나 신분제도의 굴레를 벗지 못하는 인도보다, 좀 더 희망적인 것으로 판단됩니다.

개혁과 개방을 통한 후발주자의 경제발전

후발주자들이, 특히 아시아권의 후발주자들이, 산업혁명의 길로 나아가면서 개방경제체제를 지향했다는 사실이 아주 많은 것을 알려줍니다. 제2차 세계대전에서의 패배로 국가 붕괴 직전까지 내몰렸던 일본이 전후에 아주 빠른 속도로 회복한 것과 그 여세를 몰아서 세계 제2위의 경제대국에까지 이르렀던 것이 수출을 통한 일본 기업의 성장에 힘입은 것임은 아주 잘 알려진 사실입니다. 대한민국이나 대만과 싱가포르 그리고 홍콩의 경제발전도 개방경제를 지향해온 전략에 힘입었다는 점에서 일본이나 비슷합니다. 중국, 베트남, 인도 등도 적극적으로 세계 시장을 공략하면서 경제발전 속도를 높이고 있음을 보면 후발주자가 개방의 대열에 동참하지 않고서 발전하기란 매우 어려울 것으로 판단됩니다.

개혁과 개방이 후진국 경제를 발전시키는 비결입니다. 개혁과 개방이 지속적 경제발전을 촉발하는 인간해방의 출발점이 됩니다. 그것은 경제발전의 원동력인 사유, 자유, 경쟁, 변화와 혁신이 그 본연의 역량을 발휘하게 만드는 촉매가 됩니다.

개방은 경쟁을 촉진하고 변화와 혁신을 유도함으로써 경제를 발전시키는 힘이 되지만 또한 그것은 경제를 보다 더 효율적이게 만들고 기술과 인적자본의 축적 속도를 높여주는 것을 통해서 경제발전을 견인합니다. 개방이 기술발전과 인적자본 형성에 기여하는 것은 그 무엇보다도 앞서간 나라를 보고 배우는 데서 나오는 이점 덕분이라고 할 수 있습니다. 개방하지 않는다면 앞서간 나라를 보고 배우는 데 커다란 한계가 있습니다. 그러나 개방경제라면 앞서간 나라를 모방하고 개선하는 일이 얼마든지 가능합니다. 후발주자들은 적어도 초기에는 모방하고 개선하는 것을 통해서 선발주자를 따라 추격하게 됩니다. 개방은 배울 기회와 배울 대상을 제공해주는 것을 통해서 후발주자의 경제발전을 촉진시키는 것입니다.

8.2 경험으로부터의 배움

경험, 학습 그리고 능률향상

후발주자가 개방을 통해서 경제를 발전시켜 나갈 때 소위 경험을 통한 배움 또는 '경험으로부터의 배움learning by doing'[1]으로 대표되는 기제mechanism가 작동하는 게 아주 중요합니다. 해봄으로부터의 배움 또는 경험으로부터의 배움이란, 아무리 어려운 일이라도 반복해서 하다 보면 점점 더 쉬워진다는 원리를 지칭하는 것입니다. 무슨 일이건 시작하지 않으면 결코 할 수 없습니다. 어렵더라도 과감하게 시작하면 경험이 쌓일수록 효율이 증진되는 것이지요. 그런데 가보지 않은 길을 가게 유도하는 가장 큰 힘이 가능성이 무한한 세계 시장을 공략할 수 있다는 사실에서 나옵니다. 세계 시장에 유리한 조건에 내다 팔 수 있다는 사실이 이제껏 해보지 않던 물건을 만들게 (또는 이제껏 해보지 않던 일을 하도록) 유도합니다. 폐쇄경제에서는 시장이 좁고 기득권자의 횡포가 심해서 그럴 기회가 제약되게 마련입니다.

1) 정확한 용어는 '해봄으로부터의 배움'입니다.

개방하는 것이 문을 닫아거는 것보다 경험으로부터의 배움에 훨씬 더 유리한 더 중요한 이유는 그것이 배움의 대상을 계속해서 제공한다는 데 있습니다. 이게 중요한 이유는, 어떤 일에서건 배움의 속도는 매우 빨라서 똑같은 일을 반복함으로써 얻는 효율성 증진은 그 효과가 금방 소진되게 마련이기 때문입니다. 여러분들도 어떤 일을 할 때 처음 여러 번은 할수록 능률이 오르는 것을 경험하지만 횟수를 거듭할수록 더 이상 진전이 없는 경우를 많이 경험했을 것입니다. 그러나 배울 대상이 계속해서 나타난다면 사정이 다릅니다. 효율성이 증진되는 속도가 떨어지면 다른 배움의 대상으로 옮겨갈 수가 있기 때문에 그렇게 됩니다. 이렇게 배움의 대상을 주기적으로 갱신renewal하면 그 사람은 또는 그 기업은 또는 그 나라는 계속해서 효율적으로 작동할 수가 있게 됩니다. 그렇게 되면 경제도 빠른 속도로 성장하게 됩니다.[2)]

사례: 삼성전자

오늘날 세계 초일류 기업의 하나로 인정받는 삼성전자가 새로운 분야에 뛰어들지 않고 1980년대에 생산하던 제품군에 안주했더라면, 그 제품군에서는 세계 제1위의 기업이 되었을지 모르지만, 그로부터 30년도 더 지난 지금은 별로 신통치 않은 중기업 수준에 머물러 있을 가능성이 큽니다. 더구나 1980년대에 생산하던 제품군은 시장에서 벌써 도태되었을 가능성이 높습니다. 그러니 1980년대의 일등 제품에만 머물렀더라면 오늘날의 세계 일류 기업 삼성전자는 존재하지 않았을 것입니다. 지난 수십 년에 걸쳐서 부단하게 제품군을 업그레이드하면서 세계 최고를 지향해왔기에 오늘날의 삼성전자가 된 것이라고 할 수 있지 않을까요?

그런데 삼성전자가 반복적으로 제품군을 업그레이드하는 것을 통해서 세계 일류 기업으로 성장한 것은 바로 개방 덕분입니다. 개방 덕분에 내수 시장보

2) 평생 한 우물만 파라는 얘기를 듣습니다. 이는 유행을 좇아서 우왕좌왕하지 말라는 이야기입니다. 한 우물만 파더라도 그 분야에서 계속해서 새로운 것을 배워나가야 진정한 고수가 됩니다.

다 몇백 배 더 큰 세계 시장을 공략하는 게 가능했습니다. 그에 못지않게 중요한 것은 개방경제에서 배울 게 무궁무진하게 많은 세계 시장을 공략 대상으로 삼을 수 있었기에 삼성전자가 경험으로부터의 배움이 주는 혜택을 최대한도로 활용할 수 있었다는 사실입니다. 미국이나 일본의 앞선 기업들을 벤치마킹하면서 그들보다 나은 제품을 만들려고 노력해온 전략이 주효했던 것이지요. 지금의 삼성전자는 남이 하는 것을 보고 배우는 데서 몇 단계 더 진화해서 스스로 배울 것을 찾아 나서는 단계에 진입해 있습니다. 그게 가장 앞서가는 기업이 할 일입니다. 중국이나 인도나 베트남 같은 후발주자들이 매우 열성적으로 삼성전자를 보고 배우려 드는 것을 보면 저간의 사정을 짐작할 수 있습니다.

경험으로부터의 배움과 인적자본 축적

이제 인적자본 축적과 경제발전 간의 관계에 관하여 좀 더 자세하게 알아보기로 합시다. 제7장에서 행한 근대적 생산방식에 관한 설명에서 부모 세대가 자녀 교육에 투입하는 시간 r이 인적자본 형성 함수 $\psi(r)$을 통해서 자녀의 인적자본을 확충하는 데 기여하는 경제모형을 공부한 바 있습니다. 즉, $h_{t+1}=\psi(r_t)h_t$가 성립하는 모형을 공부했습니다. 이는 h_t만큼의 인적자본을 가진 부모가 그의 자녀를 교육하는 데 r_t시간을 투입하면 자녀의 인적자본이 $\psi(r_t)h_t$가 된다는 것입니다. 이 경우 이 가문의 인적자본 증가율(변화율)은 $\psi(r_t)-1$로 정해지게 됩니다. 이 경제의 모든 부모가 이런 방식으로 행동한다면 경제의 평균적인 인적자본도 $\psi(r_t)-1$의 속도로 증가(변화)하게 됩니다. 우리가 상정한 근대적 생산방식을 따르는 경제에서는 1인당 생산이 경제의 평균적인 인적자본의 함수로 정해지므로, 위의 사실은 1인당 생산(소득)의 증가율 역시 $\psi(r_t)-1$의 속도로 증가한다는 사실을 보여줍니다.

지금까지는 r이 부모가 자식을 교육하는 데 투입하는 시간이라고 해석하였으나 이제부터는 이를 좀 더 광의로 해석해서 현재 세대가 차세대를 교육하는 데 기울이는 노력의 크기로 해석하기로 합시다. 즉, 어느 한 개인이 아니라 현재 세대를 아우르는 사회 전체가 차세대의 인적자본 형성을 위해 투입하는 노력의 정도로 이해하자는 것입니다.

부모 세대가 자녀 세대를 교육하는 데 투입하는 시간이 어떤 과정을 거쳐서 인적자본 형성에 기여하게 될까요? 부모 세대가 자녀를 교육하는 데 시간을 투입한다는 것은 교육기관을 세우고 교사를 채용해서 아이들을 가르치는 학교 교육과 직업 교육과 직장 내의 교육 그리고 성인의 재교육 등에 자원을 사용한다는 사실을 축약해서 표현한 것입니다. 이러한 행위를 일컬어 교육에 대한 투자 또는 인적자본 형성을 위한 투자라고 부를 수 있습니다. 인적자본에 대한 투자 역시 수익률을 따져보고서 실행 여부를 결정하는 게 보통입니다. 많은 비용을 들이는 행위이니 당연히 그래야 하겠지요. 그렇지만 이런 사실에도 아주 중요한 예외가 존재합니다. 우리들이 하는 경제활동 중에는 그 1차적 목표가 인적자본을 축적하려는 게 아님이 분명한 것임에도 결과적으로는 인적자본 형성에 기여하는 것이 많습니다. 그 대표적인 것이 경험으로부터의 배움이라는 현상입니다.

경험으로부터의 배움이란 우리가 어떤 일을 하는 과정에서 경험과 숙련을 축적하게 되며 그렇게 해서 축적된 경험과 숙련 즉, 배움이 우리가 지금까지 해오던 일이나 새로 하려는 일을 경험과 숙련이 적었을 때보다 더 잘하게 만들어주는 현상을 나타냅니다. 경험으로부터의 배움은 수익성을 고려해서 의도적으로 행하는 일이 아닙니다. 어떤 일을 하는 과정에서 저절로 이루어지는 일입니다. 그럼에도 불구하고 경험으로부터의 배움은 우리가 지닌 인적자본을 늘리는 데 크게 기여합니다.

경험으로부터의 배움과 인적자본 축적이 갖는 외부경제효과

의도적으로 노력하지 않더라도 어떤 일을 해온 경험이 쌓이면서 근로자의 생산성이 향상된다는 것이 내가 인적자본을 축적하면 그게 나에게만 도움을 주는 것이 아니라 나와 교류하는 모든 이에게도 도움이 되는 현상 즉, 인적자본 축적의 외부경제와 일맥상통합니다. 우리가 제7장에서 근대적 생산방식에 관해 설명하면서 $y=Bhl$이라는 생산함수를 활용한 바 있음을 상기합시다.[3)] 여기에서 hl은 근로자 한 사람이 지니고 있는 노동능력을 나타내는데 노동능력은 그가 투입하는 노동시간에 그가 지닌 인적자본을 곱한 것으로 표현됩니다.

$y=Bhl$이 되면 1인당 생산(소득)의 증가율이 h의 증가율과 동일하게 정해집니다. h의 증가율이 $\psi(r)-1$로 정해지므로 그게 곧 1인당 생산(소득)의 증가율이 됩니다. 이제 남은 과제는 $\psi(r)$이 어떤 과정을 거쳐서 정해지는가 하는 문제입니다. h만큼의 인적자본을 지닌 현재 세대의 공동체 구성원들 모두가 각각 r만큼의 시간을 차세대원 교육에 투입할 때 차세대 구성원의 인적자본이 $\psi(r)h$로 정해지므로, 차세대 구성원이 얼마나 큰 인적자본을 가지게 되는가 하는 것은 인적자본 형성의 생산함수 $\psi(r)$의 속성에 의해 정해집니다.

인적자본 형성을 나타내는 생산함수 $\psi(r)$에 영향을 미치는 중요한 요인의 하나가 우리가 이제부터 상세하게 공부하려는 경험으로부터의 배움입니다. 우리는 앞의 설명에서 개방이 경험으로부터 배우는 행위의 생산성을 높일 수 있다는 사실에 대하여 공부한 바 있습니다. 세계 시장에는 아직 우리가 해보지 않은 일들이 무수하게 많습니다. 개방경제에서는 바로 그런 일들을 배워서 할 수가 있지요. 폐쇄경제에서는 우리가 가진 것만 배우고 새로운 것을 배우려면 새로운 것을 창안해내야 하지만, 개방경제에서는 남들이 이미 개발해놓은 것들이 무궁무진하므로 그것들 중에서 가능성이 큰 것을 골라서 배우는 일을 그 대상만 바꿔가면서 반복적으로 해나간다면 경험으로부터의 배움을 엔진으로 하는 지속적 성장이 가능할 것입니다.

---

3) 이러한 생산함수를 얻게 된 배경 원리가 제7장 7.2절에 설명되어 있습니다. 식 (7.1)에 대한 설명을 참조하면 됩니다.

8.3 경험으로부터의 배움의 경제원리

이제 경험으로부터의 배움을 반영한 경제성장모형에 관해 공부해보기로 합시다. 이 모형의 수식은 다소 복잡합니다. 어디 한번 아주 어려운 수학모형을 쓰지 않고서도 중요한 내용을 설명할 수 있을지 시도해봅시다.

생산하는 재화가 여러 가지 종류인 경제를 상정합니다. 재화의 종류가 다르므로 이 경제가 현재 시점에서 생산하는 재화들을 그 재화를 처음으로 생산하기 시작한 시기를 인덱스index로 해서 구분하기로 하지요. 재화의 생산연도를 t 그리고 그 재화가 생산되기 시작한 연도를 s라 하면 $x_{s,t}$로서 s기에 생산을 개시한 재화 즉 재화 s의 t기에서의 생산량을 나타낼 수 있습니다. 자동차의 경우를 예로 들어서 설명하자면, s는 이 자동차가 처음 도입된 시기 즉, 연식을 나타내고 t는 연식이 s인 자동차의 실제 생산시기를 나타냅니다. 그러므로 $x_{s,t}$는 연식 s인 자동차의 t년도의 생산량을 나타냅니다. 2016년형 제네시스 G80의 2018년도 생산량이 그 한 사례가 됩니다. 이 경우에 t기에 이 경제가 생산하는 재화는, t기에 처음으로 생산하기 시작한 재화 $x_{t,t}$를 포함해서 이 경제가 시작한 이래 생산하기 시작한 재화들 $x_{t,t}, s=0,1,2,\cdots,t$입니다. 방금 들었던 예를 이용하면, 2018년에 현대자동차가 생산한 자동차는 2018년에 신규로 출시한 자동차 생산량과 2018년 이전의 시기에 출시된 자동차로서 2018년에도 계속해서 생산한 것을 합친 것으로 정해진다는 얘기입니다. (예전에 도입한 재화 중에서 더 이상 경쟁력이 없어서 생산을 중단한 것이 있을 수 있습니다. 그러한 재화의 생산량은 0이 됩니다. 즉, $x_{s,t}$ 중의 일부는 이번 기의 생산량이 0이 될 수도 있습니다. 아마도 s가 0에 가까울수록 즉, 생산을 개시한 시기가 오래된 것일수록 생산을 중단할 가능성이 높을 것입니다.) 참고로 여기에서는 단순화를 기하기 위해서 매 기에 새로 생산을 개시하는 재화는 한 종류뿐이라고 상정하겠습니다. (여러 종류를 새로 생산하기 시작하는 상황으로 일반화하는 것은, 일단 한 종류만 생산하는 경우에 대해서 이해하면, 그리 어렵지 않은 일입니다.)

그렇다면 t기에 이 경제가 생산하는 재화의 총가치는 얼마나 될까요? 이 문제에 대한 답을 구하려면 재화의 생산량은 물론이고 그 재화가 얼마에 팔리는지를 알아야 합니다. 이제 우리가 고려하는 경제가 소규모 개방경제라는 가정하에서 재화의 가격은 세계 시장에서 정해지는 것으로 상정합시다. 일반성을 크게 상실하지 않으면서 새로 도입하는 재화가 전에 도입해서 이미 생산 중인 재화보다 우월하다고 할 수 있습니다. 이런 사실을 반영해서 s기에 도입된 재화의 세계 시장 가격이 p_s로 정해지는데 $p_u \geq p_v$, for all $u \geq v$인 관계가 성립한다고 합시다. 이는 생산개시 연도가 늦을수록 그해에 생산을 개시한 재화의 가격이 그 전에서부터 생산해오던 재화의 가격보다 비싸게 정해짐을 의미합니다. 한 가지 유념할 것은, 재화의 가격은 그 재화가 처음 출현한 시기의 함수일 뿐이지 그 재화가 생산되는 시점의 함수는 아니라는 사실입니다.[4)]

t기에 이 경제가 생산하는 재화는 앞에서 설명하였듯이 $x_{s,t}, s=0,1,2,\cdots,t$입니다. 그러므로 t기에 이 경제가 생산하는 재화의 총가치 y_t를 다음과 같이 나타낼 수 있습니다.

$$y_t = \sum_{s=0}^{s=t} p_s x_{s,t} \tag{8.1}$$

위와 같이 정해지는 y_t가 이 경제의 1인당 생산이 됩니다.

경험과 생산성

재화 s의 t기의 생산량 $x_{s,t}$는 아래와 같이 정해지는 것으로 상정합니다.

$$x_{s,t} = \mu n_{s,t}(z_{s,t})^{\alpha} \tag{8.2}$$

위 식에서 μ는 생산성을 나타내는 자유 파라미터free parameter이며, $n_{s,t}$는 재화 $x_{s,t}$ 생산에 투입되는 노동력의 크기 그리고 $z_{s,t}$는 재화 s를 생산해온 경

4) 특정 모델의 2016년형 자동차를 2017년 또는 2018년에 생산하였더라도 2016년에 생산한 것과 동일한 가격을 받는 것에서 그런 사례를 볼 수 있습니다.

험의 누적된 크기를 반영하는 변수입니다. 식 (8.2)에서 보듯이 과거에 재화 s를 생산해본 경험이 이번 기에 재화 s 생산에 투입하는 노동력 $n_{s,t}$의 생산성을 높여주는 역할을 합니다. 파라미터 α는 0과 1 사이의 값을 갖습니다.

가령 μ가 1,000, 노동투입량 $n_{s,t}$가 100, 지금까지 축적된 경험이 400 그리고 α가 1/2이면, $x_{s,t}$는 2,000,000이 됩니다. 다른 것은 모두 그대로인데 축적된 경험이 400에서 1,600으로 커지면 생산량은 4,000,000으로 증가됩니다. 이처럼 경험은 동일한 시간 100을 투입하더라도 생산량을 늘리는 결과를 낳습니다. 바로 이게 경험이 (노동의) 생산성을 높여준다는 얘기입니다.

경험의 축적

'경험'은 다음과 같은 식을 따라서 변화되는 것으로 간주합니다.

$$z_{s,t+1}=x_{s,t}+(1-\delta)z_{s,t} \tag{8.3}$$

식 (8.3)은 우리가 (누적된) 경험이라고 부르는 것이, 지금까지 해당 재화를 생산한 실적의 합인데 다만 경험 자체도 매기 δ의 비율로 쓸모가 없어짐을 상정하고 있음을 보여줍니다. 즉, 전기까지 축적해온 경험이 $z_{s,t}$인데 이것이 이번 기에 생산에 사용되면서 $\delta z_{s,t}$만큼 감가되며, 감가되고 남은 $(1-\delta)z_{s,t}$에 이번 기에 생산한 실적 $x_{s,t}$를 더한 것이 다음 기에 도움을 주게 될 경험이 되는 것이지요. 식 (8.3)에서 이번 기에 생산한 실적 $x_{s,t}$가 이번 기에 소멸되는 경험 $\delta z_{s,t}$보다 크면, 다음 기에 사용할 경험의 양이 늘어나게 됩니다.

식 (8.3)을 보면 다음의 관계가 성립함을 알 수 있습니다.

$$z_{s,t+2}=x_{s,t+1}+(1-\delta)z_{s,t+1}=x_{s,t+1}+(1-\delta)x_{s,t}+(1-\delta)^2 z_{s,t} \tag{8.4}$$

이제 식 (8.3)과 식 (8.4)의 형태를 곰곰이 살펴보면, 다음과 같은 식을 얻을 수 있음을 알 수 있습니다.

$$z_{s,t}=x_{s,t-1}+(1-\delta)x_{s,t-2}+\cdots+(1-\delta)^{t-s+1}x_{s,s}+(1-\delta)^{t-s}z_{s,s} \tag{8.5}$$

결국 t기에 재화 s를 생산할 때 도움을 주는 경험은, 해당 재화를 처음으로 생산한 s기부터 $t-1$기까지에 이르는 동안에 그 재화를 생산한 매년의 실적을 적절히 '할인'해서 합한 것에다 재화 s의 생산을 개시할 때 도움을 준 '초기 경험' $z_{s,s}$의 잔존가치를 합한 것이 됨을 알 수 있습니다.

초기 경험

재화 s의 생산을 개시하는 데 도움을 준 '초기 경험'이라는 말이 생소하게 들릴 것입니다. 이것을 실제의 예를 들어서 이해해 보기로 합시다. 1970년대 후반까지만 하더라도 삼성전자는 라디오, TV, 냉장고, 에어컨 등을 생산하는 '가전' 회사였습니다. 그러던 삼성전자가 그동안 전혀 해보지 않던 반도체산업에 진출하는 모험을 단행했습니다. 반도체산업은 미국이나 일본 등 기술선진국에서도 몇 개의 초일류 기업만이 생산에 참여하는 첨단산업이었으므로 당시의 결정은 일견 무모해 보이기도 하였습니다. (많은 수의 학자들 그리고 심지어 삼성전자의 고위 임원들도 반도체산업에 진출하는 것을 반대했습니다.) 그 당시 삼성전자가 반도체산업에 진출하기로 결정한 배경은 무엇이었을까요? 성공할 경우 세계적인 기업으로 도약할 수 있다는 장밋빛 전망이 '혜택'으로 작용했다면 그동안 가전제품을 만들어 팔면서 축적해온 자본, 인력, 기술과 선진 기업들의 동향에 관한 각종 정보를 감안할 때 앞선 나라들보다 저렴한 비용으로 품질이 우수한 제품을 생산할 수 있다는 분석이 '비용' 요소로 작용하였다고 할 수 있습니다. 비용에 비해서 혜택이 충분하게 더 크다고 판단했기에 새로운 분야로 진출한 것으로 보입니다. 무엇보다도 삼성전자가 그때까지 축적해온 '능력'이 반도체라는 전혀 새로운 분야로 진출할 수 있는 힘이 되어준 것 아닐까요? 즉, 그동안 전자 기업을 경영하면서 축적해온 남다른 '경험'이 있었기에 새로운 분야로 진출할 수 있었다고 할 수 있습니다. 이게 바로 우리가 말하는 '초기 경험'입니다.[5)]

---

5) 그 당시 삼성전자 이외에도 가전제품을 만들던 회사가 여럿 있었습니다. 따라서 가전제품을 만들던 경험이 주효했다는 설명은 완전한 것이 되지 못합니다.

위에서 말한 초기 경험 $z_{s,s}$는 그동안 다른 일을 하면서 축적해온 경험 중에서 이제껏 해보지 않던 재화 s의 생산을 개시하는 데 도움을 주는 경험의 크기를 나타냅니다. (다른 일을 하면서 축적해온 경험이 모두 재화 s의 생산에 도움을 주는 것은 아닙니다. 그중에서 재화 s 생산에 도움을 주는 부분만 $z_{s,s}$에 포함된다고 보기로 하지요.) 한 가지 집고 넘어갈 것은, 새로운 재화를 생산하는 데 도움이 되는 '초기 경험'이 전무하면 즉, $z_{s,s}=0$이면 재화 s의 생산은 시작도 못한다는 사실입니다. (이점은 우리가 상정한 모형의 특징이지요.)

전기자동차를 예로 들어봅시다. 아직 아무도 전기자동차를 생산하고 있지 않은 상황에서 이 분야로 진출하고자 할 때 지금까지 자동차를 생산해오고 있던 현대자동차와 지금까지 첨단 전자제품을 생산해오고 있던 삼성전자를 견주어보면 현대자동차가 삼성전자보다 전기자동차 생산개시에 도움이 될 '초기 경험'을 더 많이 갖고 있다고 할 수 있습니다. 아마도 삼성전자는, 전기자동차는 전통적인 의미의 자동차가 아니라 첨단 전자제품이므로, 자기네가 더 유용한 초기 경험을 갖고 있다고 주장할 수도 있습니다. 문외한이 두 주장의 우열을 가리기는 쉽지 않아 보입니다. 그러나 '느닷없이' 지금까지 화장품을 생산해오던 아모레퍼시픽 회사가 전기자동차 생산에 뛰어들겠다 하고 선언하면 아마도 거의 모든 사람들이 '회사를 망치려고 작정한 것 아닌가?' 하고 의아해할 것입니다. 이제 초기 경험이 어떤 의미인지 분명해졌겠지요?

경험 축적의 경제원리

식 (8.2)에서 보듯이 축적된 경험 $z_{s,t}$가 노동생산성의 크기를 결정하는 핵심 요소가 됩니다. 즉, 이제까지 재화 s를 생산해온 경험이 얼마나 되느냐가 이번 기에 재화 s 생산에 투입하는 노동력의 생산성이 됩니다. 축적한 경험이 많을수록 같은 시간을 투입하더라도 더 많은 재화를 생산할 수 있습니다. 이게 바로 경험으로부터의 배움을 나타냅니다. 어제까지 '경험으로부터 배운 것 what you have learned by doing a task'이 오늘의 노동생산성에 긍정적인 영향을 주게 되는 것입니다. 당연한 얘기이지만 경험으로부터 배운 것이 많을수록 노동생산성이 오릅니다.

그렇다면 이제 핵심적인 질문은 사람들로 하여금 경험을 쌓도록 유도하는 것이 무엇인가 하는 점과, 어떤 요인들이 사람들로 하여금 유용한 경험을 더 많이 쌓도록 유도하는가 하는 물음이라고 할 수 있습니다. 경험을 쌓도록 유도하는 가장 큰 힘은 경험을 쌓아서 그것을 활용하면 혜택이 더 커진다는 사실에 있습니다. 경험이 많은 노동자가, 경험이 많은 기업이, 그리고 경험이 많은 나라가 더 잘된다면 누구나 경험을 더 많이 쌓으려고 노력할 것입니다. 그런데 여기에서 경험을 쌓는다는 것은 사실은 해당 재화를 생산하는 행위 그 자체입니다. 일을 하는 동안 경험이 축적되니까 그렇습니다. 그러므로 지금까지 해당 재화를 생산한 실적이 클수록 축적된 경험도 커집니다. 그렇다면 재화를 생산한 실적이 많아야 경험도 커진다는 얘기인데, 해당 재화가 넓고 큰 시장에서 더 많이 팔릴수록 생산실적이 늘어날 것이므로, 바로 그런 연유로 해서 소규모 경제에서는 수출을 지향하는 개방이 중요합니다. 개방을 통해서 방대한 세계시장에 경쟁력 있는 제품을 수출하는 데 성공하면 그만큼 더 큰 경험을 축적하게 되지요.

여기에서 우리는 한 가지 중요한 사실을 간과하고 있습니다. 그것은 재화의 생산량이 중요한 것이 아니라 사실은 재화의 판매수입 또는 해당 재화를 생산 판매해서 얻는 이윤의 크기가 중요하다는 사실입니다. 논의의 단순화를 기하기 위해서 임금은 일정하다고 합시다. 이는 재화의 한계생산비가 일정함을 의미합니다. 그런데 재화의 가격은 세계 시장에서 다음과 같이 정해집니다. (위에서 후발주자가 개방을 통해서 성장을 도모할 당시에는 세계 시장에 비해서 경제규모가 아주 작은 '소규모 개방경제'이어서 그 나라가 다른 나라와 거래하는 교역재의 가격 결정에는 아무런 영향도 주지 못한다고 상정한 것을 상기합시다.)

$$p_s = p^s,\ with\ p^0 > 1 \qquad (8.6)$$

식 (8.6)은 인덱스 s의 값이 클수록 우월한 재화이고 따라서 더 비싸게 팔린다는 사실을 정형화한 것입니다. 예를 들어서 s가 10인 재화의 가격은 p^{10}이고 s가 5인 재화의 가격은 p^5가 됩니다. 이때 p_1이 1.1이었다면 p_5는 1.61이 되고 p_{10}은 2.59가 되는 식입니다.

세계 시장에서 재화의 가격이 식 (8.7)과 같이 정해진다는 사실이 후발주자로 하여금 가능하면 더 우월한 제품을 생산할 유인을 제공합니다. 문제는 후발국가가 그런 재화를 생산할 능력이 있는가 하는 점입니다. 우리는 식 (8.5)에서 재화 s의 생산을 개시하려면 $z_{s,s}$의 초기 경험이 있어야 함을 보았습니다. 그리고 이 초기 경험이 클수록 경험의 축적 속도가 빨라질 것임도 보았습니다. (왜? 깊이 생각해보세요.) 위에서는 초기 경험이 그냥 주어진 것으로 설명했지만 현실 세계에서는 그럴 리가 없을 것입니다. 그렇다면 초기 경험 $z_{s,s}$는 어떤 요인들에 의해서 정해질까 생각해봅시다.

초기 경험의 결정

$z_{s,s}$는 이제 막 생산을 개시하려는 새로운 재화 s에 투입되는 노동력의 생산성을 결정하는 요인임을 상기합시다. 이 점은 $x_{s,s}=kn_{s,s}(z_{s,s})^{\alpha}$가 되는 데서 잘 알 수 있습니다. 이를 보면 $z_{s,s}=0$이면 재화 s의 생산을 개시조차 할 수 없음을 알 수 있습니다. 이 경제가 이제 재화 s의 생산을 개시하려 한다는 것은 현재 생산 중인 재화의 품질 인덱스가 s보다 낮음을 뜻합니다. 즉, 이 경제는 현재 재화 s보다 품질이나 수익성이 떨어지는 재화들을 생산하고 있습니다. 그런데 지금까지 해오던 일에서 축적된 경험이 새로 시도하려는 재화 생산에 도움이 되지 않을까요? 이때 전에 해본 일이 새로운 일을 하는 데 도움을 주는 부분이 바로 우리가 초기 경험이라고 부른 것입니다.

비록 다른 종류의 재화이지만 그것을 생산해본 경험이 새로운 재화를 생산하는 데도 긍정적인 영향을 미칠 것입니다. 가령 이 경제가 구형 가전제품을 생산해오고 있었다면 그보다 품질이 우월한 신형 가전제품 생산에 뛰어드는 게, 비록 구형이라도 가전제품을 생산해본 적이 없는 경우보다, 유리할 것입니다. 또한 이 경제가 구형이기는 하지만 그중에서는 가장 최근에 도입된 제품 생산에 더 많은 노동력을 배분해오고 있었다면 그만큼 신형 제품 생산에 도움이 되는 경험을 더 많이 축적했다고 봄도 옳을 것입니다. 이런 점을 반영해서 아래와 같은 가설을 세울 수 있습니다.

$$z_{s,s} = \theta \cdot [x_{w,s},\ w < s\text{의 가중 평균치}] \tag{8.7}$$

여기에서 [ ] 안에 든 것은, 재화 s를 생산하기 시작한 시점 s 현재 이 경제가 생산 중인 품질이 s 이하인 재화들을 생산한 실적의 집합을 나타냅니다. 이를 가중 평균한 것은 재화 w를 도입한 시기가 최근일수록 w를 생산한 실적이 신규 재화 s의 생산에 더 큰 도움이 된다는 가설을 반영하기 위함입니다. 파라미터 θ는 지금까지 다른 재화를 생산하며 쌓아온 경험이 새로운 재화 생산에 미치는 긍정적 영향의 정도를 나타냅니다. θ가 클수록 다른 재화 생산에서 배운 경험이 새로운 재화 생산의 생산성에 미치는 긍정적인 영향의 정도가 커집니다.

가중 평균을 하는 하나의 방안은 아래와 같습니다.

$$z_{s,s} = \theta\left[\sum_{w=0}^{s'}\left(\frac{1}{1+\rho}\right)^{s'-w} z_{w,s}\right] \tag{8.8}$$

식 (8.8)에서 재화 s를 도입하기 이전에 생산해오던 재화의 인덱스를 w로 표시하고 있는데 w는 0부터 s'에 이르는 값을 갖습니다. s'은 현재까지 생산해오고 있는 재화 중에서 가장 우수한 재화의 품질을 나타냅니다.

식 (8.8)은 난해해 보이지만 실상은 품질이 낮은 재화 생산에서 축적한 경험일수록 할인을 더 크게 한다는 사실을 표현한 것일 뿐입니다. 예를 들어서 품질을 나타내는 인덱스가 s'인 재화 생산에서 축적한 경험은 적게 할인하고 (여기에서는 할인하지 않는 것으로 상정했음) 인덱스가 0인 재화 즉, $w=0$이어서 품질이 가장 조악한 재화는 가장 크게 할인하는 식입니다. 식 (8.8)에 포함된 파라미터 ρ는, 이를 '로rho'라고 읽습니다, 할인율을 나타냅니다.

사례: 수소자동차

구체적인 사례를 들어보겠습니다. 현대자동차는 차세대 먹거리로서 수소자동차를 생산하고자 합니다. 이 일에는 여러 가지 위험과 불확실성이 따르므로 선불리 생산에 착수했다가 회사가 크게 흔들릴 수 있으므로 신중에 신중을 기울여서 판단해야 합니다. 수소자동차를 생산하려 할 때 문제가 되는 것 가운데 하나는 현대자동차가 그 일을 해낼 능력을 갖고 있는가 하는 점입니다. 현대자동차의 기술진들은 이 회사가 지금까지 자동차를 생산해온 실적과 그들이 생산한 자동차가 근년에 세계 시장에서 크게 호평을 받고 있다는 사실을 들어서 수소자동차 분야에서도 충분히 승리할 수 있다고 주장합니다. 이렇게 그동안 다른 자동차를 생산하면서 축적해온 경험이 아무도 가보지 않았던 수소자동차를 생산하는 데 결정적인 도움을 줄 것이라는 게 바로 '초기 경험'의 역할을 보여줍니다.

새로운 재화 생산개시 결정에 영향을 주는 요인들

식 (8.8)은 재화 s 생산에 도움을 줄 경험이 어떻게 정해지는가를 나타낼 뿐이지 그렇다고 해서 곧 재화 s 생산을 개시한다는 얘기는 아닙니다. 생산개시 여부는 이윤의 크기에 의해서 정해질 터인데 재화 s 생산개시에 도움을 줄 축적된 경험의 양이 클수록 재화 s를 생산개시 했을 때 얻을 이윤이 커질 터이므로(초기 생산에 도움을 줄 경험의 양이 클수록 재화 s 생산에 투입하는 노동력의 생산성이 크게 정해지므로) 식 (8.8)로 정해지는 $z_{s,s}$의 값이 클수록 재화 s의 생산개시 결정이 앞당겨질 것입니다. 이를 역으로 말하자면 만일 $z_{s,s}$의 크기가 지나치게 작으면 재화 s를 생산하지 않는 게 낫다는 말이 됩니다. 이러한 사실은 식 (8.8)의 값이 어떤 임계점, 이를 ξ_s라고 부르기로 하지요, ξ_s를 넘어서야 재화 s를 생산하기 시작한다는 것으로 표현할 수 있습니다. 즉, 재화 s는 아래의 조건이 충족될 때 생산을 개시하게 됩니다.

$$\theta\left[\sum_{w=0}^{s'}\left(\frac{1}{1+\rho}\right)^{s'-w} z_{w,s}\right]=\xi_s \tag{8.9}$$

이 식은 초기경험이 어떤 임계치 ξ_s를 넘어서기 시작해야 새로운 재화 s를 생산하는 게 수지맞는 일이 된다는 사실을 수식으로 표현한 것입니다. 이로부터 다음과 같은 몇 가지 결론을 도출할 수 있습니다.

새로운 재화 s의 생산개시 시점은 i) 다른 재화 생산과정에서 축적된 경험이 이 재화 생산에 도움을 주는 정도 즉, 경험이 전파되는 정도 θ가 클수록 앞당겨지며, 다른 재화 생산에서 축적된 경험의 가치가 더 빨리 소멸될수록 즉, 할인율 ρ가 클수록 늦어지고, 새로운 재화 생산개시에 영향을 주는 축적된 경험의 최소규모를 나타내는 ξ_s의 크기가 클수록 늦어집니다. 한편 파라미터 α가 큰 값을 가질수록 축적된 경험이 노동생산성을 높여서 재화 생산량을 크게 만들고 그게 또다시 앞으로 유용하게 쓰일 경험 축적에 보탬이 된다는 사실로부터, α가 큰 값을 지닐수록 재화 s의 생산개시 시점이 앞당겨질 것임을 유추할 수 있습니다. 또한 생산을 개시한 시점이 오래된 재화일수록 그것을 생산하면서 축적해온 경험의 가치를 더 크게 할인한다는 사실로부터, 생산개시 시점이 현재와 가까운 재화에 노동력을 더 많이 투입하는 경제가 새로운 재화를 생산하는 데 도움이 되는 유용한 경험을 더 빨리 축적할 것임도 알 수 있습니다.

8.4 경험으로부터 배움과 경제성장

자, 이제 우리의 논의가 마지막을 향해나가고 있습니다. 우리의 최종 목표는 경험으로부터의 배움이 경제성장 속도에 어떤 영향을 미치는가 하는 점을 이해하는 데 있습니다. 그런데 축적된 경험의 유용성이 클수록 새로운 재화를 생산하기 시작하는 시점이 앞당겨진다는 사실로부터 그게 또한 경제의 성장 속도를 높이는 데 공헌하게 될 것임을 유추할 수 있습니다. 왜냐하면 이 경제가 생산하는 재화의 총가치를 나타내는 식 (8.1)을 보면 품질 인덱스 s가 높은 재화를 생산하는 게 품질 인덱스가 낮은 재화를 생산하는 것보다 1인당 GDP를 크게 만들기 때문입니다.

그러므로 새로운 재화를 도입하는 속도가 빠르고 새로운 재화의 품질이 좋아지는 정도가 큰 경제가 그렇지 않은 경제보다 더 빠르게 성장하게 됩니다. 그런데 위에서 보았듯이 새로운 재화를 도입하는 속도는 경험전파 속도 θ의 증가함수이고, 과거의 경험이 가진 가치가 소멸되는 속도 ρ의 감소함수이며, 생산개시에 필요한 축적된 경험의 최소치 ξ_s의 감소함수이고, 축적된 경험의 생산성을 나타내는 파라미터 α의 증가함수이며, 품질 인덱스가 높은 재화 생산에 투입되는 노동력의 비중의 증가함수가 되므로, 1인당 GDP의 증가속도 역시 이와 동일한 방향으로 영향을 받게 됩니다.

이 경제가 창출하는 1인당 생산액은 식 (8.1)과 같이 정해지며, 식 (8.1)에 포함되는 재화 $x_{s,t}$는 식 (8.2)에 주어진 것과 같이 생산됩니다. 식 (8.2)에서 보듯이 그동안 재화 s를 생산하면서 쌓아온 경험이 재화 $x_{s,t}$의 생산에 투입되는 노동력 $n_{s,t}$의 생산성을 높여줍니다. 이것이 경험으로부터의 배움이 갖는 긍정적인 효과입니다. 재화 s를 생산해오면서 축적한 경험 $z_{s,t}$는 식 (8.5)에 있는 바와 같이 그동안 재화를 생산해온 실적을 가중 평균한 것으로 정해집니다. 한편 축적한 경험 $z_{s,t}$의 결정식에 들어가는 마지막 항인 초기 경험은 식 (8.9)에서와 같이 재화 s를 생산하기 이선에 생산하고 있던 다른 재화 생산과정에서 축적한 경험의 증가함수로 정해집니다.

이와 같은 일련의 과정을 하나하나 따라가 보면 우리가 고려하는 경제의 1인당 생산량 또는 1인당 소득의 증가속도(경제성장률)가 다음과 같은 요인에 영향을 받는다는 결론을 얻게 됩니다.

첫째, 지금까지 축적해온 경험이 품질이 개선된 재화의 신규 생산을 앞당기는 데 주는 도움의 정도 즉, 다른 활동을 통해서 축적한 경험이 새로운 재화 생산에 필요한 경험 축적에 미치는 긍정적인 영향이 클수록 경제성장률이 높아집니다.

둘째, 종래에 생산해오던 재화 중에서 품질이 더 나은 제품을 생산하는 데 노동력을 집중적으로 배분해오던 경제가 품질수준이 낮은 재화 생산에 집중해오던 경제보다 더 빨리 성장합니다.

셋째, 축적된 경험이 노동생산성 향상에 미치는 긍정적 영향의 정도가 클수록 경제성장률이 높아집니다.

넷째, 이와는 반대로, 축적된 경험의 유용성이 소멸되는 속도가 높을수록(감가되는 속도가 클수록), 그리고 새로운 재화의 생산을 개시하게 만드는 경험의 양 즉, 생산개시를 유도하는 데 필요한 축적된 경험의 최소치가 클수록 경제성장률이 낮아집니다. 이를 좀 더 쉽게 말하자면, 새로 생산을 개시하려는 재화의 품질 수준이 높을수록 (여러모로 앞선 상품일수록) 그것을 생산하려면 더 높은 수준의 노동능력이 필요한데 이때 그것보다는 수준이 낮지만 그래도 수준이 꽤 높은 재화를 생산해온 경험이 풍부하다는 사실이 새로운 재화 생산에 필요한 노동능력을 높여주는 역할을 하게 된다는 것입니다.

예를 들어서 현재 반도체를 생산하고 있는 경제와 봉제품을 생산하는 경제가 있을 때 반도체를 생산하는 경제가 자율주행자동차 시장에 진입해서 성공할 가능성이 봉제품을 생산하는 경제가 그렇게 할 때 성공할 가능성보다 훨씬 높을 것입니다. 성공적으로 반도체를 생산하고 있는 경제는 아마도 그 전 단계의 전자제품을 생산하던 경험이 있었기에 반도체 사업에 뛰어들어서 성공했을 것입니다. 이 경제가 봉제품을 생산하는 단계에 머물러 있었다면 반도체 사업에 뛰어들어서 성공할 가능성은 매우 낮았을 것입니다. 그런 형편이니 이 경제가 자율주행자동차 사업에서 성공할 가능성이 높을 수 없습니다.

사례: 필리핀과 대한민국

이제 시간을 1960년대 초반으로 돌려보기로 합시다. 그 당시 대한민국과 필리핀은 여러 가지 측면에서 대비되는 면모를 지니고 있었습니다. 두 나라 모두 매우 가난했으며 산업은 전통적 농림·어업이 주종을 이루었고 국민의 교육수준이나 기술수준은 매우 낮았습니다. 그런 가운데서도 자원이 풍부하고 기후가 온화한 필리핀이 대한민국보다는 잘살았습니다. 그 당시 적지 않은 수의 우리나라 젊은이들이 필리핀으로 유학을 떠났던 것을 보면 양국의 경제 형편을 짐작할 수 있습니다. 그런 가운데에서 필리핀은 나라 밖으로 눈을 돌리지 않고 그동안 자기들이 해오던 방식을 그저 조금씩 개선하면서 살아갔습니다. 그동안 해오던 일을 조금 개선하는 것이었기에 경험으로부터의 배움의 정도는 매우 미약할 수밖에 없었지요. 아마도 그것이 필리핀 경제가 앞으로 나가지 못하고 제자리걸음을 한 가장 큰 이유일 것입니다. 필리핀은 극히 최근까지도 그런 상황을 벗어나지 못하고 있습니다.

이에 비해서 대한민국은 우물 안 개구리이기를 거부하고서 나라 밖으로 눈을 돌렸습니다. 해외 시장에서 잘 팔릴 수 있는 제품을 생산하기 시작한 것이지요. 그 일들은 한국인이 그동안 해오던 일과는 전혀 다른 것이었으며 그 일들을 하는 방식 역시 그동안 한국인이 일을 처리해오던 방식과는 아주 다른 것이었습니다. 농사를 천직으로 알던 사람들이, 지금의 관점에서 보면 유치하기 짝이 없는 것으로 보이지만, 섬유 제품, 고무신, 가발 등의 경공업제품을 생산하기 시작한 것은 당시로서는 정말로 획기적인 일이었습니다. 이렇게 그동안 해본 적이 없던 일을 하면서부터 한국 사람들은 아주 빠른 속도로 경험으로부터의 배움이 주는 이점을 활용하게 되었습니다. 우리나라의 주력 산업이 변화해온 모습을 보면 우리가 얼마나 빠른 속도로 주력 상품의 품질 수준을 높여왔는지 알 수 있습니다. 낮은 수준의 미숙련노동 집약적인 경공업에서 숙련노동 집약적인 수준 높은 공업으로, 그것에서 자본과 기술 집약적인 중화학공업으로, 거기에서 다시 기술 집약적인 전자통신산업으로, 거기에서 다시 고급두뇌 집약적인 지식정보산업으로 계속해서 업그레이드하면서 경제성장을 지속해온 것입니다.

이상의 설명에서 가장 핵심적인 사항은 배워야 할 대상이 끊임없이 출현할 때 경험으로부터의 배움이 주는 이점을 가장 크게 누릴 수 있다는 사실입니다. 새로 배울 게 별로 없으면 경험으로부터의 배움은 금방 소진되어 버립니다. 어떤 일이건 아무리 어렵고 가치 있는 것일지라도 처음 몇 번 하기는 참으로 어렵지만 그 일을 열 번이고 스무 번이고 반복해서 하다 보면 쉬워집니다. 그러나 같은 일을 아주 여러 번 반복하게 되면 노동생산성의 증가 속도가 정체되게 마련입니다. 새로울 게 하나도 없는 그저 그런 일상적인 일이 되는 것이지요. 경제의 많은 분야에서 그런 일이 일어나면 경제는 활력을 잃고 정체 상태에 빠질 가능성이 높습니다. 그렇지만 배울 대상이나 배워야 할 방식이 끊임없이 출현한다면, 게다가 새로 출현하는 일들이 전에 해오던 것보다 훨씬 더 어렵고 가치 있는 일이라면, 경험으로부터의 배움이 주는 이익이 단기간에 소멸되지 않고 장기간에 걸쳐서 지속될 것이므로 경제도 활력을 갖고 성장 발전하게 되는 것입니다. 배워야 할 대상을 계속해서 제공해준다는 점이 세계 시장이 제공하는 커다란 이점 중의 하나입니다.

경험으로부터의 배움이 경제성장을 추동하는 메커니즘

자, 이쯤에서 다시 기본으로 돌아가 보기로 합시다. 우리가 '경험으로부터의 배움'을 동력으로 하는 경제성장의 과정에 대해 설명하면서 알아낸 것을 정리하면 다음과 같습니다.

하나, 어떤 일이건 처음 그것을 할 때는 쉽지 않지만 (일의 종류나 성격에 따라서 어려운 정도가 천차만별입니다.) 시행착오를 겪더라도 일단 착수해서 반복적으로 그 일을 하다 보면 횟수를 거듭할수록 능률이 오릅니다.

둘, 같은 일을 반복적으로 하면서 능률이 오르는 것을 그 일에 대한 숙련도 또는 경험이 커지는 것으로 이해할 수 있습니다.

셋, 무엇인가를 하는 과정에서 쌓이는 경험은 초기에는 상당히 빠른 속도로 증가하지만 같은 일을 여러 번 거듭하다 보면 경험이 증가하는 속도가 0으로 수렴합니다.

넷, 같은 일을 반복할수록 경험이 증가되는 속도가 떨어지는 현상을 극복하려면 지금까지 해오던 것보다 높은 숙련을 요구하는 새로운 일에 도전해야 합니다.

다섯, 새로운 일에 도전해서 성공하면 그 과정에서 경험 축적의 속도가 저하되던 현상을 되돌려 놓을 수 있습니다. 즉, 그동안 해오던 일을 처음 시작했을 때 누렸던 비교적 빠른 속도의 경험 축적을 재현할 수 있게 됩니다.

여섯, 게다가 그동안 해오던 일보다 더 어려운 과업을 하게 된다는 것은 거의 모든 경우에 그동안 해오던 일보다 더 가치 있는 일을 하게 됨을 의미하므로 그런 사람이나 그런 기업이 모인 공동체의 총생산이나 1인당 생산의 가치도 전보다 커지게 됩니다. 즉, 경제가 성장하게 됩니다.

일곱, 이 경제가 현재 하고 있는 일들을 해오면서 축적한 경험을 토대로 해서 지금 하고 있는 것보다 수준이 높은 (그래서 가치가 더 큰) 과제task들에 도전해서 성공하면 비교적 높은 수준의 경제성장 속도를 유지할 수 있습니다.

여덟, 도전할 가치가 있는 새로운 과제를 제시하는 능력에 있어서 개방경제와 폐쇄경제는 엄청난 차이를 보입니다. 개방경제에서는 우리가 아직 해보지 않은 (그리고 우리가 하고 있는 일보다 가치가 큰) 일들이 무궁무진하게 많지만 (적어도 경제개발에 나서는 후발주자에게는 그러합니다.) 폐쇄경제에서는 그렇게 할 기회가 많지 않습니다.

아홉, 개방경제가 경제발전에 대해서 훨씬 더 유리한 환경을 제공합니다. 이는 개방하기로 결정한 나라 누구에게나 주어진 기회입니다. 그러나 그런 기회를 제대로 활용하는 일은 개방하는 나라의 몫입니다. 개방에 동참하는 모든 국가가 성공하는 것은 아닙니다.

열, 개방이 주는 기회를 살려서 그가 생산하는 제품군의 수준을 계속해서 업그레이드하는 데 성공하는 경제가 그렇게 하지 못하는 경제보다 더 빠르게 성장합니다.

경험으로부터의 배움을 활용할 수 있으려면

위의 설명은 경험으로부터의 배움을 동력으로 하는 경제발전 양상에 대한 서술입니다. 이를 보고서 떠오르는 아주 중요한 질문은 '왜 어떤 나라는 그런 동력을 잘 활용해서 성공하고 어떤 나라는 그렇게 하지 못하는가' 하는 것입니다. 즉, 우리는 지금까지의 설명에서 사람들로 하여금 경제가 순탄하게 발전하는 방향으로 행동하도록 유도하는 장치가 무엇인지에 관해서는 침묵해왔습니다. 예를 들어서 가능성이라는 측면에서는 차이가 없었는데도 필리핀은 정체상태에서 헤어나지 못했으나 대한민국은 최빈국에서 초기 선진국으로 탈바꿈하는 데 성공한 근본적인 차이가 무엇인가 하는 물음을 제기하지 않을 수 없습니다.

이 질문은 우리가 이 책에서 아주 여러 번 제기했던 것으로서 '경제발전의 궁극적인 원동력이 무엇인가'를 묻고 있는 것입니다. 이에 관하여 우리는 다음과 같은 가설을 답으로 제시한 바 있습니다.

경제발전의 1차적 동인은 근면하고 성실한 노동, 근검절약을 통한 합리적인 소비와 저축, 더 나은 미래를 만들려는 투자에 있습니다. 경제주체들 모두가 각자의 생업에 최선을 다해서 종사하고 그것을 통해서 창출한 가치의 보다 많은 부분을 저축하며 저축한 재원을 더 나은 미래를 만드는 일에 투자하는 데 사용하는 나라가 잘사는 나라가 됩니다.

경제주체들로 하여금 근면성실하게 일하며 근검절약하면서 살아가고 보다 나은 미래를 만드는 투자에 나서도록 유도하고 장려하는 요인들로서 문화, 자원, 지리, 기후, 개방, 사회자본 등이 상당히 중요한 역할을 담당합니다. 우리는 이들을 경제발전의 2차적 동인 또는 환경요인이라고 합니다. 경제발전에 우호적인 특징을 지닌 환경요인을 갖춘 나라는 점점 더 잘살게 되고 환경요인들이 경제발전에 적대적인 특징을 지니는 나라는 발전하지 못합니다. 그러나 그러한 환경요인들이 경제발전을 좌우하는 결정적인 것은 아닙니다. 동일한 문화권 내에서도 발전하는 나라와 정체된 나라가 공존하는 것을 보면 그렇습니다.

그래서 알아낸 것이 경제발전의 궁극적인 동인들인데 사유, 자유, 경쟁, 변화와 혁신이 바로 그것입니다. 경제의 기본(기초, 근간)이 그 구성원들로 하여금 사유, 자유, 경쟁, 변화와 혁신이 지닌 힘을 최대한도로 활용할 수 있도록 허용하는 나라는 발전하고 그렇지 못한 나라는 발전하지 못합니다.

이러한 논의는 경험으로부터의 배움에도 그대로 적용됩니다. 60여 년 전만 하더라도 비슷한 처지에 놓여 있었던 대한민국과 필리핀이 오늘날 엄청난 경제력 차이를 보이게 된 것은, 대한민국은 사유, 자유, 경쟁, 변화와 혁신을 근간으로 해서 국가를 경영해옴으로써 구성원들 누구나가 경험으로부터의 배움이 주는 이점을 최대한도로 활용할 수 있었음에 비해서 필리핀은 그러하지 못하였기 때문입니다.

8.5 경험으로부터의 배움과 근대적 생산방식

이제 지금 우리가 배운 바를 제7장에서 배운 것과 연결 지어 봅시다. 제7장에서 알아본 바에 의하면 인류가 30만 년 이상에 걸쳐서 사용해오던 방식인 전통적 생산방식 $y=Ax^{\alpha}l^{1-\alpha}$에서 그것과는 본질적인 면에서 전혀 다른 근대적 생산방식 $y=Bh(1-rn-kn)$, $h'=\psi(r)h$로 이행하는 데 성공한 나라는 경제발전에 성공하고 그렇지 못한 나라는 실패하게 됩니다. 근대적 생산방식을 채택하기 시작한 최초의 국가가 영국입니다.

모든 나라가 순식간에 전통적 생산방식을 버리고 근대적 생산방식을 채택한 것은 아닙니다. 전통적인 생산방식밖에 모르던 사람들이 경제사회 여건이 바뀌면서 근대적 생산방식을 활용할 기회를 갖게 되자 점차 그쪽으로 옮겨가기 시작한 것이지요. 초기에는 소수의 선구자들이 근대적 방식을 채택하였으나 그것이 전통적 생산방식보다 우월하다는 사실이 입증되면서 상당히 빠른 속도로 확산되었습니다. 새로운 길을 개척했다는 면에서 선구자의 역할은 참으로 중요합니다. 현세를 사는 우리는 이러한 면에서 인간해방의 길을 연 영국에 대해 감사해야 합니다. 영국이 새 길을 개척하자 곧 이어서 많은 나라들이 인간해방과 산업혁명의 길에 동참하기 시작하였습니다. 이들 후발주자들이 앞서간 나라들을 좇아감에 있어서 우리가 이번 제8장에서 배운 '경험으로부터의 배움'이 핵심적인 역할을 수행하였습니다. 제7장과 제8장의 연결고리가 거기에 있습니다.

경험 축적과 인적자본 축적

근대적 생산방식의 핵심 요소는 인적자본입니다. 인적자본은 투자를 통해서 그 양을 늘리고 질을 높여나갈 수 있습니다. 위에서 근대적 생산방식의 한 요소로써 $h' = \psi(r)h$를 소개한 바 있는데 이는 부모 세대가 자녀 세대의 인적자본을 형성하는 데 r시간을 투입하면 자녀의 인적자본 h'이 나의 인적자본 h의 $\psi(r)$배로 정해짐을 나타냅니다. 인적자본의 증가율은 $\psi(r)-1$로 정해지며 이미 설명하였듯이 그게 동시에 1인당 생산(소득)의 증가율이 됩니다.

그렇다면 $\psi(r)$의 크기는 어떻게 정해질까요? 부모 세대가 자녀 세대를 훈육하는 방식, 학교 교육의 효율성, 사회 교육의 생산성, 경제사회 환경, 정치와 정책, 대외 여건, 다른 나라가 하고 있는 일 등 한 나라의 $\psi(r)$에 대해 영향을 미치는 요인들은 매우 다양합니다. 그러므로 동일한 시간을 투입하더라도 나라마다 $\psi(r)$의 크기가 다르게 정해집니다. 분명한 것은 이렇게 다양한 요인들이 단독으로 또는 상호 작용을 통해서 $\psi(r)$의 값을 크게 만드는 나라의 경제성장률이 그렇지 않은 나라의 경제성장률보다 높을 것이라는 사실입니다.

후발주자들에게는 인적자본을 형성함에 있어서 학교 교육이나 직장 교육도 중요하지만 우리가 방금 알아본 경험으로부터의 배움도 중요합니다. 경험으로부터의 배움이 활발하게 이루어지는 나라에서는 동일한 시간 r을 투입하더라도 $\psi(r)$의 값이 크게 정해질 것입니다. 그런데 후발주자들은 그들이 그렇게 하고자 하고 또한 그렇게 할 능력이 있으면 이미 앞서간 나라들이 해놓은 것을 보고 배울 수 있습니다. 앞선 나라가 하고 있는 것 중에서 이제껏 자기는 해보지 않았던 일을 보고 배워서 하는 동안 경험을 쌓으면 그보다 더 가치 있는 새로운 일을 하는 게 쉬워집니다. 경험이 축적되면서 이제껏 가보지 않았던 새로운 길로 진출해서 성공할 가능성이 높아지기 때문입니다.

하나의 예로서 우리가 앞에서 고려했던 파라미터 θ가 경험으로부터의 배움을 촉진한다는 사실을 인적자본 형성의 생산함수에 반영해서 $\psi(r:\theta)$로 나타내보기로 합시다. 이때 θ값이 클수록 경험으로부터의 배움이 더욱 활발하게 이루어지며 그렇게 되면 같은 시간 r을 투입하고서도 인적자본을 더 크게 형성하게 되므로 $\frac{\partial\psi}{\partial\theta}>0$가 성립합니다. 즉, θ값이 클수록 인적자본 증가율이 높아지며 그 결과 경제성장률도 높아집니다. 사실 다른 일을 해본 경험이 새로운 일을 하는 데 도움을 주는 정도를 나타내는 θ뿐만 아니라 우리가 초기경험이라고 불렀던 $z_{s,s}$ 역시 인적자본 투자의 생산성을 높여줍니다. 이는 $\psi(r:\theta,z_{s,s})$의 형태로 인적자본의 '생산함수'를 수정할 수 있으며 $\partial\psi/\partial z_{s,s}>0$가 성립함을 의미합니다. 이러한 사실은 경험으로부터의 배움이 활발하게 이루어지는 경제가 그렇지 않은 경제보다 더 빠른 속도로 성장하게 될 것임을 알려줍니다.

인적자본 투자의 생산함수 ψ에 긍정적인 영향을 주는 중요한 요인이 하나 더 있습니다. 그것은 노동력의 배분 상태가 경제발전에 대해 미치는 영향에 관한 것입니다. 우리가 공부한 경험으로부터의 배움을 동력으로 하는 경제성장모형을 보면 어떤 경제가 현재 품질 수준 $w\in(0,s')$인 재화들을 생산하고 있을 때 s'에 근접한 재화 생산에 더 많은 노동력을 투입할수록 경험 축적의 속도가 빨라집니다. 반면에 w가 0에 근접한 재화 즉, 품질 수준이 낮은 재화를 생산하는 데 치중하는 경제는 경험 축적 속도가 아주 느리게 정해집니다. 경험 축적의 속도가 빠를수록 가치가 높은 재화의 생산액이 많아지고 또한 경험 축적의 속도가 빠를수록 더 높은 수준의 새 재화의 생산을 개시하기가 용이해지므로 결과적으로 경험 축적의 속도가 빠를수록 경제성장률도 높아지게 됩니다.

경험으로부터의 배움과 경제구조의 재조정

사정이 그러하다면 품질수준이 높은 제품을 생산하는 데 더 많은 노동자들이 종사하게 유도하면 그들이 축적한 경험의 양과 질이 좋아져서 지금까지 해오던 것보다 품질이 개선된 신제품을 생산하기가 용이해지며 그 덕택에 경제의 발전 속도도 빨라질 것이라는 결론을 얻게 됩니다. 이러한 사실은 품질수준이 낮은 제품을 생산하던 노동자들이 품질수준이 높은 제품을 생산하는 데로 이동하기가 용이할수록 경제성장이 앞당겨질 것임을 알려줍니다. 이것을 쉽게 말하자면 구산업에서 신산업으로, 그것도 계속해서 등장하는 신산업으로, 노동력을 이동 배치하는 게(한두 번이 아니라 계속해서 그렇게 하는 게) 쉽게 되어 있는 나라가 노동력을 재배치하기가 어렵게 되어 있는 나라보다 더 빠르게 성장한다는 이야기입니다.

그러므로 어떤 이유에서이건 구산업에 종사하는 노동자들을 신산업으로 이동해서 배치하는 게 어렵게 되어 있는 나라는 발전하기가 어렵습니다. 사실 노동력의 신축적인 재배분이 어렵게 되어 있는 나라에서는 신산업을 시작하기조차 어렵습니다. 결과적으로 그런 경제는 지금껏 해오던 일에만 치중할 뿐 새로운 것에 도전하는 일은 잘 일어나지 않으며 그래서 경제가 정체하게 됩니다.

노동력의 이동이 신축적이지 않게 되는 원인에는 두 가지가 있습니다. 하나는 노동자 자신이 새로운 일을 할 수 있는 능력을 갖추지 못해서 옮기고 싶어도 옮기지 못하는 것입니다. 다른 하나는 현재의 상황에서 커다란 이득을 보는 누구인가가 노동자들이 다른 부문으로 옮겨가는 것을 방해하는 것입니다.

이런 설명을 들으면서 조금만 더 깊이 생각해보면 '신축적인 재배분이 필요한 것이 왜 노동력뿐인가?' 하고 반문하게 될 것입니다. 위에서의 설명은 이번 장에서 우리가 활용해온 생산함수인 식 (8.2)가 노동력의 함수로만 되어 있었기에 그렇게 한 것이지 실제로는 노동력뿐 아니라 자본, 기술, 경영능력, 금융, 기업, 산업 등 경제의 전반적인 구조나 그 구성요소들을 상황변화에 대응해서 신축적으로 재배분 또는 재설정할 수 있어야 경제가 원활하게 발전하게 됩니다. 즉, 여건 변화를 반영해서 자원이 신축적으로 재배분될 수 있어야 경제가 원만하게 발전할 수 있습니다. 이는 우리가 경제발전의 궁극적인 동력으로서 변화와 혁신이 중요함을 강조한 것과 동일한 이야기입니다.

더 나은 방향으로 변화하고 혁신하지 않는 경제는 발전하지 못합니다. 변화하고 혁신하려면 그렇게 할 수 있는 능력이 있어야 하며 동시에 변화하고 혁신하고자 할 때 그렇게 할 수 있는 자유와 기회가 있어야 합니다. 변화하고 혁신하는 능력은, 우리가 경험으로부터의 배움을 공부하면서 알아낸 것처럼, 어떤 일을 해본 경험이 축적되는 과정에서 배양된다고 볼 수 있습니다. 그래서 경험으로부터의 배움이 중요합니다.

변화하고 혁신할 자유나 기회를 제한하려 드는 자들은 기득권 세력이거나 그들의 대변인들입니다. 변화와 혁신을 허용하면 그동안 독점적으로 누려오던 기득권을 상실하게 될 것을 두려워하는 개인이나 단체나 기업이나 기관이 그런 일이 일어나지 않도록 방해하는 것입니다. 세상에는 변화와 혁신을 방해하는 기득권자들이 매우 많습니다. 우리가 해야 할 일 중의 하나는 그 어떤 종류의 기득권자라도 변화하고 혁신하지 않으면 살아남기 어려운 환경을 조성하는 것입니다. 정부가 변화와 혁신을 촉진하고 장려하는 정책을 펴는 게 하나의 방안이 됩니다. 그러나 현실 세계에는 기득권자를 보호하는 정책을 펴는 정부가 아주 많습니다. 이는 대개 정부를 움직이는 사람들이 부지불식간에 기득권자들에게 포섭되어 있기에 일어나는 일입니다.

올바른 방향으로의 변화와 혁신을 촉발하는 가장 강력한 힘이 시장에서 전개되는 치열한 경쟁입니다. 치열하게 전개되는 시장 경쟁에서 승리하려면 그야말로 끊임없이 변화하고 혁신해야 합니다. 그래서 진입장벽을 폐지함으로써 경쟁자가 출현하는 것을 용이하게 만드는 게 중요합니다. 시장개방이 그래서 중요합니다. 누구든지 능력이 있으면 시장에 진입해서 경쟁하도록 허용하는 것이 시장 개방입니다. 여기에는 외국인과 외국 기업이 포함됩니다.

무엇이 옳은 변화와 혁신인지 또는 어느 방향으로 변화하고 혁신하는 게 좋은지 등을 판단하기는 쉽지 않습니다. 그러나 치열한 경쟁에서 살아남기 위해서 행하는 변화와 혁신 즉, 시장경쟁이 촉발하는 변화와 혁신은 그렇지 않습니다. 시장에서 이루어지는 변화와 혁신은 그것이 제대로 된 것이면 그 행위 주체를 승자로 만들 것이고 잘못된 것이면 그 행위 주체를 패자로 만들 것입니다. 이렇게 시장경쟁은 무엇이 옳고 무엇이 그른지를 구분해내는 능력이 탁월합니다. 사실관계를 잘 알고 있으며 엄밀하게 이해관계를 따지는 수많은 시장참여자들의 자율적 판단을 거쳐서 승자와 패자를 가리게 되므로 시장의 선택이 잘못된 결과를 나을 가능성은 낮습니다. 그러므로 참다운 시장경제 즉, 건전하지만 치열한 경쟁이 전개되는, 재산권이 보호되고 자유가 보장되는 개방된 시장경제를 창달하도록 노력해야 합니다.

제 9 장

후발주자의 경제발전
: 기술 이전

제8장에서는 후발주자들의 경제발전 원리에 관해서 경험으로부터의 배움을 통한 인적자본의 축적이 가져오는 성장 효과를 중심으로 설명하였습니다. 제9장에서는 선진 기술을 배워서 자기 것으로 만드는 행위와 후발주자의 경제발전 간의 관계에 관해서 설명하고자 합니다.

9.1 선발주자와 후발주자

후발주자란 현재 매우 가난하지만 경제개발의 길로 들어서서 선발주자를 쫓아가고자 하는 국가를 지칭합니다. 후발주자가 선발주자를 쫓아간다는 것은 선발주자들이 했던 바를 따라 하거나 그들이 했던 것보다 낫게 하는 것을 통해 앞선 자들과의 차이를 줄여나가는 것을 말합니다. 19세기 초의 미국은 영국의 후발주자였으며, 19세기 중엽의 일본은 서구 몇몇 나라와 미국의 후발주자였습니다. 1960년대 초반의 대한민국은 미국 및 일본의 후발주자였으며 1980년대의 중국은 대한민국의 후발주자였습니다.

후발주자가 선발주자를 추격할 때 활용하는 주요한 전략의 하나가 선발주자들이 보유한 앞선 기술을 모방하는 것입니다. 선발주자가 지닌 앞선 기술을 모방하고 배워서 자기 것으로 활용할 수 있으면 스스로 신기술을 개발해서 활용할 때보다 훨씬 더 빠른 속도로 기술을 발전시켜 나갈 수 있습니다. 남이 지니지 않은 신기술을 개발하는 일은 선발주자에게 있어서도 어려운 일인데 하물며 후발주자가 그런 일을 한다는 것은 거의 불가능에 가까운 일입니다. 그렇지만 선발주자가 지닌 기술을 모방하고 배워서 활용하는 일은 비교적 용이합니다. 그러므로 후발주자가 모방 전략을 성공적으로 활용하면 선발주자를 추격할 수 있습니다.

독립 이후의 미국, 메이지유신 이후의 일본, 1960년 초반 이후의 대한민국, 1980년대 초 이후의 중국 등이 경제발전에 성공한 이면에는 선진 기술을 모방하고 배워서 활용한 게 커다란 힘을 발휘한 사실이 있습니다. 이 중 미국과 일본은 이미 오래전에 신기술 개발의 선두주자가 되었으며, 대한민국은 이제 막 선두주자 대열에 합류하기 시작하였고, 중국은 아직도 모방 단계에 있습니다. 근래에는 인도와 베트남이 기술 모방을 통해서 경제발전의 속도를 높여나가는 실험장이 되고 있습니다.

이제부터는 우리가 제7장에서 소개한 경제모형을 활용해서 기술 선후진국 간의 기술전파에 관하여 설명하기로 합니다. 여기에서 제7장에서 소개한 경제모형이란 다름 아닌 근대적 생상방식을 뜻합니다. 즉, 근대적 생산방식을 나타내는 생산함수 $y=Bhl=Bh(1-rn-kn)$을 활용해서 기술 확산을 통한 추격현상을 설명하고자 합니다. 기억을 되살리기 위해서 다시 한번 더 설명하자면, y는 1인당 생산(또는 소득)을 나타냅니다. 근대적 생산방식은 이 경제의 1인당 생산이 노동자 한 사람이 지닌 인적자본 h, 그가 생산활동에 투입하는 시간 $(1-rn-kn)$ 그리고 근대적 생산방식에 활용되는 기술 B의 함수로 정해짐을 보여줍니다. 이때 kn과 rn은 각각 n명의 자녀를 양육하고 교육하는 데 투입하는 부모의 시간을 나타냅니다.

기술 선진국과 기술 후진국을 국가 1과 국가 2로 나타내면 각국의 1인당 생산은 $y_1=B_1h_1(1-r_1n_1-k_1n_1)$과 $y_2=B_2h_2(1-r_2n_2-k_2n_2)$로 정해집니다. 현재 우리의 주 관심사가 기술이전에 있으므로 두 나라 사이에 인적자본과 자녀 수 그리고 부모가 자녀를 양육하고 교육하는 데 투입하는 시간은 동일한 것으로 가정하겠습니다. 따라서 두 나라 사이에 존재하는 유일한 차이는 기술수준에 있습니다. 즉, 이제부터는 $r_1=r_2$, $n_1=n_2$, $k_1=k_2$ 그리고 $h_1=h_2$이어서 이들의 측면에서는 선후발주자 간에 차이가 없는 것으로 상정합니다. 그렇지만 양국이 보유한 기술수준은 차이가 납니다. 즉, $B_1\neq B_2$가 됩니다.

우리가 1국을 선발주자라고 하였으므로, B_1은 B_2보다 우월합니다. 기술수준을 단일의 인덱스(지수)로 나타낼 수 있는 경우에는 B가 실수real number이므로 $B_1>B_2$가 성립합니다. $y_1=B_1h(1-rn-kn)$과 $y_2=B_2h(1-rn-kn)$을 비교하면 알 수 있듯이 $y_1>y_2$가 성립합니다. 더 나아가서 $y_1/y_2=B_1/B_2$

가 성립함도 알 수 있습니다. 즉, 선후발주자 간의 소득 차이는 양국의 기술 차이와 동일합니다.

한 나라가 지닌 기술을 단일의 수치가 아니라 집합으로 나타내면 B_1은 기술 선진국이 보유한 기술들을 나타내고 B_2는 기술 후진국이 지닌 기술들을 나타냅니다. 이 경우에도 $B_2 \subset B_1$ 즉, 후진국의 기술 집합이 선진국의 기술 집합의 부분집합이 되는 게 일반적인 현상입니다. 후발주자의 기술 집합이 선발주자의 기술 집합의 부분집합이라는 것은, 후발주자가 활용하는 기술들이 선발주자가 보유한 여러 가지 기술들 가운데 일부에 해당함을 의미합니다. 이 경우에 후발주자가 가진 기술은 모두 선발주자의 기술 집합에 들어가지만 선발주자가 가진 기술 중에는 후발주자가 갖지 못한 것이 다수 있습니다. 기술의 좋고 나쁨을 논하려면 B의 크기를 견주어야 하는데 집합의 크기를 비교하는 일은 실수의 크기를 비교하는 것보다 훨씬 어렵습니다. 그래서 이하에서는 특별히 필요한 경우가 아니라면 B가 실수인 경우만 고려하겠습니다.

선진국이 보유한 기술 (집합) B_1은 그 나라의 기술창출 활동의 결과로 커지게 됩니다. 기술 선진국이 행하는 신기술 개발에 관해서는 제7장에서 기술개발에 투입하는 시간의 함수로서 기술진보율이 정해지는 상황에 대해 공부한 바 있습니다. 기술개발에 투입하는 시간을 q라고 할 때 기술이 $\phi(q)-1$의 속도로 발전한다고 설명한 바를 회상하면 좋겠습니다. 이러한 설명은 어떤 나라가 신기술 개발을 위해서 q만큼의 자원을 투입할 때 그 결과가 $\phi(q)$라는 함수를 통해서 나타난다고 보는 것입니다. 이때 함수 ϕ의 성격은 그 나라가 지닌 기술개발 역량 및 기술개발 환경에 따라서 달리 정해집니다. 이제 아래에서의 설명을 쉽게 하고자 선진국의 기술진보 속도 $\phi_1(q_1)-1$을 g_1으로 표시하기로 하겠습니다. 여기에서 기술개발함수에 아래 첨자를 붙인 것은 이제부터 기술 선진국인 국가 1과 기술 후진국인 국가 2를 구분하기 위함입니다.

기술 선진국의 1인당 소득 증가율은, 이 나라가 자녀들을 교육하고 그들에게 새로운 기술을 전수하기 위해 기울이는 노력에 비례해서 정해집니다. 제7장에서 부모 세대가 기울이는 이러한 노력을 r 및 q로 표기하였음을 상기합시다. 이들은 부모 세대가 자녀 세대를 교육하고 신기술을 전수하는 데 들이는 시간을 나타냅니다. 1820년부터 오늘에 이르기까지 200여 년에 걸쳐서 미국의 1인당 소득 증가율이 연 1.8% 수준에서 미세하게 등락해온 것을 보면, 기술 최선진국의 1인당 소득 증가율의 크기가 0.018 정도 될 것임을 짐작할 수 있습니다.

9.2 후발주자의 기술추격 전략

자 그렇다면 후발주자는 어떻게 기술을 발전시켜 나갈까요? 후발주자도 연구개발 활동을 통해서 신기술을 개발함으로써 그가 지닌 기술 집합 B_2를 확장해나갈 수 있습니다. 그런데 기술 후발주자가 후발주자인 것은 지금까지 자력으로 기술을 창출하려고 노력한 결과로 얻어진 기술진보 속도 g_2가 낮았기 때문일 것입니다. 즉, $g_2 < g_1$이었기에 선발주자에게 뒤처진 것입니다. 그렇다면 왜 g_2가 g_1보다 낮았을까요? 그것은 우리가 후발주자라고 부른 나라의 기술개발 역량이 우리가 선발주자라고 부른 나라의 그것보다 취약하기 때문일 것입니다. 기술개발 역량이 취약하다는 것을 다르게 표현하면, 신기술을 개발하는 데 드는 비용을 기준으로 할 때 동일한 기술을 개발하는 데 있어 후발주자가 선발주자보다 훨씬 더 큰 비용을 지불해야 한다는 것이 됩니다. 비용이 너무 많이 들어서 제때에 신기술을 개발하지 못하고 그래서 기술 후발주자로 남게 된 것입니다.

여기에서 말하는 비용에는 기술개발에 들어가는 직접적인 비용뿐만 아니라 기술개발과 연관된 제반 환경 여건이 불비해서 발생하는 간접적인 비용도 포함됩니다. 중국과 미국을 예로 들어서 설명하자면, 기술개발 인력의 인건비로만 보면 중국이 미국보다 훨씬 더 유리하지만, 시설과 장비와 인력의 질적 수준이나 연구개발에 관한 정책 환경 그리고 연구개발 결과의 활용능력 등에서는 중국이 미국보다 훨씬 더 불리합니다. 그래서 종합적으로 보면 중국에서 신기술을 개발하는 것이 미국에서 그렇게 하는 것보다 훨씬 더 어렵습니다.

그렇지만 중국이 개혁과 개방 이후에 미국과의 기술 격차를 상당히 빠른 속도로 줄여오고 있지 않나요? 그렇습니다. 중국이 개혁과 개방을 시작할 때만 하더라도 미국과의 기술차이는 적어도 50년은 되었을 것입니다. 그러나 지금은 그 차이가 20년도 안 될 것입니다. 그러니 그동안 30년 정도는 기술 차이를 줄여온 셈입니다. 어떻게 이게 가능했을까요? 그것은 중국이 선진국의 앞선 기술을 모방하는 데 성공한 덕분입니다.

모방imitation

신기술을 개발하는 데에서 어려움을 겪는 후발주자라 하더라도 선발주자를 모방할 옵션이 있습니다. 선진국은 모방할 데가 없으므로 비용이 많이 들더라도 새로운 기술을 만들어야 합니다. 그러나 후진국은 선진국이 지닌 앞선 기술을 모방해서 사용하는 옵션을 가집니다. 기술을 모방하는 게 그것을 새로 만드는 것보다 여러모로 용이하므로 기회만 주어진다면 모방하는 게 좋은 전략이 됩니다. 모방할 수 있는 옵션이 있다고 해서 모든 후발주자가 모방에 나서거나 그 일에 성공하는 것은 아닙니다. 후발주자가 모방에 성공하려면 그렇게 하고자 하는 동기를 가져야 하며 모방한 것을 성공적으로 활용할 수 있는 역량을 지녀야 합니다. 선발주자가 용인해야 후발주자가 모방전략을 쓸 수 있음은 중복해서 설명할 필요가 없을 것입니다.

모방하는 데에도 비용이 듭니다. 이 모방비용은 선후진국 간의 기술 차가 클수록 작아지는 특징을 지닙니다. 이것이 무슨 뜻일까요? 기술 차이가 클수록 모방비용이 적게 먹힌다는 것은, 기술 차이가 클수록 후진국이 선진국의 기술을 모방하는 데 대해서 선진국이 까탈을 부리는 정도가 약할 것이라는 가설과 기술 차이가 클수록 기술역량이 취약한 후진국이라도 선진국이 지닌 수많은 기술 중에서 모방할 수 있는 게 많을 것이라는 가설을 결합해서 추론한 결론입니다. 이 설명을 뒤집어서 말하자면, 선후진국 간의 기술 차이가 좁혀질수록 후진국이 선진국의 기술을 모방하는 게 더 어려워진다는 것이 됩니다. 후진국이 가까이 따라올수록 선진국이 그들이 그렇게 하지 못하도록 방해하는 빈도가 높아지며 선진기술에 가까이 다가갈수록 모방하기가 점점 더 어려워지는 기술만 모방할 대상으로 남게 되기 때문에 그렇게 됩니다.

기술 수준을 100으로 나타낼 수 있는 선발주자를 예로 들어서 이해해 보기로 합시다. 이해를 돕기 위해서 선발주자가 모두 100개의 기술을 갖고 있는데 그들의 수준이 1에서 100까지라고 합시다. 즉, 첫 번째 기술은 수준이 1이고 두 번째 기술은 수준이 2이며 100번째 기술은 수준이 100이라고 합시다. 수준이 100인 기술은 수준이 1인 기술보다 100배 더 성능이 좋습니다. 이들 100가지 기술 가운데에서 선진국이 현재 집중적으로 사용하고 있는 기술은 아마도 앞선 기술 20개 정도일 것입니다. 그래서 기술 수준 80 이하의 것들은 선반 위에서 먼지를 뒤집어쓰고 있을 가능성이 높습니다.

이 선발주자의 이웃에 기술이라고는 하나도 없는 후발주자가 있다고 합시다. 예를 들어서 이 후발주자의 기술 수준이 아주 낮은 단계인 1이라고 합시다. 기술 수준이 1인 나라가 선발주자가 지닌 기술 중에서, 가령 수준이 10이하인 기술을 모방하는 일은 그렇게 어렵지 않을 것입니다. 우선 기술 수준 10 이하의 '저급' 기술을 모방하는 것에 대해서는 선발주자가 별다른 이의를 제기하지 않을 것입니다. 자기들은 이미 쓸모가 없어서 활용하고 있지 않은 기술을 모방한다고 해서 그들에게 위협이 되지 않는 것이기 때문입니다. 기술 수준이 1밖에 되지 않는 기술 후발주자라도 선발주자가 가진 '저급' 기술을 모방하는 일은 해볼 만할 것입니다. 고급 기술을 모방하기는 쉽지 않지만 저급 기술을 모방하는 일은 비교적 용이할 것이기 때문입니다.

선발주자의 이웃에 이번에는 기술 수준이 60이어서 중급 수준의 기술을 보유한 나라가 있다고 합시다. 이 나라도 선발주자를 모방하고자 합니다. 이 경우 그의 모방 대상은 당연히 60보다 높은 수준의 기술이 될 것입니다. 현재 보유한 기술 수준보다 높은 수준의 기술을 모방해야 도움이 될 것인데 다행히도 이 나라는 기술 수준 60 이상의 기술을 모방할 능력을 가졌으므로 실제로

60 이상 되는 기술을 모방하려 들 것입니다. 이때 그 나라가, 예를 들어서, 수준이 61에서 65 정도의 기술을 모방하려 들면 아마도 선발주자가 그에 대해 별로 개의치 않을 것입니다. 그러나 그 나라가 그보다 훨씬 높은 수준의 기술, 예를 들어서 수준이 80을 초과하는 기술을 모방하려 들면 아마도 선발주자는 여간해서 그런 일을 용납하지 않을 것입니다. 모방을 허용했다가는 선발주자가 지닌 이점을 상실할 가능성이 높기 때문입니다.

이러한 사실은 선발주자의 기술 수준과 후발주자의 기술 수준이 차이가 클 때는 모방하기가 용이하지만 그 차이가 좁혀질수록 모방하기가 어려워질 것임을 말해줍니다. 우리가 위에서 모방비용을 나타내는 함수가 선후발주자 간의 기술 차이의 감소함수가 된다고 한 것은 바로 이런 연유에서입니다.

이처럼 모방하는 게 창조하는 것보다 용이하므로, 모방 전략을 효과적으로 활용하는 후진국의 기술진보율 g_2는 선진국의 기술진보율 g_1보다 적어도 초기에는 높게 정해집니다. 선진국도 계속해서 앞으로 나아가고는 있지만 후진국이 앞으로 나아가는 속도가 더 빠르므로 시간이 흐를수록 선후진국 간의 기술 차이는 줄어듭니다. 기술 차이가 줄어들수록 기술을 모방하기가 어려워지므로 후발주자의 기술진보율은 점차 낮아집니다. 한동안은 선진국의 기술진보율보다는 높은 상태를 유지할 수 있지만 조만간에 한계에 부닥치게 되며 그 때가 되면 후발주자는 선발주자와 일정한 비율의 간격을 유지한 채 선발주자의 기술이 진전되는 속도만큼만 기술을 진전시키게 됩니다. 즉, g_2가 g_1을 향하여 하향 수렴해서 $g_2 = g_1$이 되는 결과를 가져오게 됩니다.

모방 전략을 활용하는 경우에 $g_2 = g_1$이 성립하는 정상상태에 도달하더라도 B_2는 여전히 B_1보다 낮은 수준에 있게 됩니다.

모형을 활용한 이해

위에서 설명한 바를 간단한 경제모형을 활용해서 이해해 보기로 합니다. 이를 위해서 선발주자와 후발주자의 기술발전이 다음과 같은 방식으로 이루어지는 것으로 상정하겠습니다.

$$\phi_1(q_1) - 1 = g_1 \tag{9.1}$$

$$\phi_2(q_2 : B_2/B_1) - 1 = g_2(q_2 : B_2/B_1) \tag{9.2}$$

식 (9.1)은 연구개발 활동에 q_1만큼의 자원(이 경우에는 시간)을 투입하는 선발주자의 기술진보율이 g_1이라는 우리의 가정을 수식으로 표현한 것입니다. 여기에서의 주 관심사는 모방하는 데 있으므로 이미 설명한 바와 같이 g_1은 그냥 주어진 것으로 봅니다. 이는 기술 선진국이 그가 지닌 역량을 최대한도로 투입해서 연구개발 활동에 나설 때 달성할 수 있는 기술진보율을 나타냅니다. 실제 자료를 보면 g_1은 1.5~2.0%에서 정해지는 것으로 판단됩니다.

식 (9.2)는 한 사람당 q_2의 자원을 투입해서 모방에 임하는 후발주자의 기술진보율이 그 나라가 지닌 기술 수준과 선발주자가 지닌 기술 수준의 상대적 비율이 얼마나 되느냐에 따라서 다르게 정해짐을 나타냅니다. 위에서 설명한 바와 같이 함수로서의 $g_2(\ )$는 B_2/B_1의 감소함수가 됩니다. 다시 말하자면, B_2와 B_1의 차이가 작아질수록 즉, B_2/B_1이 1에 가까워질수록, g_2가 낮아집니다. 동일한 양의 자원 q_2를 모방하는 데 투입하더라도 기술 차이가 클수록 g_2가 크게 정해지는데 B_2/B_1이 1에 가까워질수록 즉, 양자 간의 기술 차이가 줄어들수록 모방비용이 상승하므로, g_2가 점차 하락하게 되는 것입니다.

이러한 과정은 g_2가 g_1과 같아질 때까지 진행됩니다. $g_2 = g_1$이 되면 후발주자의 기술진보율이 선발주자의 그것과 같아지므로 양자 간의 상대적인 기술 차이는 더 이상 좁혀지지 않습니다. 즉, B_2/B_1가 1보다 작은 값에서 안정된 채 더 이상 커지지 않습니다. 그런데 B_2/B_1가 1보다 작은 값에서 더 이상 변화하지 않는다는 것은 일단 정상상태에 도달하면 선발주자와 후발주자가 일정한 비율의 기술 차이를 보이면서 동일한 속도로 기술이 발전하게 됨을 의미합니다. 이게 식 (9.1)과 식 (9.2)로 주어진 기술모방 모형의 정상상태가 말해주는 바입니다.

위와 같은 결론은 후발주자의 기술생산함수 ϕ_2가 선발주자의 그것보다 월등하게 우수하거나, 후발주자가 기술개발에 투입하는 '자원' q_2가 선발주자가 기술개발에 투입하는 자원 q_1보다 월등하게 많지 않은 한 성립합니다. 후발주자의 기술생산 방식이 선발주자의 그것보다 월등하게 좋거나 후발주자가 선발주자보다 기술개발에 더 많은 자원을 투입하는 일은 현실 경제에서 좀처럼 일어나지 않습니다. 따라서 통상적인 상황에서는 후발주자가 선발주자를 추격하는 것을 통해 기술진보의 정상상태에 도달하여도 후발주자의 기술 수준은 선발주자의 기술 수준보다 낮은 데 머물게 됩니다. 즉, B_2/B_1이 $(B_2/B_1)^*$로 수렴하는데 $(B_2/B_1)^*$는 1보다 작은 값으로 정해지게 됩니다.

위의 설명을 뒤집어서 이야기하자면 이렇습니다. 후발주자가 선발주자를 추격하는 데 그치지 않고 그를 추월하고자 하면 적어도 다음의 두 가지 일을 달성해야 합니다. 하나는 후발주자가 그들이 활용하는 기술생산함수 ϕ_2를 선발주자들이 보유한 기술생산함수 ϕ_1보다 월등하게 생산적인 것으로 만드는 일입니다. 다른 하나는 후발주자가 선발투자가 그렇게 하는 것보다 월등하게 많은 양의 자원을 기술개발에 투입하는 것입니다. 즉, q_2를 q_1보다 월등하게 크게 유지하는 것입니다. 이 두 가지 일에 성공하는 후발주자는 그의 기술진보율 g_2를 선발주자의 기술진보율 g_1보다 높게 유지할 수 있으므로 언제인가는 선발주자를 앞지르고 그 자신이 선발주자로 변신할 수 있습니다.

우리나라가 본격적인 경제개발에 나선 1960년대의 사정을 보면 기술 최선진국인 미국의 기술진보율은 연 1.8% 그리고 미국의 기술을 따라가던 일본의 기술진보율은 연 2.5% 정도 되었던 것으로 판단됩니다. 이때 우리나라의 기술진보율은 0%에 가까웠습니다. 만일 그러한 상태가 계속해서 유지되었더라면 우리나라와 일본 또는 미국과의 기술 차이는 점점 더 벌어졌을 것입니다. 그렇게 되면 물적자본이나 인적자본 투자를 통해서 일본과 미국을 쫓아가더라도 그것만 가지고서는 그 나라들을 따라잡기가 불가능했을 것입니다. 그런데 대한민국은 1960년대 중반부터 아주 빠른 속도로 선진기술을 모방하기 시작하였습니다. 그 당시 우리나라의 기술진보율은 미국의 기술진보율 1.8%나 일본의 기술진보율 2.5%보다 상당히 높았음이 틀림없습니다. 선진기술을 모방할 수 있었기 때문입니다.

그러나 1980년대 중반에 이르러서는 선진기술을 모방하는 게 점점 더 어려워졌습니다. 선발주자들이 우리가 모방하는 데 대해서 이의를 제기하기 시작한 데다 모방할 만한 유용한 기술의 풀pool이 많이 소진되었기 때문입니다. 말하자면 모방의 비용이 비싸지기 시작한 것입니다. 그래서 우리나라의 일류 기업들을 중심으로 모방을 넘어선 신기술 개발에 진력하게 된 것입니다. 그것과 때를 맞추어서 정부 역시 연구개발 활동에 투입하는 공공자원을 대폭적으로 늘려나가기 시작하였습니다. 이러한 조치에 힘입어서 우리나라는 모방의 이점이 소진된 연후에도 계속해서 기술을 발전시킬 수 있었으며 그 결과 지금은 일본과 미국에 비해서 크게 뒤지지 않는 기술 수준에 이르렀습니다.

후발주자의 기술발전 전략: 개량improvement

후발주자가 선발주자의 기술을 모방만 한다면 선발주자를 뛰어넘을 방도가 없습니다. 모방을 통해서 달성할 수 있는 최대치는 B_2를 B_1과 같게 만드는 것입니다. 그런데 우리는 위에서 그렇게 하는 일이 거의 불가능하다는 사실을 확인하였습니다. 그렇다면 B_2를 B_1보다 낫게 만들 수 있는 방안은 없을까요? 그 대답은 선발주자가 지닌 모든 기술에 대해서는 아니더라도 중요한 일부에 대해서는 그렇게 할 방도가 있다는 것입니다. 후발주자가 보유한 기술 전부를 선발주자가 보유한 기술들보다 나은 것으로 만들기는 거의 불가능하지만, 후발주자가 선발주자가 갖지 못한 기술을 개발하거나 선발주자가 가진 것과 같은 종류의 기술 일부를 그보다 좋은 것으로 만드는 일은 얼마든지 가능합니다.

후발주자가 선발주자가 지닌 것보다 나은 기술을 갖게 되는 중요한 경로 중의 하나가 기술을 개량하고 개선하는 것입니다. 즉, 선발주자의 기술을 모방하는 데 그치는 게 아니라 그것을 배워서 개량함으로써 선발주자가 지닌 오리지널 기술보다 낫게 만드는 전략입니다. 앞선 기술을 모방할 수 있는 능력을 지닌 후발주자는 선진기술을 단순히 모방하는 차원을 넘어서서 그것을 보다 더 유용한 것으로 만들 수 있는 역량 즉, 개량할 수 있는 역량도 갖춘 경우가 많습니다. 이런 나라가 모방과 개량에 성공하면 기술 선발주자가 가진 것보다 성능이 우수한 기술을 보유할 수 있게 됩니다.

이러한 현상에 대해서 잘 이해하기 위해서 이제부터 B를 기술의 집합으로 취급하겠습니다. 선발주자의 기술 집합 B_1은 선발주자가 보유한 기술들 $b_{1i}, i=1,2,\cdots,m_1$을 구성요소로 합니다. 이때 m_1은 현시점에서 선발주자가 보유한 기술 중 가장 앞선 것의 인덱스가 됩니다. 같은 방식으로 후발주자의 B_2를 그 나라가 지닌 기술들 $b_{2j},\ j=1,2,\cdots,m_2$를 구성요소로 하는 집합으로 이해할 수 있습니다. 이때 m_2는 후발주자가 지닌 기술 중에서 가장 앞선 것의 인덱스가 됩니다.

이제 후발주자가 선발주자의 기술을 모방하고 개량한다는 것은 선발주자가 지닌 기술, 예를 들어 b_{1k}를 모방하고 개량해서 b_{1k}보다 성능이 우수한 b_{1k}'을 만들어서 그것을 B_2의 구성요소로 만드는 것에 해당됩니다. 이때 이렇게 개량된 기술을 새로운 기술 b_{2m_2+k}로 부를 수 있습니다. 즉, 후발주자의 기술 집합에 들어가는 구성요소가 하나 늘어나는 것으로 이해할 수 있습니다. $b_{1k}'=b_{2m_2+k}$는 선발주자가 지닌 b_{1k}와 같은 종류이기는 하지만 개량을 통해서 그것보다 성능이 우월해진 기술이므로 이를 신기술로 취급해도 무방합니다. 이러한 방식으로 후발주자가 선발주자가 지닌 기술을 개량하는 전략을 효과적으로 활용하면 선발주자가 지닌 것보다 성능이 우수한 기술을 확보할 수 있게 됩니다.

사례: 현대자동차의 엔진 기술

현대자동차가 엔진을 만드는 기술을 예로 들어보기로 합시다. 초창기의 현대자동차는 일본의 미쓰비시三菱 중공업에서 생산하는 엔진을 그대로 도입해서 사용했습니다. 그것은 그야말로 완전 모방에 해당합니다. 그렇지만 자동차를 생산하는 역량이 증대됨에 따라서 현대자동차는 미쓰비시 엔진을 개선한 제품을 생산하기 시작하였습니다. 그 결과로 생산된 엔진은 미쓰비시 엔진과 비슷하기는 했지만 그보다는 성능이 개선된 엔진이었으므로 새로운 엔진이라고 불러도 좋을 정도였습니다. 오늘날에 현대자동차가 생산하는 엔진은 자동차 선진국들이 만드는 엔진과 견주어서 조금도 손색이 없는 수준이 되었습니다. 이는 단순히 개량만으로 그렇게 된 것이 아니고 신기술을 개발한 데 힘입은 것입니다. 이에 관해서는 다음에서 더 설명합니다.

선발주자가 후발주자에게 기술을 이전하는 경우

지금까지는 후발주자가 선발주자가 가진 기술을 모방하고 개선하는 전략을 중심으로 해서 선후진국 간의 기술전파에 관해 알아보았습니다. 선후진국 간의 기술전파에 선발주자가 주도적인 역할을 담당하기도 합니다. 기술 후진국 중에서 가능성이 아주 큰 나라의 경우에는 현지 시장이 주는 이점을 살리기 위해 선발주자가 해당 기술 후진국으로 사업영역을 확장하면서 그가 지닌 기술을 가져가게 됩니다. 이것은 선발주자 스스로가 기술이전에 나서는 사례가 됩니다.

우리나라의 대표적 기술 선두기업인 삼성전자는 현재 베트남 현지에 세계 최대 규모의 전자공장을 가동 중입니다. 삼성전자 베트남 공장에서 생산해서 수출하는 물량이 베트남 전제 수출의 25%에 달할 정도로 베트남 경제에서 갖는 비중이 높습니다. 베트남의 경쟁력을 감안한 진출이지만 그 과정에서 삼성전자는 그가 보유한 최첨단 기술을 베트남으로 이전시키는 결과를 낳고 있는 것입니다. 베트남의 인재들이 삼성전자 베트남 사업장에서 일하면서 배운 기술은 결국 베트남의 기술이 됩니다. 현재 이 분야에서의 베트남이 활용하는 기술은 대단히 빠른 속도로 발전 중입니다.

이와 같이 선진 기업들이 후발주자에게 자진해서 기술을 이전하는 사례는 아주 많습니다. 다시 한번 더 현대자동차의 사례를 들자면 현대자동차·기아의 인도 진출이 있습니다. 현대자동차와 기아 모두 인도에서 차량을 생산 중입니다. 이들 기업이 그곳에서 현재 생산하고 있는 차량은 현대자동차나 기아가 생산 중인 최고급 차량은 아닙니다. 대개는 국내에서는 생산을 중단한 차종을 가져가서 현지 사정에 맞게 개선한 차량들을 생산 중입니다. 이렇게 하는 이유 중의 하나는 인도의 자동차 생산능력이 최고 성능의 차량들을 생산하기에는 역부족이기 때문입니다. 인도에서 낮은 단계의 차량 생산에 성공하게 되면 거기에서 축적한 경험을 바탕으로 해서 더 높은 단계의 차량을 생산할 수 있게 될 것입니다. 바로 그것이 후발주자가 기술발전을 이루는 한 모습입니다.[1)]

9.3 후발주자의 신기술 개발 전략

후발주자가 선발주자도 가지지 못한 신기술을 개발할 수도 있습니다. 후발주자가 선발주자의 기술을 모방하고 개선하면서 축적한 기술개발 역량이 어떤 임계점을 넘기 시작하면 신기술을 개발할 수 있게 됩니다. B_2가 B_1보다 크게 뒤떨어져 있을 때는 후발주자가 선발주자도 갖지 못한 신기술을 개발한다는 게 불가능하겠지만, 모방과 개량 전략을 구사해서 B_2를 B_1에 상당한 정도로 근접하도록 만드는 데 성공한 나라는 그동안 쌓아온 연구개발 역량을 바탕으로 해서 B_1에도 없는(즉, 선진국도 갖지 못한) 기술을 개발할 수 있게 되는 것이지요. 이와 같이 후발주자가 선진국도 갖지 못한 새로운 기술을 창조하는 데 성공하게 되면 B_2의 구성요소이면서 B_1의 구성요소가 아닌 것들이 생겨나기 시작합니다.

모방 또는 신기술 개발을 통해서 후발주자가 선발주자도 갖지 못한 신기술을 확보하기 시작하면 이제 B_2는 더 이상 B_1의 부분집합이 아니게 됩니다. 종전에는 B_2의 구성요소는 모두 B_1의 구성요소가 되지만 그 역은 성립되지 않

1) 현재는 국내에서 생산 중인 모델 중에서 현지에 적합한 것을 생산 중이며, 인도에서 생산한 제품을 국내에서 팔려는 전략도 준비 중입니다.

아서 $B_2 \subset B_1$이었습니다. 그러나 이제부터는 B_1의 구성요소가 아니면서도 B_2의 구성요소가 되는 것과 B_2의 구성요소가 아니면서도 B_1의 구성요소가 되는 것이 동시에 존재하게 됩니다. 따라서 이제 집합으로서 $B_2 \neq B_1$이 됩니다. 그렇더라도 둘 사이의 공통부분 즉, B_1과 B_2의 교집합은 공집합empty set이 아닌 경우가 일반적일 것입니다.

위에서 예로 들었던 현대자동차의 경우에도 1990년대 중반 이후부터는 자동차 선진 기업이 보유한 기술을 모방하는 단계에서 축적된 기술력을 바탕으로 해서 모방과 개선을 넘어서서 자체적으로 엔진 기술을 개발하는 데 총력을 기울이기 시작하였습니다. 그런 일의 결과로 요즈음 현대자동차가 생산하는 차량에 탑재된 엔진은 100% 현대자동차의 자체 기술이 적용된 것입니다. 오늘날 현대자동차가 생산하는 자동차 엔진은 일본, 독일, 미국 등의 자동차 산업 선발주자들이 생산하는 엔진에 비해서 조금도 손색이 없다는 평가를 받고 있습니다. 이는 후발주자가 선발주자가 가진 것과 대등한 수준의 기술을 개발한 사례가 됩니다.

신기술 개발과 기술역전

아주 어렵기는 하겠지만 후발주자가 선발주자도 갖지 못한 신기술을 개발하는 데 성공하면 지금까지 후발주자이던 나라가 '어떤 종류의 기술'에서는 선발주자보다 앞서가는 일이 일어날 수 있습니다. 즉, 기술역전이 일어날 수 있습니다. 사실 영국, 독일, 러시아, 일본, 미국 등에서 기술이 발전해온 모습을 보면 어느 한 나라가 모든 종류의 기술에서 하나같이 가장 앞서가는 경우는 없습니다. 영국이 산업혁명에 착수했을 18세기 중엽에는 영국이 지닌 기술 모두가 아직은 식민지였던 미국이 보유한 기술보다 앞서 있었습니다. 영국이 절대적으로 우월했던 것이지요.

그러나 미국은 1776년에 독립을 쟁취한 이후에 영국의 경제 시스템을 현저하게 개선한 미국식 경제 시스템을 구축하면서 빠른 속도로 발전해서 20세기 초반에 영국을 추월하는 데 성공하였습니다. 이것은 기술 후진국이던 미국이 기술 선진국인 영국을 추격하는 데서 멈추지 않고 영국을 앞지르는 기술역전에 성공하였기에 가능했던 일입니다. 그 이후 영국은 기술 최선진국의 위치를 탈환한 적이 없습니다. 사실 20세기 초반부터 오늘에 이르기까지 미국은 한 번도 기술 최선진국의 지위를 빼앗긴 적이 없습니다.

기술역전이 이루어졌다고 해서 미국이 가진 기술 전부가 영국이 지닌 것보다 우월한 것은 아닙니다. 우리가 미국을 기술 최선진국이라고 부르는 것은 미국이 최고의 기술을 가장 많이 보유하고 있다거나 그렇지는 않더라도 경제적·군사적으로 가장 중요한 기술에서 세계 최고라는 것입니다. 영국, 독일, 러시아, 일본 등 총체적인 기술 수준에서는 미국에 뒤처지는 나라가 지닌 기술 가운데에는 미국이 지닌 기술보다 우월한 것이 많습니다. 이러한 점은 우리나라를 일본이나 미국과 비교해보아도 비슷하게 적용된다고 할 수 있습니다. 과거에는 우리나라의 기술 수준이 미국이나 일본에 비해 절대적으로 열위에 있었지만 20세기 종반부부터 매진해온 기술개발 투자에 힘입어서 현재는 우리나라가 개발한 기술이 일본이나 미국의 기술보다 앞선 것이 적지 않습니다. 이는 우리나라가 기술모방, 기술개선, 신기술 개발 등에 진력해온 결과 총체적인 수준에서는 아직도 미국이나 일본 등에 뒤처지지만 동시에 그들이 지닌 것보다 우월한 기술들을 보유할 정도로 발전했음을 보여줍니다.

9.4 후발주자의 기술발전: 성공의 조건들

개방과 기술발전

모방과 개선을 통한 기술발전에는 한 가지 아주 중요한 일이 선행되어야 합니다. 모방하려면 보고 배울 대상이 있어야 합니다. 지금까지 이 나라가 지니지 않았던 새로운 기술을 모방하려면 기술이 앞선 나라와 교역하고 교류하는 게 필수입니다. 그러므로 경제가 대외적으로 닫혀 있다면 선진 기술을 모방해서 내 것으로 만드는 일이 거의 불가능합니다. 모방과 개선을 통해 기술을 발전시키고 그것을 이용해서 경제를 발전시키고자 하면 무엇보다도 가장 먼저 경제를 개방하는 게 필요합니다. 이때의 개방은 반드시 수입자유화를 의미하는 것이 아닙니다. 그것은 앞선 나라의 문물을 배울 수 있도록 허용하는 것을 의미합니다. 선진 문물, 선진 기술, 선진 제도, 선진 정책 등을 모방해서 배우려면 경제의 모든 부문에 걸쳐 교역하고 교류하도록 허용하는 일이 필요합니다.

경제개방이 기술이전을 쉽게 만든다는 위의 설명은 우리가 그동안 많이 하던 얘기 아닌가요? 그렇습니다. 경험으로부터의 배움을 설명하면서 우리는 똑같은 말을 한 적이 있습니다. 개방경제가 폐쇄경제보다 경험으로부터의 배움에 대해 유리합니다. 마찬가지로 개방경제가 폐쇄경제보다 기술이전에 대해 유리합니다. 그뿐 아니라 유리한 이유도 동일합니다.

어떤 경제가 그 경제의 정상상태에 도달한 이후에도 지속적으로 성장발전하려면 그 경제가 지닌 기술 또는 인적자본이 지속적으로 증가되어야 합니다. 예를 들어서 기술이 매년 1%의 속도로 진전되고 구성원 한 명이 지닌 인적자본의 크기가 매년 1%의 속도로 증가하는 경제의 1인당 소득은 매년 2%의 속도로 성장하게 됩니다. 기술이나 인적자본의 지속적인 증가를 위해서는 그에 상응하는 투자가 이루어져야 합니다. 그런데 동일한 양을 투자하더라도 그것의 효과는 경제가 개방되어 있을 때 더 크게 나타납니다. 경제가 개방되어 있어야 모방, 개선, 경험으로부터의 배움, 선진 기술과 문물의 이전 등을 더 잘 할 수 있기 때문에 그렇습니다.

인적자본과 기술개발

기술개발은 사람이 하는 일입니다. 인공지능이 더 발달하면 기계 스스로가 새로운 기술을 개발하는 때가 도래하겠지만 지금까지는, 그리고 적어도 당분간은 사람만이 기술을 개발할 수 있을 것입니다. 그렇다고 해서 아무나 기술을 개발할 수 있는 것은 아닙니다. 기술을 개발하려면 그렇게 할 수 있는 능력이 있어야 합니다. 인간의 기술개발 능력은 그가 지닌 인적자본에서 나옵니다. 그래서 인적자본이 우수한 사람이 그게 열악한 사람보다 더 쉽게 더 좋은 기술을 개발할 수 있습니다. 기술 수준이 저급한 단계에서는 학력이 낮은 사람도 모방과 개선을 통해서 기술을 발전시키는 데 공헌할 수 있습니다. 그러나 기술 수준이 높아질수록 기술개발 인력이 더 높은 학력을 갖는 게 필요해집니다. 즉, 더 높은 수준의 인적자본이 요구됩니다.

이러한 사실은 어떤 나라이건 기술발전을 통해서 경제를 발전시키고자 하면 먼저 그 나라의 젊은이들을 잘 교육시키는 게 필요함을 말해줍니다. 효율적이며 생산적인 교육 시스템을 통해서 유능한 인재를 배출하는 능력이 뛰어난 나라가 그래서 기술발전에도 더 유리합니다. 반면에 자라나는 청소년을 제대로 교육시키지 못하는 나라는 가난을 면하기가 어려움은 물론이거니와 기술발전을 통한 경제발전은 꿈조차 꾸기 어렵습니다.

신기술을 개발하려면 최소한 대학교까지의 고등교육이 필요합니다. 그렇지만 진정으로 수준 높은 기술을 개발하려면 그것만 가지고는 부족합니다. 석사와 박사 과정을 이수해야 함은 물론이거니와 박사 후 연수 및 직장에서의 교육을 통해서 연구개발 인력의 인적자본을 지속적으로 높여나가야 합니다. 한편 고등교육 단계에서 습득하는 인적자본은 모두 다 기술개발에 도움을 주기는 하지만 그중에서도 기술개발 역량과 더 밀접하게 관련을 갖는 것은 과학과 기술 그리고 공학과 관련된 인적자본입니다. 과학, 기술 그리고 공학과 관련된 분야에 고급 두뇌들이 몰려드는 나라는 고급 기술 개발에 성공할 확률이 높습니다. 반면에 한 나라의 젊은이들이 과학, 기술, 공학 등의 분야로 진출하는 것을 기피하는 나라는 기술개발 역량을 갖추기가 어렵습니다.

요즈음 수학 및 통계학 분야에 대한 관심이 높습니다. 앞으로는 수학을 모르면 아무것도 할 수 없는 세상이 된다고 합니다. 수학 및 통계학 관련 학과의 입학 경쟁률이 해마다 높아지고 있습니다. 이 분야가 중요하다는 사실이 이미 시장에서 널리 알려져 있음에 틀림없습니다. 필자도 이 같은 견해에 동의합니다. 수리능력을 함양하는 게 모든 이에게 필요합니다. 그것과는 거리가 있는 것처럼 보이는 인문학이나 예술을 하더라도 수리능력을 갖춘 사람이 그렇지 않은 사람보다 훨씬 더 잘할 수 있습니다.

고급 두뇌와 기술개발

현재 세계에서 기술개발 역량이 가장 뛰어난 국가가 미국입니다. 왜 미국의 기술개발 역량이 뛰어날까요? 미국이 국토가 넓고 자원이 많은 나라여서일까요? 아니면 미국이 가장 돈이 많은 나라이기 때문인가요? 그러한 요인도 일부 작용하였겠지만 보다 더 중요한 이유는 미국이 이 세상에서 최고급 두뇌를 가장 많이 보유한 나라이기 때문이라는 게 더 설득력이 있습니다. 그런데 흥미로운 점은 미국의 고급 두뇌가 처음부터 미국인이 아니었던 경우가 많으며 미국에서 활동하고 있으나 미국 시민이 아닌 사람도 아주 많다는 사실입니다. 이것은 세계 도처에서 우수한 인재들을 자기 나라로 모여들게 하는 능력 면에서 미국이 그 어느 나라보다 강한 경쟁력을 갖고 있음을 말해줍니다.

그렇습니다. 세계 도처에서 무수히 많은 인재들이 미국으로 몰려듭니다. 그러한 좋은 사례가 해마다 미국의 대학과 대학원에서 공부하기 위해 몰려오는 각국의 영재들이 셀 수 없이 많다는 사실입니다. 이는 미국이 세계에서 가장 역동적이며 우수한 고등교육 시스템을 갖고 있다는 방증이 됩니다. 해외에서 몰려드는 인재들이 미국을 잘되게 하려는 목적에서 공부하러 오는 것은 아닐 것입니다. 많은 사람들이 자기 자신의 더 나은 미래를 위해서 공부하고 또 공부를 마친 후에는 많은 이가 자기 나라로 돌아갑니다. 그러나 돌아가지 않는 사람도 많고 돌아가더라도 그들이 공부하는 동안이나 공부를 마치고 일하는 동안에 미국의 '기술발전'을 위해 공헌하는 바가 매우 큽니다. 유학생들이 모국으로 돌아가면 그들이 지닌 인적자본도 그들과 함께 그 나라로 가겠지만, 그들이 보유한 인적자본으로 미국 내에서 만든 '지식과 기술'은 미국에 남아 있게 됩니다.

세계 도처에서 얼마나 많은 최고 인재들이 그 나라로 몰려드는가 하는 측면에서 보면 대한민국은 미국, 일본, 서구 선진국들 등에 비해서 한참 뒤처집니다. 이 나라들이 각지에서 찾아오는 최고 인재들에게 제공하는 기회와 대우가 우리나라가 그들에게 제공하는 것보다 우월하기 때문에 그렇습니다. 중국만 하더라도 최근에는 그동안 축적한 부를 바탕으로 최고의 대우를 제시하면서 세계 각지의 최고 인재들을 불러 모으고 있습니다. 그 결과 중국으로 몰려드는 인재들이 한국을 찾는 인재들보다 많아지기 시작하였습니다.

사적소유, 경제적 자유 그리고 기술발전

앞에서 우수한 두뇌를 자국으로 유치하는 능력 면에서 현재로서는 미국을 따라올 나라가 없다고 하였습니다. 그렇다면 도대체 왜 미국으로 세계의 인재들이 몰려올까요? 그 까닭을 편익benefit과 비용cost을 중심으로 해서 알아보기로 합시다.

먼저 비용의 측면에서 보면 해외의 고급 두뇌들이 공부하거나 연구하거나 취업하거나 사업을 벌이거나 아예 살기 위해서 미국을 찾는 데에는 아주 큰 비용이 들지 않습니다. 이미 최고급 인재로 인정을 받았거나 최고급 인재로 성장할 잠재력을 지닌 사람들에 대해서는 미국 정부가 쌍수를 들어 환영하기 때문입니다. 게다가 많은 경우에는 최고급 인재를 유치하기 위해서 공공 및 민간 기관에서 장학금, 연구비, 정착비 등을 제공하기도 합니다. 새로운 기회를 살릴 사업기회가 풍부하며 사업자금을 조달하기도 용이하고 설령 실패하더라도 재기하기가 쉽습니다.

편익의 측면에서 보더라도 미국이 제공하는 이점이 다른 나라에 비해 매우 많습니다. 우선 잠재력을 지닌 인재들이 보고 배울, 그들보다 훨씬 뛰어난, 스승이 많으며, 그들과 자웅을 겨룰 동료가 많고, 그들을 도와줄 보조원이 많습니다. 즉, 그들에게 도움을 줄 인적자원이 매우 풍부합니다. 아마도 이러한 사실이 세계 각국의 인재들이 미국에 가서 활동하고 싶어 하는 가장 중요한 이유일 것입니다. 인적자원만 풍부한 것이 아니라 세계 최고 수준의 연구 기자재와 시설을 활용할 수 있으며 우수한 인재에게 제공하는 연구비가 풍족한 데에다 지적재산권이 잘 보호되어 있어서 성공적인 연구 결과에서 얻는 보상도 큽니다. 연구 결과를 상용화하는 데 있어서도 미국만큼 우호적인 환경을 가진 나라가 많지 않습니다. 게다가 미국의 안보와 안위에 위협을 주지 않는 한에서는 연구자가 어떤 종류의 연구를 하건 자유입니다.

결국 재산권을 보호하고 경제활동의 자유를 허용하는 측면에서 다른 어떤 국가보다도 미국이 앞서 있기에 그곳으로 인재들이 모여드는 것이라고 할 수 있습니다. 다시 말하자면 미국의 정치·경제 시스템이 우리가 그동안 이 책에서 강조해온 '인간해방'을 가장 높은 정도로 성취할 수 있게 해준다는 사실이 각국의 최고 인재들이 몰려들게 만들고 거기로부터 미국 경제가 흥성하는 힘이 나오는 것이라고 하겠습니다.

두뇌 유출과 두뇌 유입

미국, 영국, 프랑스, 독일 등 소위 아주 잘사는 나라에는 세계 각국에서 몰려온 고급 두뇌들이 많습니다. 이런 나라들은 두뇌 유입brain inflow을 경험하는 나라입니다. 고급 두뇌들이 몰려오는 나라가 잘될 것임은 불문가지의 사실입니다. 그렇다면 이런 두뇌들은 어떤 나라에서 올까요? 다시 말하자면 도대체 어떤 나라들이 자기 나라의 고급 두뇌를 다른 나라에 빼앗길까요?

두뇌 유출brain drain 현상을 심각하게 겪었거나 겪고 있는 나라들은 한결같이 못사는 나라들입니다. 그 좋은 사례가 인도, 파키스탄, 방글라데시 등입니다. 현재 서방 선진 국가에는 이 세 나라에서 건너온 수많은 인재들이 최고급 인재로서 활약 중입니다. 그들이 모국을 떠난 이유는 참으로 단순합니다. 그들의 모국이 제공해주지 못하는 것을 서방 선진국들이 제공해주기 때문입니다. 즉, 두뇌 유치 경쟁에서 인도, 파키스탄, 방글라데시 등이 미국, 캐나다,

영국 등에 뒤처지기 때문입니다. 이러한 사실은 아프리카 국가들을 보아도 대동소이합니다.

아프리카 여러 나라에는 어릴 적부터 그들의 '식민지 모국'이었던 곳으로 떠나가서 공부하고 그냥 그곳에 머물러 사는 인재들이 아주 많습니다. 이들의 특징은 잘사는 나라로 '도망간' 이후에 자기들 나라로 되돌아가지 않는다는 데 있습니다. 그래서 이들 국가들은 심각한 두뇌 유출 현상을 경험합니다. 사실 우수한 인재들이 자기 나라를 떠나고자 하는 지역이 인도와 아프리카 대륙에 국한된 것은 아닙니다. 중남미, 중동, 중앙아시아, 동유럽, 러시아 등지에서 보다 나은 여건을 찾아서 해마다 서방 선진국으로 몰려드는 인재들도 적지 않습니다.

두뇌 유출입 측면에서 대한민국은 외환위기 이전까지만 하더라도 위에서 언급한 나라와는 크게 다른 면모를 보였습니다. 보다 더 여건이 좋은 곳으로 공부하러 떠났던 인재들의 거의 대부분이 그곳에서 고도의 인적자본을 형성한 이후에는 다시 조국으로 돌아와서 활동했다는 점에서 다릅니다. 이를 두고 '두뇌 환류reverse brain drain'라고 부릅니다. 즉, 우리나라는 두뇌 환류가 아주 활발하게 이루어졌던 나라입니다. 이렇게 되돌아온 고급 두뇌들이 우리나라 경제발전에 크게 공헌했음은 모두가 잘 아는 사실입니다.

밖으로 나갔던 우리나라의 고급 두뇌들이 거의 모두 되돌아온 것은, 그들의 판단에 대한민국에서 활동하며 살아가는 게 그들이 공부했던 나라에서 활동하며 살아가는 것보다 낫다는 생각에서입니다. 여건이 열악하였던 과거에 활발하게 이루어지던 두뇌 환류 현상이 그때보다 훨씬 살기 좋아졌다는 오늘날에 와서 오히려 약화된 것을 보면서 우리나라의 앞날이 우려되기도 합니다. 최근에는 더 나은 곳을 찾아서 해외로 나가는 인재가 증가하고 있습니다. 고급 인재를 모아들이는 측면에서 우리나라가 국제 경쟁력을 잃어가고 있는 듯합니다.

언제 어느 곳에서건 국가경제의 흥망성쇠를 좌우하는 주역은 그 나라에서 살아가는 '사람'입니다. 그렇기 때문에 우수한 인재들로 이루어진 나라가 열등한 사람들이 모여 사는 나라보다 더 잘살게 되고 주민들의 삶의 질도 높아집니다. 인재가 몰려드는 나라의 인적자본은 커지고 인재가 떠나가는 나라의 인적자본은 작아집니다. 그래서 인재가 몰려드는 나라는 점점 더 잘살게 되나 인재가 떠나가는 나라는 점점 더 못살게 됩니다.[2)]

세계 경제가 점점 더 높은 정도로 통합되어 가고 있는 현상이 두뇌의 유출입과 관련하여서 그동안 우리가 가지고 있던 것과 상이한 패러다임을 제시합니다. 과거에는 어떤 사람이 지닌 인적자본을 활용하려면 당사자가 현장에 있어야 했으나 이제는 그럴 필요가 점차 작아지고 있습니다. 어떤 사람이 가진 인적자본을 그 당사자로부터 '분리'하는 게 가능해지고 있기 때문입니다. 그래서 이 땅의 두뇌가 국외로 빠져나가지 않게 하거나 세계의 두뇌가 우리나라로 몰려오도록 만드는 일 못지않게 세계 각지에 포진해 있는 뛰어난 인재들이 지닌 능력을 (원격으로) 활용할 방도를 찾는 게 중요합니다. 아주 빠른 속도로 발달하고 있는 정보통신기술이 인재들의 원격지 활용을 가능하게 해주고 있습니다.

인도는 과거에 아주 심각한 두뇌 유출 현상을 경험하였습니다. '쓸 만한 고급 두뇌는 모두 서방 선진국에서 일하고 있다'는 말이 실감 날 정도로 정말 많은 수의 고급 인재들이 해외로 도피한 것입니다. 인도가 그들에게 희망을 주지 못하였기에 그런 일이 일어났습니다. 이 시기에 인도 경제가 장기 침체 상태를 벗어나지 못한 배경에는 두뇌 유출로 인한 인재 부족 현상이 있습니다. 그런데 정보통신기술이 범용화되기 시작한 1990년대 이후부터는 사정이 달라졌습니다. 해외에 있는 수많은 고급 인재들이 지닌 능력을 원격으로 활용하는 게 가능해졌기 때문입니다. 과거에는 다른 나라에 가 있어서 '쓸모없던' 인재들이 (당사자가 인도로 오지 않더라도 그가) 지닌 능력을 활용할 수 있게 되면서 '쓸모 있는' 인재로 변화된 것입니다. 인도 경제는 21세기에 들어와서 빠른 속도로 변신하고 있습니다. 이러한 변신에는 '도망간 인재들'이 지닌 노하우를

2) 두뇌 유입에서 정말 중요한 것은 '사람다운 사람들'이 모여드는 일입니다. 두뇌가 좋더라도 심성이 나쁜 이들이 몰려드는 일은 환영할 일이 아닙니다.

활용할 수 있게 된 게 기여한 바 큽니다.

인도 경제가 발전하게 되자 해외로 나갔던 인재들이 되돌아오기 시작하였습니다. 예전 같으면 돌아오지 않았던 유학파 고급 두뇌들이 이제는 학위 취득 후 빠른 시일 내에 돌아오고 있습니다. 이는 인도가 '희망이 없는 곳'에서 '꿈을 펼칠 기회의 땅'으로 변신하고 있다는 방증입니다.

고급 두뇌를 파괴하거나 내쫓는 짓을 마다하지 않는 나라가 있습니다. 전쟁 종료 후 혁명 정부가 '자본주의에 물든 인재'를 포용하는 데 실패한 탓에 대량으로 탈출한 베트남 사람들, 킬링필드에서 처참하게 죽어간 캄보디아의 수백만의 '배운 또는 배웠을 것으로 보이는' 사람들, 문화대혁명으로 강제로 '하방下放'당한 중국의 '반동분자' 등은 비교적 근래에 일어난 인재 말살 사례입니다. 그 사람들이 온전히 살아 있었더라면 베트남, 캄보디아 그리고 중국의 경제발전상이 우리가 현재 목격하는 바와 매우 달랐을 것입니다.

앞에서 인도로의 두뇌 환류에 관하여 말한 바 있습니다. 그러나 인도로 돌아오는 인재는 거의 모두 브라만Brahman 출신입니다. 여전히 강고한 신분제도 때문에 브라만이 아닌 계층 특히 천민 계층의 고급 인재들은 인도로 돌아가려 하지 않습니다. 이는 인도에 대해서 커다란 손실입니다.

제10장

인간해방과 인류의 진보

이제 우리가 지금까지 전개해온 논의들을 정리할 때입니다. 이를 통해서 그동안 우리가 알아낸 것이 무엇이며 알아내지 못한 것은 또 무엇인지 정리해보고자 합니다. 나아가서 앞으로 전개될 미래 사회에서는 경제발전의 원리가 어떻게 달라질 것인지 알아보고자 합니다.

10.1 인류사의 대전환: 산업혁명 이전과 이후의 세계

18세기 중반에 영국에서 촉발된 산업혁명[1)]은 보통 사람들의 삶을 근본적으로 바꾸어놓은 인류사의 대사건입니다. 이것이 왜 대사건인가 하면, 인류의 평균소득이 산업혁명 발발 전야의 1,000달러 수준에서 현재의 1만 8,000달러로 증가했다는 사실과 그 당시 10억 명이던 인구가 지금의 77억 명으로 증가했다는 두 가지 일이 그야말로 전대미문의 사건이기 때문입니다. 호모사피엔스 30만 년 동안 절대다수의 인류는 말 그대로 '짐승보다 조금 나은' 생활을 영위해왔습니다. 그러던 것이 산업혁명을 계기로 해서 그 전과는 비교할 수 없을 정도로 엄청나게 풍요로운 삶을 살게 되었고 또한 인간의 수도 상상을 초월할 만큼 늘어났는데 이게 모두 300년도 안 되는, 30만 년 플러스알파의 호모사피엔스 역사와 견주면 그야말로 눈 깜작할 사이인, 아주 짧은 기간에 일어난 일입니다.

호모사피엔스가 지구상에 출현해서 그 수가 10억 명으로 늘어나는 데에 30만 년도 더 걸렸습니다. 우리에게 익숙한 인구 증가율로 말한다면 이는 연간 0%를 조금 넘는 아주 미미한 수준입니다. 그러던 것이 10억 명 수준에서 77억 명 수준으로 늘어나는 데에는 300년도 채 안 걸렸습니다. 30만 년의 거의 전 기간에 걸쳐서 0%대에 머물던 인구 증가율이 돌연 연 1% 가까이 높아지는 대변화가 일어난 것입니다. 또한 원시 공동체에서 지금의 화폐 가치로 600달

1) 산업혁명에 대하여 1차, 2차, 3차와 같이 차 수를 붙이는 게 관행입니다. 이 책에서는 1차 산업혁명만 다루게 되므로 차 수를 붙이지 않습니다.

러 정도의 1인당 소득을 가졌던 인류가 1,000달러 정도의 1인당 소득을 갖게 되는 데에도 근 30만 년이 걸렸습니다. 그러던 것이 1,000달러 수준에서 1만 8,000달러 수준으로 무려 18배가 늘어나는 데에는 300년도 채 걸리지 않았습니다. 30만 년 동안 0% 수준에 정체되어 있었던 1인당 소득 증가율이 18세기 중반 이래 돌연 연 1.1%대로 높아졌음을 의미합니다.

이 두 가지는 분명히 엄청난 변화입니다. 행여 이러한 변화를 두고 '그게 대수냐'라고 생각한다면 그것은 큰 착각입니다. 30만 년 동안 커다란 변화 없이 정체되어 있던 세상이 18세기를 기점으로 해서 변신의 용트림을 치더니 이제는 그 이전의 시기와는 전혀 다른 세상으로 변화된 것입니다. 마치 30만 년 동안 잠들어 있던 어린 아기가 오랜 잠에서 깨어나서 순식간에 지구를 들었다 놓았다 할 정도로 힘이 센 거인으로 성장한 것과 같습니다. 오늘날 우리가 사는 모습은 불과 300년 전의 우리 조상들은 상상조차 하지 못하던 전혀 새로운 것입니다.

현대를 살아가는 우리들은 지금 우리가 사는 모습이 마치 예전부터 있어온 것인 양 당연하게 여기는 경향이 있습니다. 그렇지만 보통의 인간이 사람답게 살아가게 된 것은 30만 년 플러스 인류 역사에서 불과 최근 300여 년에 일어난 일입니다. 위에서 언급했듯이 지금의 화폐가치로 500달러 내지는 600달러 또는 그보다 많아야 1,000달러 내외의 연간 소득으로 살아야 하는 삶의 질은 매우 열악한 것이었습니다. 역사서나 소설 또는 전승되어 오는 이야기를 보고 들으면 우리 조상들도 제법 잘살았다는 인상을 받기 쉽습니다. 그러나 우리가 접하는 '그럴듯한' 생활상은 대부분 그 사회의 상류층이 누리던 삶의 모습입니다. 사실 지난 세월 약 1만 년에 걸쳐서 유지되었던 노예경제하에서 '주인'은 아주 잘살았습니다. 인구 비율로 보면 몇 퍼센트에 불과했던 주인은 지금 돈으로 연간 6만 달러가 넘는 소득을 향유했습니다. 그러나 절대다수의 기층민인 '노예나 머슴'은 많아야 700달러 정도의 소득밖에는 가지지 못했습니다. 그들이 누리던 삶은 말 그대로 형편없는 것이었습니다.

기록된 인류 역사의 거의 전 기간에 걸쳐서 기층민들은 가난해서 살기 힘들었을 뿐만 아니라 자유마저 없었습니다. 말하자면 그들은 가진 것도 없고 행동의 자유마저 없는 노예나 머슴이었습니다. 공동체 구성원의 95% 이상이 아무것도 가질 수 없고 아무런 자유도 갖지 못한 비참한 처지에 놓여 있는 사회가 제대로 발전할 리가 없습니다. 무엇보다도 대다수의 사람들이 더 나은 미래를 만들기 위해 노력할 동기도 능력도 기회도 가지지 못했기 때문입니다.

산업혁명이 이 모든 것을 바꾸어놓기 시작하였습니다. 30만 년 동안 정체되어 있었던 인류의 평균소득이 300년도 안 되는 기간에 무려 18배나 증가된 데에서 그동안 우리네 삶이 얼마나 크게 변화되었을지 짐작해볼 수 있습니다. 산업혁명이 가져온 변화는 단순히 평균소득의 괄목할 만한 증가가 아닙니다. 평균소득은 우리네 삶의 여러 가지 측면을 집약해서 나타내는 하나의 지표일 뿐입니다. 그렇지만 그것이 삶의 질을 측정하는 지표들과 강한 상관관계를 가지고 있으므로 소득이 18배 증가했다는 사실에서 우리네 삶의 질도 현저하게 개선되었을 것임을 유추하게 됩니다.

사례를 하나 들어보기로 합시다. 산업혁명 이후에 보통 사람들의 영양 섭취량이 획기적으로 증가하게 되었습니다. 식생활이 개선되자 건강이 증진되었으며 소득 수준이 높아지면서 보건위생 환경이 개선되었고 의료 서비스가 획기적으로 개선되었습니다. 유아 사망률이 크게 낮아졌으며 고령자의 건강 상태가 개선되었습니다. 그 결과 산업혁명 발발 당시 40년이 안 되던 인류의 평균 수명이 지금은 70년으로 30년이나 늘어났습니다.

인간의 평균 수명이 30년 이상 늘어났다는 게 어떤 의미가 있을까요? 조금은 과장된, 그리고 다분히 경제학도다운 셈법을 적용해서 생각해보기로 합시다. 지구상에서 살아가는 사람 수가 10억 명에서 77억 명으로 67억 명이 늘고 그들의 수명이 40년에서 70년으로 30년이 늘어났다는 것은, 사람의 총생존 연도 수가 67억 곱하기 30년 즉, 2,010억 년이나 늘어났음을 보여줍니다. 우리가 목숨을 1년 더 연장하는 데 대해서 얼마나 큰 대가를 치를까요? 당장 죽게 생겼는데 어떤 절대자가 와서 합당한 대가를 치르면 1년을 더 살게 해주겠다고 할 때 내가 지불하고자 하는 금액이 내 목숨 1년 치의 가치입니다. 가령

2,000만 원이면 적절할까요?[2] 만일 그러하다면 2,010억 년의 가치는 4.02×10^{18}원이 됩니다.

산업혁명이 일어나기 이전 30만 년 동안에도 수명이 늘어났습니다. 인류학자들에 의하면 30만 년에 걸쳐서 인류의 평균 수명이 30년 내외에서 40년 내외로 늘어났다고 합니다. 이 기간에 늘어난 인구가 10억 명이므로 총 100억 년의 생명이 늘어난 셈입니다. 그 가치는 얼마나 될까요? 이 시기의 평균 소득은 많이 잡아야 1,000달러이므로 아마도 그들이 목숨값은 잘해야 1년에 120만 원 정도였을 것입니다. 이는 30만 년에 걸쳐서 늘어난 사람의 목숨값이 1.2×10^{16}원 정도 되었을 것임을 말해줍니다.

30만 년 동안에 늘어난 인명의 가치가 1.2×10^{16}인데 지난 300년이 안 되는 기간에 늘어난 인명의 가치가 4.02×10^{18}원에 달한다는 것은 최근 300년이 안 되는 기간에 일어난 인명 가치 증가가 그 이전 시기 30만 년에 걸쳐서 일어난 인명 가치 증가보다 335배 큰 것임을 알려줍니다. 이를 연간수치로 환산해서 비교하면 무려 33.5만 배에 상당합니다. 말 그대로 상상을 초월하는 '진보'인 셈입니다.

우리에게 좀 더 친숙한 사례로 해외여행에 대해 생각해봅시다. 1인당 소득 4만 달러 시대를 살아가는 오늘날의 대한민국 국민은 누구나가 해외여행을 갈 수 있으며 실제로 해마다 수백만 명이 해외여행에 나섭니다. 조금 과장해서 말하자면 이웃 마을에 다녀오듯 합니다. 이는 500~600달러의 1인당 소득을 지녔던 600여 년 전의 조선인은 물론이거니와 불과 1,750달러의 1인당 소득을 지녔던 1960년대 초반의 한국인들은 상상조차 하지 못하던 일입니다. 그 당시를 살았던 보통 사람들은 평생을 가도 자기가 태어난 고장 인근을 떠나보지 못한 사람이 많았습니다. 경비를 조달하기도 어려웠을 뿐만 아니라 대개는 걸어서 가야했던 서민의 처지로서는 '집 나서면 고생'인 세상이었습니다.

이렇게 예를 들기 시작하면 우리가 먹고, 입고, 자고, 배우고, 즐기고 하는 모든 것들이 불과 300년이 안 되는 기간에 획기적으로 변화되었음을 알 수 있

2) 이는 현재의 1인당 소득 1만 8,000달러를 원화로 나타낸 크기입니다.

습니다. 게다가 대한민국 국민에게는 그러한 변화가 사실은 지난 60여 년 사이에 일어난 일입니다. 현재 생존 중인 고령자들은 누구나 그들이 1950년대 살던 모습이 지금의 그것과 얼마나 다른지 생생하게 기억합니다. 영국이 300년에 걸쳐서, 그리고 미국이 250년에 걸쳐서 그리고 일본이 150년에 걸쳐서 이룩한 변화를 대한민국은 60여 년에 걸쳐서 경험하고 있는 셈입니다.

이러한 사실들을 관찰하면서 떠오르는 첫 번째 물음은, '호모사피엔스 30만 년의 역사 거의 전 기간 동안 지금의 화폐가치로 500~600달러 정도의 1인당 소득을 지닌 채 정체상태에 놓여 있던 인류가 어떻게 해서 최근 300년도 안 되는 기간에 1인당 소득을 1만 8,000달러로 증가시키는 지속적인 경제발전을 이룩한 것일까?' 하는 것입니다. 우리는 그 해답을 인간해방에서 찾은 바 있습니다.

10.2 산업혁명을 촉발한 인간해방

18세기 중엽부터 본격화된 산업혁명이라는 전대미문의 대변화가 가능했던 것은 르네상스 시대가 전개되면서 일기 시작한 인간해방의 물결이 인류사의 거스를 수 없는 대세가 된 덕분입니다. 여기에서 인간해방이라 함은 사람이라면 누구나가 자기 것을 소유할 수 있고 자유롭게 행동할 수 있게 된 사건을 지칭합니다.

인간해방이 이루어지기 이전의 시기에는 극소수의 지배계층이 모든 것을 소유하고 또한 그들만이 자유롭게 행동할 수 있었습니다. 피지배계층을 이루는 절대다수의 기층민들은 재산은 물론이거니와 제 몸조차 온전하게 '소유'하지 못했습니다. 그들은 주인의 소유물로서 그가 시키는 대로 살아야 하는 노예였을 뿐입니다. 소유할 수 없으므로 투자할 동기를 갖지 못한 데다 설령 그럴 마음이 있더라도 투자할 여력이 없었으며 게다가 마음대로 행동할 자유도 없었습니다. 이처럼 공동체를 이루는 구성원의 절대다수가 미래를 위해 투자할 동기도 능력도 자유도 없는 사회가 발전할 수는 없습니다. 이것이 노예제도하에서 경제가 초장기 침체상태를 벗어나지 못하는 근본적인 이유입니다.

우리가 경제모형을 이용해서 알아본 바에 의하면, 노예경제에서 주인은 6만 달러에 달하는 소득을 가짐에 반해서 노예는 불과 680달러의 소득밖에는 갖지 못합니다. 주인은 아주 잘살고 노예는 그저 죽지 못해 사는 실정인 셈입니다. 노예는 아무것도 소유할 수 없는 데다가 자유마저 없었습니다. 그저 주인이 시키는 대로 살아가야 했고 그가 나은 자녀도 노예로서 살아야 했습니다. 모형에 의하면 주인 한 사람이 열 명 이상의 노예를 거느렸음을 알 수 있습니다.

이러한 질곡을 바꾸어놓기 시작한 것이 바로 인간해방입니다. 수천 년간 노예 또는 노예와 다름없는 처지에서 살던 절대다수의 기층민들이 재산을 소유할 수 있게 되었으며 자유롭게 행동할 수 있게 된 것입니다. 그러한 변화가 하루아침에 일어난 것은 아니지만 중요한 것은 그 방향으로 일이 진전되기 시작하였다는 사실입니다. 인간해방의 물결은 한번 시작되자 이내 거스를 수 없는 대세가 되기 시작하였습니다. 우리는 인간해방이 가장 먼저 일어난 영국의 근대사에서 그러한 정황을 여실히 볼 수 있습니다.

누구나 재산을 가질 수 있고 누구나 자유롭게 행동할 수 있는 인간해방이 이루어지기 시작하자 사람들은 비로소 열성을 다해서 일하기 시작하였으며 무엇보다도 더 나은 미래를 만들기 위한 투자에 나서기 시작하였습니다. 내가 당장의 행복을 희생하고 더 나은 미래를 만들기 위해 흘리는 피와 땀이 나와 내 가족의 미래를 더 낫게 만들 것이라는 확신이 사람들의 행동을 극적으로 변화시킨 것입니다. 매사에 최선을 다해서 일하고, 공부하고, 자녀를 가르치며, 일을 처리하는 새로운 방안을 고안하고, 새로운 기술을 개발하며, 성능이 더 좋은 도구와 기계를 만들기 시작한 것입니다. 말하자면 수천 년간 잠자코 있던 인간의 두뇌가 길고 긴 잠에서 깨어나서 활발하게 움직이기 시작한 것입니다. 그것도 한두 사람의 두뇌가 아니라 인간해방이 이루어진 곳에 사는 모든 사람의 두뇌가 잠에서 깨어나서 활동하기 시작한 것입니다.

우리가 공부한 경제모형에 의하면 인간해방으로 보통 사람들의 소득이 3,000달러 수준으로 증가합니다. 이는 인간의 노동력과 토지만 활용할 때 그렇다는 말입니다. 만일 인간해방과 더불어서 도구와 기계 즉, 자본재를 사용하게 되면 소득은 1만 달러 수준으로 늘어나게 됩니다. 기술이나 인적자본에 대한 지속적인 투자가 없을 때에도 그렇게 됩니다. 그러므로 인적자본 축적과 기술발전을 위한 투자가 지속적으로 이루어지는 경우에는 소득 수준이 1만 달러 수준에서 정체되는 것이 아니라 매년 일정한 비율로 늘어나게 됩니다. 예를 들어서 인적자본 및 기술자본의 연 성장률이 3%라면 약 24년 만에 1인당 소득이 2만 달러가 되고 또 한 번 24년이 지나면 4만 달러가 됩니다.

인간해방이 이루어지면서 인류 역사상 처음으로 공동체 구성원 누구나가 투자에 나서기 시작하였습니다. 대중이 투자에 나서면서 투자를 용이하게 해주는 도구와 장치와 기구가 만들어졌으며 투자에 우호적인 환경을 조성하는 정책도 실행에 옮겨지기 시작하였습니다. 이에 힘입어서 해마다 투자가 늘어났으며 늘어난 투자가 소득의 증가를 낳고 소득이 증가하면서 또다시 투자가 늘어나는 선순환이 이루어지기 시작하였습니다. 이러한 변화가 나은 가장 중요한 현상은 그때까지 수천 년에 걸쳐서 600달러 내외에 머물러 있었던 인류의 평균소득이 해마다 계속해서 반복적으로 커지기 시작했다는 사실입니다. 우리 인류가 현재 누리고 있는 1만 8,000달러 내외의 평균소득은 불과 300년 전만 하더라도 그 누구도 상상할 수 없었던 경이로운 것입니다.

인간해방이 이루어지지 않았으면 산업혁명이 일어나지 못했을 것이고 그랬더라면 600달러에서 1만 8,000달러로 평균소득이 늘어나고 그것에 상응해서 삶의 질이 현저하게 개선된 일은 일어나지 않았을 것입니다. 인간해방이 이루어지지 않았더라면 현대를 사는 우리의 삶은 300여 년 전에 우리 조상이 누리던 삶과 다르지 않을 것입니다. 즉, 한마디로 말해서 아주 형편없을 것입니다.

10.3 인간해방을 촉진하는 경제발전

인간해방이 이루어지면서 지속적인 경제발전이 이루어지기 시작하자 보통 사람들이 살아가는 모습도 더욱 빠른 속도로 변화되기 시작하였습니다. 사람들이 예전보다 잘살게 되면서부터 인간해방이 이루어지는 정도가 더 광범위해진 것입니다. 참정권의 확산이 좋은 사례입니다. 노예경제하에서는 왕과 소수의 귀족만이 정치 행위에 참여할 수 있었습니다. 그러던 것이 산업혁명과 더불어서 빠른 속도로 늘어난 신흥 소시민들에게도 참정권을 주지 않을 수 없게 상황이 변화되었습니다. 처음에는 빈부 또는 교육 수준에 따라서 차별이 있었으나 모든 성인 남성이 참정권을 갖게 되기까지 그리 오랜 기간이 걸리지 않았습니다. 여성이 투표권을 갖게 된 것은 그보다 훨씬 뒤의 일이기는 하지만 그것 역시 경제가 발전하면서 인간해방이 강화된 사례가 됩니다.

이러한 변화는 교육 부문에서도 일어났습니다. 산업혁명 초기에는 많은 이가 그들의 자녀를 일터로 보냈으나 경제가 발전하면서 잘살게 되자 거의 모든 가정에서 자녀들을 학교로 보내기 시작하였습니다. 초등교육이 보편적으로 이루어진 것은 상당히 오래전 일이며 그것이 중등교육과 고등교육으로 확산되는 데는 상당이 많은 세월이 걸렸습니다. 초기에는 남아 위주로 교육이 이루어졌으나 종당에는 교육에서도 남녀 차별이 사라지게 되었습니다. 말할 것도 없이 그러한 일이 단시일에 이루어진 것은 아닙니다. 잘사는 나라에서조차도 남녀 평등이 실현되는 데 두 세기 이상 걸렸습니다.

오늘날 선진국이라고 불리는 나라에서 인종, 민족, 성, 출신지, 피부색, 연령, 사용 언어, 학력, 직업 등에서 '차별'이 약화된 것은 모두 경제발전과 더불어서 인간해방이 더 광범위하게 진전된 사례에 해당됩니다. 누구나 재산을 갖게 되고 누구나 자유롭게 행동할 수 있게 되면서부터 차별 대우를 받는 데 대한 반감이 커진 것입니다. 그러한 압력이 경제 사회 구조를 보다 더 평평하게 만든 것입니다. 그러나 아직도 제대로 된 인간해방이 이루어지지 못한 나라도 많고 인간해방의 물결이 일기 시작하였지만 나라 안 곳곳에 그 물결이 미치지 못한 나라도 아주 많음을 볼 수 있습니다.

여기에서 한 가지 유념할 것은 인간해방이 경제발전을 위한 선결과제prerequisite이지만 경제발전이 자동적으로 인간해방을 가져오지는 않는다는 사실입니다. 경제가 발전하면 인간해방이 더 광범위하게 이루어질 개연성이 높아지는 것은 사실이지만 실제로 그렇게 되는가 하는 것은 실로 많은 요인들에 의해 좌우됩니다. 마오쩌둥 사후에 중국이 개혁과 개발을 표방한 덩샤오핑의 등장으로 인간해방의 단초를 갖게 되었고 그 결과 그 이후 지금까지 눈부시게 경제를 발전하키는 데 성공했지만 그렇다고 해서 오늘날의 중국이 서방 선진국 또는 일본이나 한국과 같은 정도의 인간해방을 이룩한 것은 아닙니다. 중동 산유국들의 사정 역시 이와 크게 다르지 않습니다. 1인당 소득이 몇십 년 전보다 비교할 수 없을 정도로 크게 증가했지만 일반 국민들이 살아가는 모습을 보면 중동 산유국들이 괄목할 정도의 인간해방을 이룩했다고 보기는 어렵습니다.

더욱 중요한 사실은 경제발전이 이루어지지 않은 나라에서는 인간해방이 이루어지거나 진전된 사례가 하나도 없다는 것입니다. 인간해방이 일어나지 않아서 경제가 발전하지 못하고 경제가 발전하지 못하니까 인간해방이 진전되지 않는 악순환의 고리에서 탈피하지 못하는 게 분명해 보입니다. 세계은행이나 국제통화기금에서 발표하는 국가별 경제 순위를 보면 재산권을 보호하는 정도 및 경제적 자유를 허용하는 정도가 큰 나라일수록 더 잘사는 나라라는 사실이 뚜렷하게 드러납니다.

10.4 인간해방에 동참한 나라들의 풍요로운 삶

오늘날의 세상을 돌아보면 참된 의미에서 잘사는 나라들은 하나도 예외 없이 상당한 정도로 인간해방이 이루어진 나라임을 알 수 있습니다. 인간해방과 경제발전은 상승작용을 일으키므로 인간해방이 일어난 역사가 길거나 비록 역사는 길지 않더라도 인간해방이 이루어진 정도가 큰 나라가 잘사는 나라가 된 것입니다.

영국이 잘사는 나라가 된 것은 그곳에서 가장 먼저 인간해방이 시작된 데에다 그 이후에도 인간해방의 물결을 되돌려 놓는 어리석은 짓을 하지 않았기 때문입니다. 미국이 영국보다 잘사는 나라가 된 것은 영국보다 늦게 인간해방에 동참했지만 영국보다 더 본격적인 인간해방의 길로 나섰기 때문입니다. 이러한 사정은 덴마크, 네덜란드, 스웨덴, 노르웨이, 캐나다, 호주 그리고 뉴질랜드 등에서도 그대로 적용됩니다. 오늘날 이 나라들이 참으로 잘살게 된 것은 인간해방이 일어나기 시작한 역사가 길 뿐만 아니라 인간해방의 정도가 점점 더 높아져 왔기 때문입니다.

서유럽 및 북유럽 국가들과 미국이나 캐나다와 호주와 뉴질랜드처럼 영국에서 파생된 나라들이 다른 나라들보다 먼저 인간해방의 길로 들어선 것은 모두 영국의 선도적 역할을 따라 배운 덕택입니다. 이렇게 보면 시기적으로 영국보다 100년 정도 뒤에 인간해방의 길로 들어서기 시작한 일본의 사례가 말해주는 바가 큽니다. 주지하듯이 누가 시키지 않는데도 일본이 자발적으로 인간해방의 길로 나선 것은 아닙니다. 일본은 개항을 요구하는 서양 열강에게 굴복한 이후에 서양을 배워서 따라잡자는 목표 아래 봉건 노예경제이던 경제 시스템을 사유와 자유를 중요시하는 시스템으로 바꾸기 시작한 것이 계기가 되어서 근대화의 길로 들어섰습니다. 그게 19세기 중반의 일이지만 일본의 경제력이 본격적으로 팽창하게 된 것은 20세기 중반부터의 일입니다. 국가가 주도하던 경제 시스템 즉, 국가 자본주의 시스템을 자유롭고 개방적인 시장 자본주의 시스템으로 변화시킨 이후에 일어난 일입니다. 인간해방이 더욱 보편적으로, 그리고 더욱 광범위하게 이루어진 덕분에 경제가 폭발적으로 발전하게 된 것입니다.[3)]

위에서 살펴본 나라들보다 인간해방의 역사가 훨씬 짧은데도 불구하고 지속적인 경제발전에 성공한 나라들에서 인간해방이 경제발전을 촉발하고 경제

3) 패전국 일본을 평정한 것이 구소련이었더라면 오늘날의 일본은 없었을 가능성이 높습니다.

발전이 더 큰 인간해방을 가져오는 상승작용이 일어남을 볼 수 있습니다. 대한민국, 대만, 싱가포르 그리고 홍콩의 발전상이 그러합니다. 그중에서도 규모가 작은 싱가포르와 홍콩의 경제발전이 돋보입니다. 싱가포르는 1인당 소득을 기준으로 할 때 벌써 오래전에 일본과 미국을 추월했습니다. 홍콩 역시 경이로운 발전을 이룩하였으나 영국이 그 관할권을 중국에게 반환한 이래 홍콩의 중국화가 이루어지면서 어려움을 겪고 있습니다. 대만은 구매력기준 1인당 소득에서 대한민국은 물론이고 일본보다도 잘사는 나라가 되었으나 나라의 크기가 작아서 경제의 총량 규모로는 일본과 대한민국보다 작습니다.

대한민국은 식민 지배와 분단의 아픔을 겪으면서 한때는 경제를 발전시킬 희망조차 갖기 어려운 상황에 놓이기도 하였습니다. 그러나 1960년대 중반 이래 지속된 경제발전과 1980년대 후반에 이루어진 민주화에 성공함으로써 지금은 구매력기준 1인당 소득이 4만 달러가 넘는 잘사는 나라로 발돋움하였습니다. 대한민국에서 이루어진 인간해방과 경제발전에 관하여 다양한 측면에서 설명할 수 있으나 그 모든 것의 배경에는 대한민국이 사유와 자유를 기반으로 하는 자유 시장경제 시스템 위에 건국되었다는 사실이 있습니다.

누구나가 재산을 가질 수 있고 누구나가 자유롭게 행동할 수 있는 나라가 된 것이 우리나라가 발전하게 된 원동력입니다. 사실 대한민국이 건국되기 이전에는 이 나라에서 참된 인간해방이 일어난 적이 한 번도 없습니다. 극소수의 지배계층이 절대다수의 민중을 노예처럼 부리면서 살아온 게 대한민국 건국 이전에 있었던 이 땅의 역사입니다. 수천 년에 걸친 우리나라의 기록된 역사는 한마디로 말해서, 우리가 지구상 모든 전제국가에서 목격한 것과 대동소이한, 노예경제의 역사입니다. 인간해방이 경제를 발전시키고 경제가 발전함에 따라서 더욱더 크게 인간해방이 이루어진 생생한 역사가 건국 이래 대한민국이 걸어온 길입니다.

10.5 인간해방에 동참하지 않은 나라들의 비참한 삶

인간해방의 길에 동참하지 않은(못한?) 나라들의 형편은 참으로 비참합니다. 그 나라의 절대다수를 이루는 기층민들은 지금도 수천 년간 이어져온 노예상태를 벗어나지 못하고 있습니다. 자기 것을 갖기 힘들고, 설령 자기 게 있더라도 언제 힘센 자들에게 빼앗길지 모르는 두려움 속에서 살며, 마음 놓고 경제활동에 종사할 자유가 없습니다. 명목상으로는 해방되었으나 실제에서는 노예국가인 나라나 명목상으로조차도 인간해방이 이루어지지 않은 나라가 많습니다. 대부분의 아프리카 국가들, 거의 모든 중동 국가들, 거의 모든 중앙아시아 국가들 그리고 적지 않은 수의 중남미 국가들에서 우리가 목격하는 바가 그렇습니다.

인간해방의 길에 동참하지 않은 나라는 한결같이 가난하게 삽니다. 그런 나라에서는 지속적인 경제발전이 일어나지 않았기 때문입니다. 몇몇 나라에서는 한때 경제가 발전하기도 하였지만 그것이 지속되지는 못하였습니다. 제대로 된 인간해방이 이루어지지 않아서 사람들이 발전의 길로 나아가지 못하였기 때문입니다.

여러 차례 언급하였듯이 사람들이 자기 것을 가질 수 있어야 더 나은 미래를 만들려고 노력하게 되고, 또한 더 나은 미래를 만들기 위해 노력하고자 할 때 실제로 그렇게 할 수 있어야 발전합니다. 사유와 자유를 기본으로 하는 인간해방이 그래서 중요합니다. 인간해방 없이 발전할 수 없습니다. 호모사피엔스 30만 년 이상의 역사가 알려주는 가장 중요한 교훈이 그것입니다.

자원 부족을 겪지 않는 쿠바 사람들이 여전히 가난하게 살아가는 이유가 무엇인가요? 그에 대한 대답은 '카스트로Fidel Castro 일당이 쿠바인들을 해방시키지 않았기 때문이다.'입니다. 쿠바는 세계 최고의 경제 대국인 미국에서 175km밖에 떨어져 있지 않습니다. 지리적 여건으로만 본다면 쿠바가 미국보다 아주 못살아야 할 이유가 없어 보입니다. 그러한 쿠바가 오늘날 세계에서 가장 가난한 나라 가운데 하나로 남아 있는 것은, 그곳에서는 개개인의 사적소유와 경제활동의 자유를 허용하는 인간해방이 이루어진 적이 없기 때문입니다. 쿠바가 일찌감치 인간해방을 이룩하고 자유무역 질서에 동참하였더라면 지금쯤 홍콩이나 싱가포르 못지않은 번성하는 나라가 되었을 것입니다.

인도의 경제발전 양상을 보면 같은 뿌리에서 갈라져 나간 파키스탄과 방글라데시가 경제발전의 길로 나서지 못하는 게 이해하기 어렵습니다. 종교가 달라서 그렇다는 말로 설명하기에는 부족한 점이 많습니다. 그러나 파키스탄과 방글라데시에서 인간해방이 이루어진 정도가 인도의 그것보다 아주 낮다는 사실에서 해답을 찾을 수 있습니다. 사실 파키스탄의 이웃인 아프가니스탄, 아프가니스탄의 이웃인 이란 그리고 이란의 이웃인 이라크 등이 경제적으로 어려움을 겪는 이유도 인간해방의 부재에서 찾을 수 있습니다.

뒤늦게나마 인간해방의 길로 들어선 나라들이 경제발전에 성공하는 사례에서 교훈을 얻을 수 있습니다.

중국이 개혁과 개방 조치를 취하기 이전에 경제발전을 이룩하지 못한 이유는 무엇일까요? 다른 모든 것에 앞서서 '인간해방이 전혀 이루어지지 않았기 때문이다.'가 정답입니다. 마오쩌둥 사후에 중국이 인간해방의 길로 나아가게 유도한 덩샤오핑이 없었더라면 중국은 여전히 최빈국으로 남아 있을 것입니다.

도쿠가와 이에야스德川家康가 일본을 통일한 이후 300여 년 동안 유지되었던 막부 일본의 경제가 발전하지 못하고 정체되어 있었던 것은 무엇 때문입니까? 이 물음에 대한 대답 역시 '막부 정권 아래서는 대부분의 일본인들이 노예처럼 살 수밖에 없었기 때문이다.'가 됩니다. 메이지유신이 모든 것을 바꾸어 놓았으며 그게 계기가 되어서 일본이 발전의 길로 들었습니다. 게다가 패전 이후에 구소련이 아닌 미국이 일본을 그 영향권에 편입시킨 게 일본이 인간해방과 경제발전을 동시에 달성하는 데 결정적인 역할을 하였습니다.

최근에 베트남 경제가 환골탈태의 길을 걷고 있습니다. 1990년대 중반까지 침체되어 있었던 베트남이 부활하기 시작한 것은 미국과의 국교 정상화 이후 인간해방의 길로 나섰기 때문입니다. 초기에는 매우 조심스럽게, 그래서 제한적으로만 인간해방에 나섰으나 지금은 인간해방의 정도와 범위가 상당한 정도에 이르렀습니다. 공산정권에 도전하지 않는 한 매우 광범위하게 소유와 자유가 허용되고 있습니다. 베트남 정부가 아주 강한 사회주의 정책 노선을 유지하였더라면 오늘날 우리가 보는 바와 같은 경제발전은 이루어지지 않았을 것입니다.

10.6 인간해방의 물결을 거스르려는 움직임들

'경제가 지속해서 발전하려면 먼저 인간해방이 이루어져야 한다.'는 명제는 논란의 여지가 없는 진리인 것처럼 보이는데 이 세상에는 아예 인간해방의 길로 들어서지 않았거나 한때 그 방향으로 나섰다가도 후퇴한 나라들이 많습니다. 왜 그럴까요? 그 나라 사람들은 경제사회 발전에 무관심하거나 아니면 경제와 사회가 발전하는 것을 혐오하는 걸일까요? 그럴 수도 있겠지만 그럴 가능성은 매우 낮습니다. 스스로 못사는 길을 선택할 사람은 많지 않기 때문입니다. 오늘보다 더 나은 내일을 꿈꾸며 그것을 이루려고 노력하는 게 사람들의 보편적인 정서입니다. 그래서 누구나 그렇게 할 자유가 있으면 그렇게 하고자 노력하게 마련입니다. 그렇지만 누군가가 그들에게서 기회를 박탈해가면 모든 게 허사가 됩니다. 기회가 주어지더라도 애써서 거둔 과실을 부당하게 빼앗기면 열심히 일할 의욕이 생기지 않게 됩니다. 그렇기 때문에 사유와 자유를 핵심 가치로 하는 인간해방이 이루어져야 경제가 발전한다고 말한 것입니다.

국민의 절대다수가 가난하게 살아가야 하는 나라라 하더라도 그 나라 사람들의 극히 소수는 아주 잘삽니다. 어떻게 그게 가능한가요? 바로 그 소수의 지배계층이 절대다수의 피지배자들을 노예상태에 묶어두는 데 성공하기 때문입니다. 보편적인 인간해방을 거부한 채 절대다수인 보통 사람들을 노예로 삼아서 돈과 힘을 독점한 소수만이 잘살고 있는 것입니다.

누가 인간해방을 방해할까요? 보편적인 인간해방을 거부함으로써 이득을 보는 세력 즉, 기득권층이 그런 부류입니다. 그들은 전제 군주와 그 일당일 수도 있고 무소불위의 독재자와 그 일당일 수도 있습니다. 여기에는 그들에게 협조하고 그들이 벌이는 일을 지지하는 사람들도 포함됩니다. 기득권층의 최상부에 있는 자가 나누어 주는 떡고물이라도 얻어먹으려고 협조하는 자들입니다. 인간해방을 거부하는 지도자에게 봉사하는 관료, 언론인, 법조인, 문화예술인 등이 모두 여기에 속합니다. 곡학아세를 일삼는 언필칭 지식인들도 여기에 포함됨은 두말할 나위가 없습니다.

그들은 종종 하늘이 낸 군주 또는 타의 추종을 불허하는 영웅을 필두로 하는 현명한 소수가 다수의 어리석은 백성을 다스리는 게 나라의 안녕을 지키면서 모두를 행복하게 만드는 길이라고 주장합니다. 사실 농경목축시대를 살아오면서 발전시켜 온 통치 논리는 모두 이것에서 벗어나지 않습니다. 인간해방이 이루어지지 않는 곳에서는 21세기인 지금도 그러한 논리가 통용되고 있습니다.

소수가 다수를 지배하는 일이 저절로 이루어지지는 않습니다. 지배를 받는 다수가 그들을 억압하는 소수에게 대항할 가능성이 상존하므로 지배세력은 언제 어디서나 피지배세력을 효과적으로 통제하는 장치를 개발하려고 애써왔습니다. '나라님이 어린 백성을 다스리는 게 천하의 순리'라고 가르친 성현들의 말도 소수에 의한 다수의 지배를 정당화하는 것에 지나지 않습니다. 그러나 말로만 해서는 안 되는 일이므로 지배계층은 각양각색의 통제장치와 도구를 만들어왔던 것이지요. 군왕에게 대드는 일을 대역죄로 다스리는 게 대표적인 사례가 됩니다.

역사적으로 보면 폭압적인 방식으로 권좌를 유지한 군왕들의 재위 기간이 그렇게 길지 않음을 볼 수 있습니다. 백성에게 신망을 잃은 군주를 내치고 그들의 이익을 더 잘 보호해줄 인물을 새로운 임금으로 내세운 신료들이 많았던 것이지요. 그러나 빈번하게 이루어져 온 왕권 교체가 기층민의 해방 곧 인간해방으로 이어진 일은, 근대 영국에서 그러한 일이 일어나기 이전에는, 이 세상 어디에서건 일어난 적이 없습니다. 인간해방을 거부한 한 임금이 그와 마찬가지로 인간해방을 거부하는 다른 임금으로 바뀌어온 게 인간사의 큰 흐름이었습니다.

인간해방이 상당한 정도로 진전된 나라에서조차 인간해방의 물결을 되돌려 놓으려고 시도하는 세력들이 많습니다. 모든 국민을 그렇게 하는 것은 아니지만 자기의 이익을 위해서 가능한 범위 내에 있는 적지 않은 수의 사람들을 실질적인 노예로 만들고자 시도하는 세력이 그들입니다. 선량한 시민을 협박하고 겁탈하는 폭력집단이 그렇고 노점상들에게서 자릿세를 뜯어가는 거리의 건달패가 그러며 유약한 학생들을 괴롭히는 학교 폭력 세력이 그러합니다. 이들은 모두 그 실체가 분명하고 또 불법 집단이므로 다스리기도 비교적 쉽습니다.

진짜 문제가 되는 것은 표면적으로는 그렇지 않은 척하면서 다수를 노예화하려고 시도하는 세력입니다. 종업원을 노예처럼 부리려 드는 기업가, 조직의 힘으로 구성원들을 협박하는 노동조합, 다수의 힘으로 상대방을 억누르려 드는 이익집단들, 정보 조작을 통해서 다중을 컨트롤하려고 시도하는 세력들, 국력을 믿고 주변의 약소국을 업신여기는 강대국들 등등 예를 들자면 끝이 없습니다.

이 중에서도 가장 영향력이 큰 것은 인간해방이 나쁜 일이라고 설파하는 지식인들의 논리입니다. 사유와 자유보다는 공유와 공존이 훨씬 더 숭고한 가치라고 가르치는 이들은 광범위하게 이루어지는 고도의 인간해방에 대해서 찬동하지 않습니다. 그들은 가능한 한 강력하게 사유와 자유를 제한하는 것이 공동선에 이바지하는 길이 된다고 주장합니다. 사유와 자유를 제한하고 공유와 공존의 길로 나가자는 주장은 언제 어디서이건 참으로 매력적으로 들립니다. 사유와 자유를 제한하고서도 경제발전을 이룩한 나라가 하나도 없다는 사실을 보면서도 그러한 주장에 경도되는 게 대중의 심리인 듯합니다.

이들이 내세우는 감언이설이 문제가 되는 까닭은 인간해방을 부인하는 그들의 주장이 보통 사람들의 발전을 저해한다는 사실 때문만은 아닙니다. 그것도 문제이지만 더 심각한 위험은 그들의 주장이 아주 그럴듯하게 들리기 때문에 대중이 쉽게 속아 넘어간다는 데 있습니다. 사유와 자유의 원칙을 깨뜨리지 말자고 주장하는 사람은 '피도 눈물도 없는 냉혈한'이고 공유와 절제를 통한 공존을 강조하는 사람은 '가슴이 따뜻한' 사람이라고 평가되는 게 현실입니다.

10.7 사유와 자유 그리고 더불어 살아가기

우리가 이 책에서 사유와 자유를 핵심 가치로 하는 인간해방의 중요성에 대해 논의했다고 해서 무조건적인 사유와 자유가 옳다고 주장하는 것은 아닙니다.

사실 겨우 백여 년을 사는 인간이 무엇을 소유한다고 해도 기나긴 세월에 비추어보면 그것은 그저 짧은 순간의 일일 뿐입니다. 그러므로 소유한다고 해도 그저 잠시 맡아 있을 뿐이라고 함이 옳습니다. 맡은 자의 책무는 그것을 잘 가꾸고 보살펴서 더 좋은 것을 후대에게 넘겨주는 일입니다. 실상이 그러함에도 우리가 사유를 강조한 것은, 자기 것이라고 생각해야, 그리고 자기 것이 될 수 있다고 생각해야 더 열심히 일하고 더 열심히 배우며 더 열심히 새 것을 고안해내는 인간의 본성을 중요시하기 때문입니다. 그러므로 비록 실제에 있어서는 잠시 맡아 있는 것이라 하더라도 우리가 살아 있는 동안에는 그게 내 것이라는 확신을 가질 수 있어야 합니다. 인간의 본성이 그렇게 '이기적'일 리가 없어서 내 것이 된다는 확신이 없더라도 열심히 살아갈 것이라고 생각하는 사람도 있지만, 경제발전의 역사를 되돌아보면 사유가 보장되지 않으면서도 지속적인 발전을 이룩한 경우가 없음을 알 수 있습니다. 그렇지만 보편적인 사유와 자유를 허용한 연후에 그동안의 장기 침체를 벗어나서 지속적인 발전을 이룩한 경우는 많습니다.

세상 만물이 본래부터 내 것일 리가 없으며 그저 잠시 맡아 있는 것이라면 우리가 맡은 것(우리에게 맡겨진 것)을 활용해서 얻은 과실도 나누어 갖는 게 마땅해 보입니다. 그러나 나누어 갖는 일이 '내가 열과 성을 다해 가꾼 것이 온전하게 내 것이 될 것'이라는 기대에 반하는 것이 되면 문제가 생깁니다. 더 나은 미래를 만들려는 동기를 손상시키므로 그렇습니다. 그렇다면 어떻게 해야 할까요? 나누어 가지되 그것이 사유의 원칙을 깨뜨리지 않게 할 방안이 있다면 좋을 것입니다.

그 하나의 방안이 '나누어 가지는 일'조차도 그렇게 하는 사람의 이기심에 부합하도록 제도를 만드는 것입니다. 사람들이 지닌 이기심을 촉발함으로써 그들이 더욱 풍성하게 과실을 거두도록 유도하되 그렇게 해서 거둔 과실을 이웃과 나누어 쓰는 행위가 그의 이기심 충족에도 기여할 수 있게 만들자는 얘기입니다. 나누어 갖는 사람을 칭송하고 존경하는 풍토를 조성하며 나누는 양에 비례해서 세금을 깎아주는 것이 한 방안이 됩니다. '좋은 일일수록 드러나지 않게 행하라'는 성현의 가르침을 들어서 나누고 베푸는 사람을 칭송하자는 주장에 대해 반론을 제기할 수도 있습니다. 남이 알아주건 말건 또는 남이 존경하건 말건 묵묵히 나누고 베풀며 살아가면 좋겠지만 그런 사람은 극소수입니다. 칭송을 받고 존경을 받으면 더 많이 더 자주 나누는 게 보통 사람들의 성향입니다.

우리가 자유를 강조하는 것도 누구나 자유롭게 행동할 수 있어야 각자가 지닌 능력을 가장 잘 발휘할 수 있음을 알기 때문입니다. 그렇다고 해서 나의 행동이 사회의 기본 질서를 위반하거나 남에게 피해를 주는 자유까지 옹호하는 것은 결코 아닙니다. 우리가 옹호하는 것은 자기가 한 일에 대해서 책임을 지며, 자기가 한 행동에 수반하는 합당한 대가를 지불하고, 나의 행위가 미칠 수도 있는 타인에 대한 폐해를 온전하게 보상하는 범위 내에서의 자유입니다.

자유와 사유는 동전의 양면처럼 불가분의 관계를 지닙니다. 자기 것이 없으면 자유롭게 행동하기가 어렵고 자유롭게 행동할 수 없으면 자기 것이 있어도 별 소용이 없습니다. 무릇 우리의 행동에는 비용이 수반되게 마련입니다. 그러므로 비용을 지불할 능력이 없으면 하고 싶어도 하지 못하는 일이 많게 됩니다. 자유로운 행위에 따르는 비용을 지불할 능력은 그가 지닌 유형무형의 재산에서 나옵니다. 그러하기에 자기 것이라고는 하나도 없는 무산자가 자유롭게 행동하기는 매우 어렵습니다. 설령 무산자라 하더라도 그가 남이 유용하다고 여기는 가치를 창출할 능력 즉, 인적자본을 지니고 있으면 그것을 담보로 해서 남에게서 빌린 재산을 가지고서 자기가 원하는 일을 할 수도 있습니다. 그가 자유인이라면 그렇습니다. 그러나 그가 노예라면 그가 지닌 재능이 그를 자유롭게 해주지 못합니다. 아무리 똑똑한 노예라 하더라도 주인이 시키는 대로 살아야 하니 그렇습니다.

사유를 보장하면 가진 게 전혀 없이 출발해야 하는 무산자라 하더라도 자기 뜻대로 세상을 살아가는 게 가능합니다. 자기가 지닌 노동능력을 제공하고 받는 대가가 자기 것이기 때문에 그렇습니다. 노동의 대가를 전부 다 쓰지 않고 절약해서 자기와 가족의 더 나은 미래를 만드는 일에 투입하면 조금이라도 더 나은 미래를 가질 수 있게 됩니다. 재산을 많이 가진 사람보다 여건이 불리하고, 그래서 그만큼 더 피땀 흘려 노력해야 하지만 노동의 대가를 자기가 가질 수 있는 자유인은 자기의 처지를 개선할 여지를 가집니다. 그렇지만 노예는 그러하지 못합니다.

우리는 아주 단순한 경제모형을 이용해서 공동체가 지닌 자원 X를 공동노동·균등분배의 원칙을 따라서 활용하는 경우에는 1인당 소득이 680으로 정해지지만, X를 N명의 구성원에게 사유물로 나누어 주는 사유화를 단행하고 동시에 그것을 각자의 자유 의사대로 활용하도록 허용하면 1인당 소득이 3,825로 정해짐을 보았습니다. 이것은 경제가 자본재를 사용하지 않을 때의 이야기이며 만일 '산업화'가 이루어져서 기계를 활용하게 되면, 지속적인 기술진보나 인적자본의 축적이 없더라도, 1인당 소득이 10,800으로 정해집니다. 공유경제의 680에서 사유(자유)경제의 10,800으로 1인당 소득이 증가하는 것은 말 그대로 엄청난 진보를 의미합니다. 단순한 경제모형이 알려주는 이러한 추론이 있기에 우리가 사유와 자유가 경제를 발전시키는 궁극의 힘이라고 주장하는 것입니다.

그런데 이 논의에서 한 가지 누락된 것은 공유재산 X를 어떤 방식으로 사유화할 것인가 하는 점입니다. 그렇습니다. 우리는 공유재산을 사유재산으로 전환하는 방안에 대해서는 논의하지 않았습니다. 우리가 활용한 단순한 경제모형에서는 X를 나누는 방식이 이 경제의 장기 정상상태에서 정해지는 1인당 소득의 크기에 영향을 주지 않기 때문에 이 문제를 다루지 않았습니다. 공유재산을 사유화하는 과정에서 분명히 누구는 많이 가지고 누구는 적게 가지는 일이 발생할 터인데, 그렇더라도 그들이 최종적으로 도달하는 1인당 소득의 귀착점은 동일하게 정해집니다. 달라지는 것은, 많이 갖고 출발한 사람의 가문이 적게 갖고 출발한 사람의 가문보다 훨씬 더 크게 정해진다는 사실입니다.

더 말할 것도 없이 이는 우리가 활용한 매우 단순한 경제모형에서 그렇다는 얘기입니다. 아마도 좀 더 사실에 가까운 모형을 활용한다면 처음에 재산을 나누는 방식이 최종적인 귀착점을 매우 상이하게 만들게 됨을 보일 수 있을 것입니다. 공유재산을 나누는 방식에 따라서 사람들이 도달할 경제적 처지가 상이해지는지, 또한 상이해진다면 결과가 얼마나 큰 차이를 보이게 될지 등은 이 책에서 다루지 못한 매우 중요한 물음입니다. 후속 연구의 과제로 남겨두고자 합니다.

우리가 사유와 자유가 보편적인 가치로 자리 잡은 세상에서 산다고 해서 이 세상의 모든 것이 사유의 대상이 되는 것은 아닙니다. 공동체를 원만하게 유지하기 위해서 마땅히 공유의 영역을 남겨놓아야 하며, 사유물을 활용해서 거둔 과실 중에서도 일정한 부분은 공동체를 위해서 사용하도록 내놓아야 합니다. 아주 힘주어 말하자면 우리가 이 책에서 매우 강한 톤으로 옹호한 사유의 원칙에도 제한이 가해져야 한다는 이야기입니다. 공동체마다 크기는 달라도 국유 또는 공유 재산을 보유하며 사유물을 활용하는 경제행위 또는 그러한 행위의 결과물에 대해 세금을 부과하는 것을 당연시하는 것은 바로 그런 연유에서입니다.

문제가 되는 것은 공유의 영역을 남겨두는 일이 아니라 사유와 공유 사이의 경계를 어디에다 정하는가 하는 일입니다. 모든 것을 공유로 하거나 반대로 모든 것을 사유로 하는 것이 바람직하지 않다는 데 대해서는 대부분의 사람들이 동의합니다. 그러나 공유와 사유의 경계선을 어디에다 긋는 게 바람직한지에 관해서는 합의점을 찾기가 쉽지 않습니다. 우리가 아는 바는, 공유의 영역이 지나치게 커지면 발전의 힘이 약화된다는 사실과 그 반대로 사유의 영역이 지나치게 커지면 공동체의 조화가 깨져서 발전이 힘들어진다는 사실입니다.

역사를 보면 인류사회는 공유사회에서 노예사회로, 그리고 노예사회에서 사유사회로 변화되어 왔습니다. 노예사회가 사유사회로 전환되면서 발전의 힘이 폭발적으로 분출되어 왔음은 주지의 사실입니다. 그렇더라도 인류사에서 지금까지 100% 사유화가 이루어진 적은 없습니다. 아무리 사유화가 크게 진전된 사회라 하더라도 언제나 상당한 정도로 공유의 영역을 남겨두었습니다. 사유의 정도는 산업혁명 발발로부터 제1차 세계대전에 이르는 기간에 지속적으로 신장되어 오다가 그 이후부터는 사유의 영역이 그 상태를 유지하거나 반대로 점점 축소되기 시작하였습니다. 오늘날에는 사유경제의 대표라고 할 수 있는 미국에서조차도 사유와 공유의 영역이 엇비슷한 상황이 전개되고 있습니다.

그런데 정말로 중요한 것은 사유와 공유의 경계선을 어디에 그을 것이냐 하는 것이 아니라 공유가 자유를 제한하는 도구로 쓰이는 정도가 어느 정도나 되는가 하는 점입니다. 무슨 말인가 하면 정작 중요한 것은 생산수단의 사유화 여부가 아니라 생산수단을 사적으로 활용할 수 있는가 여부입니다. 공유재산이라 하더라도 내가 배타적으로 임대해서 활용할 수 있으며 동시에 그렇게 해서 창출한 가치가 내 것이 될 수 있다면 사실 생산수단의 소유 여부는 그리 중요하지 않습니다. 그러나 공유재산이므로 공동으로 사용해야 하며 그렇게 해서 창출한 가치도 공동으로 나누어 가져야 한다면 문제는 다릅니다.

공유재산을 관리하는 자가, 흔히 정부가, 그것을 사유의 영역을 제한하는 도구로 사용하면 그 역시 문제가 됩니다. 사실 정부가 즉, 권력을 독점한 자가, 사유의 영역을 제한하는 일은 공유의 영역이 크지 않더라도 가능합니다. 공유의 영역이 클수록 그것을 관리하는 자가 사유의 영역을 침범하고 제한하는 일이 더 빈번하게 이루어지지만 역사상에는 공유의 영역을 작게 유지하면서도 정부가 민간의 자유로운 경제활동을 아주 강력하게 제한한 경우가 많습니다.

모든 생산수단을 100% 공유로 하더라도 누구나 그것을 배타적으로 임대해서 자유롭게 활용할 수 있으며 임차한 공유재산을 활용해서 창출한 가치를 거기에 기여한 사람이 배타적으로 소유할 수 있으면, 100% 공유가 별로 문제가 되지 않을 것처럼 보이기도 합니다. 그러나 그것은 착각입니다. 공유재산의 관리가 엉망이 될 가능성이 높기 때문에 그렇습니다. 사유재산이었을 때보다 더 많이 파괴되거나 더 크게 마모될 가능성이 큽니다. 공유재산을 임차해서 활용하는 사람이 아무래도 그게 자기 것인 때만큼 공유재산을 제대로 관리할 유인을 가지지 않으므로 그렇습니다. 이 문제는 공유재산의 임차 사용기간을 비교적 장기로 하고 임차한 공유재산의 이용권을 당초 계약기간 내에라도 다른 사람에게 자유롭게 양도할 수 있게 하면 상당한 정도까지 해결됩니다.

10.8 자원과 환경의 문제

인간해방과 더불어서 시작된, 인류사에 유례가 없던 지속적인 경제발전 덕택에 수많은 인류가 사람답게 살 수 있게 되었습니다. 이미 여러 번 언급했듯이 산업혁명 발발 당시에 오늘의 화폐가치로 1,000달러에 지나지 않았던 인류의 1인당 소득이 오늘날 1만 8,000달러로 18배 증가하고 동시에 당시에는 약 10억 명이던 인구가 오늘날의 약 80억 명으로 여덟 배 증가한 데서 산업혁명 이후에 이루어진 경제발전이 얼마나 대단한 것인지 잘 볼 수 있습니다. 호모 사피엔스 30만 년 프러스알파의 긴 역사에서 지난 300년도 안 되는 기간에 인류가 이룩한 것과 같은 번영을 이룬 적이 한 번도 없었음을 상기하면 이는 정말 '놀라운' 변화입니다.

산업혁명 발발 이후에 인류가 이룩한 눈부신 경제발전에는, 그렇지만 아주 심각한 문제가 있습니다. 인류가 지구상에서 행하는 경제활동 규모의 전례 없는 팽창이 병폐를 낳기 시작한 것입니다.

가장 먼저 대두된 것이 자원 고갈의 문제입니다. 사실 지난 300여 년에 걸쳐서 인류가 이룩한 경제발전은 거의 모두 석탄, 석유, 가스와 같은 화석연료를 '태운' 에너지를 활용한 것입니다. 산업혁명 발발 이후에 위에서 언급한 것처럼 인류의 평균소득이 18배 그리고 인구가 8배 증가하였다는 것은 인류가 이 지구상에서 행하는 경제활동의 총량규모가 150배가량 증가하였음을 말해줍니다. 그런데 산업혁명이 일어나던 약 300년 전에 비해서 오늘날의 경제활동은 비교할 수 없을 정도로 복잡하고 광범위한 우회생산의 과정을 거쳐서 이루어지고 있습니다. 이는 우리 인류가 사용하는 화석연료의 총량이 경제의 총량규모가 확대된 150배보다 훨씬 더 많이 늘어났음을 말해줍니다. 이 점을 감안한다면 인류가 해마다 사용하는 화석연료의 양이 적어도 몇천 배 늘어난 게 분명합니다. 문제는 어떤 종류이건 화석연료의 공급량은 유한하다는 데 있습니다. 아직은 화석연료가 고갈되지 않았으며 또한 가까운 장래에 고갈되지 않을 것입니다. 그러나 우리가 해마다 300년 전보다 수천 배에 달하는 화석연료를 쓰고 있으며 또한 그 사용량이 점점 더 큰 폭으로 늘어나고 있다는 사실을 볼 때 자원 고갈이 문제가 되지 않는다고 안심할 수는 없습니다.

자원 고갈 가능성 못지않게 심각한 현상이 인류가 저지르는 생태계 파괴의 문제입니다. 호모사피엔스는 지구상에 출현한 이래 수십만 년 동안 각종 동식물로 이루어진 자연 생태계를 이용하면서 살아왔습니다. 서구 문명의 뿌리를 이루는 구약 성경에서 보듯이 인간이 자연을 지배하면서 살아온 것입니다. 먹이 사슬의 관점에서 보더라도 인간이 자연을 이용하면서 살아야 하는 것은 숙명적인 일입니다. 여기에서 인간이 자연을 이용한다는 것은 단순히 자연이 제공하는 '과실'을 따 먹는 행위는 물론이고 자연을 '정복'하고 '가공'하며 '개발'하는 행위를 포함합니다. 이 과정에서 인류는 자연 생태계를 파괴하기도 하고 오염시키기도 합니다. 생태계는 아주 강한 복원력을 지니고 있어서 인류가 지구상에서 행하는 경제활동의 규모가 크지 않았던 시기에는 인류가 자연 생태계를 이용하는 행위가 생태계에 별다른 피해를 주지 않았습니다.

그러나 산업혁명 이후에는 상황이 근본적으로 달라졌습니다. 호모사피엔스 30만 년 플러스알파의 기간 동안 누구도 감지하지 못할 만큼 극히 미세한 정도로 늘어나던 경제활동의 크기가, 산업혁명 발발 이후 오늘에 이르기까지 300년도 안 되는 '순간'에 무려 150배나 확대되면서 상황이 급변하게 된 것입니다. 비유적으로 말하자면 호모사피엔스 30만 년 플러스알파의 거의 전 기간에 걸쳐서 생태계에 대해 별다른 피해를 주지 않는 '미미한 존재'이던 인류가 지난 300년이 안 되는 그야말로 '찰나'와 같은 기간에 생태계를 압도하며 자연을 두려워하지 않는 '괴물'로 바뀐 게 문제입니다. 거대한 힘을 지닌, 그것도 시간이 지날수록 더 막강한 힘을 지니게 된, 인간 '괴물'이 생태계를 무분별하게 파헤쳐 놓는 바람에 자연이 지닌 자생적 복원력을 망가뜨려서 문제가 된 것입니다. 이미 수많은 동식물이 멸종되었으며 그보다 더 많은 수의 동식물이 멸종 위기에 봉착해 있습니다. 전 생태계가 함께 살아가야 할 '공동의 집'[4]인 지구가 인간의 욕심으로 말미암아서 인간 이외의 동식물은 물론이거니와 인간 스스로도 살아가기 어려운 상태가 되고 있습니다.

경제활동의 크기가 폭발적으로 증가하면서 발생한 또 다른 문제는 자연환경의 오염과 파괴 그리고 산더미처럼 쌓여가는 폐기물의 문제입니다. 절제를 모르는 탐욕과 무지 그리고 제대로 작동하지 않는 시장이 우리 모두로 하여금 무분별하게 환경을 오염시키고 파괴하도록 만들고 있습니다. 이미 우리 주위의 생태 환경은 회복 불가능할 정도로 오염되고 파괴된 경우가 많습니다. 그 결과 지구 도처에서 오염된 물과 공기와 토양 때문에 수많은 사람들이 죽어가거나 전염병으로 고생하고 있습니다. 우리들이 매일매일 배출하는 쓰레기가 산더미같이 쌓이는데 그중에서 일부만이 재활용되거나 에너지원으로 쓰입니다. 폐기물의 대부분은 그대로 버려져서 토양과 하천과 바다를 오염시키고 있습니다.

영국에서 촉발한 산업혁명이 전 세계적으로 확산되면서 또 하나의 심각한 문제가 대두되고 있습니다. 20세기 후반부터 본격적으로 시작되어서 현재도

---

4) 프란치스코(Francisco) 교황은 회칙 「찬미받으소서!」에서 지구를 우리 모두가 가꾸어야 할 '공동의 집', 그리고 지구상에 존재하는 모든 것들을 '공동으로 살아가야 할 존재들'이라고 말합니다.

진행 중이며 앞으로도 진행될 게 분명한, 그리고 시간이 흐를수록 그 정도가 더 심각해져 가고 있는, 지구온난화가 그것입니다. 지표면 또는 해수면의 온도가 꾸준하게 상승하고 있음은 이제 부인할 수 없는 사실이 되었습니다. 또 다른 빙하기가 도래할 가능성이 없지는 않으나 지금 이 시점에서는 누구나 감지할 정도로 지구가 뜨거워진 게 틀림없어 보입니다. 이미 지구 도처에서 지진, 해일, 폭풍, 폭우 등 더워진 지구가 만들어내는 기상재해가 인명을 앗아가고 있으며 재산을 파괴하고 생명체들이 살아가기 어렵게 만들고 있습니다. 게다가 기온이 올라가면서 극지에 쌓여 있던 얼음이 녹으면서 해수면이 상승한 결과 적지 않은 면적의 저지대가 물속에 잠기게 되었습니다.

지구온난화의 원인이 무엇인지에 관해서 아직도 논란이 있기는 하지만 경제활동을 영위하면서 인간이 배출하는 각종 온실가스가 지구온난화를 일으키는 가장 중요한 요인이라는 데 많은 이가 동의합니다. 이미 설명한 바와 같이 호모사피엔스의 역사를 근본부터 바꾸어놓은 산업혁명은 그 역사가 300년도 채 안되지만 그 짧은 기간에 인류가 이 지구상에서 행하는 (연간) 경제활동의 규모를 적어도 150배 이상 확대시켰습니다. 그리고 그런 엄청난 규모의 경제 팽창을 가능하게 한 에너지원의 대부분은 화석연료입니다. 화석연료를 마음껏 사용할 수 있었기에 경제발전이 가능하였습니다. 그러나 호사다마라고 화석연료를 태워서 에너지를 얻는 과정에서 배출되는 온실가스의 양이 빠른 속도로 증가하고 또한 그것이 자연계에 흡수되지 못하고 대기권에 쌓이면서 지구가 거대한 온실로 변화된 게 문제를 낳게 된 것입니다.

지금 이 순간에도 쉬지 않고 진행되는 생태계의 오염과 파괴를 방지하지 못하면 우리 인류의 생활환경은 점점 더 열악해질 것입니다. 이대로 가다가는 우리의 후손은 우리들보다 훨씬 더 열악한 환경 속에서 살아가야 할 게 분명해 보입니다. 그렇다면 과연 우리가 이러한 문제를 고칠 수 있을까요? 이 물음에 대한 답은 '고칠 수는 있지만 우리 인간에게 그것을 고칠 의지가 별로 없어 보인다.'는 것입니다. 아직도 많은 사람들이 이 문제의 심각성을 깨닫지 못하고 있고, 문제가 있음을 알고 있더라도 '어떻게 잘 되겠지.' 하는 별로 근거가 없는 낙관론에 빠져 있습니다. 게다가 생태 환경의 오염과 파괴 그리고 온실가스의 문제는 모두 '지구 공동경작지global commons'로서의 특징을 지니는 데다가 아주 강한 외부성externality을 지녀서 그 누구라도 자신의 무분별한 행동을 절제하거나 그것을 올바른 행동으로 바꾸려는 동기를 갖지 못해서 문제가 됩니다.

10.9 기술낙관론은 답이 아니다

인류로 하여금 전 지구적 자원 고갈 및 심각한 환경 오염과 파괴의 문제를 제대로 해결하지 못하게 만드는 아주 중요한 요인이 근거가 박약한 기술낙관론입니다. 기술낙관론이란 인간의 두뇌가 고안해내는 새로운 기술이 자원 고갈 및 환경 오염과 파괴의 문제를 해결할 수 있을 것이라는 주장입니다. 무한한 잠재력을 지닌 인간의 두뇌가 고안해낼 새로운 기술과 노하우가 화석연료의 고갈 가능성을 낮추어줄 것이고 나아가서 환경을 오염시키지도 파괴하지도 않을 새로운 에너지원들을 찾아내 줄 것이라고 주장합니다. 호모사피엔스 30만 년 플러스알파의 오랜 세월을 살아오면서 숱하게 많은 난관을 성공적으로 극복해온 인류가 '그 정도의 문제'쯤은 별다른 어려움 없이 해결할 수 있다는 것이지요. 지난 300여 년에 걸쳐서 인류가 이룩한 전대미문의 기술발전 성과, 그것도 시간이 흐를수록 더 놀라운 기술이 등장하는 성과를 볼 때 인간이 해결하지 못할 문제가 없다는 생각입니다.

사실 산업혁명이 발발한 이래 지금까지 진행되어 온 기술발전의 모습을 보면 그러한 낙관론에 빠져드는 것도 무리는 아닙니다. 1750년의 세상과 2020년의 세상은 정말 모든 면에서 완연하게 다릅니다. 그리고 그렇게 천지가 개벽할 정도의 변화를 가져온 게 기술발전 덕택인 것도 맞습니다. 그러나 우리 모두가 잘 알고 있듯이 그동안 인류가 개발해온 기술이 좋은 면만 있는 것은 아닙니다. 어떤 기술은 인간 세상을 비롯한 지구 생태계에 대해 커다란 위협을 주기도 하며 또한 우리가 고안해낸 기술 중에서 부정적인 측면 없이 유용한 측면만 갖고 있는 것은 하나도 없습니다. 처음부터 악한 의도를 갖고 개발하였기에 나쁜 기술도 있고 선한 의도로 개발하였으나 개발자의 의도와는 달리 악한 일에 쓰이는 기술도 많습니다. 사실 인류가 개발한 거의 모든 기술이 악한 곳에 쓰일 수 있습니다. 기술을 개발하고 그것을 이용하는 게 모두 사람이 하는 일이며 사람은 본래부터 선한 면과 악한 면을 모두 갖고 있기에 어떤 기술이건 악용될 소지가 있습니다.

오늘날 인간이 지닌 모든 문제 그리고 앞으로 대두될, 지금은 잘 알 수 없는, 문제들을 아무런 부작용 없이 잘 해결해줄 기술을 개발한다는 것은 헛된 꿈입니다. 인간의 두뇌가 그럴 정도로 영리하지는 않습니다. 설령 어떤 문제를 해결하는 기술을 개발한다 하더라도 그보다 더 어려운 문제가 반드시 등장하게 됩니다. 그러므로 기술낙관론은 그야말로 근거가 약한 낙관입니다. 게다가 악한 의도로 개발하는 기술의 폐해나 유용한 측면 못지않게 심각한 부작용을 낳는 기술의 문제를 생각하면 기술발전이 모든 문제를 해결해줄 것이라고 기대해서는 안 됩니다.

전항에서 논의했던 자원과 환경의 문제도 기술개발만 갖고 해결할 수 있는 게 아닙니다. 현재까지 알아낸 기술로는 화석연료를 완전하게 대체할 수 없으며 화석연료를 전혀 사용하지 않아도 되게 만들 새로운 기술을 개발할 가능성도 낮습니다. 게다가 화석연료에 대한 대안으로 등장한 태양광과 풍력 등 소위 신재생 에너지원도 그것들을 건설하고 운영하는 과정에서 적지 않은 양의 온실가스를 배출하는 데에다 태양광 발전시설을 건설하면서 온실가스 흡수원인 산림을 대량으로 훼손하기도 합니다. 또한 태양광 판이나 풍력 발전기가 그 주변의 생태 환경에 악영향을 끼치며 중금속을 함유한 태양광 판을 안전하게 폐기 처분하는 것도 쉽지 않은 일입니다. 결국 이 세상에는 공짜가 없다는 말이 맞습니다. 우리가 인간에게 도움을 주는 '좋은' 에너지를 얻으려면 그 대가로 '나쁜' 부산물도 함께 가지게 됩니다. 아무리 기술이 발전해도 이러한 사실은 변하지 않을 것 같습니다.

10.10 인간과 자연과 기계와 신

인류 역사의 거의 전 기간에 걸쳐서 노예처럼 살아오던 절대다수의 보통 사람들이 해방된 자유인으로 살기 시작한 것은 지금부터 겨우 몇 세기 전의 일입니다. 이는 30만 년이 넘는 호모사피엔스 역사에서 아주 짧은 순간에 지나지 않습니다. 이 짧은 기간에 해방된 인류가 바꾸어놓는 오늘날의 세상 모습은 불과 몇 세기 전을 살았던 우리의 조상이 알고 있던 것과는 그야말로 하늘과 땅보다도 더 차이가 납니다. 지금부터 100년 전에 살던 사람들이 지금부터 50년 전에 살던 사람을 보고서 놀라는 것보다 50년 전을 살던 이들이 오늘날의 우리네 삶을 보고 놀라는 정도가 훨씬 더 큽니다. 그만큼 해방된 인류가 세상을 변화시키는 속도가 빨라지고 있음을 알게 됩니다.

세상에는 아직도 인간해방이 이루어지지 않은 곳이 많습니다. 그들도 결국은 인간해방의 물결에 동참하게 될 터인데 그런 때가 되면 인류가 세상을 바꾸어놓은 속도나 정도가 지금과는 비교하기 어려울 정도로 빨라지고 강해질 것입니다. 머지않아 그러한 세상이 도래할 터인데 그때가 되면 인류의 존재 자체를 위협할 수도 있는 일들이 벌어질 수 있습니다. 앞서가는 나라들이 지금껏 살아오던 방식을 바꾸지 않는 가운데 뒤따르는 나라들도 앞선 자들이 하던 대로 따라 하기 시작하면 그러한 일들이 벌어질 가능성은 더 커집니다. 이는 적어도 네 가지 측면에서 그렇게 될 것으로 판단됩니다.

첫 번째 위험은 인류사회가 조화롭게 공존하며 공동으로 번영하는 세상을 만드는 데 실패하는 것입니다. 이미 설명한 바와 같이 호모사피엔스 30만 년 역사의 거의 전 기간에 걸쳐서 유지되었던 수렵채취의 시대에는 모든 인류가 다 같이 평등하게 못살았습니다. 당시에는 사람과 사람들 사이의 차이가 지나치게 확대된 때문에 공동체가 붕괴될 위험은 전무했습니다. 그다음 1만 년 정도의 기간에 걸쳐서 유지되었던 농경목축의 시대에는 공동체 구성원 중 극히 소수가 절대다수를 노예처럼 부리며 살았던 극단적인 불평등의 시기였지만, 권력과 금력을 독점한 지배세력의 힘이 워낙 막강해서 절대다수를 차지하는 기층민들이 지배세력을 무너뜨릴 엄두조차 내지 못하였기에 공동체가 유지되었습니다. 그러던 세상이 길게 잡아야 지금부터 500여 년 전부터 변화되기 시작한 것입니다. 농경목축의 시대 내내 노예처럼 살아야 했던 절대다수의 기층민들이 해방을 맞이한 것입니다. 그로부터 오늘에 이르기까지 해방된 인류는 눈부신 경제발전을 이룩해오고 있습니다. 그러나 노예해방으로 모두가 평등한 세상이 될 줄 알았는데 결과는 자유인들 사이에서 불평등이 심화된 것입니다. 모두가 비슷비슷하게 가난하고 모두가 비슷비슷하게 배우지 못한 '백성'들이 인간해방 이후 수 세기를 거치면서 많이 가진 자와 적게 가진 자 그리고 많이 배운 자와 적게 배운 자로 나뉘게 된 것입니다. 해방된 자유인들 사이에 차이가 생기는 것은 피할 수 없는 인간의 조건이기는 하지만 문제는 그 차이가 점점 더 커지고 있다는 데 있습니다. 한 국가 내에서 심화되는 불평등은 그 나라의 존립을 위태롭게 만들고 국가 간에 심화되는 불평등은 세계 평화를 위협합니다.

두 번째 위험은 인류가 행하는 자연 파괴와 오염 행위가 지구가 감당할 수준을 넘어설 때 발생할 수도 있는 '자연의 징벌'로 인류사회가 어려움을 겪는 것입니다. 사실 자연이 인간을 징벌한다는 얘기는 산업혁명 이후의 인간 세상, 그것도 20세기 후반 이래의 인간 세상에 더 적합한 말입니다. 그 이전의 시기에는 인간이 저지른 잘못이 별로 없거나 있더라도 그렇게 크지 않았습니다. 그런데도 불구하고 자연은 주기적으로 인류를 위협해 왔습니다. 지진, 해일, 태풍, 화산 폭발, 유성 충돌 등이 불러온 대홍수와 대화재가 빈번했으며 주기적으로 거의 모든 생물을 멸종시킨 빙하기가 닥쳐오기도 하였습니다. 과거에 발생한 큰 자연재해는 대부분 자연적인 원인으로 발생한 것이었으며 인류의 행위가 원인이 되어 일어난 것은 많지 않았습니다. 인간이 일으킨 것은 그저 작은 규모의 자연재해였을 뿐입니다. 그런데 이제 사정이 달라졌습니다. 20세기 후반부터 심화되기 시작한 인류에 의한 자연 파괴와 오염 행위가 이제 임계점에 다다르고 있습니다. 이대로 가다가는 인류 역사상 처음으로 인류의 행태가 원인이 된 대재난이 닥쳐올 가능성이 높습니다. 그것이 온 세상을 뒤덮는 대홍수가 될지, 모든 것을 얼려버릴 대빙하기가 될지, 지구의 높낮이를 바꾸어놓을 대지진이 될지, 아니면 온 세상을 화마로 뒤덮을 대화재가 될지 지금으로서는 누구도 잘 모릅니다. 그러나 현재 우리 인류가 살아가는 방식이 그런 종류의 대재난이 발생할 확률을 높이고 있다는 데는 많은 사람들이 동의합니다.

세 번째 위험은 기계가 사람을 지배하게 될 때 발생할 어려움들입니다. 산업혁명 이후 지금까지 등장했던 기술은 모두 인간의 통제하에 있었습니다. 악한 동기에서 기술을 오용하거나 인간에게 유해한 기술을 개발하기도 하지만 그렇더라도 우리가 마음먹으면 언제든지 그러한 기술을 사용하지 않거나 못하게 만들 옵션이 있습니다. 이것은 지금까지 인류가 고안해낸 기술을 탑재한 도구나 기계 그리고 기구를 인간이 제어할 수 있기 때문에 가능한 일입니다. 그런데 인공지능이 발달하면서 사정이 달라지기 시작하였습니다. 아직은 그런 단계에 도달하지 않았지만 인공지능이 더욱 발달하면 기계 스스로가 생각하고 판단해서 행동하는 때가 오게 됩니다. 그중의 어떤 기기나 기계들은 개발자의 의도와는 다르게 '제멋대로' 행동하며 인간의 명령이나 지시를 따르지 않게 됩니다. 인간이 기술 또는 기계를 통제할 능력을 잃게 되는 때가 온다는 얘기입니다. 그런 때가 되면 인간보다 훨씬 더 똑똑하고 힘센 기계가 인간을 지배하려 들 수도 있습니다. 그렇게 되면 인간의 '노예'에 불과하던 기계가 인간을 노예로 부리는 주인의 자리를 차지하게 될 것입니다. 인간의 통제를 벗어난 기계들이 일으킬 수도 있는 끔찍한 일들이 인류를 멸망시킬 수도 있습니다.

네 번째 위험은 인간이 절대자로 경배하며 순종하던 신의 영역을 침범하는 일이 빈번해질 때 벌어질 수도 있는 '신의 징벌'로 인류사회가 어려움에 빠지는 위험입니다. 기술이 발전하면서 호모사피엔스 전 역사에 걸쳐서 '신의 영역'으로 간주되었던 것에 대한 인간의 도전이 더욱 거세어질 것입니다. 현재의 추세대로 일이 진행된다면 아마도 그리 머지않은 장래에 신성불가침의 '신의 영역'이 모두 사라지게 될지도 모릅니다. 한낱 '피조물'에 지나지 않던 미약한 인간이 생명체를 만드는 '창조자'로 등극할 수도 있다는 이야기입니다. 생명체를 만들 수 있다고 해서 인간이 곧바로 절대적인 존재로 변신하는 것은 아닙니다. 생명체를 만드는 일은, 비록 인간이 그 일을 해낸다 하더라도, 절대적인 존재인 하느님이 하는 일의 극히 일부분에 불과합니다. 인간이 넘볼 수 없는 미지의 영역은 여전히 광대할 것입니다. 그런데 문제는 생명체를 만드는 능력을 보유하게 될 인간이 과연 우리가 아는 창조주가 갖고 있는 선한 의도도 가질 것인가 하는 점입니다. 아마도 그렇지 않을 것입니다. 게다가 하느님과 같은 능력을 지닌 사람이 하나만 있는 게 아니어서 더욱 문제가 됩니다. 생명체를 만들고 조종할 능력을 지닌 다수의 사람이 경쟁하는 시대가 되면 우리는 또다시 만인이 만인의 적이 되는 약육강식의 시대로 회귀할 가능성이 높습니다. 나날이 오만해져 가는 인류를 절대자인 신이 언제까지나 두고 볼까요, 아니면 세상의 존립을 위태롭게 만들 정도로 무서운 징벌을 내릴까요?

다섯 번째 위험은 탐욕과 불신 그리고 오해와 오판으로 인해서 인류사회가 순식간에 잿더미로 변할 대전쟁의 위험입니다. 현재 우리 인류는 지구상의 모든 것을 없애버릴 능력을 지닌 무기를 보유하고 있습니다. 게다가 핵무기와 생화학무기를 재래식 무기라고 불러야 할 정도로 빠르게 새로운 무기가 등장하고 있습니다. 그러한 무기를 만드는 것은 말할 것도 없이 인간입니다. 또한 그러한 무기를 사용할 수 있는 자 역시 인간입니다. 기존의 무기를 없애거나, 새로운 무기를 만들지 못하게 하거나, 무기를 사용하지 못하게 하는 일 그 어느 것도 제대로 되지 않고 있습니다. 이대로 가다가는 내전이나 국지전은 물론이고 세계 수준의 대전이 일어날 수 있습니다. 우리가 과연 그런 일들이 벌어지는 것을 미연에 방지할 수 있을까요? 자연이나 기계는 물론이고 다른 사람 그리고 심지어는 하느님까지 자신의 목적을 달성하는 데 도움을 줄 '도구나 수단'에 지나지 않는다는 천박한 인식이 바뀌지 않는 한 어려운 일입니다.

10.11 희망은 없는가?

수천 년간 노예상태에서 인간 이하의 삶을 살던 절대다수의 기층민들이, 사유와 자유를 핵심 가치로 하는 해방에 힘입어서 인류 역사상 처음으로 인간다운 삶을 살게 된 이후 지난 300여 년에 걸쳐서 이룩해온 눈부신 경제발전에 관한 긍정적인 메시지를 전달하는 데 치중해온 이 책을 인류 문명의 장래에 관한 사뭇 부정적인 전망으로 끝내야 하는 게 유감입니다. 전 절에서 보았듯이 인류의 미래는 그렇게 밝지 않은 것 같습니다. 소득과 재산의 불평등 심화로 인하여 사람들이 조화롭게 공존하는 게 어려워지고, 심각한 자연 파괴와 환경 오염으로 인해 더 이상 살 만한 곳이 되지 못하는 지구가 주는 위험, 인공지능이 발달함에 따라 기계가 인간을 노예로 만들 위험, 신성불가침으로 여겼던 신의 영역을 넘보기 시작한 두뇌혁명이 가져올 위험 그리고 온 인류를 파멸시킬 수도 있는 대전쟁 발발의 위험 등 한시라도 인류의 장래를 낙관하기 어렵게 만드는 일들이 산적해 있습니다.

인류의 미래는 절망적인 것일까요? 이런 문제에 봉착하면 우리가 찾곤 하는 사상가, 종교인, 철학자, 역사학자, 인류학자, 심리학자, 과학자, 예술가 등등 그 누구도 명쾌한 해답을 주지 못합니다. 어쩌면 정답이 없는 물음일지도 모르겠습니다. 그런 형편이니 경제학자라고 해서 별로 나을 게 없겠지요. 그렇더라도 '어떻게 잘되겠지.' 하고 넘어가거나, '이 모두가 내가 죽은 후의 일이야.' 하고 흘려버리기에는 우리에게 닥칠 문제들이 너무나 심각합니다.

'이대로 가다가는 파멸에 이른다.' 하고 경종을 울릴 수는 있지만, '그래서 어떻게 하란 말이냐?' 하는 물음에 대해 답을 주지 못하면 모처럼 울린 경종이 아무런 쓸모도 없게 됩니다. 필자도 이 물음에 대해 명쾌한 답을 제시하지 못해서 안타깝습니다. 다만 제가 보기에는 문제의 핵심에는 지난 300여 년에 걸쳐서 획기적인 진보를 가능하게 했던 '인간해방'이 자리 잡고 있습니다. 역사상 처음으로 보편적인 사유와 자유를 가지게 된 해방된 인간이 눈부신 경제발전을 이룩한 것은 좋은 일이나, 사유와 자유가 촉발한 두뇌 혁명이 인류를 오만방자하게 만들고 있는 게 문제입니다. 나누고 베푸는 삶을 통해서 사유의 부작용을 줄여나가고, 자제하고 배려하는 삶을 통해서 자유의 부작용을 줄여나가야 하겠습니다.

참고문헌

이상희·윤신영. (2018). 『인류의 기원』. 사이언스 북스.

이지순. (2018). 『국가경제의 흥망성쇠』. 문우사.

프란치스코 교황. (2015). 『찬미받으소서』. (원제: *Laudato Si'*). 한국천주교중앙협의회.

Bird, R. B., & Bird, D. W. (2008). "Why women hunt: risk and contemporary foraging in a Western Desert Aboriginal community." *Current Anthropology, 49*(4), 655-693.

Cass, D. (1972). "On capital overaccumulation in the aggregative, neoclassical model of economic growth: A complete characterization." *Journal of Economic Theory, 4*, 200-203.

From, E. (1941). *Escape from Freedom*. Henry Holt & Co.

Hayek, F. (1944). *The Road to Serfdom*. George Routledge & Sons.

Lucas, R. E. Jr. (2008). *Lectures on Economic Growth*. Harvard University Press.

Ramsey, F. (1927). "A contribution to the theory of taxation." *Economic Journal, 37*(145), 47-61.

Sen, A. (1999). *Development as Freedom*. Oxford University Press.

Smith, E. A., et al. (2010). "Wealth Transmission and Inequality among Hunter-Gatherers." *Current Anthropology, 51*(1), 19-34.

Stokey, N. L., & Lucas, R. E. Jr. (1989). *Recursive Methods in Economic Dynamics*. Harvard University Press.

찾아보기

ㄱ

가상(假想, conjecture) *53*
가공의 이상향 *164*
가상을 이용한 증명(proof by conjecture) *54*
감언이설 *312*
개량(improvement) *280*
개방과 기술발전 *285*
개방된 시장경제 *267*
개혁과 개방 *240*
경제구조의 재조정 *265*
경제발전의 1차적 동인 *261*
경제발전의 2차적 동인 *261*
경제발전의 궁극적인 동인 *262*
경험으로부터의 배움(learning by doing) *241*
경험의 축적 *248*
경험 축적과 인적자본 축적 *263*
경험 축적의 경제원리 *250*
고급 두뇌와 기술개발 *288*
공동노동·균등분배 *10*
공동소유경제(common ownership economy) *7*
공동의 집 *320*
공유경제 *7, 71, 196*
공유와 공존 *312*
공유의 영역 *316*
국가 자본주의 *306*
근대적 생산방식 *200*
근대적인 방식 *195*
기계(machines) *109*
기계가 인간을 지배 *326*
기계 노예 *111*
기득권층 *311*
기술낙관론 *322*
기술역전 *284, 285*
기술추격 전략 *274*

ㄴ

나누고 베푸는 삶 *328*
노력유발효과 *69*
노예경제(slave economy) *80, 82, 133, 138, 141, 196*
노예경제로 나아간 까닭들 *141*
노예경제로의 이행 *130*
노예경제와 문명 *100*
노예경제의 역사 *307*
노예경제의 특징 *83*
노예제도 붕괴 *132*
노예해방 *138*
노예해방을 거부 *190*
노예해방의 경제논리 *144, 155*
노예해방의 역사 *147*
농경목축시대 *75, 77, 81*

ㄷ

다스리는 계층 *142*
다스림을 받는 사람 *143*
대안들(alternatives, options) *24*
대전쟁의 위험 *327*
대한민국의 경제성장 *187*
더불어 살아가기 *313*
도구(tools) *109*
독재정치 *80, 133*
동료의 압력(peer pressure) *6*
두뇌 유입(brain inflow) *290*
두뇌 유출(brain drain) *290*
두뇌 환류(reverse brain drain) *291*

ㄹ

로머(Paul Romer) *217*
루카스(Robert Lucas) *217*

ㅁ

맡은 자의 책무 *313*
모방(imitation) *275*
무소유경제(non ownership economy) *7*
물적자본(자본재) *110*
미국 경제의 성공 *186*
미래를 위한 투자 *160, 195*
민주정치 *133*

ㅂ

발전 친화적 *183*
배분비율 *211*
변화와 혁신 *266*
불평등 *325*
불평등의 시대 *71*

ㅅ

사유 *307*
사유경제 *48, 71, 133, 138, 141*
사유경제의 우월성 *140*
사유와 공유 사이의 경계 *316*
사유와 자유 *312*
사유의 대상 *316*
사유재산권 *46*
사적소유 *47*
산업혁명 *167, 301*
산업혁명의 길 *235*
생명유지수준(subsistence level) *45*
생명유지수준의 삶(subsistence life) *137*
생애 효용(lifetime utility) *23*
생태계 파괴 *319*
선발주자 *271*
선택의 대상 *16*
수렵채취시대(hunter gatherer era) *4, 81*
시장경제 *239*
시장 자본주의 *306*
신고전학파 성장모형 *168*
신기술 개발 *283*
신뢰의 질서 *80*
신의 징벌 *326*

ㅇ

양과 질의 선택(quantity quality choice) *207*
역사의 필연 *130*
영국의 산업혁명 *185*
예산제약식 *20*
온실가스 *321*
운동의 법칙 *171*
원시 공동체 *4*
원시 공산주의(primitive communism) *7*
이행성장 *175*
이행성장률 *174*
이행의 메커니즘 *214*
인간 노예 *111*
인간의 평균 수명 *299*
인간해방 *110, 143, 162, 301, 302*
인간해방과 경제발전 *305*
인간해방과 근대 경제 *219*
인간해방과 인적자본 *222*
인간해방과 투자 *221*
인간해방을 거부 *310*
인간해방의 조건 *188*
인류사의 대사건 *297*
인류사의 대전환 *297*
인명의 가치 *300*
인적자본 *195*
인적자본과 기술 *229*
인적자본과 기술개발 *286*
인적자본의 축적 *160*
인적자본 형성의 수익률 *223*
일본의 기적적인 경제발전 *186*

ㅈ

자연의 징벌 *325*
자원 고갈 가능성 *319*
자유 *47, 307*
자유경제 *48*
자유로부터의 도피(Escape from Freedom) *161*
자유민주주의 *239*
자유민주주의 헌법 *149*
자유 시장경제 시스템 *307*
자유와 사유 *314*
자유의사 *47*
자제하고 배려하는 삶 *328*
장기 정상상태(long run stationary state) *32*
전제국가 *71*
전통적 생산방식 *199*
전통적인 방식 *195*
정상상태(定常狀態, stationary state) *172*
정상상태 상향 이동 *180*
정상상태 하향 이동 *189*
정상상태의 이동 *176*
정치질서 *80*
죄수의 고민(prisoner's dilemma) *158*
지구 공동경작지(global commons) *322*
지구온난화 *321*
지속성장률 *174*
진정한 자유인 *161*

ㅊ

착취(exploitation) *105*
참된 인간해방 *307*
초기 경험 *249*
초장기 정체의 시대 *41*
최적 선택(optimal choice)의 문제 *21, 23*

ㅌ

투자 *303*
투자유발효과 *69*
틀린 생각 *190*

ㅍ

평등사회(egalitarian society) *5*
평등의 사유경제(egalitarian ownership economy) *57*
폐기물 *320*
피의 종말 *152*

ㅎ

호모사피엔스 *3*
황금기(golden age) *6*
효용(utility) *15*
후발주자 *235, 271*

지은이

이지순 李之舜

서울대학교(학사),
뉴욕주립대학교－스토니부룩(석사),
시카고대학교(박사)에서 배움.

1983년에 미국 브라운대학교에서 교수생활을 시작한 이래 1985년에 서울대학교로 자리를 옮겨서 2015년까지 경제학부 교수로 재직 후 정년을 맞음.

현재 서울대학교 명예교수 및 대한민국학술원 회원으로 활동하고 있음. 국립수목원(광릉) 인근에서 밭을 갈며 살아온 세월이 스무 해에 이르는 '게으른 농부'이기도 함.

인간해방의 경제학

1판 인쇄 2021년 5월 28일
1판 발행 2021년 6월 9일

지은이 이지순
펴낸이 김영훈
편집인 전영완
펴낸곳 도서출판 문우사
주소 경기도 고양시 일산서구 킨텍스로 255, 일산 디엠시티 스카이뷰 오피스동 1304호
전화 031) 901－6542, 070) 4200－6542 **팩스** 031) 906－6542
홈페이지 www.munu.co.kr **대표메일** moonwoosa@hanmail.net
출판신고번호 제396－2013－000113호

ISBN 979－11－85994－87－1 93320

값 25,000원